Sammlung

der

für die Königlich Preußische Rhein-Provinz seit dem Jahre 1813 hinsichtlich der Rechts- und Gerichts-Verfassung

ergangenen

Gesetze, Verordnungen, Ministerial-Rescripte 2c.

Im Auftrage Eines Hohen Justiz-Ministeriums

herausgegeben

von

Marquardt,
Königlichem Geheimen Kanzlei-Rath und Geheimen Ober-Registrator.

Achter Band,
welcher die Jahre 1842, 1843 und 1844 enthält.

Berlin,
Sandersche Buchhandlung.
G. E. Reimer.

1847.

XXIX.

1842.

Gesetze, Verordnungen, Rescripte.

1.

Allerhöchster Kabinets=Befehl vom 18. November 1841, — betreffend die Feststellung der Termine für die Eröffnung und den Schluß der niedern Jagd.

Auf Ihren Bericht vom 9. Oktober d. J. bestimme Ich, daß es in allen Provinzen, in denen bereits die Termine für die Eröffnung und den Schluß der niedern Jagd gesetzlich festgestellt sind, bei diesen in der Regel verbleiben und davon nur aus den erheblichsten Gründen abgegangen werden soll. Wo indessen solche Termine nicht bestehen, oder wenn in einzelnen Jahren Rücksichten auf die Feldkultur und Jagdpflege eine Abänderung der Termine nothwendig machen, sollen die Regierungen zu einer solchen Festsetzung der Termine befugt sein. Um aber die Regierungen in den Stand zu setzen, diese Festsetzung mit Berücksichtigung aller Verhältnisse zu treffen, soll in jedem Kreise von den Kreisständen ein Mitglied der Kreisversammlung gewählt werden, welches vier Wochen vor dem gewöhnlichen Termine der Eröffnung und des Schlusses der Jagd der Regierung sein Gutachten über den jedesmal festzusetzenden Termin einreicht, welche Gutachten die Regierung bei der zu treffenden Festsetzung zu berücksichtigen hat, ohne jedoch diese Festsetzung von dem Eingange dieser Gutachten abhängig zu machen. Ich trage Ihnen auf, zur Ausführung dieser Bestimmungen die weitern Anordnungen zu treffen.

München den 18. November 1841.

An die Staats=Minister v. Rochow und v. Ladenberg.

Friedrich Wilhelm

Von vorstehendem Allerhöchsten Kabinets-Befehl werden die sämmtlichen Gerichtsbehörden hierdurch in Kenntniß gesetzt.

Berlin den 21. Februar 1842.

An sämmtliche Gerichtsbehörden.
I. 753. F. 51. Vol. 2.

Der Justiz-Minister
Mühler.

2.

Allerhöchste Kabinets-Ordre vom 3. Januar 1842, — die Aufhebung des unbedingten Verbots des Besuchs der Universitäten Zürich und Bern betreffend.

Ich will unter den veränderten Umständen das durch die Ordre vom 18. Dezember 1834 bestehende unbedingte Verbot des Besuchs der Universitäten in Zürich und Bern Seitens Meiner Unterthanen wieder aufheben nud den Besuch dieser Universitäten nunmehr von der speciellen Genehmigung des Ministeriums der geistlichen 2c. Angelegenheiten, welches demgemäß mit Ordre versehen ist, abhängig machen.

Charlottenburg den 3. Januar 1842.

An das Staats-Ministerium.
I. 280. U. 23.

Friedrich Wilhelm.

3.

Allerhöchster Kabinets-Befehl vom 8. Januar 1842, — betreffend die Vollstreckung der von Civil-Gerichten gegen Landwehr-Offiziere erkannten Gefängnißstrafen.

Da nach Ihrem Berichte vom 30. v. Mts. die Gefängnißstrafen, welche von Civil-Gerichten gegen Landwehr-Offiziere erkannt worden sind, nicht überall in geeigneten, für die höhern Stände bestimmten Gefängnissen vollstreckt werden können, so genehmige Ich auf Ihren Antrag, daß in dergleichen Fällen die von Civil-Gerichten gegen Landwehr-Offiziere erkannten Gefängnißstrafen in Militair-Arrest-Anstalten, in welchen Gefängnisse für arretirte Offiziere vorhanden sind, vollstreckt werden können.

Berlin den 8. Januar 1842.

An die Staats-Minister, General der Infanterie v. Boyen und Mühler.

Friedrich Wilhelm.

Vorstehender Allerhöchster Kabinets-Befehl wird den sämmtlichen Gerichtsbehörden zur Nachachtung mit dem Bemerken bekannt gemacht, daß nach einer Mittheilung des Herrn Kriegs-Ministers Militair-Arrest-Lokale, welche sich zur Aufnahme von Offizieren eignen, nur in den Divisions-Stabsquartieren und in den Städten, wo Gouvernements und Kommandanturen bestehen, vorhanden sind.

Berlin den 29. Januar 1842.

An sämmtliche Gerichtsbehörden.
I. 416. L. 10. Vol. 13.

Der Justiz-Minister
Mühler.

4.

Verfügung vom 8. Januar 1842, — betreffend das Verfahren bei der in Folge erhobenen Kompetenz-Konflikts erfolgenden definitiven Sistirung des Rechtsverfahrens und die dadurch entstehenden Kosten.

Aus einem Berichte des Königl. Ober-Prokurators zu N. hat das Justiz-Ministerium ersehen, daß, nachdem der in einem Prozesse erhobene Kompetenz-Konflikt begründet befunden worden, die Parteien respective deren Anwälte nochmals zu einer öffentlichen Sitzung vorgeladen worden, und nunmehr das Landgericht durch ein förmliches Urtheil die definitive Sistirung des gerichtlichen Verfahrens ausgesprochen hat. Ein solches Verfahren erregt den Parteien nur unnütze Kosten. Das gerichtliche Verfahren wird schon durch das Rescript, durch welches der Kompetenz-Konflikt begründet erachtet wird, definitiv sistirt, und es bedarf daher nicht eines fernern förmlichen Urtheils, sondern nur einer einfachen Benachrichtigung an die Parteien. Es genügt daher, daß eine Abschrift des Rescripts durch das öffentliche Ministerium den Parteien und respective deren Anwälten mitgetheilt wird. Hiernach haben Ew. Hochwohlgeboren die Ober-Prokuratoren mit Anweisung zu versehen.

Berlin den 8. Januar 1842.

An den Königl. General-Prokurator Herrn Berghaus Hochwohlgeboren in Köln.
I. 6755. Rh. Gen. 132. Vol. 2.

Das Justiz-Ministerium.
Ruppenthal.

5.

Verordnung vom 16. Januar 1842, — betreffend die im Herzogthum Berg vor dem Jahre 1810 entstandenen Pfandschaften.

Wir Friedrich Wilhelm, von Gottes Gnaden König von Preußen ꝛc.

Da die lange Dauer der vor dem Jahre 1810 im Herzogthum Berg geschlossenen sogenannten Pfandschafts-Verträge die Eigenthumsverhältnisse an den pfandschaftlichen Grundstücken auf eine, dem öffentlichen Interesse nachtheilige Art verdunkelt hat, die meisten dieser Verträge durch Veränderung der Gesetzgebung ihre ursprüngliche Bedeutung verloren haben, und durch diese Veränderung zugleich den Pfandschaftsbesitzern wesentliche Nachtheile entstanden sind, deren Abstellung ein dringendes Bedürfniß ist, so verordnen Wir auf die Anträge Unserer getreuen Stände der Rhein-Provinz und den Bericht Unseres Staats-Ministeriums, was folgt:

§. 1.

Alle diejenigen, welche Eigenthums-Ansprüche auf Grundstücke zu haben vermeinen, die in dem zum Bezirke des Appellationsgerichtshofes zu Köln gehörigen Theile des Herzogthums Berg oder in der Herrschaft Broich belegen, und von ihnen oder ihren Rechtsvorgängern nach Bergschem Landrechte vor dem 1. Januar 1810 zu unberechnetem Genusse in Pfandschaft gegeben und bisher belassen sind, sind verpflichtet, innerhalb fünf Jahren vom Tage der Verkündigung der gegenwärtigen Verordnung

1. entweder die Einlösung der pfandschaftlichen Grundstücke zu bewirken, oder
2. in Ermangelung gütlicher Einigung dem Pfandschaftsbesitzer das Pfand-Kapital aufzukündigen und ihn zugleich, wozu sie ohne Rücksicht auf die vertragsmäßige Wiedereinlösungsfrist berechtigt sein sollen, auf Rückgabe ihres Eigenthums nach Ablauf der obigen fünfjährigen Frist gegen Zahlung der Einlösungssumme, ohne vorgängige Ladung zum Versuch der Güte zu belangen, oder, sofern sie dies nicht wollen,
3. denselben durch einen Gerichtsvollzieher von ihren Eigenthumsansprüchen und deren Begründung unter genauer Bezeichnung der Grundstücke und des Pfandschaftsvertrages in Kenntniß setzen zu lassen.

In der Herrschaft Broich geschieht dieses durch Anmeldung bei der Hypothekenbehörde, welche den Pfandschaftsbesitzer davon zu benachrichtigen hat.

§. 2.

Eigenthumsansprüche, welche in der im §. 1. bestimmten Frist und auf eine der dort bezeichneten Arten nicht geltend gemacht worden sind, werden, ohne daß es eines richterlichen Erkenntnisses bedarf, für erloschen erachtet. Ein Gleiches gilt von den nach Maaßgabe des §. 1. Nr. 2. geltend gemachten Eigenthumsansprüchen, wenn die angestellte Klage durch Zurücknahme oder Peremtion oder beziehungsweise durch Reposition der Akten erlischt.

§. 3.

Diejenigen Ansprüche, welche nach Maaßgabe des §. 1. Nr. 3. dem Pfandschaftsbesitzer blos angezeigt worden sind, können von demselben durch einmalige Zahlung von zwanzig Procent des Katasterreinertrages des Grundstücks abgelöset werden. Hat nur einer von mehreren Eigenthumsberechtigten seinen Anspruch geltend gemacht, so geschieht die Ablösung durch Zahlung desjenigen Theils der Ablösungssumme, welcher seinem Eigenthumsantheile entspricht.

§. 4.

Erkennt im Falle des §. 3. der Pfandschaftsbesitzer die geltend gemachten Ansprüche nicht an, so ist er befugt, denjenigen, welcher sie angebracht hat, bei dem kompetenten Gerichte des Bezirks, in welchem die Grundstücke belegen sind, auf Vernichtung der gemachten Zustellung oder Anmeldung wegen mangelnder Eigenthumsansprüche zu belangen.

Dasselbe Gericht hat über die wegen der Ablösungssumme entstehenden Streitigkeiten zu entscheiden.

§. 5.

Durch die im §. 2. bestimmte Erlöschung und durch die im §. 3. gestattete Ablösung aller Eigenthumsansprüche wird das pfandschaftliche Grundstück, auf welches sie sich bezogen, freies Eigenthum des Pfandbesitzers, welcher dadurch zugleich als wegen der Forderung befriedigt erachtet wird, für welche die Pfandschaft bestellt war.

Urkundlich unter Unserer Höchsteigenhändigen Unterschrift und beigedrucktem Königlichen Insiegel.

Gegeben Berlin den 16. Januar 1842.

(L. S.) Friedrich Wilhelm.

Prinz von Preußen.

v. Boyen, v. Kamptz, Mühler, v. Rochow, v. Nagler, v. Ladenberg, Rother, Graf v. Alvensleben, Eichhorn, v. Thile, Gr. v. Maltzan, Gr. zu Stolberg.

I. 767. Rh. Gen. 146.

6.

Genehmigungs-Urkunde der Zusatz-Artikel XIV. und XV. zur Rheinschifffahrts-Akte vom 31. März 1831. D. d. den 8. Oktober 1841.

Wir Friedrich Wilhelm, von Gottes Gnaden König von Preußen ꝛc.

thun kund und fügen hiermit zu wissen:

Nachdem die Central-Rheinschifffahrts-Kommission sich in ihrer am 21. September gehaltenen 17., vorigjährigen Sitzung anderweit über die nachfolgenden beiden Supplementaire-Artikel XIV. und XV. zur Rheinschifffahrts-Akte vom 31. März 1831

XIVter Supplementaire-Artikel.

Der Artikel 90 der Konvention vom 31. März 1831 wird aufgehoben und durch folgende Bestimmung ersetzt:

Von jedem Rheinufer-Staate wird jährlich ein Bevollmächtigter zur Central-Kommission abgeordnet.

Diese Bevollmächtigten vereinigen sich regelmäßig jedes Jahr am ersten September zu Mainz und müssen ihre Geschäfte innerhalb eines Monats beendigen. Sind dieser Geschäfte zu viel, als daß sie in einem Monat beendigt werden könnten, so haben sie über die Anberaumung einer außerordentlichen Sitzung nach Vorschrift des Art. 94 zu beschließen.

XVter Supplementaire-Artikel.

Die Central-Kommission ist ermächtigt, die Ausnahmen von dem Oberlast-Verbote, je nach dem Bedürfnisse des Handels und der Schifffahrt, zu vermehren oder zu vermindern und die Bedingungen dafür festzusetzen und zu modifiziren.

Die also, auf Grund des Art. 94 der Konvention und unter Gutheißung sämmtlicher Regierungen, genommenen Beschlüsse haben, nach vorhergegangener Bekanntmachung in den respectiven Uferstaaten für alle Betheiligten, so wie auch für die Rheinzoll-Richter, dieselbe Kraft und Geltung wie Supplementaire-Artikel.

vereinigt hat, so wollen Wir, auf den Uns darüber gehaltenen Vortrag, die beiden vorstehenden Supplementaire-Artikel hierdurch genehmigen, auch Unsern Behörden und Unterthanen, soweit es diese angeht, befehlen, sich genau darnach zu richten.

Zu mehrerer Beglaubigung haben Wir gegenwärtige, zur Niederlegung in das gemeinschaftliche Archiv der Central-Kommission bestimmte Genehmigungs-Urkunde Allerhöchst eigenhändig unterschrieben und mit Unserm Königlichen Insiegel versehen lassen.

So geschehen und gegeben zu Berlin, den 8. Oktober 1841.

(L. S.) Friedrich Wilhelm.

Frh. v. Werther.

Vorstehende Genehmigungs-Urkunde ist am 15. Dezember 1841 in das zu Mainz befindliche Archiv der Central-Kommission für die Rheinschifffahrt niedergelegt worden.

Berlin den 25. Januar 1842.

Ministerium der auswärtigen Angelegenheiten.

Frh. v. Werther.

In Vertretung des Geheimen Staats- und Kabinets-Ministers Grafen v. Maltzan.

I. 586. Rh. Gen. 89. Vol IV.

7.

Allgemeine Verfügung vom 1. Februar 1842, — betreffend die Mittheilung der in Untersuchungen gegen Beamte, welche unter den Königlichen Militair-Intendanturen stehen, ergangenen Erkenntnisse an die betreffenden Intendanturen.

(Allgem. Verf. vom 5. August 1841, Just. Min. Bl. S. 254.)

Auf den Antrag des Herrn Kriegs-Ministers Excellenz werden die Gerichtsbehörden und für die Rheinprovinz die Herren Ober-Prokuratoren hierdurch angewiesen, in gleicher Art, wie nach der Allgemeinen Verfügung vom 5. August v. J. (Just. Min. Bl. S. 254, Num. 185.) die in Untersuchungen gegen Beamte ergangenen Erkenntnisse den betreffenden Königlichen Regierungen mitzutheilen sind, hinsichtlich der unter den Königlichen Militair-Intendanturen stehenden Beamten die gegen dergleichen Beamte in Untersuchungssachen ergangenen Erkenntnisse am Tage der Eröffnung den betreffenden Königlichen Militair-Intendanturen in Ausfertigung zu übersenden.

Berlin den 1. Februar 1842.

Der Justiz-Minister
Mühler.

An
sämmtliche Gerichts-Behörden und die Herren Ober-Prokuratoren in der Rheinprovinz.

I. 433. Crim. 103. Vol. 2.

8.

Allgemeine Verfügung vom 9. Februar 1842, — betreffend das Verfahren, wenn verletzende Aeußerungen über Behörden und Beamte in Immediat-Bittschriften und Beschwerden enthalten sind.

Des hochseligen Königs Majestät hatten schon in einer an das Justiz-Ministerium unterm 20. August 1831 erlassenen Ordre das Verfahren einiger Gerichtshöfe gemißbilligt, welche von verletzenden Ausdrücken in remittirten Immediat-Bittschriften und Beschwerden Veranlassung nahmen, fiskalische Untersuchungen wider die Bittsteller zu eröffnen, und zugleich anzuordnen geruht: daß in allen Fällen, wenn Allerhöchst Sie Selbst die für anzüglich und verletzend zu erachtenden Ausdrücke als strafbar nicht rügen und zur Untersuchung verweisen, ein fiskalisches Verfahren von Amtswegen nicht eingeleitet werden dürfe; den betreffenden Gerichten jedoch vorbehalten, die Untersuchung durch den Justiz-Minister bei Sr. Majestät in Antrag zu bringen, wenn dieselben nach Lage der Akten besonders erschwerende, des Königs Majestät vorher nicht bekannte Umstände anzuzeigen im Stande wären.

Diese Allerhöchsten Bestimmungen sind den sämmtlichen Ober-Gerichten durch die Verfügung des Justiz-Ministeriums vom 26. August 1831 bekannt gemacht worden.

Zur Beseitigung der später über die Auslegung und Anwendung dieser Allerhöchsten Anordnung entstandenen und nach vorgängiger Berathung des Königl. Staats-Ministeriums zur Allerhöchsten Entscheidung gebrachten Zweifel ist von des jetzt regierenden Königs Majestät durch einen an das Königl. Staats-Ministerium am 18. December v. J. erlassenen Allerhöchsten Befehl bestimmt worden:

1. daß die Allerhöchste Ordre vom 20. August 1831 an das Justiz-Ministerium, nicht blos auf Justizbeamte, sondern auf alle Behörden und Beamte Anwendung finden solle, und daß
2. weder einer Behörde im Interesse des Dienstes, noch dem beleidigten Beamten gestattet sei, eine Rüge der Beleidigung im Wege der Untersuchung oder des Injurien-Prozesses in Antrag zu bringen, ohne zuvor dazu die Allerhöchste Genehmigung eingeholt zu haben.

Seine Majestät der König wollen diese Genehmigung in Fällen böswilliger Anschuldigungen nicht versagen, vertrauen aber auch, daß man solche Fälle von den Aeußerungen einer ungeschickten Schreibart oder irrthümlicher und befangener Ansichten zu unterscheiden wissen und bei der Kommunikation von Eingaben und Beschwerdeschriften, welche Anzüglichkeiten enthalten, mit Vorsicht verfahren werde.

Der Justiz-Minister bringt diese Allerhöchsten Befehle zur Kenntniß der Gerichtsbehörden, um sich danach gebührend zu achten.

Den sämmtlichen Obergerichten wird dabei zur besondern Pflicht gemacht, bei der Mittheilung der ihnen zugefertigten Immediat-Eingaben und Beschwerdeschriften, worin verletzende Aeußerungen enthalten sind, an die betreffenden Unterbehörden und Beamten, mit aller Vorsicht zu verfahren, und dergleichen Eingaben, insofern es einer Berichtserstattung darüber bedarf, entweder gar nicht oder nur im Auszuge mit Hinweglassung der verletzenden Stellen zuzufertigen und sich nöthigenfalls auch durch Einforderung der Akten die nöthige Auskunft zu verschaffen.

In gleicher Art ist hinsichts der Mittheilung aller bei den Obergerichten selbst eingehenden Eingaben und Beschwerden, welche Beleidigungen und Anzüglichkeiten gegen untergeordnete Gerichtsbehörden und einzelne Justizbeamte enthalten, zu verfahren.

Berlin den 9. Februar 1842.

Der Justiz-Minister
Mühler.

An
sämmtliche Gerichtsbehörden.
I. 181, S. 6. Vol. 3.

a.

Allerhöchste Ordre vom 20. August 1831.

Das im Berichte des Justiz-Ministeriums vom 25. Juni d. J. Mir angezeigte Verfahren einiger Gerichtshöfe, von verletzenden Ausdrücken in remittirten Immediat-Bittschriften Veranlassung zu fiskalischen Untersuchungen wider die Bittsteller zu nehmen, kann Ich nicht billigen, bestimme vielmehr, daß in allen Fällen, wenn Ich Selbst die für anzüglich und verletzend zu achtenden Ausdrücke als strafbar nicht gerügt und zur Untersuchung verwiesen habe, ein fiskalisches Verfahren von Amtswegen nicht eingeleitet werden dürfe, weil Mein Stillschweigen das Urtheil enthält, daß Ich eine Untersuchung wider den Verfasser der Bittschrift nicht erforderlich finde. Es soll aber dem betreffenden Gerichte vorbehalten bleiben, die Untersuchung durch das Justiz-Ministerium bei Mir in Antrag bringen zu lassen, wenn dasselbe nach Lage der Akten besonders erschwerende, Mir vorher nicht bekannte Umstände anzuzeigen im Stande ist. Was die an das Justiz-Ministerium gerichteten Eingaben betrifft, so bedarf es dieserhalb keiner besondern Bestimmung, weil es von demselben abhängt, entweder insofern es eine Berichtserstattung nöthig hält, die Eingabe gar nicht, oder nur im Auszuge mit Hinweglassung anzüglicher Stellen dem Gerichte mitzutheilen, oder auch aus den zu avocirenden Akten sich zu unterrichten. Ich beauftrage das Justiz-Ministerium, nach vorstehender Festsetzung die Gerichte mit der erforderlichen Anweisung zu versehen.

Berlin den 20. August 1831.

An das Justiz-Ministerium.

Friedrich Wilhelm.

b.

Allerhöchste Ordre vom 18. December 1841.

Auf den Bericht des Staats-Ministeriums vom 26. Juni d. J. erkläre Ich Mich mit der Ansicht einverstanden, daß die Ordre vom 20. August 1831, das Verfahren bei Beleidigungen gegen Behörden und Beamte, welche in Immediatgesuchen vorkommen, betreffend, nicht blos auf Justizbeamte, sondern auf alle Behörden und Beamte Anwendung finden müsse. Auch gebe Ich derjenigen Ansicht den Vorzug, nach welcher die gedachte Ordre so auszulegen, daß es weder einer Behörde im Interesse des Dienstes, noch dem beleidigten Beamten gestattet ist, eine Rüge der Beleidigung, sei es im Wege der Untersuchung oder des Injurien-Prozesses, in Antrag zu bringen, ohne zuvor dazu Meine Genehmigung eingeholt zu haben. Ich werde diese in Fällen böswilliger Anschuldigungen nicht versagen, vertraue aber auch, daß man solche Fälle von den Aeußerungen einer ungeschickten Schreibart oder irrthümlicher und befangener Ansichten zu unterscheiden wissen, und, was Ich insbesondere den Departements-Chefs und oberen Behörden zur Pflicht mache, bei der Kommunikation von Eingaben und Beschwerdeschriften, welche Anzüglichkeiten enthalten, mit Vorsicht verfahren werde.

Berlin den 18. December 1841.

An das Staats-Ministerium.

Friedrich Wilhelm.

9.

Verfügung vom 14. Februar 1842, — die Vorladung eines Beamten zur Ablegung eines gerichtlichen Zeugnisses betreffend.

(Verordn. vom 26. Dezember 1808, Gesetz-Sammlung S. 478, Rescr. vom 23. Juli, 22. August, 22. Oktober 1821, 11. Februar 1822, Lottner, Bd. 2. S. 136, 170, 186, 209.)

Die Herren Geheimen Staats-Minister von Rochow und Graf von Alvensleben Excellenzien haben die von der Königlichen Regierung zu Koblenz eingereichte, von Ew. Hochwohlgeboren erlassene Anweisung vom 30. Mai v. J., die Vernehmung der Verwaltungs-Beamten als Zeugen betreffend, mir mitgetheilt. Ew. Hochwohlgeboren gehen in dieser Anweisung von der Ansicht aus, daß die Vorschrift der Verfügungen vom 23. Juli und 22. August 1821 (Lottner, Bd. 2. S. 136, 170), nach welcher bei Vorladung Königlicher Beamten zur Ablegung eines Zeugnisses, mit Ausnahme dringender Fälle, die dem Beamten vorgesetzte Behörde von dessen Vorladung zeitig benachrichtigt werden soll, durch die späteren Schreiben der Königlichen Ministerien des Innern und der Finanzen vom 8. Oktober 1821 und 16. Januar 1822 und die Verfügungen des Justiz-Ministeriums vom 22. Oktober 1821 und 11. Februar 1822 (Lottner, Bd. 2. S. 186, 209) aufgehoben sei. Dies ist jedoch nicht der Fall. Die Verfügungen vom 23. Juli und 22. August 1821 hatten außer jener Vorschrift auch noch die Bestimmung getroffen, daß, wenn Beamte über Gegenstände ihres Amts als Zeugen vernommen werden sollten, sie nicht den Zeugeneid zu leisten, sondern nur eine Versicherung auf ihren Amtseid abzugeben hätten. Nur diese letztere Bestimmung ist durch die angeführten spätern Schreiben und Verfügungen, als mit der französischen Gesetzgebung unvereinbar, zurück genommen worden; dagegen besteht die erstgedachte Vorschrift, die zeitige Benachrichtigung der vorgesetzten Behörde von der Vorladung eines Beamten als Zeugen, noch fort. Dieselbe beruht zum Theil auf der Bestimmung des §. 47 der Verordnung vom 26. Dezember 1808 (Gesetz-Samml. S. 478); und wenn gleich letztere nur auf Vorladungen außerhalb des Wohnorts sich bezieht, so ist es doch schon im Allgemeinen angemessen und den Verhältnissen zweier Behörden zu einander entsprechend, von der Vorladung eines Beamten als Zeuge dessen vorgesetzte Behörde im Voraus zu benachrichtigen, zumal da in manchen Fällen für die Vertretung des Beamten in dessen Abwesenheit gesorgt werden muß. Für dringende Fälle hat bereits das Rescript vom 22. August 1821 eine Ausnahme gestattet. Eine besondere Belästigung für den Untersuchungsrichter kann hieraus nicht entstehen, da es nur einer kurzen Anzeige mit Bemerkung des Gegenstandes, worüber die Vernehmung des Beamten erfolgen soll, bedarf.

Berlin den 14. Februar 1842.

Der Justiz-Minister
Mühler.

An
den Königl. General-Prokurator
Herrn Berghaus Hochwohlgeboren
zu Köln.

I. 566. Rh. Off. Sachen 6, Vol. 2.

10.

Verordnung wegen Abänderung der Vorschriften der Kabinets-Ordres vom 6. März 1821 und vom 2. August 1834, über die Untersuchung und Bestrafung der Verbrechen und Vergehen gegen den Staat und der Beamten, im Bezirk des Appellationshofes zu Köln, vom 18. Februar 1842.

Wir Friedrich Wilhelm, von Gottes Gnaden König von Preußen rc.

haben Uns veranlaßt gefunden, die Vorschriften der Kabinets-Ordre vom 6. März 1821, betreffend die Strafgesetze und das Verfahren in den Rheinprovinzen bei Verbrechen und Vergehungen gegen den Staat und dessen Oberhaupt und bei Dienstvergehen der Verwaltungsbeamten (Gesetz-Samml. S. 30) und der Kabinets-Ordre vom 2. August 1834, wegen Deklaration jener Ordre vom 6. März 1821 (Gesetz-Samml. S. 148) einer Revision zu unterwerfen, und verordnen nunmehr auf den Antrag Unserer getreuen Stäude der Rheinprovinz und auf den Bericht des Staats-Ministeriums für den Gerichtsbezirk des Appellationshofes zu Köln, was folgt:

§. 1.

Die Kabinets-Ordres vom 18. April 1835, betreffend die Anwendbarkeit der Preußischen Strafgesetze hinsichtlich der Münzverbrechen in denjenigen Provinzen, in welche das Allgem. Landrecht bisher nicht eingeführt worden (Gesetz-Samml. S. 67), vom 25. April 1835, betreffend die Bestallung des Kammergerichts zum ausschließlichen Gerichtshofe der Monarchie wegen aller und jeder Verbrechen und Vergehungen wider die Verfassung, die öffentliche Ordnung und Ruhe sowohl der sämmtlichen Staaten des Königreichs, als auch der übrigen Staaten des deutschen Bundes (Gesetz-Samml. S. 47), und die Verordnungen vom 17. August 1835 zur Aufrechthaltung der öffentlichen Ordnung und der dem Gesetz schuldigen Achtung (Gesetz-Samml. S. 170) und vom 30. September 1836 über das Verfahren bei Untersuchungen wegen Aufruhrs oder Tumults (Gesetz-Samml. S. 301) sollen in dem genannten Bezirk auch ferner unverändert zur Anwendung kommen.

§. 2.

An die Stelle der in den Verordnungen vom 6. März 1821 und 2. August 1834 angeführten §§. 148, 149, 150, 157, 158, 159, 160 a., 160 b., 161, 162, 166, 176, 177, 180, 181, 182, 184, 186, 187, 188, 189, 190, 191, 192, 193, 194, 195, 207, 208, 209, 210, 211, 483 bis 498 einschließlich, des 20. Titels, 2. Theils des Allg. Landrechts, sowie der Kriminal-Ordnung vom 11. Dezember 1805 und des Titels 35 der Allg. Gerichtsordnung treten vom Tage der Publikation der gegenwärtigen Verordnung diejenigen Gesetze, welche vor der Publikation der Verordnung vom 6. März 1821 in Kraft waren.

Dasselbe gilt hinsichtlich der §§. 178, 179 und 183 a. a. O., insofern die dort erwähnten Vergehen nicht bei Gelegenheit eines Aufruhrs Statt gefunden haben, und deswegen auf dieselben die Verordnung vom 17. August 1837 Anwendung finden muß.

§. 3.

Die übrigen, in den Verordnungen vom 6. März 1821 und 2. August 1834 angeführten Bestimmungen des Allg. Landrechts bleiben auch ferner in Kraft; die Untersuchung wegen der in denselben bezeichneten Verbrechen soll aber, mit Beseitigung der Kriminalordnung und des Titels 35 der Allg. Gerichtsordnung, nach den in der Rheinischen Strafprozeßordnung für zuchtpolizeiliche Vergehen gegebenen Vorschriften geführt werden.

§. 4.

Bei den Verhandlungen über die in den §§. 196. bis 206. Titel 20, Theil 2. des Allg. Landrechts erwähnten Verbrechen ist die Oeffentlichkeit ausgeschlossen; dasselbe tritt ein bei den Verhandlungen über Dienstvergehen der Beamten, bei welchen die Oeffentlichkeit nach den Verhältnissen des Beschuldigten ihm nachtheilig werden kann, oder Gegenstände zur Sprache kommen, deren Bekanntwerden in anderer Hinsicht schädlich werden könnte.

Ueber die Ausschließung der Oeffentlichkeit haben die Gerichte nach Vorschrift der Verordnung vom 31. Januar 1822 (Gesetz-Samml. S. 89) zu erkennen.

§. 5.

Von den gegen Beamte wegen Dienstvergehen in erster Instanz abgefaßten Erkenntnissen hat der Ober-Prokurator, unmittelbar nach deren Verkündigung, dem Departementschef Abschrift einzureichen, welcher sodann die Einlegung des Aggravations-Rechtsmittels, wenn er sich hierzu veranlaßt findet, dem Ober-Prokurator zur weitern Verfolgung anzuzeigen hat.

§. 6.

Wenn das höchste Maaß der gesetzlichen Strafe eines nach den landrechtlichen Bestimmungen zu beurtheilenden Verbrechens die Dauer einer fünfjährigen Freiheitsstrafe übersteigt, so müssen in erster Instanz fünf Richter, in der zweiten Instanz sieben Richter zum Erkenntnisse mitwirken. Sollte bei einzelnen Gerichten die hiernach erforderliche Zahl der Mitglieder nicht vorhanden sein, so hat der Justiz-Minister dieselbe durch kommissarische Heranziehung anderer zum Richteramte qualifizirter Justizbeamten zu ergänzen.

§. 7.

Hinsichtlich der zur Zeit der Publikation der gegenwärtigen Verordnung bereits eingeleiteten Untersuchungen ist nach folgenden Vorschriften zu verfahren:

Ueber die in erster Instanz noch unerledigt schwebenden Untersuchungen erkennt die Zuchtpolizei-Kammer des Landgerichts, mit Beobachtung der in den §§. 4., 5. und 6. dieser Verordnung enthaltenen nähern Bestimmungen.

Hat die Appellations-Kammer des Landgerichts, nach den bisher befolgten Vorschriften, bereits in erster Instanz erkannt und ist ein Rechtsmittel eingelegt, oder wird noch ein solches in der bisher gestatteten Frist angemeldet, so hat der Appellationshof, wie bisher, in zweiter Instanz zu erkennen.

In allen diesen Fällen tritt das Verfahren ein, wie die Rheinische Strafprozeßordnung solches vorschreibt, unbeschadet der, in dieser Verordnung enthaltenen, bereits erwähnten Modifikationen.

Urkundlich unter Unserer Höchsteigenhändigen Unterschrift und beigedrucktem Königlichen Insiegel.

Gegeben Berlin den 18. Februar 1842.

(L. S.) Friedrich Wilhelm.

Prinz von Preußen.

v. Boyen, v. Kamptz, Mühler, v. Rochow, v. Nagler, v. Ladenberg, Gr. v. Alvensleben, Frh. v. Werther, Eichhorn, v. Thile.

I. 1148. Rh. Crim. 19, Vol. V.

11.

Allgemeine Verfügung vom 18. Februar 1842, — betreffend die durch den Tod der Besitzer erledigten, oder aberkannten Auszeichnungen für pflichttreue Dienste in der Landwehr.

In Folge der in der Allgemeinen Preußischen Staatszeitung von 1842 Num. 17. S. 66 abgedruckten Allerhöchsten Bestimmungen vom 16. Januar d. J., wegen Stiftung einer Auszeichnung für pflichttreue Dienste in der Landwehr, ist von des Herrn Kriegs-Ministers Excellenz bestimmt worden, daß:

1. dergleichen nach erfolgter Verleihung durch den Tod des Besitzers erledigte Auszeichnungen nicht zurück gegeben werden; sondern den Angehörigen verbleiben,

und daß

2. aberkannte Auszeichnungen der gedachten Art bei den betreffenden Landwehr-Bataillonen, behufs der etwaigen Wiederverleihung, deponirt werden sollen.

Von diesen Anordnungen werden die Gerichtsbehörden zur Nachachtung hierdurch in Kenntniß gesetzt.

Berlin den 18. Februar 1842.

Der Justiz-Minister
Mühler.

An
sämmtliche Gerichtsbehörden.
I. 617. O. 49. Vol. 4.

12.

Allerhöchste Kabinets-Ordre vom 19. Februar 1842, betreffend die Ausdehnung der Befugniß zum Waffengebrauch und der Glaubwürdigkeit vor Gericht auf die von Königlichen Forstbeamten zu ihrer Unterstützung und zur Verstärkung des Forst- und Jagdschutzes angenommenen Korpsjäger.

Auf Ihren Bericht vom 11. v. M. will Ich die Bestimmungen der Ordre vom 21. Mai 1840 (Gesetz-Samml. S. 129) über die Befugniß zum Waffengebrauch und die Glaubwürdigkeit vor Gericht der im Kommunal- oder Privatdienst angestellten Korpsjäger auch auf die von Königlichen Forstbeamten zu ihrer Unterstützung und zur Verstärkung des Forst- und Jagdschutzes angenommenen und vorschriftsmäßig vereidigten Korpsjäger ausdehnen. Sie haben diese Bestimmung durch die Gesetzsammlung zur öffentlichen Kenntniß zu bringen.

Berlin den 19. Februar 1842.

Friedrich Wilhelm

An
den Staats-Minister v. Ladenberg.
F. 50. I. 1771

13.

Verfügung vom 25. Februar 1842, — den Verkehr auf Kunststraßen betreffend.

(Kab. Befehl vom 12. April 1840, Gesetz-Samml. S. 108.)

Die Verordnung, den Verkehr auf den Kunststraßen betreffend, vom 17. März 1839 unterscheidet in den §§ 1. und 7. die beiden Fälle, wenn die Kunststraße mit gewerbmäßig betriebenem Frachtfuhrwerk, oder mit anderem Fuhrwerk befahren wird.

Im ersteren Falle (§. 1.) ist eine Radfelgenbreite von mindestens vier Zoll, ursprünglich unbedingt vorgeschrieben; in der Folge aber diese Vorschrift durch den Allerhöchsten Kabinets-Befehl vom 12. April 1840 (Gesetz-Samml. S. 108.) dahin beschränkt worden, daß sowohl die von den Gewerbetreibenden mit eigenen Fuhrwerken betriebenen, mit ihrem Gewerbe in Verbindung stehenden Lastfuhren und für die von Landwirthen und Ackerbürgern mit ihren Wirthschaftsgespannen unternommenen Lohnfuhren, als für das sonstige gewerbmäßig betriebene Frachtfuhrwerk, das Erforderniß der Radfelgenbreite von mindestens vier Zoll nur dann statt finden soll, wenn die Ladung bei vierrädrigem Fuhrwerk mehr als 20 Zentner, bei zweirädrigem Fuhrwerk mehr als 10 Zentner beträgt.

In dem andern Falle, wenn die Kunststraße mit Fuhrwerk, welches nicht zu dem gewerbsmäßig betriebenen Frachtfuhrwerk gehört, befahren wird, ist eine bestimmte Radfelgenbreite in der Regel nicht erforderlich, dieselbe vielmehr im §. 7. der Verordnung nur beim Verfahren von Stein- oder Braunkohlen und von Getreide mit solchem Fuhrwerk, und alsdann auch nur bei einer Ladung von mehr als 50 oder 25 Zentnern auf vier- oder zweirädrigem Fuhrwerk vorgeschrieben.

Dieser in dem Gesetze gemachte Unterschied scheint nicht überall gehörig aufgefaßt worden zu sein, da in mehreren hier vorgelegenen polizeigerichtlichen Urtheilen, auf den Grund der §§. 1. und 15. der gedachten Verordnung, auf Strafe wegen

Gebrauchs von Frachtfuhrwerken mit schmalen Radfelgen erkannt worden ist; obwohl in allen diesen Fällen nicht festgestellt gewesen, daß das Fuhrwerk zu dem gewerbsmäßig betriebenen Frachtfuhrwerk gehört hat.

Berlin den 25. Februar 1842.

Der Justiz-Minister
Mühler.

An
den Königlichen General-Prokurator
Herrn Berghaus Hochwohlgeboren
zu Köln.

V. 462. C. 10. Vol. 2.

14.

Allgemeine Verfügung vom 25. Februar 1842, — betreffend das Verfahren bei Einholung der Gutachten der Sachverständigen-Vereine bei Untersuchungen wegen Nachdrucks.

(Gesetz vom 11. Juni 1837, Gesetz-Samml. S. 165 ff.; Instruktion vom 15. Mai 1838, Gesetz-Samml. S. 277 ff.)

Nach einer Mittheilung des Ministers der geistlichen, Unterrichts- und Medizinal-Angelegenheiten ist es vorgekommen,

daß einzelne Gerichte vor der Einleitung einer Untersuchung wegen unbefugten Nachdrucks oder wegen unbefugter Nachbildung von Werken der Wissenschaft und Kunst zur Feststellung des objektiven Thatbestandes von den in Gemäßheit der §§. 17. und 31. des Gesetzes vom 11. Juni 1837 nach Anleitung der Instruktion vom 15. Mai 1838 gebildeten Sachverständigen-Vereinen Gutachten erfordert haben, ohne dabei, wie die Bestimmung unter num. 9 der obengedachten Instruktion vorschreibt, einen status causae et controversiae mit einzusenden;

ingleichen:

daß der mitgetheilte status causae et controversiae bisweilen den zur Abgabe eines sachverständigen Gutachtens unerläßlichen Erfordernissen nicht entsprochen hat.

Der Sachverständigen-Verein ist dadurch an der Ertheilung des Gutachtens verhindert worden.

Zur Vorbeugung solcher Hinderungen wird im Einverständnisse mit dem Herrn Minister der geistlichen, Unterrichts- und Medizinal-Angelegenheiten sämmtlichen Gerichtsbehörden Folgendes eröffnet:

Das Gesetz vom 11. Juni 1837 schreibt vor:

§. 15. Die gerichtliche Untersuchung der in den §§. 2. 3. 4. a. a. O. bezeichneten Vergehen (des Nachdrucks) ist nicht von Amtswegen, sondern nur auf den Antrag des Verletzten einzuleiten.

Will der Verleger der Schrift den Antrag nicht machen, so kann dieses von dem Autor oder dessen Erben geschehen, insofern dieselben noch ein von dem Verleger unabhängiges Interesse haben.

§. 16. Nach einmal erfolgter Einleitung der Untersuchung kann die Zurücknahme des Antrags zwar in Beziehung auf die Entschädigung statt finden, nicht aber in Beziehung auf die Konfiskation nud Geldbuße.

§. 17. Scheint es dem Richter zweifelhaft, ob eine Druckschrift als Nachdruck oder unerlaubter Abdruck zu betrachten, oder wird der Betrag der Entschädigung bestritten, so hat der Richter das Gutachten eines aus Sachverständigen gebildeten Vereins einzuholen.

Diese Bestimmungen gelten nach der Vorschrift des Gesetzes (§. 18. 19. und 30.) auch bei Kontraventionen durch unerlaubte Nachbildung von andern, in dem Gesetze näher bezeichneten Erzeugnissen der Wissenschaft und der Kunst. Insbesondere findet nach §. 31. a. a. O. auch bei diesen Kontraventionen die Einforderung des Gutachtens eines Sachverständigen-Vereins unter ähnlichen Bedingungen, als im §. 17. rücksichtlich des Vergehens des Nachdrucks vorgeschrieben sind, statt.

In Betreff der Einholung solcher Gutachten ist unter Num. 9. der Instruktion vom 15. Mai 1838 bestimmt:

„das Gericht, welches die Erstattung eines solchen Gutachtens für erforderlich hält, übersendet einen status causae et controversiae nebst dem corpus delicti und dem Gegenstande, mit welchem letzteres verglichen werden soll, an das Königliche Ministerim der geistlichen, Unterrichts- und Medizinal-Angelegenheiten Behufs der Vorlegung an den betreffenden Verein ꝛc."

Diese ganz allgemeine Vorschrift gilt für alle Fälle, in welchen die Einholung des Gutachtens Statt findet:

a. vor der Einleitung der förmlichen Untersuchung, wenn es dem Richter bei der Prüfung der Denunciation und bei der vorläufigen Erörterung der Sache auf die Feststellung des objektiven Thatbestandes ankömmt;

und b. im Laufe der Untersuchung, wenn von einem der Betheiligten, oder vom Richter darauf angetragen wird.

Die Erfordernisse des mitzutheilenden status causae et controversiae ergeben sich aus der Natur und dem Zweck desselben. Es muß daraus hervorgehen, über welche der Anklage zum Grunde liegende Thatsachen der Verletzte und der Denunziat einig sind, und über welche dieser Umstände sie streiten. Jene, auf beiderseitigem Einverständnisse beruhenden Thatsachen sind daher in dem status causae et controversiae in einer zusammenhängenden Darstellung (species facti) vorauszuschicken und demnächst in einzelnen Streitfragen diejenigen thatsächlichen Punkte, über welche eine Einigung nicht stattgefunden hat, anzugeben.

Hieraus ergiebt sich von selbst, daß die Entwerfung des status causae et controversiae nicht eher erfolgen kann, als bis beide Theile, der Verletzte und der Angeschuldigte, vollständig gehört worden sind.

Das von den Gerichten in den Untersuchungen wegen Kontraventionen gegen das Gesetz vom 11. Juni 1837 zu beobachtende Verfahren ist daher folgendes:

1. bevor sie zur Feststellung des objektiven Thatbestandes ein Gutachten des Sachverständigen-Vereins einfordern, müssen die Gerichte allemal den Angeschuldigten über den Inhalt der Denunciation hören und mit Zuziehung des Verletzten, sei es der Verleger oder der Autor, oder dessen Erben, auf deren Antrag, nach §. 15. des Gesetzes vom 11. Juni 1837 die Untersuchung nur eingeleitet werden soll, den status causae et controversiae in der vorstehend angegebenen Art reguliren, demnächst aber
2. bei Einholung des Gutachtens der Bestimmung unter Num. 9. der Instruction vom 15. Mai 1838 gemäß, dem Königlichen Ministerium der geistlichen, Unterrichts- und Medizinal-Angelegenheiten den status causae et controversiae mit einsenden.

Hinsichtlich der Ausführung dieser allgemeinen Bestimmungen bedarf es, da das Gesetz vom 11. Juni 1837 und die Instruktion vom 15. Mai 1838 für die ganze Monarchie gegeben sind, mit Rücksicht auf die in den verschiedenen Landestheilen geltenden verschiedenen Gesetzgebungen, noch folgender spezieller Bemerkungen.

A. Für die Gerichte in den Landestheilen, in welchen der zweite Abschnitt des 35. Titels der Allgemeinen Gerichts-Ordnung: „Von fiskalischen Untersuchungen" Gesetzeskraft hat, mit Einschluß des ostrheinischen Theils des Regierungs-Bezirks Coblenz, soweit derselbe unter der Aufsicht des dortigen Justiz-Senats steht.

Durch das Reskript vom 27. Januar d. J. (Justiz-Ministerialblatt Seite 68 Num. 52.) ist ausgesprochen worden,

daß die Untersuchungen wegen Kontraventionen gegen das Gesetz vom 11. Juni 1837 als fiskalische Untersuchungen zu behandeln sind.

Der zweite Abschnitt des 35. Titels der Allgemeinen Gerichts-Ordnung giebt daher neben dem Gesetze vom 11. Juni 1837 und der Instruktion vom 15. Mai 1838 die Normen für das Verfahren in Untersuchungen der gedachten Art an die Hand.

> Nach §. 59. a. a. O. der Allgemeinen Gerichts-Ordnung soll, wenn die Vernehmung des Denuncianten geschlossen ist, und derselbe die Denunciation ganz oder zum Theil geleugnet hat, ebenso wie im Civil-Prozesse ein ordentlicher status causae et controversiae entworfen und dem Denunciaten zu seiner Erklärung vorgelegt werden.

Bei der Entwerfung des status causae et controversiae in den Untersuchungen wegen Nachdrucks rc. dienen daher die in den §§. 28. ff. Titel 10. der Prozeß-Ordnung aufgestellten Vorschriften znm Anhalt, welche mit denjenigen übereinstimmen, was oben im Allgemeinen über die Einrichtung des status causae et controversiae bemerkt worden ist.

B. Für die Gerichte in Neu-Vorpommern und Rügen. Die in diesen Landestheilen geltende Verordnung vom 18. Mai 1839 (Gesetz-Sammlung Seite 207.) bedingt keine Abweichungen von den oben aufgestellten allgemeinen Bestimmungen, indem der Ausführung derselben weder der, nach §. 4. jener Verordnung in dieser Provinz anzuwendende gemeinrechtliche Untersuchungs-Prozeß, noch das im §. 14. a. a. O. für gewisse Fälle angeordnete summarische Untersuchungsverfahren Hindernisse in den Weg legen.

C. Für die Gerichts-Behörden im Bezirke des Apellationsgerichtshofes zu Cöln.

1. Vor der Einleitung der förmlichen Untersuchung ist die Regulirung des status causae et controversiae von dem Untersuchungs-Richter zu besorgen und der Bericht an das Königliche Ministerium der geistlichen, Unterrichts- und Medizinal-Angelegenheiten von demselben zu erstatten.
2. Ergiebt sich die Nothwendigkeit der Einholung eines Gutachtens des Sachverständigen-Vereins erst bei der Verhandlung der Sache vor Gericht, so ist in dem Urtheil, welches die Einholung des Gutachtens anordnet, zugleich ein Kommissar zu ernennen, der den status causae et controversiae mit Zuziehung beider Theile aus den Akten und nach dem Ergebniß der mündlichen Verhandlung zu entwerfen hat. Der status causae et controversiae ist sodann an den Ober-Prokurator abzugeben, welcher denselben, mit dem von ihm zu erstattenden Berichte an das Königliche Ministerium der

geistlichen, Unterrichts- und Medizinal-Angelegenheiten einzureichen hat.

Berlin den 25. Februar 1842.

Der Justiz-Minister
Mühler.

An
sämmtliche Gerichtsbehörden.
I. 773. N. 3. Vol. V.

15.

Verfügung vom 12. März 1842, — die Einziehung und Sicherung gestundeter Stempel in fiskalischen uud Armen-Prozessen betreffend.

In Folge Ew. Hochwohlgeboren Berichts vom 18. Juni v. J. bin ich über die Anträge des Provinzial-Steuer-Direktors zu Köln, Behufs der Einziehung und Sicherung gestundeter Stempel in fiskalischen und Armen-Prozessen, mit dem Herrn Finanz-Minister in anderweitige Kommunikation getreten, und erhalten Sie hierbei in Verfolg der Verfügung vom 25 August v. J. Abschrift des von dem gedachten Provinzial-Steuer-Direktor an sämmtliche Hauptämter erlassenen Cirkulars vom 31. Januar d. J. nebst der darin bezogenen Cirkular-Verfügung vom 19. Oktober 1834 zur Kenntnißnahme.

Berlin den 12. März 1842.

Der Justiz-Minister
Mühler.

An
den Königlichen General-Prokurator Herrn Berghaus Hochwohlgeboren zu Köln.
I. 984. Rh. Gen. 62. Vol. 5.

Beilagen.

a.

Durch die Cirkular-Verfügungen vom 29. November 1831 und 21. Januar 1833 ist bereits das, bei Einziehung der, bei den Gerichten rückständig gebliebenen Erkenntnißstempel zu beobachtende Verfahren vorgeschrieben worden.

Es hat sich indessen ergeben, daß hiernach die Einziehung dieser Stempel in dem Falle nicht gesichert ist, wenn ein Urtheil erster Instanz, welches zum Nachtheil einer zum Armenrecht zugelassenen Partei ausgefallen war, und daher auch dieser den Erkenntnißstempel zur Last gesetzt hatte, in der Appellations-Instanz zum Vortheil derselben abgeändert wird, und die Kosten beider Instanzen entweder kompensirt, oder dem vermögenden Gegner der Armenpartei zur Last gestellt werden; indem in diesem Falle nicht nur der Stempel zu dem Erkenntnisse zweiter Instanz, sondern auch der zum ersten Erkenntniß erforderliche, durch dasselbe der Armenpartei zur Last gelegte und daher in debet notirte Stempel beigebracht werden muß, hiervon aber das Königliche Haupt-Amt keine Kenntniß erhielt.

Um diesen Uebelstand zu heben, hat der Herr General-Prokurator bei dem Königl. Appellationshofe auf mein Ersuchen veranlaßt, daß von den Gerichtsschreibereien bei den gedachten Fällen in den Verzeichnissen der rückständig gebliebene Erkenntnißstempel kurz bemerkt wird, ob und von wem der, der Armenpartei zur Last gelegte Stempel zu dem Erkenntnisse erster Instanz gegenwärtig einzuziehen ist, und dabei das Gericht, bei welchem der Prozeß in erster Instanz anhängig gewesen ist, bemerkt wird.

Finden sich in den Verzeichnissen der rückständig gebliebenen Erkenntnißstempel solche Notizen, so hat das Königliche Hauptamt entweder selbst, oder durch Requisition desjenigen Hauptamts, in dessen Bezirk das Gericht erster Instanz seinen Sitz hat, die Einziehung des in erster Instanz der Armenpartei zur Last gestellten Stempels zu bewirken.

Cöln den 19. Oktober 1834.

Der Geheime Ober-Finanz-Rath u. Provinzial-Steuer-Direktor
v. Schütz.

An
sämmtliche Haupt-Aemter.

b.

Da die Cirkular-Verfügung vom 19. Oktober 1834, die Einziehung gestundeter Prozeßstempel betreffend, nicht überall genau beachtet zu werden scheint, so bringe ich deren fortgesetzte Anwendung mit der Anweisung in Erinnerung, für den Fall, daß die in der gedachten Verfügung angegebene Anordnung auch irgendwo Gerichts-Seits nicht befolgt werden sollte, darüber hierher zur weiteren Veranlassung Anzeige zu machen. Zugleich bemerke ich, daß es nicht geeignet erscheint, die in erster Instanz einer armen oder sonst gesetzlich kostenfreien Partei zur Last gestellten Prozeßstempel sogleich in Soll-Einnahme zu stellen; vielmehr veranlasse ich das Hauptamt, solche in debet gestellte Stempelbeträge aus den Restlisten erster Instanz in ein besonderes chronologisches Verzeichniß zu übertragen und sie erst dann aus diesem Verzeichnisse der in debet notirten Stempel in Soll-Einnahme zu bringen, wenn auf dem in der obengedachten Verfügung vorgeschriebenen Wege, in Folge einer Berufung gegen das erste Erkenntniß und dessen Abänderung zum Nachtheile der kostenpflichtigen Partei sich nachträglich eine Einziehbarkeit der früher gestundeten Stempel ergeben hat. Hierdurch werden die Anträge auf Niederschlagung der in debet notirten Stempel vermieden, welche so lange unnütz sind, als sie beim Mangel einer Berufung an sich als uneinziehbar erscheinen, die aber anderer Seits auch streng genommen nicht gerechtfertigt erscheinen, weil immer noch der Fall einer Berufung und einer nachträglich eintretenden Einziehbarkeit der notirten Stempel möglich bleibt. Daß die Uebertragung der in debet notirten Stempel aus den Restlisten in das angeordnete Stundungs-Register wirklich erfolgt sei, ist unter Angabe der Nummer, unter welcher die Post in dem Register erscheint, unter jedem Restverzeichnisse vom Oberinspector zu bescheinigen, wobei es dann vorbehalten bleibt, von Zeit zu Zeit das Verzeichniß der in debet notirten oder gestundeten Stempel zur diesseitigen Einsicht und Prüfung einzufordern.

Cöln den 31. Januar 1842.

Der Geheime Ober-Finanz-Rath u. Provinzial-Steuer-Direktor
Helmentag.

An
sämmtliche Hauptämter.

16.

Verfügung vom $\frac{\text{9. Februar}}{\text{13. März}}$ 1842, — betreffend die Frage: ob die in der Rhein-Provinz von den Landräthen oder in deren Auftrage von den Bürgermeistern aufgenommenen Verpachtungs-Kontrakte über Gemeinde- und Kirchengrundstücke einen executionsfähigen Titel bilden, oder ob die Execution erst auf Grund einer vorgängigen gerichtlichen Klage und eines darauf ergangenen Erkenntnisses erfolgen könne?

(Dekret vom 28. Oktober 1790, Art. 14, Tit. 2; vom 5.—11. Februar und 5.—10. August 1791 Art. 2.; vom 6. Nivose XI. Art. 2; vom 12. August 1807 und 30. Dezember 1809 Art. 60; Ressort-Reglement vom 20. Juli 1818 §. 16. Num. 2. §. 20. Num. 5; Ordonnanz vom 7. Oktober 1818 Art. 4.; Allerh. Kabinets-Befehl vom 10. Januar 1830, Lottner Bd. 3. S. 320; Sirey 17. 1. S. 192; Archiv 28. 1. S. 155; Cormenin, questions de droit administratif, Bd. 1. Tit. 3. Kap. 3. Art. 1. 2°. Note 1.; Duvergier, Bd. 18 von Toullier droit civil not. 3. ad Num. 123. und Troplong du contract de louage, Num. 75. Note 9.)

Ew. Excellenz beehre ich mich, auf das geehrte Schreiben vom 7. v. M. unter Rücksendung des Berichts der Regierung zu Köln vom 31. Juli v. J. ganz ergebenst zu erwiedern, daß auch ich damit einverstanden bin, daß die vor dem Landrathe ohne Zuziehung eines Notars abgeschlossenen Verpachtungsakte über Gemeinde- und Kirchengüter die sofortige Exekution nicht begründen können.

Zunächst ist eine solche Verpachtung, wie jede andere, ein rein civilrechtlicher Akt, und als solcher so lange an die allgemeinen Regeln des Civilrechts gebunden, als und so weit er nicht durch specielle Gesetze denselben entgegen ist. Hat nun, wie unzweifelhaft, nach diesen Regeln ein nicht vor einem Notar geschlossener Pachtvertrag keinen sofortigen Zwangsvollzug, so gilt dies auch von den Pachtverträgen über Kirchen- und Gemeinde-Grundstücke, da das Gesetz nicht bestimmt das Gegentheil ausspricht.

Denn obwohl der Artikel 14. Tit. 2. des Dekrets vom 28. Oktober 1790 in Bezug auf Staatsgüter ausdrücklich bestimmt, daß zu den darüber zu schließenden Pachtverträgen und sonstigen Administrationsakten kein Notar zugezogen zu werden braucht, diese Verträge vielmehr sofortige Zwangsvollzugsfähigkeit und Hypotheken-Inscription begründen, so haben doch die Dekrete vom 5.—11. Februar 1791 Art 2., vom 5.—10. August 1791 Art. 2., vom 6. Nivose XI. Art. 2. und vom 30. Dezember 1809 Art. 60. rücksichtlich der Verpachtung der Gemeinde- und der Kirchengüter nur die nämliche Form, wie für die Staatsgüter bestimmt, nicht aber festgesetzt, daß auch aus jenen Verpachtungsakten sofort Exekution wie aus den über Staatsgüter stattfinden kann, was aus der Form allein nicht folgt, die nur die Autentizität des Aktes begründet, welche von dessen sofortiger Vollstreckbarkeit noch wesentlich verschieden ist. Der Pariser Kassationshof hat sogar in einem Urtheile vom 2. Januar 1817 (Sirey 17. 1. S. 192) angenommen, daß ein solcher Akt ein bloßer Privatakt sei, weil der Maire, der ihn mit Genehmigung des Präfekten aufgenommen hatte, dabei nur als Vormund der Gemeinde, nicht als öffentlicher Beamter gehandelt. Ist auch in dieser Beziehung mit Rücksicht auf die allgemeine amtliche Qualität des versteigernden Beamten die Ansicht des Appellationsgerichtshofes zu Köln in dem Urtheile vom 11. April 1839 (Archiv 28. 1. S. 155) vorzuziehen, welcher einen solchen Akt als autentischen Akt ansieht, so ergiebt sich doch jedenfalls aus jenem Urtheile, daß man einen solchen Akt nicht als zulässige unmittelbare Grundlage einer Execution angesehen hat. Damit stimmt auch Cormenin in seinen questions de droit administratif, Bd. 1. Tit. 3. Kap. 3. Art. 1. 2°. Note 1. überein, indem er sagt:

En thèse, il faut tenir pour constant, que l'approbation d'un bail communal par le préfet n'emporte ni la jurisdiction administrative encas de difficulté ni l'execution du titre. La raison en est en premier lieu, que l'approbation du préfet, n'est qu'un acte de tutelle qui n'intresse ni l'état ni les tiers et en second lieu qu'elle n'est pas et ne peut être revetue de la formule prescrite pour l'execution parée des jugemens et des acts notariés.

Ebenso Duvergier im 18. Bande von Toullier droit civile, not. 3. ad Num. 123. und Troplong du contract de louage Num. 75., Note 9, welche zur Vollziehbarkeit eines Verpachtungsaktes von Gemeindegütern die Konkurrenz eines Notars aus demselben Grunde erfordern, weshalb das Dekret vom 12. August 1807 diese Form für Verpachtung von Gütern der Hospizien und anderen öffentlichen Wohlthätigkeits- und Unterrichts-Anstalten vorgeschrieben hat. Diese Analogie ist in Frankreich sogar bestimmt für die Güter der Kommunen im Artikel 4. der Ordonnanz vom 7. Oktober 1818 als richtig anerkannt, indem es darin heißt:

Conformement a l'art premier du Decret du 12. août 1807 il sera passé acte de l'adjudication (s. des baux) par devant le notaire désigné par le préfet.

Selbst wenn man, dem Vorstehenden entgegen, annehmen wollte, daß aus der Gleichheit der Form der Verpachtung der Staats- und Gemeindegüter eine gleiche Wirkung hinsichtlich der Exekution der Verpachtungsakte folge, und daß das Dekret vom 12. August 1807 einer Ausdehnung auf Verpachtungen von Gemeindegütern nicht empfänglich sei, würde dennoch diese Wirkung durch die §§. 20. Num. 5. und §. 16. Num. 2. des Ressort-Reglements vom 20. Juli 1818 aufgehoben sein. Denn der erstere verweiset alle Streitigkeiten unter der Verwaltung und den Pächtern eines Domainengutes an d e Gerichte, mithin auch die, welche aus Nichtzahlung des Pachtzinses entstehen, und daß dabei nicht die Idee vorgewaltet, es könne aus den Verpachtungsakten der Domainen-Verwaltung die Execution noch wie früher vollstreckt werden, ergiebt der Umstand, daß in jener Stelle unter den Ausnahmen die Num. 2. des §. 16. allegirt worden ist, welche bei Streitigkeiten über Pachtzinsen der Domainen-Verwaltung die Regierung nur ermächtigt, ein liquidum nach Vernehmung des die Zahlung weigernden Pächters festzusetzen, und diese Festsetzung gegen den Schuldner vollstrecken zu lassen, — eine Vorschrift, die keine Bedeutung hätte, wenn schon aus den Verpachtungsakten selbst die Execution vollstreckt werden könnte. Haben danach nun selbst die administrativen Domainenverpachtungen des Artikels 14. Tit. 2. des Decrets vom 28. Oktober 1790 nicht die Wirkung, daß sogleich Execution daraus stattfindet, so können die Verpachtungen der

Gemeinde- und Kirchengüter sie noch weniger haben, da sie jedenfalls eine größere Wirkung, als jene, gesetzlich nicht haben sollen. Hierauf deutet auch die Allerhöchste Ordre vom 10. Januar 1830 (Lottner Bd. 3. S. 320), durch welche allgemein festgesetzt ist, daß zur gerichtlichen Eintreibung laufender Gefälle (also auch der Pächte und Zinsen) der Gemeinden, Kirchen, Fabriken und Armenanstalten eine Autorisation der Regierung nicht erforderlich ist, wenn der Ursprung der Schuld nicht bestritten wird. Denn bedürfte es nur des Daseins eines administrativen Akts zur Begründung der Execution wegen solcher Gefälle, so könnte von einer Einziehung derselben durch Einleitung eines Prozesses nicht die Rede sein.

Was schließlich den Antrag der Regierung betrifft, mittelst einer eventuell zu erwirkenden Deklaration den Verpachtungsakten von Kommunal- und Kirchengütern sofortige Executionsfähigkeit beizulegen, so kann ich auch diesem nicht beitreten, da die Kommunen und Kirchenfabriken eben so gut der Notarien zu ihren Verpachtungen sich bedienen können, wie jeder Privatmann, und selbst die Hospizien, Wohlthätigkeits- und Unterrichts-Anstalten (Dekret vom 12. August 1807) zu thun gezwungen sind, und also kein erheblicher Grund obwaltet, zu ihrem Vortheile eine so bedeutend in das Civilrecht eingreifende Ausnahme zu machen.

Berlin den 9. Februar 1842.

Der Justiz-Minister
Mühler.

An
des Königlichen wirklichen Geheimen
Staats-Ministers und Ministers des
Innern und der Polizei
Herrn von Rochow Excellenz.
I. 196. Rh. Gen. 16. Vol. 2.

Anlage.

Verfügung an die Königl. Regierung zu Köln vom 13. März 1842.

Der Königlichen Regierung eröffnen wir auf den Bericht vom 31. Juli v. J., nachdem wir in Veranlassung desselben mit dem Herrn Justiz-Minister in Kommunikation getreten sind, daß nach Lage der dortigen Gesetzgebung die von den Landräthen ohne Zuziehung eines Notars abgeschlossenen Verpachtungs-Kontrakte über Gemeinde- und Kirchengüter die sofortige Execution nicht begründen können.

Zunächst ist eine solche Verpachtung, wie jede andere, ein rein civilrechtlicher Akt, und als solcher so lange an die allgemeinen Regeln des Civilrechts gebunden, als und soweit er nicht durch specielle Gesetze denselben entzogen ist Hat nun, wie unzweifelhaft, nach diesen Regeln ein nicht vor einem Notar geschlossener Pachtvertrag keinen sofortigen Zwangsvollzug, so gilt dies auch von Pachtverträgen über Kirchen- und Gemeindegrundstücke, da das Gesetz nicht bestimmt das Gegentheil ausspricht.

Denn obwohl der Art. 14. Tit. 2. des Dekrets vom 28. Oktober 1790 in Bezug auf Staatsgüter ausdrücklich bestimmt, daß zu den darüber zu schließenden Pachtverträgen und sonstigen Administrations-Akten kein Notar zugezogen zu werden braucht, diese Verträge vielmehr sofortige Zwangsvollzugsfähigkeit und Hypotheken-Inskription begründen, so haben doch die Dekrete vom 5.—11. Februar 1791 Art. 2., vom 5.—10. August 1791 Art. 2., vom 6 Nivose XI. Art. 2. und vom 30. Dezember 1809 Art. 60. rücksichtlich der Verpachtung der Gemeinde- und der Kirchengüter nur die nämliche Form, wie für die Staatsgüter bestimmt, nicht aber festgesetzt, daß auch aus jenen Verpachtungsakten sofortige Execution, wie aus den über Staatsgüter stattfinden kann, was aus der Form allein nicht folgt, die nur die Autentizität des Aktes begründet, welche vor dessen sofortiger Vollstreckbarkeit noch wesentlich verschieden ist.

Selbst wenn man, dem Vorstehenden entgegen, annehmen wollte, daß aus der Gleichheit der Form der Verpachtung der Staats- und Gemeindegüter eine gleiche Wirkung hinsichtlich der Execution der Verpachtungsakte folge, würde dennoch diese Wirkung durch die §§. 20. Num. 5. und 16. Num. 2. des Ressort-Reglements vom 20. Juli 1818 aufgehoben sein. Denn der erstere verweiset alle Streitigkeiten unter der Verwaltung und den Pächtern eines Domainenguts an die Gerichte, mithin auch die, welche aus Nichtzahlung des Pachtzinses entstehen, und daß dabei nicht die Idee vorgewaltet, es könne aus den Verpachtungsakten der Domainen-Verwaltung die Execution noch wie früher vollstreckt werden, ergiebt der Umstand, daß in jener Stelle unter den Ausnahmen die Num. 2. des §. 16. allegirt worden ist, welche bei Streitigkeiten über Pachtzinsen der Domainen-Verwaltung die Regierung nur ermächtigt, ein Liquidum nach Vernehmung des die Zahlung weigernden Pächters festzusetzen, und diese Festsetzung gegen den Schuldner vollstrecken zu lassen, — eine Vorschrift, die keine Bedeutung hätte, wenn schon aus den Verpachtungsakten selbst die Execution vollstreckt werden könnte. Haben demnach nun selbst die administrativen Domainen-Verpachtungen des Art. 14. Tit. 2. des Dekrets vom 28. Oktober 1790 nicht die Wirkung, daß sogleich Execution daraus stattfindet, so können die Verpachtungen der Gemeinde- und Kirchengüter sie noch weniger haben, da sie jedenfalls eine größere Wirkung, als jene, gesetzlich nicht haben sollen. Hierauf deutet auch die Allerhöchste Ordre vom 10. Januar 1830 (Lottner Bd. 3. S. 320), durch welche allgemein festgesetzt ist, daß zur gerichtlichen Eintreibung laufender Gefälle (also auch der Pächte und Zinsen) der Gemeinden, Kirchen-, Fabriken- und Armen-Anstalten, eine Autorisation der Regierung nicht erforderlich ist, wenn der Ursprung der Schuld nicht bestritten wird. Denn bedürfte es nur des Daseins eines administrativen Akts zur Begründung der Execution wegen solcher Gefälle, so könnte von einer Entziehung derselben durch Einleitung eines Prozesses nicht die Rede sein.

Was den eventuellen Antrag der Königlichen Regierung betrifft, mittelst einer Deklaration den Verpachtungsakten von Kommunal- und Kirchengütern sofortige Executionsfähigkeit beizulegen, so kann auch diesem nicht Statt gegeben werden, da die Kommunen und Kirchen, sowie die Kirchen-Fabriken, eben so gut der Notarien zu ihren Verpachtungen sich bedienen können wie jeder Privatmann, und selbst die Hospitien, Wohlthätigkeits- und Unterrichts-Anstalten (Dekret vom 12. August 1807) zu thun gezwungen sind, und also kein entscheidender Grund obwaltet, zu ihrem Vortheil eine so bedeutende Abweichung von den Grundsätzen des dort geltenden Civilrechts eintreten zu lassen.

Berlin den 13. März 1842.

Der Minister des Innern und der Polizei
v. Rochow.

Der Minister der geistlichen, Unterrichts- und Medizinal-Angelegenheiten
Eichhorn.

17.

Allgemeine Verfügung vom 23. März 1842, — betreffend die Zulässigkeit der Versicherung von Pensionen für Ehefrauen der Justiz-Beamten bei der Berliner (Graf v. d. Schulenburgschen) allgemeinen Wittwen-Pensions- und Unterstützungs-Kasse und die Stempelfreiheit für die dabei erforderlichen Aufnahme-Atteste.

Nach einer durch die Regierungs-Amtsblätter bekannt gemachten Verfügung der Königlichen Ministerien der Finanzen und des Innern vom 11. August 1841 haben des Königs Majestät mittelst Allerhöchster Ordre vom 19. Juli 1841 zu genehmigen geruht,

daß allen Beamten, welche nach den bestehenden gesetzlichen Bestimmungen zum Beitritt bei der Königlichen Allgemeinen Wittwen-Verpflegungs-Anstalt verpflichtet sind, freigestellt werden kann, ihren Ehefrauen bei der Berliner (Graf v. d. Schulenburgschen) allgemeinen Wittwen-Pensions- und Unterstützungs-Kasse eine Pension — jedoch mindestens zu dem vorgeschriebenen Betrage von $1/5$ ihrer Besoldung — zu sichern, in welchem Falle dann der Einkauf bei der Königlichen Wittwen-Verpflegungs-Anstalt nicht erforderlich ist.

Diese Allerhöchste Genehmigung, welche auch auf Justiz-Beamte Anwendung leidet, wird hierdurch zur Kenntniß der Gerichtsbehörden und der betheiligten Beamten mit dem Bemerken gebracht:

daß zwar die nach den Allerhöchst bestätigten Statuten der Graf v. d. Schulenburgschen Wittwen-Kasse zu entrichtenden jährlichen Beiträge höher sind, als die zur Königlichen Allgemeinen Wittwen-Kasse zu zahlenden, daß dagegen aber nach jenen Statuten eine Zahlung von Retardatzinsen nicht erforderlich ist, wenn auch die Beitretenden schon längere Zeit verheirathet waren, und daß die hinterbliebene Wittwe schon im nächsten Jahre nach dem Ableben ihres Ehemannes in den Genuß der vollen ihr versicherten Pension tritt.

Zugleich wird den sämmtlichen Gerichtsbehörden die anliegende, von den Ministerien des Innern und der Finanzen am 28. Februar d. J. an die Königlichen Regierungen erlassene Verfügung, nach welcher für die bei dem Beitritt der Beamten zur Graf v. d. Schulenburgschen allgemeinen Wittwen-Pensions- und Unterstützungs-Kasse beizubringenden Aufnahme-Atteste die Stempelfreiheit Allerhöchst bewilligt worden und die Regierungen mit Anweisung wegen Einziehung und Abführung der Beiträge zu jener Kasse versehen sind, zur Nachachtung bekannt gemacht.

Berlin den 23. März 1842.

Der Justiz-Minister
Mühler.

An
sämmtliche Gerichtsbehörden.

I. 650. u. 1160. Berlin, Num. 30.

Beilage.

Des Königs Majestät haben mittelst Allerhöchster Kabinets-Ordre vom 7. d. M. denjenigen Staats-Beamten, welche der Graf von der Schulenburgschen allgemeinen Wittwen-Pensions- und Unterstützungs-Kasse hierselbst beitreten, für die von denselben beizubringenden Aufnahme-Atteste die Stempelfreiheit in eben der Art Allergnädigst zu bewilligen geruhet, wie solche den Interessenten der Königlichen Wittwen Verpflegungs-Anstalt nach §. 15. ihres Reglements vom 28. Dezember 1775 zugestanden ist.

Indem wir die Königliche Regierung von dieser Allerhöchsten Bestimmung in Kenntniß setzen, weisen wir dieselbe nach dem Antrage des Grafen von der Schulenburg zugleich an, auf die von demselben mitzutheilende Nachweisung der bei obiger Anstalt aufgenommenen Beamten im dortigen Regierungsbezirk die Beiträge in eben der Art einziehen und abführen zu lassen, wie es bei den der Königlichen Anstalt associirten Beamten geschieht.

Berlin den 28. Februar 1842.

Ministerium des Innern
v. Rochow.

Finanz-Ministerium
Gr. v. Alvensleben.

An
sämmtliche Königliche Regierungen.

18.

Allerhöchste Kabinets-Ordre vom 30. März 1842, betreffend das Gnadengehalt für die Hinterbliebenen eines Beamten, dessen Pensionirung zwar schon ausgesprochen, bei seinem Tode aber noch nicht eingetreten war.

Ich genehmige nach dem Antrage des Staats-Ministeriums vom 3. d. M., daß den Hinterbliebenen eines Beamten, dessen Pensionirung von einem bestimmten Zeitpunkte an bereits verfügt war, der aber vor Eintritt dieses Zeitpunkts verstorben ist, das Gnadengehalt, ohne Rücksicht auf die schon bestimmte Pensionirung nach den für die aktiven Beamten geltenden Grundsätzen gewährt werde. Für den Fall, daß die Stelle des zu Pensionirenden, vor seinem Ableben, vom Zeitpunkte der verfügten Pensionirung an schon einem andern Beamten verliehen sein sollte, kann der den Hinterbliebenen noch zustehende Gnaden-Gehaltsbetrag auf die Extraordinarien-Fonds der betreffenden Verwaltungen angewiesen werden.

Potsdam den 30. März 1842.

Friedrich Wilhelm.

An
das Staats-Ministerium.

Der vorstehende Allerhöchste Befehl wird hierdurch sämmtlichen Obergerichten bekannt gemacht, mit der Anweisung, im eintretenden Fall an den Justiz-Minister zu berichten, wenn das Gnadengehalt wegen schon erfolgter Besetzung der Stelle des Verstorbenen, nicht mehr aus dem damit verbundenen Gehalte entnommen werden kann.

Berlin den 25. Mai 1842.

Der Justiz-Minister
Mühler.

An
sämmtliche Königliche Obergerichte.

I. 2363. S. 17. Vol. 2.

19.

Allerhöchster Kabinets-Befehl vom 13. April 1842, — die Maaßregeln gegen die Zersplitterung der Bergischen Marken-Waldungen betreffend.

Um den aus fortschreitenden Theilungen folgenden Devastationen der Bergischen Marken-Waldungen entgegen zu treten, bestimme Ich hierdurch auf Ihren Bericht vom 27. März d. J., daß einstweilen und bis anderweite gesetzliche Bestimmungen deshalb ergehen, die Vorschrift des, im vormaligen Großherzogthum Berg erlassenen Forst-Organisations-Dekrets vom 22. Juni 1811 (Artikel 14), wonach es zur Theilung des Eigenthums der dem Staate mit angehörigen Marken-Waldungen eines landesherrlichen Konsenses bedarf, auf alle im Herzogthum Berg belegene Marken-Waldungen zur Anwendung gebracht werden soll. Ich ermächtige zugleich die betreffenden Provinzial-Regierungen, diesen Konsens auf Anrufen der Betheiligten, jedoch nur dann zu ertheilen, wenn das Interesse der Forst-Kultur dies gestattet und haben Sie diese Meine Ordre durch die Amtsblätter zur öffentlichen Kenntniß zu bringen.

Berlin den 13. April 1842.

Friedrich Wilhelm.

An
die Staats-Minister Mühler und
v. Rochow.

I. 1684. F. 1. Vol. 11.

20.

Verfügung vom 13. April 1842, — betreffend die Amtsentsetzung solcher Beamten, welche wegen gemeiner Verbrechen nach den Grundsätzen des rheinischen Strafgesetzbuchs zur Zuchthaus- oder Zwangsarbeitsstrafe verurtheilt worden sind.

(Allg. Landrecht Th. II. Tit. 20. §§. 338, 339, 363; Kabinets-Ordres vom 11. Januar 1813, Gesetz-Samml. S. 5; vom 6. März 1821, Num. 4; 2. August 1834; Verordnung vom 2. August 1834, Gesetz-Samml. S. 86; Rescript vom 2. Februar 1825, Jahrb. Bd. 25. S. 129; Rheinisches Archiv Bd. 28. Abth. 2. S. 70 und Bd. 32 Abth. 2. S. 30.)

Es ist in einzelnen Fällen bemerkt worden, daß Beamte, welche wegen gemeiner Verbrechen nach den Grundsätzen des rheinischen Strafgesetzbuchs zur Zuchthaus- oder Zwangsarbeitsstrafe verurtheilt worden, nicht zugleich ihres Amtes entsetzt worden sind. Die hin und wieder aufgestellten Zweifel, ob in den nach der rheinischen Strafprozeßordnung eingeleiteten Untersuchungen die Assisenhöfe und die korrektionellen Gerichte die Vorschriften des §. 339. Tit. 20. Thl. II. des Allg. Landrechts und der Allerhöchsten Kabinets-Ordre vom 11. Januar 1813 (Gesetz-Samml. S. 5) in Anwendung bringen, und vorkommenden Falls auf die Amtsentsetzung erkennen können, finden durch die Urtheile des Königlichen Revisions- und Kassationshofes vom 8. April 1839 und vom 1. November v. J. (Rheinisches Archiv Bd. 28 Abth. 2. S. 70 und Bd. 32 Abth. 2. S. 30) ihre Erledigung, indem in diesen Urtheilen richtig ausgeführt worden ist, daß die Bestimmungen des §. 339. a. a. O. und der Allerhöchsten Kabinets-Ordre vom 11. Januar 1813 durch die Allerhöchsten Kabinets-Ordres vom 6. März 1821 Num. 4. und 2. August 1834 unbedingt in die Rheinprovinz eingeführt worden sind, und die zufolge jener Bestimmungen bei gemeinen Verbrechen eintretende Amts-Entsetzung auch in den nach der rheinischen Strafprozeßordnung geführten Untersuchungen stattfinden müsse, sobald auf Zuchthaus oder eine noch schwerere Freiheitsstrafe, oder auf längeren als einjährigen Festungsarrest wirklich erkannt worden ist. Die Verordnung vom 18. Februar d. J. (Gesetz-Samml. S. 86) hat hieran nichts geändert, indem durch diese der §. 339. Tit. 20. Thl. II. des Allg. Landrechts und die Allerhöchste Kabinets-Ordre vom

11. Januar 1813 nicht berührt worden sind. Im Gegentheile kann nunmehr, nachdem durch die Verordnung vom 18. Februar d. J. die Allg. Kriminalordnung außer Wirksamkeit gesetzt und alle Verbrechen ohne Unterschied nach der rheinischen Strafprozeßordnung untersucht werden, die Anwendung des §. 339. a. a. O. und der Allerhöchsten Kabinets-Ordre vom 11. Januar 1813 in den nach der rheinischen Strafprozeßordnung geführten Untersuchungen gar keinem Bedenken mehr unterliegen.

Die Gerichte sind jedoch bei gemeinen Verbrechen der Beamten nicht nur in dem Falle, wenn, wie vorher bemerkt worden, auf Zuchthaus- oder Zwangsarbeitsstrafe oder auf längeren als einjährigen Festungsarrest erkannt worden ist, die Kassation auszusprechen befugt und verpflichtet, sondern diese muß auch dann eintreten, wenn zwar auf einen kürzern als einjährigen Festungsarrest, oder überhaupt nur auf Gefängnißstrafe erkannt worden, das Verbrechen aber ein solches ist, welches einen Mangel ehrliebender Gesinnung verräth und den Beamten verächtlich macht, wohin namentlich Diebstahl, Betrug und ähnliche Vergehen gehören, indem alsdann der §. 363. Tit. 20. Thl. II. des Allg. Landrechts gleichzeitig Anwendung findet, wonach Beamte, welche sich durch niederträchtige Aufführung verächtlich machen, ihres Amtes entsetzt werden sollen. (Rescr. vom 2. Februar 1825, Jahrb. Bd. 25. S. 129.)

Ew. Hochwohlgeboren veranlasse ich, die Ober-Prokuratoren auf diese Grundsätze aufmerksam zu machen und dieselben anzuweisen, daß sie in den Fällen, in welchen die §§. 338, 339, 363. Tit. 20. Thl. II. des Allg. Landrechts und die Allerhöchste Kabinets-Ordre vom 11. Januar 1813 Anwendung finden, die Kassation der Beamten ausdrücklich beantragen und, sofern diese wider Erwarten von den Gerichten nicht ausgesprochen werden sollte, gegen dergleichen Urtheile das Rechtsmittel einzulegen.

Berlin den 13. April 1842.

Der Justiz-Minister
Mühler.

An
den Königlichen General-Prokurator
Herrn Berghaus Hochwohlgeboren
zu Köln.

I. 1334. Rh. Crim. 19. Vol. 5.

21.

Verfügung vom 13. April 1842, — betreffend die Gebühren der Gerichtsvollzieher für Wechselproteste, die mit Interventionen verbunden sind.

(Gebührentaxe für die Gerichtsvollzieher von 10. Juni 1833, Absch. II. Num. 10., Lottner Bd. 3. S. 643.)

Auf Ew. Hochwohlgeboren Bericht vom 31. v. M., betreffend die Auslegung der Gebührentaxe für die Gerichtsvollzieher vom 10. Juni 1833, Abschnitt II. Num. 10. (Lottner's Sammlung Bd. 3. S. 643) ist das Justiz-Ministerium mit Ihnen einverstanden, daß mit Rücksicht auf die Bestimmung des Dekrets vom 16. Februar 1807 Artikel 65. Num. 3. die Gerichtsvollzieher sowohl für den Wechsel-Protest, als für die Intervention, wenn dieselbe in verschiedenen Wohnungen aufgenommen worden, für jeden Akt die Gebühren unter Num. 10. liquidiren können, wogegen aber, sobald die Aufnahme des Protestes und der Intervention an dem nämlichen Tage in derselben Wohnung erfolgt, nur die einfachen Gebühren passiren können.

Berlin den 13. April 1842.

Der Justiz-Minister
Mühler.

An
den Königlichen General-Prokurator
Herrn Berghaus Hochwohlgeboren zu
Köln.

I. 1510. Rh. Off. Sach. 27. Vol. 4.

22.

Allerhöchste Kabinets-Ordre vom 23. April 1842, — betreffend die Anwendung der Allerhöchsten Kabinets-Ordre vom 21. November 1829 auf die aus dem militairischen Dienstverhältniß gänzlich ausgeschiedenen Militairpersonen der Unteroffizier-Klasse.

Auf Ihren Bericht vom 29. März d. J. bestimme Ich, daß die Kabinets-Ordre vom 21. November 1829,

wonach in allen Fällen, in welchen verabschiedete Militairpersonen oder Civilbeamte eines Vergehens sich schuldig machen, welches, wenn sie sich noch im Dienste befänden, die Entsetzung von demselben nach sich ziehen würde, selbige des Rechts, den ihnen verliehenen Titel oder das sonstige Dienstprädikat zu führen, verlustig gehen und darauf erkannt werden soll; es sei denn, daß die Kassation nur als Folge des Festungsarrestes eingetreten sein würde,

auch auf die aus dem militairischen Dienstverhältniß gänzlich ausgeschiedenen Militairpersonen der Unteroffizier-Klasse in der Art anzuwenden ist,

daß, im Fall dieselben zu dem Verluste der National-Kokarde, oder zu einer Zuchthausstrafe verurtheilt werden, diese Strafe auch den Verlust der Unteroffizier-Charge und aller damit verbundenen Auszeichnungen und Vorrechte zur Folge haben und hierauf erkannt werden soll, die Dauer der außer den Ehrenstrafen verwirkten Freiheitsstrafen deshalb jedoch nicht abgekürzt werden darf.

Diese Bestimmung ist durch die Gesetz-Sammlung zur öffentlichen Kenntniß zu bringen.

Potsdam den 23. April 1842.

An die Staats-Minister v. Boyen und Mühler. — Friedrich Wilhelm.

I. 2722. L. 10. Vol. 13.

Beilage.

Allerhöchste Kabinets-Ordre vom 21. November 1829, — betreffend den Verlust des Titels oder sonstigen Dienst-Prädikats verabschiedeter Militairpersonen oder Civilbeamten im Falle eines begangenen Vergehens.

Auf den Bericht des Staats-Ministeriums vom 31. Oktober d. J. bestimme Ich, zur Ergänzung der gesetzlichen Vorschriften über die Bestrafung verabschiedeter Militairpersonen und Beamten, daß in allen Fällen, in welchen verabschiedete Militairpersonen oder Civilbeamte eines Vergehens sich schuldig machen, welches, wenn sie sich noch im Dienst befänden, die Entsetzung von demselben nach sich ziehen würde, selbige des Rechts, den ihnen verliehenen Titel oder das sonstige Dienstprädikat zu führen, verlustig gehen und darauf erkannt werden soll; es sei denn, daß die Kassation nur als Folge des Festungsarrestes eingetreten sein würde. Das Staats-Ministerium hat diese Bestimmung durch die Gesetz-Sammlung zur öffentlichen Kenntniß zu bringen.

Berlin den 21. November 1829.

An das Staats-Ministerium. — Friedrich Wilhelm.

23.

Allgemeine Verfügung vom 23. April 1842, — betreffend die gegen Militair-Personen vom Feldwebels- und vom Unteroffiziers-Range in den geeigneten Fällen zu erkennende Degradation.

(§. 4. der Verordnung vom 22. Februar 1823, Gesetz-Sammlung S. 28.)

Nach §. 4. der Verordnung vom 22. Februar 1823 (Gesetz-Sammlung S. 28) soll gegen Militairpersonen vom Feldwebels- und vom Unteroffiziers-Range, wenn mit ihrem Vergehen die Versetzung in die zweite Klasse des Soldatenstandes nach den Kriegsartikeln verbunden, oder auf Festungsarbeit u. s. w. von 6 Monaten und darüber gegen Feldwebel, und von 3 Monaten und darüber gegen Unteroffiziere zu erkennen ist, zugleich auf Degradation zum Gemeinen erkannt und solche nach dem Maaßstabe des 55. Kriegsartikels auf die Strafe angerechnet werden.

Es ist zur Kenntniß des Justiz-Ministers gekommen, daß diese Vorschrift von den Civilgerichten nicht immer beachtet wird; namentlich ist sie gegen einen Bombardier, welcher wegen Diebstahls unter erschwerenden Umständen zu bestrafen war, nicht in Anwendung gebracht worden und die Degradation zum Gemeinen ist unterblieben. Indem daher den Gerichtsbehörden jene gesetzliche Bestimmung in Erinnerung gebracht wird, bezeichnet der Justiz-Minister zugleich diejenigen Grade der Militairpersonen, welche zur Klasse der Feldwebel und der Unteroffiziere gehören:

I. den Feldwebeln bei der Infanterie sind in gedachter Hinsicht gleichgestellt:

die Wachtmeister bei der Kavallerie und reitenden Artillerie,
die Obermeister bei den Artillerie-Handwerks-Kompagnien,
die Oberfeuerwerker,
die Portepeefähnriche,
die Feldwebel-Lieutenants der Kadettenhäuser,
die Staabstrompeter und Staabshautboisten, welche das Portepee tragen,
die Wachtmeister der Armee und Land-Gensd'armerie,
die Wallmeister und Schleusenmeister,
die reitenden Feldjäger,
die Materialienschreiber bei der Fortifikation,
die Zeugschreiber und die Materialienschreiber bei den Gewehr-Revisions-Commissionen, welche das Portepee tragen.

II. Zu den Unteroffizieren sind zu rechnen:
Alle Sergeanten und Unteroffiziere,
die Oberjäger bei den Jägerabtheilungen,
die Feuerwerker, Bombardiere und Vice-Bombardiere bei der Artillerie,
die Staabshautboisten und Staabstrompeter, welche das Portepee nicht haben,
die Regiments- und Bataillons-Tamboure,
die Staabshornisten, Trompeter und Paucker,
die Hautboisten und die Hornisten bei den Jägerabtheilungen, die Armee- und Land-Gensd'armen,
die Kurschmiede, die Zeugdiener, endlich die Materialienschreiber bei der Fortifikation und den Gewehr-Revisions-Kommissionen, sowie die Zeugschreiber, welche das Portepee nicht haben.

Vice-Unteroffiziere werden zur Klasse der gemeinen Soldaten gerechnet.

Berlin den 23. April 1842.

An sämmtliche Gerichtsbehörden.

Der Justiz-Minister
Mühler.

I. 2504. L. 10. Vol. 13.

24.

Verfügung vom 27. April 1842, — betreffend die zu der Stelle eines Fabrikengerichts-Sekretairs erforderliche Qualifikation.

Ew. Hochwohlgeboren wird auf den Bericht vom 13. v. Mts., betreffend die zu der Stelle eines Fabrikengerichts-Sekretairs erforderliche Qualifikation, nachrichtlich bekannt gemacht, daß, da die Anstellung der Fabrikengerichts-Sekretaire Verwaltungssache ist, dem Herrn Finanz-Minister die Entscheidung hat anheimgegeben werden müssen.

Demzufolge hat der Herr Finanz-Minister an die Regierung zu Düsseldorf unterm 22. d. M. diejenige Verfügung erlassen, welche ich Ew. Hochwohlgeboren abschriftlich mit dem Eröffnen übersende, daß ich mit der in der gedachten Verfügung entwickelten Ansicht vollkommen einverstanden bin.

Berlin den 27. April 1842.

An den Königlichen General-Prokurator Herrn Berghaus Hochwohlgeboren zu Köln.

Der Justiz-Minister
Mühler.

I. 1908. Rh. Gen. 52. Vol. II.

Anlage.

Der Königliche General-Prokurator zu Köln hat die Frage, welche Qualifikation von den Sekretarien der Fabrikengerichte zu fordern sei, in besonderer Beziehung auf den provisorischen Sekretair N. beim Fabrikengericht zu N. zur Sprache gebracht.

Namentlich hat der §. 15. des Regulativs für das Remscheider Fabrikengericht vom 18. November 1840, wonach der zu ernennende Sekretair unter andern „zum Civildienst berechtigt sein soll", zu der Frage Anlaß gegeben. Im Einverständniß mit dem Herrn Justiz-Minister wird der Königlichen Regierung bemerklich gemacht, daß der fragliche Ausdruck allerdings nicht als identisch mit einem Anspruche auf Versorgung im Civildienste zu verstehen ist. Es würden in einem solchen Falle nämlich nur civilversorgungsberechtigte Militairs als Fabrikengerichts-Sekretaire angestellt werden können, während doch der Zusatz, nach welchem diese Sekretaire „vorzugsweise aus der Zahl der Gerichtsschreiber-Kandidaten gewählt werden sollen", insofern als diese Kandidaten nicht gerade immer auch Civil-Versorgungs-Berechtigte sind, das Gegentheil sagt. Der gedachte Ausdruck bezeichnet vielmehr außer den Civil-Versorgungs-Berechtigten auch diejenigen Personen, welche entweder in Folge zurückgelegter entsprechender Prüfungen (wie z. B. Gerichtsschreiber-Kandidaten) oder in Folge ihrer, dem Gesetze entsprechend, geschehenen Annahme und Ausbildung als Supernumerarien, Aussicht zu ihrer Beförderung in ein Amt ähnlicher Art eröffnet worden ist.

Der oben gedachte Bürgermeisterei-Sekretair N., welcher die Stelle des Sekretairs bei dem Fabrikengerichte zu N. einstweilen nebenbei versieht, scheint aber keiner jener beiden Kategorien anzugehören. Eine Dispensation gestattet das Regulativ nicht; der N. erscheint demnach zur definitiven Anstellung als Fabrikengerichts-Sekretair nicht geeignet, woraus denn streng genommen folgt, daß er die Stelle auch nicht provisorisch bekleiden könnte. In Rücksicht jedoch darauf, daß das beim N. Fabrikengericht bis jetzt disponibel gestellte Gehalt zur Anstellung eines eigenen Beamten für diesen Zweck nicht hinreicht, sich mithin ein anstellungsberechtigter Bewerber für die Stelle noch nicht finden wird, für einen solchen auch noch nicht volle Beschäftigung vorhanden ist, will ich ausnahmsweise genehmigen, daß die Geschäfte dieser Sekretairstelle bis auf Weiteres widerruflich von dem N. wahrgenommen werden.

Berlin den 22. April 1842.

Der Finanz-Minister
Gr. v. Alvensleben.

An
die Königliche Regierung zu Düsseldorf.

25.

Gesetz über die Zulässigkeit des Rechtsweges in Beziehung auf polizeiliche Verfügungen, vom 11. Mai 1842.

Wir Friedrich Wilhelm, von Gottes Gnaden König von Preußen rc.

verordnen zur Beseitigung der Zweifel, welche über die Zulässigkeit des Rechtsweges in Beziehung auf polizeiliche Verfügungen entstanden sind, auf den Antrag Unsers Staats-Ministeriums und nach erfordertem Gutachten Unsers Staats-Raths für den ganzen Umfang der Monarchie was folgt:

§. 1.

Beschwerden über polizeiliche Verfügungen jeder Art, sie mögen die Gesetzmäßigkeit, Nothwendigkeit oder Zweckmäßigkeit derselben betreffen, gehören vor die vorgesetzte Dienstbehörde.

Der Rechtsweg ist in Beziehung auf solche Verfügungen nur dann zulässig, wenn die Verletzung eines zum Privat-Eigenthum gehörenden Rechts behauptet wird, und nur unter den nachfolgenden nähern Bestimmungen.

§. 2.

Wenn derjenige, welchem durch eine polizeiliche Verfügung eine Verpflichtung auferlegt wird, die Befreiung von derselben auf den Grund einer besondern gesetzlichen Vorschrift oder eines speciellen Rechtstitels behauptet, so ist die richterliche Entscheidung sowohl über das Recht zu dieser Befreiung als auch über dessen Wirkung zulässig.

§. 3.

Die Verfügung (§. 2.) kann jedoch, des Widerspruchs ungeachtet, zur Ausführung gebracht werden, wenn solches nach dem Ermessen der Polizei-Behörde ohne Nachtheil für das Allgemeine nicht ausgesetzt bleiben kann. Nach ergangenem rechtskräftigen Erkenntnisse muß die Polizeibehörde dessen Bestimmungen bei ihren weiteren Anordnungen beachten.

§. 4.

Steht einer polizeilichen Verfügung ein besonderes Recht auf Befreiung (§. 2.) nicht entgegen, es wird aber behauptet, daß durch dieselbe ein solcher Eingriff in Privatrechte geschehen sei, für welchen nach den gesetzlichen Vorschriften über Aufopferungen der Rechte und Vortheile des Einzelnen im Interesse des Allgemeinen, Entschädigung gewährt werden muß, so findet der Rechtsweg darüber Statt, ob ein Eingriff dieser Art vorhanden sei, und zu welchem Betrage dafür Entschädigung geleistet werden müsse.

Eine Wiederherstellung des frühern Zustandes kann in diesem Falle niemals verlangt werden, wenn solche nach dem Ermessen der Polizeibehörde unzulässig ist.

§. 5.

Gebührt der Polizeibehörde nur die Befugniß zu einer vorläufigen Anordnung mit Vorbehalt der Rechte der Betheiligten, oder behauptet derjenige, welchem durch eine polizeiliche Verfügung eine Verpflichtung auferlegt worden ist, daß diese Verpflichtung ganz oder theilweise einem Andern obliege, so ist zur Feststellung der Rechte unter den Betheiligten und über die zu leistende Entschädigung die richterliche Entscheidung zulässig.

§. 6.

Wird eine polizeiliche Verfügung im Wege der Beschwerde als gesetzwidrig oder unzulässig aufgehoben, so bleiben dem Betheiligten seine Gerechtsame nach den allgemeinen gesetzlichen Bestimmungen über die Vertretungsverbindlichkeit der Beamten vorbehalten.

§. 7.

Sämmtliche, sowohl allgemeine als besondere Vorschriften über Gegenstände dieses Gesetzes und namentlich die Vorschriften der Verordnung vom 26. Dezember 1808 §§. 38. — 40. werden hierdurch aufgehoben.

Urkundlich unter Unserer Höchsteigenhändigen Unterschrift und beigedrucktem Königlichen Insiegel.

Gegeben Potsdam den 11. Mai 1842.

(L. S.) Friedrich Wilhelm.

Freiherr v. Müffling.
Mühler, v. Rochow, v. Savigny.

Beglaubigt: v. Düesberg.

I. 2723. R. 28. Vol. 4.

26.

Verfügung vom 27. Mai 1842, — betreffend die Bestätigung des Knappschafts-Reglements für die gewerkschaftlichen Braunkohlengruben des Brühler Reviers im Bergamts-Bezirk Düren.

Ew. Hochwohlgeboren erhalten anliegend eine Ausfertigung des, auf Grund der, in vidimirter Abschrift beigefügten Allerhöchsten Order vom 9. v. Mts vollzogenen Knappschafts-Reglements für die gewerkschaftlichen Braunkohlengruben des Brühler Reviers im Bergamts-Bezirk Düren, welches durch die Amtsblätter der Regierungen zu Cöln und Aachen bekannt gemacht werden wird, mit dem Ersuchen, dessen Handhabung zu schützen und die betreffenden Gerichte danach anzuweisen.

Berlin den 27. Mai 1842.

Der Justiz=Minister
Mühler.

Der Finanz=Minister
v. Bodelschwingh.

An
den Königlichen Geheimen Ober=Justizrath und General=Prokurator Herrn Berghaus Hochwohlgeboren zu Köln.

I. 1608. Rh. Gen. 119. Vol. II.

Nachstehendes, von Seiner Majestät dem Könige wörtlich also in folgender Allerhöchster Order.

Auf ihren Bericht vom 18. v. M. genehmige Ich das zurückerfolgende Knappschafts=Reglement für die gewerkschaftlichen Braunkohlengruben des Brühler Reviers im Bergamtsbezirk Düren, und autorisire Sie, dasselbe zu bestätigen.

Berlin den 9. April 1842.

Friedrich Wilhelm.

An
die Staats=Minister Mühler und Graf v. Alvensleben.

Bestätigtes Berg=Knappschafts=Reglement für die gewerkschaftlichen Braunkohlengruben des Brühler Reviers, Bergamts=Bezirks Düren, Regierungsbezirk Aachen.

Die Fürsorge, welche Seitens des Staates für die Unterstützung und Verpflegung kranker und invalider Bergleute, und für die Unterstützung der Wittwen und Waisen verstorbener oder verunglückter Bergleute getroffen werden muß, erfordert die Gründung eines Knappschafts=Verbandes, woran die Grubenbeamten und Arbeiter sämmtlicher jetzt bestehenden oder noch zu eröffnenden Braunkohlengruben und das Alaunhüttenwerk zu Friesdorf des Brühler Reviers Theil nehmen.

Für die Organisation und Verwaltung dieses Knappschafts=Instituts, welches ohne Verzug ins Leben treten soll, werden hiermit folgende nähere Bestimmungen ertheilt:

I.

Eigenschaften eines Knappschafts=Mitgliedes im Allgemeinen.

Art. 1.

Die sämmtlichen Grubenbeamten und Arbeiter der Braunkohlen=Gruben des Brühler Reviers, sowie der Alaunhütte zu Friesdorf, sind verpflichtet, dem Knappschafts=Verbande beizutreten, insofern sie sich dazu qualifiziren.

Art. 2.

Zur Aufnahme eignet sich jeder Grubenbeamte und Arbeiter im Alter über 16 und unter 50 Jahren, gegen dessen Moralität nichts Erhebliches einzuwenden ist, welcher nach einem beizubringenden Atteste des Knappschafts-Arztes an einer chronischen oder andern Krankheit, die ihn zur Bergarbeit unfähig macht, nicht leidet, vielmehr vollkommen gesund und körperlich befähigt ist, die Bergarbeiten zu verrichten. Ueber sein Alter hat sich jeder derselben durch ein amtliches Geburts-Attest auszuweisen. Bei der Einführung dieses Knappschafts-Instituts und der ersten Aufnahme der Mitglieder sollen auch diejenigen über 50 Jahre alten Bergarbeiter für qualificirt erachtet werden, welche nachweisen, daß sie schon länger als 10 Jahre Bergarbeit betrieben haben und deren Aufnahme sonst nichts im Wege steht.

Bei der Aufnahme wird der Bergmann in die Knappschafts-Rolle eingetragen und erhält ein gedrucktes Exemplar des gegenwärtigen Knappschafts-Reglements, welchem, mit der Unterschrift des Revier-Beamten versehen, der Vor- und Zuname des Empfängers und das Datum der Einschreibung zu dessen Legitimation beigefügt werden soll.

II.

Eintheilung der Mitglieder in verschiedene Klassen.

Art. 3.

Die Mitglieder zerfallen rücksichtlich ihrer Verhältnisse zum Institut in folgende zwei Hauptabtheilungen:

A. in ständige Mitglieder,

welche die Grubenarbeit als Haupterwerb betrachten, und bereits ununterbrochen 3 Jahre lang betrieben haben. Sie bilden die eigentliche Knappschaft und theilen sich wieder in folgende Klassen:

1. Klasse: Grubensteiger und Schichtmeister;
2. „ Kunstwärter, Haldenwärter, Kohlenmesser und Häuer, auch Alaunhüttenleute;
3. „ Schlepper oder Zuförderer, Haspelzieher und Pumper.

B. in unständige Mitglieder,

welche das vorgeschriebene Dienstalter von 3 Jahren noch nicht erreicht haben. Sie bilden sowohl rücksichtlich der Beiträge zur Knappschafts-Kasse, als auch der zu empfangenden Unterstützungen aus derselben, nur eine Klasse und gehören nicht zur eigentlichen Knappschaft, welche aber aus ihnen ergänzt wird.

III.

Einnahme der Knappschafts-Kasse.

Art. 4.

Die Einnahmen der Knappschafts-Kasse sind folgende:

1. **Beiträge der Mitglieder.**

a. **Die ständigen Mitglieder** tragen nach Verschiedenheit der Klassen bei:

1. Klasse wöchentlich . . .	3	Sgr.
2. " " " . . .	$1^1/_2$	"
3. " " " . . .	1	"

b. **Die unständigen Mitglieder** zahlen wöchentlich 1 Sgr.

Diese Beiträge sollen ununterbrochen und somit auch für die Zeit entrichtet werden, wo die Mitglieder keine Gruben-arbeit treiben.

Frei von Beiträgen sind jedoch die Knappschaftsmitglieder während der Zeit, wo sie ihrer Militairverpflichtung im stehenden Heere Genüge leisten, oder zu Militair-Uebungen herangezogen werden, ohne dadurch in ihren Rechten zu verlieren.

2. **Außerordentliche Beiträge der Mitglieder.**

a.	bei der Aufnahme	15 Sgr.
b.	" " Beförderung vom Förderer zum Häuer	5 Sgr.
c.	" " Beförderung vom Häuer zum Steiger	1 Thlr.
d.	" " Verheirathung ein Trauscheingeld von	15 Sgr.

e. die Strafgelder, welche die Gruben-Verwaltungen den Arbeitern für kleine Vergehen bei der Arbeit auferlegen, sind gleichfalls zur Knappschafts-Kasse abzuführen.

3. **Beiträge der Konzessionairs und sonstige Einnahmen.**

Zur Unterstützung des Instituts und zur Bildung eines Grund-Kapitals sind die Gruben-Konzessionairs verpflichtet, von jedem Thaler Brutto-Einnahme für verkaufte Kohlen (Stückkohlen und Klütten) sechs Pfennige an die Knappschafts-Kasse zu bezahlen. Von den auf der Grube verbrauchten Kohlen wird dieser Beitrag nicht geleistet.

Die Gewerkschaft des Friesdorfer Alaunhüttenwerks ist gehalten, für jedes ständige Knappschafts-Mitglied der zu diesem Werke gehörigen Arbeiter monatlich 5 Sgr. zur Knappschafts-Kasse zu entrichten.

In diese Kasse fließen auch diejenigen Geschenke, welche bei Ertheilung von Konzessionen im Braunkohlen-Revier von den Gewerkschaften gegeben zu werden pflegen, so wie derjenige Theil des Erlöses von unbrauchbaren Materialien, welche die Gewerken der Knappschaftskasse überlassen wollen.

Art. 5.

Damit sich die Knappschafts-Mitglieder über die Leistung ihrer Beiträge gehörig ausweisen können, sollen denselben Quittungs-Bücher zugestellt werden, welche sie bei der Zahlung vorzulegen haben.

Art. 6.

Um die nöthige Ordnung in den Stamm-Rollen und Listen erhalten und die Einziehung der Beiträge von den Knappschafts-Mitgliedern ordnungsmäßig bewirken zu können, haben die Grubenvorstände dem Revierbeamten allmonatlich Anzeige von den Beurlaubungen der Arbeiter, und allen bei den Knappschafts-Mitgliedern vorgekommenen Veränderungen zu machen. — Die beurlaubten Knappschafts-Mitglieder haben keine Ansprüche auf Krankenlohn oder sonstige Unterstützungen für sich und die Ihrigen, wenn sie während ihrer Urlaubszeit erkranken oder von einem sonstigen Unglück betroffen werden.

IV.

Wohlthaten des Instituts.

Art. 7.

Bei gehöriger Erfüllung ihrer Verpflichtungen haben die Mitglieder des Instituts nach den Bestimmungen Art. 8. — 20. und in den daselbst für jetzt festgesetzten Beträgen, deren anderweitige Regulirung und Normirung für den Fall der Nothwendigkeit einer Ermäßigung jedoch vorbehalten bleibt, folgende Wohlthaten zu erwarten.

a. die ständigen Mitglieder.

1. eine Pension für sich und im Todesfalle für ihre Wittwen und Kinder,
2. ein Krankenlohn,
3. Kur- und Medizin-Kosten,
4. eine Beihülfe zu den Begräbnißkosten und
5. sofern es der Zustand der Kasse verstattet, eine Beihilfe zum Elementar-Schulunterricht der Kinder;

b. Die unständigen Mitglieder.

1. Kur- und Medizin-Kosten und
2. eine Beihülfe zu den Begräbnißkosten, wenn sie während der Grubenarbeit verunglücken.

Art. 8.

Pensionen für Invalide, Wittwen und Waisen.

A. Invalide.

Wenn ein ständiges Mitglied durch Unglücksfall in der Grube, oder durch Krankheit, als Folge der Grubenarbeiten, zur ferneren Grubenarbeit untauglich geworden ist, so hat dasselbe sogleich Anspruch auf Pension.

Außerdem aber nur in dem Falle, wenn es zehn Jahre seine Beiträge zur Knappschafts-Kasse unumterbrochen geleistet hat. In jedem Falle hat sich dasselbe über seine Invalidität durch ein Attest des Knappschafts-Arztes, sowie des betreffenden Knappschafts-Aeltesten auszuweisen und bezieht alsdann nach Verschiedenheit der Klassen eine wöchentliche Pension, und zwar:

1. Klasse von 20 Sgr.
2. " " 10 "
3. " " 7½ "

Diese Pension wird auf die Hälfte ermäßigt, wenn der Invalide nach dem Zeugniß des Arztes noch zu häuslicher Arbeit fähig ist.

Art. 9.

B. Wittwen.

Wenn ein verheirathetes ständiges Mitglied, welches zehn Jahre seine Beiträge ununterbrochen zur Knappschafts-Kasse entrichtet hat, stirbt, so erhält die Wittwe folgende Pension:

1. Klasse wöchentlich 10 Sgr.
2. " " " 7½ "
3. " " " 5 "

und zwar ohne Rücksicht auf ihre Erwerbsfähigkeit. Hat ein ständiges Mitglied seine Beiträge noch nicht 10 Jahre lang zur Kasse geleistet, so erhält dessen Wittwe nur dann obige Unterstützung, wenn es durch einen Unglücksfall in der Grube zu Tode kommt, oder an einer Krankheit in Folge der Grubenarbeit stirbt.

Art. 10.

Um jedoch hierbei die Knappschafts-Kasse zugleich gegen den Nachtheil sicher zu stellen, welcher derselben daraus erwachsen kann, wenn bejahrte Mitglieder junge Frauen heirathen, wird bestimmt, daß in Fällen:

1. wenn das Knappschafts-Mitglied von 45 — 50 Jahren, 20 Jahre und darüber älter ist, als die Frau,
2. wenn das Knappschafts-Mitglied von 50 bis 60 Jahren 15 Jahre und darüber älter ist, als die Frau,

der Konsens nur unter der Bedingung ertheilt werden soll, daß zuvor beide Theile mit Zuziehung der nächsten Verwandten der Braut einen schriftlichen Revers ausstellen, worin letztere auf den Fall, daß ihr Mann vor ihr mit Tode abgehe, auf die Wohlthat einer Pension aus der Knappschafts-Kasse Verzicht leistet.

Art. 11.

Es soll jedoch in solchem Falle dem Manne auch frei stehen, seiner hinterbliebenen Wittwe den Anspruch auf Gnadenlohn durch Nachzahlung eines fünfjährigen Beitrags zur Knappschafts-Kasse, welcher durch doppelte Beitrags-Leistung während dieser Zeit zu entrichten ist, zuzusichern Stirbt der Mann vor

Ablauf der fünf Jahre, so kann die Wittwe erst dann zur Hebung des Gnadenlohns gelangen, wenn durch dessen Innehaltung der rückständig gebliebene Beitrag des Mannes berichtigt ist.

Art. 12.

Diese für das Interesse der Kasse nothwendige Bestimmung hat übrigens nur auf diejenigen Ehen Bezug, welche nach Einführung dieses Reglements geschlossen werden.

Art. 13.

Eine Wittwe verliert ihre Pension, wenn sie sich wieder verehelicht.

Heirathet dieselbe einen Mann, der nicht Bergmann ist, und wird zum zweiten Male Wittwe, so hat sie auch dann auf Wiedererlangung der Pension keine Ansprüche.

Ist der zweite Mann dagegen Knappschafts=Mitglied, so fällt ihr, wenn sie zum zweiten Male Wittwe wird, die Pension wieder zu. Die Frau, welche die Ehe mit einem invaliden Bergmann geschlossen, hat gar keine Ansprüche auf Wittwengelder.

Art. 14.

Jedes Knappschafts=Mitglied ist nach den Allerhöchsten Ordres vom 29. Mai 1833 und 16. Januar 1834 verpflichtet, unter Beibringung der Taufzeugnisse für sich und seine Braut, um den Konsens der Verehelichung bei dem Revier=Beamten nachzusuchen.

Art. 15.

C. Waisen.

Für jedes hinterlassene ehelich erzeugte Kind eines ständigen Knappschafts=Mitgliedes wird bis zu seinem Eintritt in das 15. Lebensjahr nach den verschiedenen Klassen eine Erziehungs=Beihilfe von 4, 3 und 2 Sgr. wöchentlich gezahlt.

Die Zahl und das Lebensalter der hinterbliebenen, zu jener Kategorie gehörigen Kinder muß durch Taufzeugnisse dargethan werden.

Art. 16.

Die Bezahlung der in den Artikeln 8, 9 und 15 genannten Pensionen und Unterstützungen beginnt von dem Tage, wo ein Mitglied invalide wird oder stirbt, und soll anderer Seits für den vollen Monat, in welchem der Invalide, die Wittwe oder Waise stirbt, geleistet werden.

Art. 17.

Krankenlöhne.

Krankenlöhne erhält jedes ständige Mitglied, welches während der Grubenarbeit ohne eigenes Verschulden erkrankt oder beschädigt wird, wenn die Krankheit länger als eine Woche dauert.

Die Krankenlöhne betragen bei den ständigen Mitgliedern der 1sten Klasse wöchentlich 1 Thlr. 15 Sgr.
= 2ten = = = 1 = — =
= 3ten = = = — = 20 =

Diese Krankenlöhne werden nur auf ärztliche, mit dem Gutachten des betreffenden Knappschafts-Aeltesten versehene Atteste bewilligt, in denen ausdrücklich ausgesprochen sein muß, daß der Kranke zur Verrichtung häuslicher Arbeiten nicht im Stande ist. In der Regel dauert die Unterstützung nur 3 Monate. Zum längeren Genuß derselben bedarf es der Genehmigung des Bergamtes, welche jedoch nur in Folge eines ärztlichen, mit dem Gutachten des Knappschafts-Aeltesten versehenen Attestes ertheilt werden kann, in welchem angegeben sein muß, daß die Genesung des Kranken zu erwarten steht, und derselbe deshalb noch nicht als Invalide betrachtet werden kann.

Das Krankenlohn muß an den dazu von dem Knappschafts-Kassen-Rendanten bestimmten Zahlungs-Terminen in Empfang genommen werden, und zwar spätestens am 2ten Zahlungs-Termine, nachdem es fällig geworden ist. Von demjenigen, der es alsdann noch nicht abholt oder abholen läßt, wird angenommen, daß er darauf verzichte.

Art. 18.

Freie Kur und Medizin.

Alle Mitglieder des Instituts, wenn sie ohne eigenes Verschulden erkranken, oder bei der Grubenarbeit beschädigt werden, erhalten freie Kur und Medizin. Dasselbe ist bei den Pensionairen der Fall.

Weiber und Kinder der Mitglieder oder Pensionaire haben jedoch hierauf keinen Anspruch.

Die Kranken werden von demjenigen Knappschafts-Arzte behandelt, mit welchem die Kasse dieserhalb ein Abkommen treffen und der den Mitgliedern näher bezeichnet werden wird.

Einen anderen Arzt dürfen sie sich nicht willkürlich wählen, es sei denn auf ihre eigenen Kosten. Die von dem Knappschafts-Arzte verordneten Arzneien werden von dazu bestimmten Apotheken verabreicht.

Knappschafts-Mitglieder und Pensionaire, welche sich durch unordentlichen Lebenswandel eine Krankheit zuziehen, erhalten weder Krankenlohn, noch freie Kur und Medizin.

Art 19.

Begräbniß-Beihülfe.

Bei dem Tode eines Mitgliedes (ständigen oder unständigen) erhalten die Hinterbliebenen eine Begräbniß-Beihülfe von vier Thalern. Bei Pensionairen beträgt diese Beihülfe nur zwei Thaler.

Art. 20.

Schulunterricht.

Sobald der Zustand der Knappschafts-Kasse nach dem Ermessen des Ober-Bergamts und nach Anhörung der Knappschafts-Aeltesten es verstattet, wird die Knappschafts-Kasse Beiträge zu dem Schulgelde der Kinder aller ständigen Mitglieder des Knappschafts-Instituts leisten.

Wo eine solche Beihülfe für den Schulunterricht erfolgt, haben alsdann die Knappschafts-Aeltesten die Aufsicht über den unausgesetzten Schulbesuch der Kinder zu führen.

Art. 21.

Außerordentliche Unterstützungen.

Außerordentliche Unterstützungen können nur in ganz besonders dringenden Fällen und bei unverschuldetem Unglück, immer aber nur ausnahmsweise und auf specielle Anweisung des Oberbergamtes, nach Anhörung der Knappschafts-Aeltesten verabreicht werden.

V.

Verlust der Benefizien.

Art. 22.

Mitglieder des Knappschafts-Instituts, welche ohne Urlaub des Gruben-Vorstandes die Berg- und Hütten-Arbeit auf länger, als 14 Tage verlassen, ein anderes Gewerbe ergreifen, oder sich dem Müßiggange ergeben, sowie diejenigen, welche 2 Quartale lang mit ihren Beiträgen zur Kasse zurückbleiben, werden in der Knappschafts-Rolle gestrichen, verlieren dadurch alle Ansprüche auf die Benefizien des Instituts und sollen, wenn sie später bei Berg- und Hüttenwerken, welche zu einem Knappschafts-Verbande gehören, etwa wieder in Arbeit treten, zur Klasse der unständigen Mitglieder gezählt und wie neu eintretende Mitglieder behandelt werden.

Bergleute, welche zur Strafe für immer abgelegt werden, sowie Pensionaire und Bergleute, die sich eines Kriminal-Verbrechens schuldig machen, verlieren alle Ansprüche auf die Benefizien des Knappschafts-Instituts, erhalten auch ihre geleisteten Beiträge nicht zurück. Die Entscheidung darüber bleibt jedoch in jedem einzelnen Falle von der Behörde einzuholen. Dagegen erwerben sich die nur eine bestimmte Zeit zur Strafe abgelegten Bergleute alle Rechte auf die Wohlthaten des Instituts von Neuem, sobald sie wieder zur Arbeit angenommen werden, und ihre Beiträge unausgesetzt entrichten. Kein aus dem Institute ausscheidender Bergmann, es mag der Austritt freiwillig oder gezwungen erfolgen, kann Ansprüche auf Rückerstattung der von ihm geleisteten Beiträge machen.

Mitglieder des Instituts, welche sich auf unerlaubte Weise Krankenscheine erschleichen, oder ohne wirklich krank zu sein, eine Krankheit angeben, sowie diejenigen, welche während der Dauer einer Krankheit und des Genusses des Krankenlohns, ohne ausdrückliche Erlaubniß des Knappschafts-Arztes Feld- oder häusliche Arbeiten verrichten, in Wirthshäusern oder bei öffentlichen Belustigungen getroffen werden, verlieren nicht nur das Krankenlohn, sondern müssen auch dasjenige zurückerstatten, was sie mißbräuchlich bis dahin bezogen haben, und können den Umständen nach zur Strafe abgelegt werden, worüber die Bergbehörde zu bestimmen hat.

VI.

Verwaltung des Instituts.

Art. 23.

Die Verwaltung des Instituts ressortirt unter Oberaufsicht des Oberbergamtes vom Bergamte zu Düren, und wird speciell von dem Revierbeamten, einem Rendanten und von mehreren Knappschafts-Aeltesten, unter specieller Aufsicht des Bergamtes, nach diesem Reglement ausgeführt.

Art. 24.

Die Knappschafts-Aeltesten betreffend.

Die Knappschafts-Aeltesten werden aus den Belegschaften der Gruben, durch letztere selbst, gewählt.

Sie müssen des Schreibens erfahren und von religiösem und sittlichem Lebenswandel sein. Die Wahl kann nicht abgelehnt werden, sondern der Gewählte muß das Amt wenigstens 1 Jahr, in der Regel aber für die Dauer von 3 Jahren übernehmen. Die Austretenden können wieder gewählt werden. Sie werden von dem Bergamte in Düren bestätigt und auf den Grund einer ihnen zu ertheilenden speciellen Instruktion verpflichtet. Die Knappschafts-Aeltesten haben auf eine jährliche Remuneration von acht Thalern aus der Knappschafts-Kasse Anspruch zu machen.

Die Zahl der anzustellenden Knappschafts-Aeltesten bleibt, bei der Ausgedehntheit des Brühler Braunkohlen-Reviers dem Ermessen der Bergbehörde zu bestimmen vorbehalten.

Art. 25.

Der Rendant wird von der Behörde angestellt und bezieht eine Tantieme von 3⅓ Procent der jährlichen Brutto-Einnahme, hat auch die gesetzmäßige Kaution zu leisten. Die Beiträge derjenigen Mitglieder, welche auf den Gruben des Braunkohlen-Reviers arbeiten, werden von demselben am Lohntage von ihrem Verdienste durch die Grubenverwaltungen oder Gruben-Vorstände eingezogen.

Diese sind verpflichtet, solche nebst den Beiträgen vom Verkauf der Kohlen, Strafgelder rc. gleich nach dem letzten Lohntage eines jeden Monats an den Rendanten abzuführen, und bei dieser Einziehung und Abführung diejenigen Vorschriften zu beachten, welche die Behörde denselben deshalb ertheilen wird.

Knappschafts-Mitglieder, welche keine Grubenarbeit getrieben haben, oder außerhalb des Braunkohlen-Reviers beschäftigt gewesen sind, haben ihren Beitrag direkt an den Rendanten zu entrichten.

Art. 26.

Der Rendant der Knappschafts-Kasse hat über Einnahme und Ausgabe derselben vollständige, d. h. belegte Rechnung zu führen, welche mit jedem Kalenderjahre abschließt.

Innerhalb der ersten 8 Wochen nach dem abgelaufenen Jahre muß dieselbe von dem Rendanten dem Revier-Beamten zur Einsicht und Begutachtung vorgelegt werden, welcher sie zu dem Ende mit den Knappschafts-Aeltesten durchgeht, und dem Bergamte spätestens am 1. Mai jeden Jahres zur Prüfung und Abnahme überreicht. Am 1. August jeden Jahres wird die Rechnung mit dem beantworteten und begutachteten Notaten-Protokolle dem Ober-Bergamte, welches die Decharge darüber zu ertheilen hat, zur Super-Revision eingereicht.

Art. 27.

Außerdem hat der Rendant alle Vierteljahre über Einnahme und Ausgabe der Kasse dem Bergamte Extracte vorzulegen.

Art. 28.

Ueber die Verwaltung des Instituts wird jährlich nach erfolgter Rechnungs-Ablage ein Hauptbericht aufgestellt, gedruckt und den Knappschafts-Aeltesten zur Vertheilung an die Mitglieder übergeben, damit diese sich von dem Zustande und der Verwaltung des Instituts Kenntniß verschaffen können.

Art. 29.

Für Verluste, welche die Knappschafts-Kasse durch Vernachlässigung oder Verbrechen der Kassenbeamten erleidet, übernimmt der landesherrliche Fiskus die Gewährleistung.

Wird hierdurch Behufs seiner Anwendung und Ausführung ausgefertigt.

Berlin den 27. Mai 1842.

Der Justiz-Minister	Der Finanz-Minister
Mühler.	v. Bodelschwingh.

27.

Allerhöchster Kabinets-Befehl vom 28. Mai 1842, — die Strafe für Nachahmung der Fabrikzeichen in der Rheinprovinz betreffend.

(Gesetz vom 4 Juli 1840, Gesetz-Samml. S. 224.)

Da Ich über die in Betreff des §. 3. des Gesetzes zum Schutz der Waarenbezeichnungen vom 4. Juli 1840 angeregten Bedenken eine nähere Berathung angeordnet habe, so bestimme Ich, daß in der Rhein-Provinz für die dort bis zur Bekanntmachung des gedachten Gesetzes gebrauchten und gehörigen Orts niedergelegten Fabrikzeichen, die im §. 3. Num. 3., 4. und 5. jenes Gesetzes erwähnten und durch dasselbe aufgehobenen gesetzlichen Vorschriften bis auf Weiteres wieder in Gültigkeit treten sollen. Das Staats-Ministerium hat diese Ordre durch die Amtsblätter der Regierungen in Westphalen und der Rheinprovinz zur öffentlichen Kenntniß zu bringen.

Potsdam den 28. Mai 1842.

Friedrich Wilhelm.

An
das Staats-Ministerium.
D. 842. Rh. Gen. 143.

Anlage.

Gesetz zum Schutz der Waarenbezeichnungen vom 4. Juli 1840.

Wir Friedrich Wilhelm, von Gottes Gnaden König von Preußen 2c.

verordnen, um den Handelsverkehr gegen fälschliche Waarenbezeichnungen zu schützen, auf den Antrag Unsers Staats-Ministeriums und nach erfordertem Gutachten Unsers Staatsraths für den ganzen Umfang Unserer Monarchie was folgt:

§. 1.

Wer Waaren oder deren Verpackung fälschlich mit dem Namen oder der Firma und mit dem Wohn- oder Fabrikorte eines inländischen Fabrik-Unternehmers, Produzenten oder Kaufmanns bezeichnet, oder wissentlich dergleichen fälschlich bezeichnete Waaren in den Verkehr bringt, hat, insofern damit nicht ein schwereres Verbrechen verbunden ist, Gefängnißstrafe, welche die Dauer Eines Jahres, und zugleich eine Geldbuße, welche die Summe von Eintausend Thalern nicht übersteigen darf, verwirkt; es kann jedoch in geringfügigen Fällen oder bei besonders mildernden Umständen bloß auf Geldbuße erkannt werden.

§. 2.

Diese Strafe (§. 1.) wird dadurch nicht ausgeschlossen, daß bei der Waarenbezeichnung der Name oder die Firma und der Wohn- oder Fabrikort mit geringen Abänderungen wieder gegeben worden, welche nur durch Anwendung besonderer Aufmerksamkeit wahrgenommen werden können. Ob ein solcher Fall vorhanden sei, hat der Richter zu ermessen, welchem überlassen bleibt, das Gutachten von Sachverständigen einzuholen.

§. 3.

Alle dem gegenwärtigen Gesetze entgegen stehende allgemeine und besondere Vorschriften werden hierdurch aufgehoben, insonderheit:

1. der §. 1451. Tit. 20. Thl. II. des Allgemeinen Landrechts,
2. das Gesetz wegen Einführung eines Fabrikzeichens in den Provinzen Schlesien, Posen, Preußen, Westpreußen, Pommern, Brandenburg und Sachsen auf dem daselbst verfertigten Stabeisen, vom 3. Juli 1818,
3. die Artikel 72 bis 79 des für die vormals Bergischen Landestheile ergangenen Dekrets wegen der Einrichtung der Fabrikengerichte vom 17. Dezember 1811,
4. die auf der linken Rheinseite bestehenden Vorschriften:
   a. des Gesetzes wegen der Manufakturen, Fabriken und Werkstätten vom 22. Germinal des Jahres XI. Artikel 16 bis 18, und
   b. des durch das Dekret vom 20. Februar 1810 in einer abgeänderten Fassung neu publizirten Reglements für den Rath der Gewerbeverständigen vom 11. Juni 1809 Artikel 4 bis 9, und
5. der Artikel 142 des Rheinischen Strafgesetzbuchs, soweit er sich auf fälschliche Waarenbezeichnungen mittelst Nachahmung der Siegel, Stempel oder Marken der im §. 1. bezeichneten Personen bezieht.

§. 4.

Die Bestimmungen der §§. 1. und 2. finden auch zum Schutze der Unterthanen derjenigen Staaten Anwendung, mit denen über die Reciprocität Uebereinkunft getroffen worden ist.

Urkundlich unter Unserer Höchsteigenhändigen Unterschrift und beigedrucktem Königlichen Insiegel.

Gegeben Sanssouci den 4. Juli 1840.

(L. S.) Friedrich Wilhelm.

v. Müffling, v. Kamptz, Mühler, v. Rochow, Gr. v. Alvensleben.

Beglaubigt: Düesberg.

28.

Beschluß des Königlichen Staats-Ministeriums vom 31. Mai 1842, — die Anrechnung der Dienstzeit bei der Pensionirung von Beamten, welche im Militair gedient haben, betreffend.

Auf den Antrag des Finanz-Ministers vom 31. Januar d. J. beschließt das Staats-Ministerium:

daß bei eintretender Pensionirung von Beamten, welche im Militair gedient haben, denselben diejenige Zeit, während welcher sie vorläufig gegen Diäten oder unentgeltlich im Königlichen Dienst beschäftigt gewesen sind, eben so als Dienstzeit gerechnet werden soll, wie dies Hinsichts desjenigen Zeitraums geschieht, während dessen ein Beamter als Supernumerarius, Auskultator, Referendarius 2c. fungirt hat. Bei den erstgedachten Beamten findet diese Anrechnung auch dann Statt, wenn sie für die vorläufige Beschäftigung auch nicht besonders vereidet, sondern nur durch Handschlag verpflichtet sind, während für Beamte, welche nicht im Militair gedient haben, der Anfang der Dienstzeit durch die Ableistung des Diensteides bestimmt wird.

Berlin den 31. Mai 1842.

Königliches Staats-Ministerium.
Prinz von Preußen.
v. Boyen, Mühler, v. Rochow, v. Nagler, Gr. v. Alvensleben, Eichhorn, v. Thile, v. Savigny, Fr. v. Bülow, v. Bodelschwingh, Gr. zu Stolberg.

I. 2676. P. 34. Vol. 4.

29.

Verfügung vom 3. Juni 1842, — betreffend die Frage, ob der Präsident und die Mitglieder der Fabrikengerichte von den Funktionen eines Geschwornen befreit sind.

Ew. Wohlgeboren wird auf den Bericht vom 18. v. Mts. eröffnet, daß der Präsident und die Mitglieder der Fabrikengerichte (conseils de prud'hommes) unter dem Ausdrucke juges, welche der Artikel 384 der Strafprozeß-Ordnung von den Funktionen eines Geschwornen befreiet, nicht begriffen erachtet werden können, wie dies in Frankreich durch mehrere in Sirey, Code d'instruction criminelle, Paris 1833. Note 12. zum Artikel 383 angeführte Kassations-Urtheile entschieden und auch schon in Ansehung des Präsidenten N. zu N. angenommen worden ist. Eine gesetzliche Befreiung von den Funktionen eines Geschwornen stehet Ew. Wohlgeboren nicht zu.

Berlin den 3. Juni 1842.

An den Präsidenten des Königlichen Fabrikengerichts Herrn N. Wohlgeboren zu N.

Das Justiz-Ministerium.
Ruppenthal.

I. 2384. Rh. Crim. 22. Vol. I.

30.

Bestätigungs-Urkunde und Reglement der Stiftung von Präbenden für unverheirathete Töchter der Mitglieder der Genossenschaft des rheinischen ritterbürtigen Adels, vom 3. Juni 1842, respect. 10 Oktober 1841.

a.

Wir Friedrich Wilhelm, von Gottes Gnaden König von Preußen ꝛc.

urkunden und bekennen hierdurch, daß, nachdem der Ritterrath der Genossenschaft des Rheinischen ritterbürtigen Adels, in Gefolge des §. 3. des von Unseres, in Gott ruhenden Herrn Vaters Majestät durch die Verordnung vom 13. Mai 1837, landesherrlich bestätigten Statuts vom 28. Februar 1837, Uns das von der genannten Genossenschaft abgefaßte Reglement über die Stiftung von Präbenden für unverheirathete Töchter zur landesherrlichen Bestätigung eingereicht hat, Wir dieses hierbei angeheftete Reglement vom 10. Oktober 1841 seinem ganzen Inhalt nach, vermöge landesherrlicher Macht und Gewalt, Kraft dieses bestätigen. Wir befehlen daher Unseren Behörden und Unterthanen, sich nach demselben zu achten.

Urkundlich unter Unserer Allerhöchsten Unterschrift und Unserem Königlichen Insiegel.

Sanssouci den 3. Juni 1842.

(L. S.) Friedrich Wilhelm.

Prinz von Preußen.

v. Boyen, Mühler, v. Rochow, v. Nagler, Rother, Graf v. Alvensleben, Eichhorn, v. Thile, v. Savigny, v. Bülow, v. Bodelschwingh, Gr. z. Stolberg.

Landesherrliche Bestätigung des Reglements über die Stiftung von Präbenden für unverheirathete Töchter der Mitglieder der Genossenschaft des rheinischen ritterbürtigen Adels.

b.

Reglement über die Stiftung von Präbenden für unverheirathete Töchter der Mitglieder der Genossenschaft des rheinischen ritterbürtigen Adels.

Nachdem Seine Majestät der König das am 28. Februar 1837 verfaßte Statut der Stiftung für den rheinischen ritterbürtigen Adel Allergnädigst zu bestätigen geruhet haben, ist von der vorschriftsmäßig konstituirten General-Versammlung der Genossenschaft desselben für die in den §§. 1. und 2. jenes Statuts gegründete Stiftung zu Präbenden für die unverheiratheten Töchter das nachfolgende Stiftungs-Reglement in Gemäßheit des §. 3. des Statuts als Verfassung der Stiftung beschlossen und festgestellt worden.

Erster Titel.

Von den Präbenden der allgemeinen Stiftung.

Erster Abschnitt.

Von dem Stiftungsfond, dessen Verwendung und Vermehrung.

§. 1.

Von dem Gesammtfond der Stiftungen soll nach Vorschrift des §. 2. des Statuts vom 28. Februar 1837 ein Kapital von Dreißigtausend Thalern Kourant zu Präbenden für unverheirathete Töchter verwendet werden.

§. 2.

Von den Zinsen dieses Kapitals zu vier Procent, zum Betrage von Zwölfhundert Thalern, sind vorläufig zehn Präbenden, jede zu Hundert Thalern, zu dotiren, welche unverheiratheten Töchtern der Mitglieder der Genossenschaft unter den in den §§. 9. bis 13. enthaltenen Beschränkungen und nach der dort festgestellten Ordnung verliehen werden soll, insofern deren Qualifikation den Bestimmungen des Statuts vom 28. Februar 1837 entspricht.

Der Mehrbetrag der Zinsen fällt jährlich mit Zweihundert Thalern einem nach §. 4 zu bildenden Vermehrungsfond zu.

§. 3.

Die Verleihung dieser Präbenden soll unmittelbar nach der Allerhöchsten Genehmigung dieses Reglements erfolgen.

§. 4.

Aus den, diesem Fond von Dreißigtausend Thalern bereits zugewachsenen oder künftig zuwachsenden Geldern soll ein Vermehrungsfond gebildet werden, welcher

a. durch seine eignen Zinsen,
b. durch den Betrag der nach §. 2. jährlich zu ersparenden Zweihundert Thaler,
c. durch die Stiftungs-Kapitalien neuer Mitglieder,
d. durch die Ersparnisse bei Vakaturen,
e. durch die Karenzgelder,
f. durch die Statutengelder,
g. durch Hochzeitsgeschenke,
h. durch außergewöhnliche Geschenke, denen der Geber keine specielle Bestimmung gegeben hat,
i. durch andere Quellen, wie solche in den §§. 5, 14, 15, 18, 19, 20, 22, 23, 31, 33, 34, 36. und 37. dieses und des zweiten Titels näher bestimmt sind,

allmählig anwachsen und sich vergrößern soll.

§. 5.

So oft dieser Fond bis zu Zwölftausend Thalern Kourant herangewachsen sein wird, sollen von den, Vierhundert achtzig Thaler betragenden Zinsen Hundert achtzig Thaler zur Vergrößerung des Vermehrungsfonds verwendet werden.

Die Bestimmung über die Verwendung der übrig bleibenden Dreihundert Thaler für den Zweck und im Geiste dieser Stiftung für unverheirathete Töchter bleibt der Genossenschaft vorbehalten.

Zweiter Abschnitt.

Von der Verwaltung der Fonds und Ober-Aufsicht über die Stiftungen.

§. 6.

Die Verwaltung dieser Fonds steht dem Ritterrathe zu, welcher dazu in Gemäßheit des §. 56. des Statuts vom 28. Februar 1837 entweder einen Ausschuß oder mit Genehmigung der Genossenschaft einen Verwaltungs-Beamten ernennt. Dem Ritterrathe liegt vorzugsweise die Obliegenheit auf, dafür zu sorgen, daß die neu eingehenden, oder durch den Vermehrungsfond und dessen Zinsen sich bildenden Kapitalien zinsbar und sicher angelegt werden. Er hat jährlich der General-Versammlung einen Bericht über den Stand des Stiftungs-Vermögens zu erstatten, und die Rechnungen zur Prüfung und Genehmigung vorzulegen.

§. 7.

Der gesammten Genossenschaft in ihren General-Versammlungen bleibt die Obhut über die Stiftung im Allgemeinen, so wie die Ober-Aufsicht über das Stiftungs-Vermögen, dessen Verwaltung und Verwendung. Sie empfängt und prüft die vom Ritterrathe vorgelegten Berichte und Berechnungen, bestimmt, welcher Theil des Vermehrungsfonds diesem zugesetzt und welcher Theil zur Verbesserung oder Vermehrung der Präbenden oder zu sonstigen Zwecken verwendet werden soll. Sie entscheidet auf den Vorschlag des Ritter-Raths über die Zulänglichkeit der Sicherheit für die anzulegenden Kapitalien und die Zweckmäßigkeit der etwa zu machenden Ankäufe und sonstigen Anlagen. Ueberhaupt hat sie bei ihren jedesmaligen jährlichen Versammlungen das ganze Verwaltungs- und Rechnungswesen zu prüfen und festzustellen, damit der Ritter-Rath jedes Jahr seiner Verantwortlichkeit für die Vergangenheit entlastet werde. Auch hat dieselbe durch ihre Beschlüsse alle nach dem §. 10. des Statuts vom 28. Februar 1837 nicht zur gerichtlichen Kognition verwiesenen Kontestationen definitiv zu erledigen, welche unter oder von den Mitgliedern der Gesellschaft über die Anwendung oder Auslegung der in dem vorerwähnten Statut und in diesem, sowie in dem folgenden Titel des gegenwärtigen Reglements enthaltenen, diese Stiftung und deren Verwendung betreffenden Bestimmungen erhoben werden können, und es sind alle Mitglieder der zur Genossenschaft gehörenden Familien ohne Ausnahme an diese Beschlüsse gebunden.

Dritter Abschnitt.

Von der Befähigung der Berechtigten, Verleihung der Präbenden und den Rechten und Verbindlichkeiten der Präbendirten.

§. 8.

Alle nach §. 2. berechtigte Töchter der zur Genossenschaft gehörenden Familien, hinsichtlich deren nach §. 25 des Statuts vom 28. Februar 1837 keine Suspension der Rechte eintritt, sind zur Erlangung der Präbenden befähigt, wenn sie

a. das funfzehnte Lebensjahr zurückgelegt haben,
b. unverehelicht geblieben sind, und
c. eine ihrem Stande angemessene Lebensweise führen, worüber im Zweifelsfalle die gesammte Genossenschaft auf den Vortrag des Ritter-Raths zu entscheiden hat.

Ebenso entscheidet die Genossenschaft, wenn eine derselben wegen ihrer Aufführung oder Lebensweise in früherer Zeit dieser Befähigung verlustig erklärt oder dieselbe suspendirt werden soll. —

Zwei Drittel der in der General-Versammlung anwesenden stimmfähigen Mitglieder müssen für den Verlust der Befähigung gestimmt haben, wenn dieser Verlust eintreten soll; dagegen wird die Suspension durch einfache Stimmenmehrheit ausgesprochen. In allen in diesem §. vorhergesehenen Fällen entscheidet die Genossenschaft mittelst geheimer Abstimmung ohne Angabe der Gründe und unter Angelobung der Verschwiegenheit.

§. 9.

Die Verleihung der Präbenden geschieht durch den Ritter-Rath nach der hiernach von der gesammten Genossenschaft festgestellten Reihefolge. Die ersten Präbenden erhalten die Töchter derjenigen Familienhäupter, welche vor dem 1. Mai 1837 der Stiftung beigetreten sind und vom 16. Januar 1836 ab die Zinsen des Stiftungs-Kapitals entrichtet haben. Unter diesen wird die Reihenfolge durch das Loos bestimmt. Keine dieser Familien kann zwei Präbenden zu gleicher Zeit besitzen, so lange noch nicht einer jeden Familie der gedachten Stifter, welche befähigte Töchter haben, eine Präbende zu Theil geworden ist.

§. 10.

Die Familien, welche erst nach dem 1. Mai 1837 beitreten, rangiren nach dem Datum der Aufnahme; bei gleichzeitiger Aufnahme nach dem Datum der Anmeldung, und bei gleichzeitiger Anmeldung wird der Vorrang durchs Loos bestimmt. Sind aber zur Zeit der Aufnahme einer Familie schon alle Präbenden verliehen, so kann dieselbe erst dann zu dem Genusse einer solchen gelangen, wenn nach ihrer Aufnahme und nach der sodann wieder beginnenden Reihenfolge (Turnus) alle früher aufgenommene Familien entweder eine Präbende erhalten, oder keine dazu befähigte Tochter haben. Hat eine Familie bei der Verloosung eine zum Eintritt berufene Nummer gezogen, aber zur Zeit der Verleihung keine befähigte Tochter, so tritt die folgende Nummer in ihre Rechte. Bei fernerer Verleihung bleibt die erstgedachte Familie eben so lange die erste an der Reihe, bis ihr eine Präbende verliehen worden ist.

§. 11.

Zu den Präbenden können in der Regel nur Töchter des Mannsstammes derjenigen Familienhäupter gelangen, welche der Genossenschaft beigetreten sind, oder künftig darin aufgenommen werden. Ist jedoch der Mannsstamm erloschen, so geht das Recht, eine Präbende zu erhalten, auf die Töchter des Mannsstammes desjenigen über, der nach den Familienbestimmungen zur Nachfolge in ein rheinisches, zum Landtage befähigendes Rittergut und zugleich zur Fortführung des Namens und Wappens der im Mannsstamme erloschenen Familie berufen und verpflichtet ist.

§. 12.

Sind

a. in einer Familie mehrere befähigte weibliche Mitglieder aus verschiedenen Generationen vorhanden, so hat die ältere Generation die Priorität. Sind dagegen

b. mehrere befähigte weibliche Mitglieder einer Familie mit dem Stifter (§. 9.) in gleichem, jedoch nicht in erstem Grade verwandt, so entscheidet über den Vorzug die Wahl des gemeinschaftlichen, zur Genossenschaft gehörenden Familienhauptes. In Ermangelung dieser Wahl hat das ältere Fräulein in der Familie den Vorzug. Dem Vater, sowie nach dessen Tode der Mutter mehrerer befähigter Töchter steht es, mit Ausnahme des Falls b. dieses §. immer frei, unter diesen die zu präbendirende Tochter auszuwählen. — Sind beide Eltern todt, oder haben sie nicht gewählt, so hat die ältere Tochter den Vorzug. Dieser steht es jedoch in allen Fällen frei, vor Antritt der Präbende ihr Recht auf eine jüngere Schwester übergehen zu lassen, worüber sie ihre Erklärung dem Ritter-Rathe einzureichen hat.

§. 13.

Keine Tochter der berechtigten Familien kann eine fällige Präbende ihrer Reihenfolge nach erhalten, wenn sie schon eine Präbende aus dieser Stiftung genießt.

§. 14.

Bei Verleihung der Präbenden hat jedes hiezu berufene Fräulein oder dessen Vater als Statuten-Geld die Summe von Funfzig Thalern Kourant an die Stiftungs-Kasse zu erlegen, welche Summe dem Vermehrungsfond zufließt.

§. 15.

Jedes Fräulein, welches eine Präbende erhält, muß für das erste Jahr ihres Eintritts als Karenz-Jahr die Revenüen der ihr verliehenen Präbende zurücklassen, welche Einkünfte dem Vermehrungsfond zufließen.

Dieses Karenz-Jahr beginnt an demjenigen 16. Januar, welcher zunächst auf die Erledigung der ihr verliehenen Präbende folgt. Bei den neu gegründeten Präbenden beginnt dasselbe an dem, auf den Tag der ersten Verleihung zunächst folgenden 16. Januar. Die Fräulein, welche bereits im Jahre 1839 von der Genossenschaft als die zuerst zu präbendirenden bezeichnet sind, beziehen die Revenüen dieser Präbenden ausnahmsweise ohne Karenz-Jahr vom 16. Januar 1839 ab, und, falls sie vor deren definitiver Verleihung (§. 3.) ausgeschieden sein sollten, so werden sie bis zu diesem Ausscheiden als wirklich präbendirt angesehen, und das Ende ihrer Genußrechte wird nach §. 19. bestimmt. Für diejenigen, welche, als an ihre Stelle tretend, von der Genossenschaft schon vor dem im §. 3. angegebenen Zeitpunkte bezeichnet sind, beginnt das Karenz-Jahr mit dem 16. Januar, welcher auf das Ausscheiden ihrer Vorgängerin folgt.

§. 16.

Die Zahlung wird in halbjährigen Raten am 16. Januar und 16. Juli jedes Jahres pränumerando von dem damit beauftragten Beamten in Düsseldorf geleistet. Der Wohnort der Präbendirten ist zwar durch den Genuß der Präbenden in keiner Hinsicht beschränkt, sie sind aber verbunden, eine eigenhändige Quittung über die geleistete Zahlung auszustellen, welche im Falle der Minderjährigkeit von ihrem Vater oder Vormunde beglaubigt sein muß. Außerdem haben dieselben auf Verlangen des die Zahlung leistenden Beamten jedesmal einen legalen Lebensschein, und, wenn sie außerhalb der Provinz wohnen, eine Bescheinigung der Ehelosigkeit beizubringen.

Im Falle sie durch Krankheit oder andere Ursachen verhindert sein sollten, ist die Quittung von ihrem gesetzlichen Vertreter oder einem zur Quittungleistung Bevollmächtigten auszustellen, welche auch für die Beibringung der übrigen Beweisstücke zu sorgen haben.

§. 17.

Sollte durch unvorhergesehene Umstände das für die Präbende selbst bestimmte Stiftungs-Kapital in einem Jahre den Betrag der festgestellten Präbenden nicht beibringen, so leiden diese sämmtlich, mit Ausnahme der im zweiten Titel erwähnten Familien-Präbenden, den Verlust zu gleichen Theilen, ohne daß der Vermehrungsfond angegriffen werden kann.

§. 18.

Da des Königs Majestät geruhet haben, mittelst Allerhöchster Kabinets-Ordre vom 23. Juni 1840 eine ausgezeichnete Kleidung und Stifts-Dekoration Allergnädigst zu bewilligen, welche erstere in einem weißen Kleide, und letztere in einem goldenen weiß emaillirten Kreuze, als Stiftszeichen, in vorgezeichneter Form und Größe, mit einem runden, ein goldenes Kreuz in rothem Felde, mit der Inschrift: „in hoc signo vinces", auf der Kehrseite den Löwen des genossenschaftlichen Siegels, mit der Inschrift: „fundatum 16. Januar 1837" tragenden Mittelschilde besteht, wie dieses Stiftszeichen in der, dem gegenwärtigen Reglement angehefteten Zeichnung in Form, Größe und Farbe dargestellt ist, und welches auf die in dieser Zeichnung dargestellte Weise an einer goldenen Krone und einer schwarzen Schleife, an der linken Brust befestigt, bei feierlichen Gelegenheiten aber an einem vier Finger breiten schwarzen Bande, an dessen Ende befestigt, von der rechten Schulter auf die linke Hüfte getragen wird, so erhält jedes präbendirte Fräulein diese

Dekoration gegen Erlegung des Werthes derselben von der Stiftungs-Verwaltung, welcher jedoch beim Austritte von der Stiftungs-Verwaltung zurückgezahlt wird, wenn die Dekoration alsdann unverletzt wieder abgeliefert worden. Sollte ein Fräulein nach §. 19. der Präbende für verlustig erklärt werden, so muß dasselbe die Dekoration unentgeltlich an die Stiftungs-Verwaltung abtreten, und der dafür von der Nachfolgerin zu zahlende Preis fällt dem Vermehrungsfond zu.

Ein Exemplar dieses Reglements, so wie die Verleihungs-Urkunde wird dagegen jedem präbendirten Fräulein unentgeltlich übergeben.

Vierter Abschnitt.

Von der Beendigung der Genußrechte.

§. 19.

Der Genuß der Präbenden hört auf:

a. durch den Tod,
b. durch freiwillige Entsagung,
c. durch Verheirathung,
d. durch Entziehung von Seiten der Genossenschaft.

Ad a. Bei eintretendem Todesfalle sind die nächsten Verwandten oder Erben gehalten, sofort dem Ritter-Rathe hiervon Anzeige zu machen; sie sind aber zu keiner Zurückerstattung bereits bezogener Revenüen, sondern nur zur Rückgabe der Dekoration verbunden. Sind die Revenüen der Präbende durch unvorhergesehene Umstände rückständig geblieben (nicht ausgefallen, §. 17.), so haben die Erben nur Anspruch auf die, bis zum Todestage des Fräuleins fällig gewordenen Revenüen. Der Ueberrest der Rückstände fällt dem Vermehrungsfond zu, welcher alsdann sämmtliche Rückstände einzieht, wenn keine Erben vorhanden sind und keine Gläubiger der Verstorbenen darauf Anspruch machen.

Ad b. Im Falle einer freiwilligen Entsagung hat das entsagende Fräulein die bereits bezogenen, vorausbezahlten Revenüen nicht zu erstatten, und etwaige Rückstände bezieht dasselbe bis zu dem Tage, wo die Entsagung angezeigt wurde.

Ad c. Im Falle der Verheirathung hat die Präbendirte hiervon dem Ritter-Rathe sofort Anzeige zu machen; die vor geschlossener Heirath zum Voraus bezogenen Revenüen werden nicht erstattet, etwaige Rückstände aber nur bis zum Tage der erfolgten Verheirathung nachgezahlt.

Ad d. Sollte der nicht zu hoffende Fall eintreten, daß ein präbendirtes Fräulein sich solcher groben Vergehen oder Verletzungen weiblicher Tugend und Sittsamkeit zu Schulden kommen ließe, welche ihrem Rufe, ihrem Geschlechte und ihrem

Stande zur Unehre gereichen, so hat die Genossenschaft das Recht, auf den Vortrag des Ritter-Rathes mittelst geheimer Abstimmung durch einfache Stimmenmehrheit der in der General-Versammlung anwesenden stimmfähigen Mitglieder ein solches Fräulein der Präbende für verlustig zu erklären und die auf diese Weise erledigte Präbende nach der festgesetzten Reihenfolge anderweit zu vergeben.

In diesem Falle hat zwar das der Präbende verlustig erklärte Fräulein keine im Voraus gezahlte Revenüe zu erstatten; etwaige Rückstände werden ihr jedoch nur bis zu dem Tage des Beschlusses, der die Entsetzung aus der Präbende ausspricht, nachgezahlt.

Da die Revenüen der Präbenden von den Stiftern derselben ausdrücklich als Beihülfe zum standesmäßigen Unterhalte der präbendirten Fräulein gegründet sind, so ist zwar der Fall eines Arrestschlages auf dieselben nicht zu erwarten, sollte aber dennoch wegen Schulden oder schlechter Wirthschaft eines Fräuleins auf die Revenüen der derselben ertheilten Präbende zweimal ein gerichtlicher Arrest gelegt und gerechtfertigt werden, so ist die General-Versammlung der Genossenschaft befugt, auf den Antrag des Ritter-Raths durch einfache Stimmenmehrheit diesem Fräulein die Präbende zu entziehen und anderweit zu besetzen.

Mit dem Tage der Eröffnung dieses Beschlusses an dasselbe hören dessen Genußrechte auf, und Rückstände werden nur bis zu diesem Tage nachbezahlt.

Alle nach den Bestimmungen dieses §. vakant werdenden Revenüen fallen bis zum Wiederantritt des Genusses eines präbendirten Fräuleins dem Vermehrungsfond zu. (§. 4. d.)

Fünfter Abschnitt.

Von der Wiederverleihung erledigter Präbenden.

§. 20.

Die Wiederverleihung einer erledigten Präbende soll der Ritter-Rath binnen sechs Monaten nach deren Erledigung vornehmen, es sei denn, daß über die Reihefolge oder Befähigung der zunächst berufenen Fräulein ein der General-Versammlung vorzulegender Anstand obwaltet. Kann wegen solcher Anstände die Wiederverleihung erst später erfolgen, so wird diese spätere Verleihung hinsichtlich des Zeitpunktes, wenn der Genuß der Präbende anfängt, dennoch so angesehen, als wenn sie in dem sechsmonatlichen Zeitraum nach der Erledigung geschehen wäre.

Hat dagegen die spätere Verleihung ihren Grund nur in dem Mangel befähigter Fräulein in der Genossenschaft überhaupt, so wird der Zeitpunkt der Wiederverleihung erst von dem Tage angerechnet, an welchem diese Wiederverleihung wirklich stattfand, und die vorher fällig gewordenen Revenüen fließen dem Vermehrungsfond zu.

Die vor dem Anfange des Karenz-Jahres (§. 15.) fällig gewordenen Revenüen der Präbenden fließen der Wiederverleihung ungeachtet in allen Fällen in den Vermehrungsfond.

Sechster Abschnitt.

Allgemeine Bestimmungen.

§. 21.

Wenn die Rechte eines Familien-Hauptes durch den Verkauf oder sonstigen Verlust seiner Rittergüter suspendirt werden (§. 25. des Statuts vom 28. Februar 1837), so sollen dennoch die Mitglieder seiner Familie diejenige Präbende behalten, in deren Besitz dieselben zur Zeit dieses Verkaufes oder Verlustes sind. — Später aber soll die Descendenz desjenigen Familienhauptes, dessen Rechte wegen Verlustes des Rittergutes suspendirt worden, nicht eher zum Besitze einer Präbende gelassen werden, bis dieses Familienhaupt oder dessen qualifizirte Nachkommen wieder ein qualifizirendes Rittergut besitzen, es sei denn, daß die Genossenschaft aus bewegenden Gründen hiervon eine Ausnahme machen wollte, wozu aber eine Mehrheit von zwei Drittel der Stimmen sämmtlicher in der General-Versammlung anwesender stimmfähiger Mitglieder erfordert wird.

§. 22.

Sämmtliche Familienhäupter verbinden sich, bei ihrer oder ihrer Söhne standesmäßigen Verehelichung als Hochzeitsgeschenk einen billigen Beitrag zum Vermehrungsfond zu geben, der aber nicht unter funfzig Thaler Kourant sein darf.

Zweiter Titel.

Von den Familien-Präbenden.

§. 23.

Sollte ein in die Genossenschaft aufgenommenes Familienhaupt, es mag dasselbe im Genusse aller dem Vereine zustehenden Rechte sein oder nicht, dieser Stiftung (Tit. I.) ein zur Dotirung einer Familien-Präbende genügendes Kapital anhängen wollen, und sich die Verleihung dieser Präbende für seine oder eine andere Familie der Genossenschaft vorbehalten, so soll solches nur unter specieller Genehmigung der Genossenschaft in ihrer General-Versammlung und zwar nur unter der Bedingung geschehen können, daß das Kapital mindestens hundert und zwanzig Thaler Kourant an Zinsen abwirft, wovon für jede hundert und zwanzig Thaler Zinsen zwanzig Thaler dem allgemeinen Vermehrungsfond (oben §. 4.) zufließen.

§. 24.

Das demgemäß präbendirte Fräulein erhält das Recht, Stiftszeichen und Kleidung gleich den übrigen Präbendirten (§. 18.) zu tragen. Auch kann dasselbe, wenn es sonst berechtigt und befähigt ist, in seiner Reihenfolge eine Präbende der allgemeinen Stiftung neben der Familien-Präbende besitzen (kumuliren), in welchem Falle es in Ansehung der letztern an die Bestimmungen des Tit. I. neben denen der Familien-Stiftung gebunden ist.

§. 25.

Dem Stifter einer Familien-Präbende bleibt es überlassen, die übrigen Bedingungen seiner Stiftung, jedoch nur mit Genehmigung der Genossenschaft, festzustellen.

§. 26.

Hat der Stifter die Verwaltung seiner Stiftung seiner oder einer andern Familie der Genossenschaft nicht ausdrücklich vorbehalten, oder ist die zur Verwaltung berechtigte Familie erloschen, oder der zur Verwaltung Berufene aus der Genossenschaft ausgeschieden, so erfolgt die Verwaltung durch den Ritter-Rath nach den durch die Genossenschaft im Tit. I. vorgeschriebenen Grundsätzen.

§. 27.

Jeder Ausfall an Revenüen der Familien-Präbende fällt dieser allein zur Last, ohne daß der von dem allgemeinen Vermehrungsfond davon zugewiesene Antheil derselben vermindert werden kann.

§. 28.

Hat der Stifter sich oder einer andern Familie die Verwaltung der Stiftung ausdrücklich vorbehalten, und geht dadurch das ganze Kapital verloren, ohne daß es sofort wieder ersetzt wird, oder wird dasselbe ohne Ergänzung dergestalt vermindert, daß dessen Zinsen den Betrag von Hundert und zwanzig Thalern Kourant nicht mehr erreichen, so erlischt dadurch die Familien-Präbende als solche, mithin auch das Recht, Stiftszeichen und Kleidung zu tragen; jedoch bezieht das Fräulein, welches bis dahin die Präbende genossen hat, den nach Abzug des Betrages zum Vermehrungsfond übrig bleibenden Rest der Revenüen als Familien-Stiftung (Stipendium).

§. 29.

Auch zu der Familien-Präbende kann nur ein Fräulein von adliger Geburt gelangen, welches das funfzehnte Lebensjahr zurückgelegt und eine seinem Stande angemessene Lebensweise geführt hat. Grobe Vergehen und Verletzungen weiblicher Tugend und Sittsamkeit, welche dem Rufe, Geschlechte und Stande desselben zur Unehre gereichen, berechtigen auch zur Entziehung der Familien-Präbende. Die Entscheidung darüber gebührt der Genossenschaft in der §. 8. und §. 19. des ersten Titels vorgeschriebenen Weise.

§. 30.

Wegen Beendigung der Genußrechte durch Tod, Entsagung oder Heirath gelten auch bei Familien-Präbenden die im §. 19. des ersten Titels erlassenen Vorschriften, wenn nicht die Stiftungs-Urkunde andere Bestimmungen enthält.

§. 31.

Fehlt es in der Familie, für welche die Stiftung errichtet ist, im Augenblick der Erledigung an stiftungsmäßig berechtigten Fräulein, so fließen die Revenüen bis zur Wiederverleihung in den allgemeinen Vermehrungsfond (§. 4.), es sei denn, daß der Stifter das Gegentheil ausdrücklich bestimmt hat.

§. 32.

Ist kein nach der Verfügung des Stifters zur Verleihung der Präbende Berechtigter mehr vorhanden, oder derselbe aus der Genossenschaft ausgeschieden (§§. 26. und 28. des Statuts vom 28. Februar 1837), so gebührt das Verleihungsrecht der Genossenschaft, welche solches in der nämlichen Art, wie bei den im ersten Titel bezeichneten Präbenden, durch den Ritter-Rath ausübt, dabei jedoch die Verfügung des Stifters in Ansehung der Genußberechtigten befolgen muß, und nur, wo diese nicht ausreichen, die im ersten Titel §§. 11. und 12. festgestellten Grundsätze anwendet.

§. 33.

Auch bei Familien-Präbenden gelten die im ersten Titel §. 14. in Ansehung des Statutengeldes und §§. 15. und 20. wegen des Karenz-Jahres erlassenen Vorschriften zu Gunsten des allgemeinen Vermehrungsfonds (§. 4.), wenn nicht der Stifter das Gegentheil ausdrücklich bestimmt hat.

§. 34.

Die im ersten Titel §. 21. gegebene Vorschrift findet auch auf Familien-Präbenden Anwendung, wenn nicht der Stifter das Gegentheil ausdrücklich verordnet, und über die Verwendung der Stiftung nach dem Verluste des Rittergutes verfügt hat. Ist dieses nicht geschehen, so fließen die Revenüen der erledigten Familien-Präbenden so lange in den allgemeinen Vermehrungsfond (§. 4.), bis die genußberechtigte Familie ein qualifizirendes Rittergut wieder erlangt, oder die General-Versammlung ein Anderes verfügt hat.

§. 35.

Hat der Stifter verordnet, daß die Revenüen der Präbende

der von ihm zum Genuß derselben berufenen Familie auch im Falle des Verlustes der Rittergüter verbleiben sollen, so haben die Descendenten desjenigen, der das Rittergut verloren hat, wenn sie erst nach diesem Verluste zum Genusse gelangen, nicht eher das Recht, Zeichen und Kleidung der Stiftung (§. 18.) zu tragen, bis die General-Versammlung der Genossenschaft ihnen solches gestattet, oder die Familie wieder ein qualifizirendes Rittergut erworben hat.

§. 36.

Ist die Familie, für welche die Familien-Präbende errichtet worden, erloschen, oder aus der Genossenschaft ganz ausgetreten, (§. 28. des Statuts vom 28. Februar 1837), und hat der Stifter in der Stiftungs-Urkunde für diese Fälle nichts über die fernere Verwendung des Stiftungs-Kapitals verfügt, so fließt dasselbe in den allgemeinen Vermehrungsfond (§. 4.).

§. 37.

War im Falle der Erlöschung oder Aufhebung der gesammten Stiftung (§. 29. des Statuts vom 28. Februar 1837) das Kapital der Familien-Präbende vorher noch nicht zum allgemeinen Vermehrungsfond gezogen (§. 36.), so zieht die Familie des Stifters solches ein; ist diese erloschen, so gebührt dasselbe derjenigen Familie, für welche die Stiftung errichtet war, es sei denn, daß der Stifter ein Anderes ausdrücklich verordnet haben möchte.

Das vorstehende, von der General-Versammlung beschlossene Stiftungs-Reglement ist von dem dazu ermächtigten Ritter-Rathe Behufs Einreichung zur Allerhöchsten Genehmigung und Bestätigung mit dem genossenschaftlichen Siegel und seiner Unterschrift versehen.

Düsseldorf den 10. Oktober 1841.

Der Ritter-Rath der Genossenschaft des rheinischen ritterbürtigen Adels.

(L. S.)

Der Ritterhauptmann
F. W. Gr. Fr. v. Mirbach.

Die Ritterräthe
v. Spieß-Billesheim, M. Frhr. v. Loë, Franz Egon Gr. v. Fürstenberg-Stammheim, Frhr. Raitz v. Frentz-Schlenderhan.

I. 2675. Rh. Gen. 178. Vol. 5.

31.

Verfügung vom 7. Juni 1842, — die Aufräumung der ältern vor dem Jahre 1840 verhandelten und völlig erledigten polizeigerichtlichen Verhandlungen betreffend.

Auf Ew. Hochwohlgeboren Bericht vom 10. v. M. wird genehmigt, daß zur Aufräumung der ältern vor dem Jahre 1840 verhandelten und durch Freisprechung, Verweisung an ein anderes Gericht, Vollzug der Strafe, Tod u. s. w. völlig erledigten polizeigerichtlichen Verhandlungen bei diesem Gericht durch den Friedensgerichtsschreiber unter spezieller Aufsicht des Friedensrichters geschritten werde, wobei

1. Die Erkenntnisse und bei Holzdiebstahls- Forst- und ähnlichen Sachen die tabellarischen Frevelverzeichnisse, endlich auch die etwa in den Akten befindlichen, ein Privatinteresse betreffenden, Urkunden von den Akten zu sondern, in besondere Bände zu vereinigen und aufzubewahren.

2. Die übrigen Verhandlungen in dieser Sache aber, nachdem sie zuvor mittelst Lösung des Heftfadens getrennt, und durch einander gemischt worden, zum Verstampfen in einer Papierfabrik, wozu sich der ankaufende Fabrikant unter einer entsprechenden Konventionalstrafe zu verpflichten hat, zu verkaufen sind.

3. Ist ein kurzes Verzeichniß der zu kassirenden Akten nicht vorhanden, so ist dasselbe aufzustellen.

4. Uebrigens wird die Anzeige des zur Justiz-Officianten-Wittwenkasse fließenden Erlöses nach geschehenem Verkaufe zu machen und derselbe der gedachten Kasse einzusenden sein.

Nach diesen Grundsätzen wird Ew. Hochwohlgeboren gestattet, auf Verlangen auch bei andern Friedensgerichten die Aufräumung des polizeigerichtlichen Archivs zu veranlassen.

Berlin den 7. Juni 1842.

Das Justiz-Ministerium
Ruppenthal.

An
den Königlichen General-Prokurator
Herrn Berghaus Hochwohlgeboren
zu Köln.

V. 1701 Kassen-Sachen 26.

32.

Verfügung vom 14. Juni 1842, — die theilweise Auszahlung von Kautionsgeldern eines Beamten an die darauf angewiesenen Gläubiger betreffend.

(Gesetz vom 25. Ventose XI. Art. 33. und vom 25. Nivose XIII. Art. 1.)

Ew. Hochwohlgeboren erhalten hierbei eine Abschrift der, von dem Herrn Finanz=Minister wegen theilweiser Auszahlung von Kautionsgeldern eines Beamten an die darauf angewiesenen Gläubiger, unterm 6. d. M. an die Königliche Regierung zu Trier erlassenen Verfügung zur Nachricht und Mittheilung an sämmtliche Ober=Prokuratoren.

Es versteht sich übrigens von selbst, daß die Bestimmung des Artikels 33. des Gesetzes vom 25. Ventose XI., welche durch Artikel 1. des Gesetzes vom 25. Nivose XIII. auf die Gerichtsvollzieher für anwendbar erklärt worden, auch ferner noch dahin anzuwenden ist, daß falls während der Amtsverwaltung eines Gerichtsvollziehers dessen Kaution durch Zahlung daran aus der Amtsführung gemachter Forderungen ganz oder theilweise absorbirt würde, der Beamte bis zur Ergänzung der Kaution zu suspendiren und wenn diese Ergänzung binnen 6 Monaten nicht erfolgt, als Dimissionair zu entlassen ist.

Berlin den 14. Juni 1842.

Das Justiz=Ministerium
Ruppenthal.

An
den Königlichen General=Prokurator
Herrn Berghaus Hochwohlgeboren
zu Köln.

I. 2692. Rh. Off. Sachen. 35. Vol. 2.

Beilage.

Mit Bezugnahme auf die mir von dem Herrn Justiz=Minister Mühler mitgetheilte Korrespondenz der Königlichen Regierung mit dem Advokat=Anwalt B. und dem Ober=Prokurator bei dem Landgericht zu Saarbrücken, betreffend die Kaution des vormaligen Gerichtsvollziehers N., finde ich mich veranlaßt, bemerklich zu machen, daß theilweise Rückzahlungen auf dergleichen Dienstkautionen an die darauf angewiesenen Gläubiger des Kautionsbestellers nicht zu vermeiden sind, weshalb es sich nicht rechtfertigen lassen würde, die Befriedigung einzelner in Rechtskraft übergegangener Ansprüche an solche Kautionen bis dahin aussetzen zu wollen, wo die Ausschüttung der Kautionsmasse voll=

ständig erfolgen kann. Nur werden hierbei zweierlei Fälle zu unterscheiden sein; das Amtsverhältniß des Kautionairs hat entweder aufgehört oder derselbe bleibt noch im Amte. Im ersteren Falle kann eine längere Verzinsung des Kautions-Kapitals nicht stattfinden, sondern dasselbe muß, sobald die vorschriftsmäßige Bescheinigung der vorgesetzten Dienstbehörde über die eingetretene Auflösung der Amtsverbindung eingeht, bei der General-Staats-Kasse zur Disposition gestellt, und was davon den Gläubigern noch nicht angewiesen werden kann, als ein unverzinslicher Bestand behandelt werden. Wenn der Kautionsbesteller hingegen im Amte bleibt, und ein Theil seiner Kaution in Anspruch genommen und auf Requisition der vorgesetzten Dienstbehörde gegen eine Bescheinigung derselben gezahlt wird, so bleibt der Rest als ein noch fernerweit verzinsbares Kapital unter den Kautionen stehen, und es bleibt der Dienstbehörde überlassen, für die Ergänzung der Kaution zu sorgen, event. wegen Suspension und Entfernung des Beamten das Nöthige zu veranlassen.

Auf die Kaution des N. findet, da er seines Amts entsetzt ist, die erste der vorbemerkten Alternativen Anwendung. Es hat daher kein Bedenken, gegen das von Seiten des Ober-Prokurators zu Saarbrücken dahin zu ertheilende Attest, daß das Dienstverhältniß des N. aufgehört habe, den in dem Atteste namentlich zu benennenden Gläubigern ihre nach Maaßgabe des Distributionsplans festgesetzten Forderungen auszuzahlen und die Beträge unter Beifügung des Attestes und der Quittungen der Empfänger, der General-Staats-Kasse aufzurechnen. Dabei ist jedoch der über die Kaution des N. ertheilte Empfangsschein über 200 Thlr. mit einzusenden, um die geleisteten Rückzahlungen darauf abschreiben zu können. Die General-Staats-Kasse ist danach mit Anweisung versehen, und wird selbige die 200 Thlr. unter dem Tage, an welchem das Attest des Ober-Prokurators ausgestellt ist, von dem dortigen Kautionszinsen-Etat in Abgang bringen, den Rest des Kapitals jedoch asserviren und darauf die gegen die weiteren Bescheinigungen des Ober-Prokurators an die successive affirmirenden Gläubiger zu leistenden Zahlungen in Aufrechnung annehmen.

Der Ober-Prokurator wird durch das Königliche Justiz-Ministerium von dieser Bestimmung in Kenntniß gesetzt werden und hat die Königliche Regierung danach im vorliegenden Falle und künftig zu verfahren.

Berlin den 6. Juni 1842.

Der Finanz-Minister
v. Bodelschwingh.

An
die Königliche Regierung zu Trier.

33.

Bekanntmachung vom 17. Juni 1842, — betreffend die von Königl. Preußischen Unterthanen bei der Geltendmachung von Ansprüchen auf die Verlassenschaft eines im Königl. Niederländischen Seedienste verstorbenen Erblassers zu beobachtenden Förmlichkeiten.

Das Königliche Ministerium der auswärtigen Angelegenheiten hat in Folge einer Mittheilung der hiesigen Königlichen Niederländischen Gesandschaft diejenigen Vorschriften zur Kenntniß des Justiz-Ministers gebracht, welche die Königliche Niederländische Regierung in Beziehung auf die von Ausländern bei Reklamationen der Verlassenschaft eines im Königlich Niederländischen Seedienste verstorbenen Individuums zu beobachtenden Förmlichkeiten erlassen hat.

Diese Vorschriften gehen dahin:

1. Zur Hebung der von solchen Individuen hinterlassenen Summen ist die Beibringung einer vor der kompetenten Gerichtsbehörde ausgestellten Erklärung erforderlich, in welcher bekundet wird: „Diese Behörde habe sich durch die Einsicht von Dokumenten oder auf andere Weise die vollständige Gewißheit verschafft, daß die in der Erklärung bezeichneten Personen ein ausschließliches Recht auf die Erhebung der in Rede stehenden Gelder haben."

2. Minderjährige oder Abwesende, die in dieser Erklärung genannt werden, müssen in gesetzlicher Weise vertreten sein.

3. Die Zahlung von dergleichen Summen erfolgt nur im Königreiche der Niederlande selbst; die Prätendenten müssen daher gehörige, auf Einwohner jenes Königreichs lautende Vollmachten ausstellen, sowohl zu dem Zwecke, um die Gelder zu erheben, als um die durch das Gesetz in Beziehung auf das Erbrecht auferlegten Verpflichtungen zu erfüllen.

4. Wenn die vorgedachten Erklärungen und Vollmachten, so wie andere etwa beizubringende Aktenstücke nicht in holländischer und französischer Sprache abgefaßt sind, so sind gehörig beglaubigte Uebersetzungen beizufügen;

und

5. Alle diese von der betreffenden Königlichen Niederländischen Gesandschaft zu beglaubigende Aktenstücke müssen mit dem Niederländischen Stempel versehen und im Königreich der Niederlande einregistrirt werden.

Der Aeußerung der Königlich Niederländischen Gesandschaft zufolge ist in den einzelnen Reklamationsfällen dem diesseitigen Gouvernement die Entscheidung anheim gestellt worden, in wie weit die Königlich Preußischen diplomatischen und Konsular-Agenten zu Bevollmächtigten gewählt werden können.

Nach den vorstehenden Vorschriften, welche hierdurch zur öffentlichen Kenntniß gebracht werden, haben sich die Gerichtsbehörden und Justiz-Kommissarien in vorkommenden Fällen zu achten.

Berlin den 17. Juni 1842.

Der Justiz-Minister
Mühler.

An
sämmtliche Gerichtsbehörden.
I. 2776. G. 54. Vol. 5.

34.

Verfügung vom 2. Juli 1842, — die Verjährung der Stempelrückstände in der Rheinprovinz betreffend.

(Gesetz vom 22. Frimaire VII. Art. 61, vom 31. März 1838, §. 2. Num: 8. Gesetz-Samml. S. 248; vom 18. Juni 1840, Gesetz-Samml. S. 140.)

Ew. Hochwohlgeboren erhalten hierbei das Urtheil des Königlichen Revisions- und Kassationshofes in Sachen des Hauptzollamts zu Trier wider den Handelsmann N., durch welches das Urtel des Landgerichts zu Trier kassirt ist, weil darin angenommen worden war, daß die im §. 2. Num. 8. des Gesetzes über die kürzern Verjährungsfristen vom 31. März 1838 (Gesetz-Samml. S. 284.) für die Gerichtskosten mit Einschluß des Stempels und der Portogefälle bestimmte vierjährige Verjährungsfrist auch auf die Rheinprovinz Anwendung finde und daselbst durch den §. 13. des Gesetzes vom 18. Juni 1840 über die Verjährungsfristen bei öffentlichen Abgaben (Gesetz-Samml. S. 140.) eingeführt sei. Der Königliche Revisions- und Kassationshof hat dagegen angenommen, daß hinsichtlich der Stempelabgabe in der Rhein-Provinz nur die gewöhnliche Verjährung eintrete, und die Vorschriften des Artikels 61. des Gesetzes vom 22. Frimaire des Jahres VII. über die Verjährung der Einregistrements-Gebühren auf die Stempelgebühren keine Anwendung finden. Zur Abstellung der hieraus zwischen den alten Provinzen und der Rhein-Provinz sich ergebenden Ungleichheit hat der Herr Finanz-Minister durch die abschriftlich anliegende Verfügung vom 5. d. M. den Provinzial-Steuer-Direktor zu Cöln angewiesen,

Stempelrückstände, welche nach dem Gesetz vom 31. März 1838 §. 2. Num. 8. als verjährt anzusehen sind, auch in der Rhein-Provinz ungerügt zu lassen, und darnach die Steuerfiskäle mit Anweisung zu versehen.

Ew. Hochwohlgeboren haben hiervon den Ober-Prokuratoren und durch diese den Königlichen Landgerichten Kenntniß zu geben.

Berlin den 2. Juli 1842.

Der Justiz-Minister
Mühler.

An
den Königlichen General-Prokurator
Herrn Berghaus Hochwohlgeboren
zu Köln.

I. 2674. Rh. Gen. 62. Vol. 6.

Beilage.

In den Provinzen, in welchen das Allgemeine Landrecht gilt, ist durch das Gesetz vom 31. März 1838 §. 2. Num. 8. für die von Gerichten und andern Behörden gar nicht oder zu wenig eingeforderten Stempel — mit Ausnahme derer, welche mehr als ein Prozent betragen, oder zu Verträgen und Schuldverschreibungen zu verwenden sind — eine vierjährige Verjährungsfrist vorgeschrieben. Auf die Rhein-Provinz findet diese Bestimmung keine Anwendung, da auch das für die ganze Monarchie ergangene Gesetz vom 18. Juni 1840 über die Verjährungsfristen bei öffentlichen Abgaben §. 13. nur bestimmt, daß es wegen der Verjährung der Stempelsteuer bei den bestehenden Vorschriften bewenden soll, ohne diese Vorschriften auf die Rhein-Provinz auszudehnen. Die Bewohner dieser Provinz müssen aber in dieser Beziehung wesentlich eben so wie die der anderen Provinzen behandelt werden. Ew. Hochwohlgeboren veranlasse ich daher, Stempelrückstände, welche nach dem Gesetze vom 31. März 1838 §. 2. Num. 8. als verjährt anzusehen sind, ungerügt zu lassen und danach die Steuerfiskäle mit Anweisung zu versehen.

Berlin den 5. Juni 1842.

Der Finanz-Minister
v. Bodelschwingh.

An
den Königlichen Geheimen Ober-Finanz-Rath und Provinzial-Steuer-Direktor
Herrn Helmentag Hochwohlgeboren zu
Köln

35.

Leihaus-Reglement für die Stadt Köln vom 15. März 1842 und Allerhöchste Bestätigung vom 14. Juli 1842.

Das Leihaus zu Köln ist der Aufsicht des Oberbürgermeisters unter unmittelbarer Leitung der Armen-Verwaltung und der täglichen Inspektion eines delegirten Mitgliedes derselben unterworfen. Der Fond des Leihauses wird aus dem des Armenwesens entnommen und durch die Armenverwaltung administrirt. Die Anstalt hat das ausschließliche Privilegium, innerhalb der Gemeinde Köln gegen Zinsen zu 12½ vom Hundert Darlehen auf Faustpfänder zu leihen.

I. Verpfändungen.

§. 1. Eigenschaften des Verpfänders.

Es kann im Leihause jeder Unverdächtige gegen Hinterlegung eines Faustpfandes einen Geldvorschuß erhalten.

Von Personen, welche keinem der Beamten der Leihanstalt als unverdächtig bekannt sind, sich auch weder durch Dokumente, noch durch das Anerkenntniß bekannter glaubwürdiger Personen als unverdächtig legitimiren können, desgleichen von solchen, die von dem Gesetze als unfähig zum Kontrahiren von Darlehnen erklärt sind (Art. 1124 des bürgerlichen Gesetzbuchs), dürfen keine Pfänder angenommen werden.

§. 2. Bezeichnung desselben.

Der Pfandgeber hat sich selbst die möglichen Folgen beizumessen, wenn er nicht darauf Acht hat, daß sein Name und seine Wohnung gehörig angemerkt worden, oder wenn er dieselbe ergeblich falsch angiebt.

§. 3. Eigenschaften des Pfandes.

Als Faustpfänder werden nicht angenommen:

a. Gegenstände, welche weniger als 15 Sgr. werth sind,
b. Gegenstände, welche einer besonderen Pflege, Wartung, Fütterung bedürfen, oder leicht und schnell dem Verderben ausgesetzt oder gefahrdrohend sind,
c. militairische Rüstungs- und Equipirungsstücke.

Wegen der Vindikation verlorner oder gestohlener Gegenstände behält es bei der Vorschrift des Art. 2279 des bürgerlichen Gesetzbuchs sein Bewenden und es bleiben die Angestellten, welche solche Pfänder von verdächtigen Personen angenommen haben, der Anstalt verantwortlich.

§. 4. Zurückbehalten des Pfandes ohne Vorschuß.

Wenn Verdacht entsteht, daß der Darbringer eines Pfandes nicht dessen rechtmäßiger Besitzer sei, so ist das Leihaus verpflichtet, der Polizeibehörde sogleich Anzeige zu machen, und das Pfand, ohne darauf zu leihen, einstweilen bei sich zurückzubehalten.

§. 5. Verzeichniß angemeldeter gestohlener oder verlorner Gegenstände.

Wenn dem Leihause Nachrichten von Diebstählen und Beschreibungen entwendeter oder verlorner Gegenstände mitgetheilt werden, so muß bei der Annahme der Pfänder darauf Rücksicht genommen und zu diesem Behufe ein besonderes Register darüber geführt werden, in welchem die mündlich mitgetheilten Notizen von dem Angeber zu unterzeichnen sind.

§. 6. Ermittelung des Werths der Pfänder.

Der Werth des Pfandes wird durch die vereideten Taxatoren ermittelt, doch steht es dem Pfandgeber frei, das Pfand, im Fall er die Taxe zu niedrig findet, zurück zu nehmen, ohne für die Abschätzung eine Gebühr zu entrichten.

§. 7. Verantwortlichkeit der Taxatoren.

Die Taxatoren sind dem Leihause für das auf Grund ihrer Taxe gemachte Anlehen verantwortlich, und haben zu dem Ende eine Kaution von 400 Thalern zu leisten.

In Fällen, wo der Werth eines angebotenen Pfandes über den Betrag dieser Kaution hinausgeht, ist der Kontroleur des Leihhauses verpflichtet, das inspizirende Mitglied der Armenverwaltung zu benachrichtigen, um nöthigenfalls einen zweiten Taxator zuzuziehen.

§. 8. Vorschuß.

Auf Prätiosen und edle Metalle wird bis zu ⁴⁄₅, auf andere Effecten nur bis zu ⅔ ihres Werthes Vorschuß gegeben.

§. 9. Beschaffenheit der Pfandscheine.

Der Pfandgeber erhält bei der Verpfändung einen mit der Einschreibung im Stockregister wörtlich übereinstimmenden, mit dem Visum des Kontroleurs versehenen Pfandschein, der aus diesem Register losgeschnitten ist, und als vollständiges Dokument für und wider die Anstalt gilt.

§. 10. Verantwortlichkeit des Leihhauses.

Die zur Sicherheit der Vorschüsse hinterlegten Pfänder werden bis zur Einlösung oder bis zum Verkauf mit der größten Sorgfalt aufbewahrt und gegen Schaden gesichert, namentlich gegen Feuersgefahr durch Einschreibung in eine konzessionirte inländische Feuerversicherungs-Gesellschaft.

Den Angestellten ist jeder Gebrauch und jede Wegbringung der Pfänder aus dem Magazin des Leihhauses untersagt. Für den Verlust und das Verderben des Pfandes leistet die Anstalt, solidarisch die Gemeinde Köln, Ersatz. Ausgenommen sind nur die Fälle eines mit offener Gewalt verübten Raubes, einer Plün=

derung oder Zerstörung oder eines andern, nicht vorherzusehenden außerordentlichen Ereignisses, sowie des Mottenfraßes.

§. 11. Ersatz für verlorne oder verdorbene Pfänder.

Im Falle die Anstalt zum Ersatze verpflichtet ist, wird dieser bei Prätiosen, goldenen oder silbernen Geräthschaften mit einer den Betrag der Taxe um $^1/_5$, und bei andern Effekten mit einer den Betrag der Taxe um $^2/_5$ übersteigenden Summe geleistet.

§. 12. Ablieferung von Pfändern, welche Gegenstand gerichtlicher Untersuchungen werden.

Wird das Pfand in einer Untersuchung zur Feststellung des Thatbestandes von dem inquirirenden Richter verlangt, so ist das Leihhaus verpflichtet, es gegen Empfangschein dem Richter zu verabfolgen. Doch hört die Verantwortlichkeit des Leihhauses gegen den Pfandgeber mit der erfolgten Ablieferung auf.

§. 13. Dauer des Darlehns.

Das Darlehn, sowie die Aufbewahrung des Pfandes geschieht auf Ein Jahr; dem Pfandgeber steht es jedoch frei, das Pfand noch vor Ablauf dieser Zeit, mit Ausnahme der §§. 16. und 21. vorgesehenen Fälle einzulösen.

§. 14. Erneuerung.

Bevor eine Verpfändung erneuert werden kann, muß das Pfand durch die Taxatoren von Neuem abgeschätzt werden, und nur wenn von diesen der Werth als unverändert angegeben und ein längeres Lagern für zulässig erachtet wird, kann die nämliche Anleihe vollständig erneuert werden. Dies geschieht alsdann vermittelst Entrichtung der Zinsen, und ist diese Erneuerung wie eine ursprüngliche, der Leihhaus-Ordnung unterworfene Verpfändung zu betrachten. Der Pfandgeber erhält darüber einen neuen Pfandschein, wogegen er den frühern oder das §. 16. erwähnte Protokoll dem Leihhaus abliefern muß.

II. Einlösung der Pfänder.

§. 15. Qualifikation des Einlösenden.

Außer den Fällen der §§. 16. und 21. hat das Leihhaus die Befugniß, jeden ihm unverdächtigen Inhaber des Pfandscheins für den rechtmäßigen Eigenthümer des Pfandes zu halten.

§. 16. Verlorne Pfandscheine.

Wenn von dem Pfandgeber dem Leihhause die Anzeige gemacht wird, daß ihm der Pfandschein entkommen sei, so wird, falls dieser Schein noch nicht eingelöst worden, von dem Kontroleur des Leihhauses ein Protokoll über diese Anzeige gefertigt. Verlangt das Leihhaus, daß eine solche Anzeige auch vor dem betreffenden Polizei-Kommissarius geschehe, so muß der Pfandgeber vom Letztern ein Zeugniß beibringen. Das Leihhaus ist befugt, ein solches Protokoll in die Rechte des für verloren angegebenen Pfandscheins eintreten zu lassen, mit dem Unterschiede jedoch, daß weder Einlösung noch Erneuerung eher, als am letzten Tage vor dem öffentlich bekannt gemachten Verkaufsstermine geschehen darf. Das Leihhaus kann auch das Pfand dem Pfandgeber vor diesem Termin verabfolgen; da die Anstalt aber dann dem etwaigen rechtmäßigen Besitzer des Pfandscheins bis zum Tage vor dem Verkaufe verhaftet bleibt, so ist die Art und der Betrag der von Ersterem zu bestellenden Sicherheit ihrem Ermessen lediglich überlassen.

§. 17. Ungültigkeit angeblich verlorner Pfandscheine.

Der Pfandschein, in dessen Rechte das im vorigen §. erwähnte Protokoll zugelassen worden, ist alsdann von selbst ungültig, dergestalt, daß der allenfalsige Inhaber keinen Anspruch an das Leihhaus zu machen, und sich selbst die Folgen beizumessen hat, wenn er vor dem, dem Verkaufstermine vorhergehenden Tage seine Rechte gegen den ursprünglichen Pfandgeber geltend zu machen versäumte.

§. 18. Berechnung der Zinsen.

Erst bei Einlösung des Pfandes ist der Pfandgeber verpflichtet, von dem erhaltenen Vorschusse die Zinsen nach Ausweis der in der Beilage angefügten Tabelle zu entrichten. Die Zinsen im Voraus bei Zahlung des Vorschusses abzuziehen, ist aufs Strengste untersagt.

§. 19. Berechnung eines halben Monats.

Bei der Zinsenberechnung wird der Monat, worin die Einlösung geschieht, nur dann als vollendet angesehen, wenn das Pfand länger als 15 Tage gestanden hat. Ein Pfand, welches in 15 Tagen oder früher eingelöst wird, zahlt nur die Zinsen für einen halben Monat.

§. 20. Termin zur Einlösung oder Erneuerung der Pfänder.

Spätestens in Jahresfrist, vom Tage der Verpfändung ab, muß das Pfand, entweder mittelst Erstattung des Darlehns und der Zinsen, sowie der Auslieferung des Pfandscheins eingelöset oder dessen Verpfändung erneuert werden. Hiervon findet nur in dem §. 16. vorgesehenen Falle eine Ausnahme statt, wo die Einlösung oder Erneuerung mit Rückgabe des Protokolls des Kontroleurs erst am letzten Tage vor dem Verkaufstermin geschehen kann.

Bei Pfändern, welche an das Gericht ausgeantwortet werden, nimmt die einjährige Frist zur Erneuerung oder zur Einlösung von Neuem von dem Tage, an welchem das Pfand vom Gerichte dem Leihhause zurückgegeben worden, ihren Anfang.

§. 21. Einbehalten der durch dritte Personen reklamirten Pfänder.

Pfänder, welche von einem Andern als dem Pfandgeber in Anspruch genommen werden, dürfen dem Letzteren nur insofern vorenthalten werden, als von dem Dritten eine gerichtliche Opposition wider die Auslieferung eingelegt worden; die Anstalt muß jedoch, sobald ein Dritter ein Pfand in Anspruch genommen hat, die Rückgabe an den Pfandgeber 8 Tage seit dem erhobenen Anspruche aussetzen, und abwarten, ob bis dahin eine gerichtliche Opposition eingelegt werden wird.

III. Verkäufe nicht eingelöster Pfänder.

§. 22. Frist des Verkaufes.

Wenn die Erneuerung oder Einlösung nicht zu der im §. 13. bestimmten Frist gehörig erfolgt, so wird zum Verkaufe des Pfandes geschritten.

Erst nach 18 Monaten nach der Verpfändung oder nach der zuletzt geschehenen Erneuerung des Pfandscheins darf der Verkauf eines nicht eingelösten Pfandes vorgenommen, aber auch niemals länger verschoben werden, jedoch muß das Leihhaus die Einlösung oder Erneuerung eines solchen Pfandes bis zum erfolgten Zuschlage gestatten.

§. 23. Verkaufsweise und Kosten.

Die Erlaubniß zum Verkaufe der nicht eingelöseten oder nicht erneuerten Pfänder wird auf das Gutachten der Armenverwaltung bei dem Oberbürgermeister nachgesucht. Der Verkauf geschieht öffentlich durch einen Notar, Gerichtsvollzieher oder Gerichtsschreiber, unter Mitwirkung eines bei dem Institute Angestellten. Die Verkaufskosten werden auf den Betrag jedes verkauften Pfandes geschlagen, und zwar werden

von 5 Silbergroschen 1 Pfennig
von 5 — 10 = 2 =
von 10 — 15 = 3 =

u. s. w. an Gebühren vergütet.

Für Pfänder, die für 10 Thaler und darüber verkauft werden, werden 2 Procent berechnet. Der Verkaufstermin wird zweimal, nämlich 2 Monate und 1 Monat vor dem Verkaufe, durch die Zeitungen und durch öffentlichen Anschlag im Lokal der Anstalt bekannt gemacht. Derselbe erfolgt an ein für allemal bestimmten Wochentagen und Stunden im Leihhause.

In den Verkaufs=Anzeigen sind die Zeit=Abschnitte, in welchen die Verpfändung der zu veräußernden Gegenstände stattgefunden hat, jedesmal genau zu bezeichnen. Was von dem Verkaufsbeischlage nicht für Verkaufskosten aufgewendet wird, fließt der Anstalt als Gewinn zu.

§. 24. Konkurrenz zum Bieten.

Von der Konkurrenz beim Verkauf der Pfänder sind alle Angestellte des Leihhauses ausgeschlossen, mit Ausnahme der Taxatoren, denen es nachgelassen ist, bis zur Taxe, nicht aber über dieselbe anzusteigern. Der Kontroleur hat darauf zu sehen, daß an jedem Verkaufstage möglichst viel vorgenommen und außer den zum Leihhause in Versatz gegebenen Pfändern keine andere Gegenstände zum Verkauf ausgesetzt werden.

§. 25. Ertrag der Verkäufe.

Der Ertrag des Verkaufs dient zunächst zur Erstattung des Darlehns und zur Bezahlung der Zinsen und Kosten an das Pfandhaus.

§. 26. Rechnungsablage über den Verkauf.

Ueber den nach Abzug der Schuld des Pfandgebers bleibenden Ueberschuß des Verkaufspreises wird eine ausführliche Rechnung in dem dazu bestimmten Register aufgestellt, auch dem Pfandgeber auf sein Verlangen ein Auszug davon mitgetheilt, und demselben der Betrag des Ueberschusses gleich baar ausgezahlt.

Eine Nachforderung kann an den Pfandgeber nicht gemacht werden, wenn auch durch den Verkauf seine Schuld nicht ganz getilgt werden sollte.

§. 27. Beschwerden über die Rechnungslage.

Klagen, welche der Pfandgeber hinsichtlich der Berechnung der Verkaufs-Ueberschüsse oder sonst aus dem Verkauf des Pfandes erheben zu können glaubt, müssen binnen drei Monaten angestellt werden, und diese Frist beginnt mit dem Tage, an welchem das Resultat des Verkaufs öffentlich bekannt gemacht worden ist. Mit dem Ablaufe dieser Frist erlöschen alle nicht geltend gemachte Ansprüche dieser Art.

§. 28. Beziehung der Verkaufs-Ueberschüsse.

Zur Beziehung des Verkaufs-Ueberschusses ist eben so wie zur Einlösung des Pfandes und zur Erneuerung der Verpfändung die Ablieferung des Pfandscheins oder des §. 16. erwähnten Protokolls an das Pfandhaus unerläßlich.

§. 29. Rückgabe des Pfandscheins.

Durch Rückgabe des Pfandscheins entsagt der Pfandgeber, den im §. 27. bezeichneten Fall ausgenommen, allen gegen die Anstalt zu machenden Ansprüchen, insbesondere auch den Entschädigungs-Ansprüchen wegen angeblicher Werthsverminderung des Pfandes.

§. 30. Rückgabe der Ueberschüsse.

Meldet sich der Pfandgeber nicht, so wird der bemerkte Ueberschuß von dem Leihhause aufbewahrt oder auch zinsenfrei benutzt, unmittelbar aber unter Benennung des verkauften Pfandes, unter Angabe der Nummer desselben, des Datums der Verpfändung oder Erneuerung der auf das Pfand geliehenen, sowie der überschießenden Summe innerhalb neun Wochen dreimal durch zwei Zeitungen und durch Anschlag an dem Geschäftslokal, ein öffentlicher Aufruf erlassen, worin die Interessenten aufgefordert werden, sich bei der Leihanstalt zu melden, um den nach Berichtigung des Darlehns und der davon bis zum Verkauf des Pfandes aufgelaufenen Zinsen und Kosten verbleibenden Ueberschuß in Empfang zu nehmen.

§. 31. Verjährung der Klage auf Ablieferung der Ueberschüsse.

Insofern sich innerhalb sechs Wochen nach der letzten Bekanntmachung Niemand zu der Empfangnahme des Ueberschusses meldet, ist derselbe an die Armenkasse abzugeben, und von dieser dem Pfandgeber, welcher innerhalb fünf Jahren vom Tage der Ablieferung die Rückgabe verlangt, ohne Zinsen zu erstatten. Nach Ablauf dieser Frist sind alle Rechte des Pfandgebers aus dem Pfandscheine oder dem an dessen Stelle getretenen Protokolle erloschen.

IV. Allgemeine Bestimmungen.

§. 32. Geschäftsstunden.

Das Leihhaus ist außer den christlichen Sonn- und Festtagen vom 1. Mai bis 30. September, Morgens von 8 bis 12 Uhr, Nachmittags von 3 bis 6 Uhr; vom 1. Oktober bis 30. April, Morgens von 9 bis 12 Uhr, Nachmittags von 2 bis 5 Uhr offen. Während dieser Arbeitsstunden muß jeder Angestellte der Anstalt gegenwärtig und zur schleunigsten Förderung der Geschäfte mitzuwirken pflichtmäßig bemüht sein.

§. 33. Münzkurs.

Alle Geldgeschäfte des Leihhauses werden nur in Preußischem Courant gemacht.

§. 34. Visa des Kontroleurs.

Keine Operation des Leihhauses, sie mag in Annahme oder Rückgabe von Pfändern, Vorschüssen, Erneuerung des Darlehns oder Zahlung von Verkaufs-Ueberschüssen bestehen, ist gültig und darf ausgeführt werden, bevor der betreffende Pfandschein oder das denselben ersetzende Protokoll von dem Kontroleur vorher visirt und die nöthige Eintragung in die Register besorgt ist. Bei dem Mangel der Unterschrift des Kontroleurs auf dem Pfandscheine hat die Anstalt für ein einseitig von dem Verwalter angenommenes Pfand und dessen Konservation nicht zu haften, und es soll diese Bestimmung zur Sicherung und Belehrung des Publikums auf dem Pfandschein angedeutet werden. Die Ein- und Ausschreibungen des Kontroleurs in die Register dienen dem Leihhaus statt Quittung.

Der Verwalter, welcher ohne Mitzeichnung oder Visa des Kontroleurs eine Zahlung verfügt oder ein Pfand verabfolgt, ist der Anstalt für allen hieraus entstehenden Schaden verhaftet, und verfällt in eine von dem Oberbürgermeister festzusetzende zur Armenkasse fließende Ordnungsstrafe, oder kann nach Umständen seines Amtes entlassen werden.

§. 35. Buchführung.

In die bei dem Leihhause vorhandenen Bücher werden die Nummern, die Eigenschaft und der Werth des Pfandes, der Betrag der darauf geliehenen Summen, der Name, die Wohnung des Pfandgebers, das Datum der Auszahlung des Darlehns oder dessen Erneuerung, Tag für Tag nach der Reihenfolge eingetragen.

In das Stockregister müssen die Beschreibung und der Werth des Pfandes, dann der Betrag des Vorschusses in Buchstaben eingetragen werden.

§. 36. Beschwerden gegen Angestellte.

Beschwerden über das Betragen der Angestellten des Leihhauses in Beziehung auf den Pfandgeber werden durch die Armenverwaltung oder deren inspicirendes Mitglied geschlichtet, vorbehaltlich des Rekurses an die höhere oder gerichtliche Behörde, nach Verschiedenheit der Umstände.

Also festgestellt auf Grund der Berathung des Stadtraths vom heutigen Tage und der darin enthaltenen Ermächtigung.

Köln den 15. März 1842.

Der Oberbürgermeister
Steinberger.

Wir Friedrich Wilhelm, von Gottes Gnaden, König von Preußen rc. ertheilen dem vorstehenden Leihhaus-Reglement für die Stadt Köln, welches unterm 15. März d. J. von dem Oberbürgermeister von Köln vollzogen ist, hierdurch Unsere landesherrliche Bestätigung.

Peterhof den 14. Juli 1842.

Friedrich Wilhelm.
Mühler, v. Rochow, v. Bodelschwingh.

V. 2369. Rhein. Gen. C. 2. Abthl. V.

Zinsen-Tabelle für das städtische Leihhaus zu Köln, zu 12½ Procent pro anno.

	Zinsen-Monate																																	
	½		1		2		3		4		5			6			7			8			9			10			11			12		
Von 10 Sgr.	Sgr.	Pf.	Sgr.	Pf.	Sgr.	Pf.	Sgr.	Pf.	Sgr.	Pf.	Thlr.	Sgr.	Pf.	Thlr.	Sgr.	Pf.	Thlr.	Sgr.	Pf.	Thlr.	Sgr.	Pf.	Thlr.	Sgr.	Pf.	Thlr.	Sgr.	Pf.	Thlr.	Sgr.	Pf.	Thlr.	Sgr.	Pf.
bis 1 Thlr.	—	2	—	4	—	8	—	11	1	3	—	1	7	—	1	11	—	2	2	—	2	6	—	2	10	—	3	2	—	3	5	—	3	9
2 „	—	4	—	8	1	3	1	11	2	6	—	3	2	—	3	9	—	4	5	—	5	—	—	5	8	—	6	3	—	6	11	—	7	6
3 „	—	6	—	11	1	11	2	10	3	9	—	4	8	—	5	8	—	6	7	—	7	6	—	8	5	—	9	5	—	10	4	—	11	3
4 „	—	8	1	3	2	6	3	9	5	—	—	6	3	—	7	6	—	8	9	—	10	—	—	11	3	—	12	6	—	13	9	—	15	—
5 „	—	10	1	7	3	2	4	8	6	3	—	7	10	—	9	5	—	10	11	—	12	6	—	14	1	—	15	8	—	17	2	—	18	9
6 „	—	11	1	11	3	9	5	8	7	6	—	9	5	—	11	3	—	13	2	—	15	—	—	16	11	—	18	9	—	20	8	—	22	6
7 „	1	1	2	2	4	5	6	7	8	9	—	10	11	—	13	2	—	15	4	—	17	6	—	19	8	—	21	11	—	24	1	—	26	3
8 „	1	3	2	6	5	—	7	6	10	—	—	12	6	—	15	—	—	17	6	—	20	—	—	22	6	—	25	—	—	27	6	1	—	—
9 „	1	5	2	10	5	8	8	5	11	1	—	14	1	—	16	11	—	19	8	—	22	6	—	25	4	—	28	2	1	—	11	1	3	9
10 „	1	7	3	2	6	3	9	5	12	6	—	15	8	—	18	9	—	21	11	—	25	—	—	28	2	1	1	3	1	4	5	1	7	6
11 „	1	9	3	5	6	11	10	4	13	9	—	17	2	—	20	8	—	24	1	—	27	6	1	—	11	1	4	5	1	7	10	1	11	3
12 „	1	11	3	9	7	6	11	3	15	—	—	18	9	—	22	6	—	26	3	1	—	—	1	3	9	1	7	6	1	11	3	1	15	—
13 „	2	—	4	1	8	2	12	2	16	3	—	20	4	—	24	5	—	28	5	1	2	6	1	6	7	1	10	8	1	14	8	1	18	9
14 „	2	2	4	5	8	9	13	2	17	6	—	21	11	—	26	3	1	—	8	1	5	—	1	9	5	1	13	9	1	18	2	1	22	6
15 „	2	4	4	8	9	5	14	1	18	10	—	23	5	—	28	2	1	2	10	1	7	6	1	12	2	1	16	11	1	21	7	1	26	3
16 „	2	6	5	—	10	—	15	—	20	—	—	25	—	1	—	—	1	5	—	1	10	—	1	15	—	1	20	—	1	25	—	2	—	—
17 „	2	8	5	4	10	8	15	11	21	3	—	26	7	1	1	11	1	7	2	1	12	6	1	17	10	1	23	2	1	28	5	2	3	9
18 „	2	10	5	8	11	3	16	11	22	6	—	28	2	1	3	9	1	9	5	1	15	—	1	20	8	1	26	3	2	1	11	2	7	6
19 „	3	—	5	11	11	11	17	10	23	9	—	29	8	1	5	8	1	11	7	1	17	6	1	23	5	1	29	5	2	5	4	2	11	3
20 „	3	2	6	3	12	6	18	9	25	—	1	1	3	1	7	6	1	13	9	1	20	—	1	26	3	2	2	6	2	8	9	2	15	—

36.

Allerhöchste Kabinets-Ordre vom 30. Juli 1842, — wegen Vergütigung der Reisekosten für kommissarische Geschäfte in Königlichen Dienst-Angelegenheiten an Beamte, welche nicht zum Reisen mit Extrapost berechtigt sind.

Auf den Bericht des Staats-Ministeriums vom 5. d. M. will Ich den §. 12. der Verordnung vom 28. Juni 1825 wegen Vergütigung der Diäten und Reisekosten für kommissarische Geschäfte in Königlichen Dienstangelegenheiten dahin abändern, daß die Beamten, welche nicht zum Reisen mit Extrapost berechtigt sind, befugt sein sollen, in allen Fällen ohne Rücksicht darauf, ob zwischen den zu bereisenden Ortschaften eine Fahrpost-Verbindung besteht, und ob davon zum Zweck der Reise Gebrauch gemacht werden kann oder nicht, ein Pauschquantum von Funfzehn Silbergroschen für die Meile als Reise-Vergütigung zu liquidiren. Das Staats-Ministerium hat diese Ordre durch die Gesetz-Sammlung bekannt zu machen.

Erdmannsdorf den 30. Juli 1842.

Friedrich Wilhelm.

An
das Staats-Ministerium.
I. 3675. D. 18. Vol. 7.

37.

Verfügung vom 6. August 1842, — die Verwaltung der vakanten Nachlassenschaften in der Rheinprovinz betreffend.

(Regulativ vom 29. Mai 1841, Rhein. Samml. Bd. 7. S. 300.)

Ew. Hochwohlgeboren erhalten mit Bezugnahme auf die Verfügung vom 29 Mai v. J. anbei eine Abschrift desjenigen Bescheides, welchen der Herr Finanz-Minister unterm 8. v. Mts. in Beziehung auf die Verwaltung der vakanten Nachlassenschaften in der Rheinprovinz der Königlichen Regierung zu Aachen auf deren desfalsigen Bericht ertheilt und den übrigen Regierungen der gedachten Provinz zur Nachachtung zugefertigt hat, um auch Ihrerseits davon Kenntniß zu nehmen.

Der §. 6. des Regulativs für die Verwaltung der vakanten Nachlassenschaften in der dortigen Provinz vom 29. Mai 1841 bestimmt unter andern, daß Zahlungen aus den in der Regierungs-

Haupt-Kasse befindlichen, zu vakanten Successionen gehörigen Gelder nur in Gefolge gerichtlicher Urtheile oder Zahlungs-Anweisungen erfolgen können, und diese Bestimmung beruht darauf, daß nach §. 3. des Regulativs der Nachlaß-Kurator alle liquiden privilegirten Schulden gleich selbst zahlen, daß auch nach §. 5. der Käufer eines Grundstücks den Betrag der Immobiliar-Schulden, welche darauf haften, zurückhalten kann, mithin in der Regel nur solche Schulden noch außerdem vorkommen werden, bei welchen ein Streit über ihre Richtigkeit obwaltet und durch Urtheil zu erledigen ist„ oder die, weil sie zusammen den Bestand des Nachlasses übersteigen, ein Distributionsverfahren nothwendig machen. Um indessen in anderen ganz klaren Fällen eine sofortige Zahlung möglich zu machen, wird in Uebereinstimmung mit dem Herrn Finanz-Minister der §. 6. des gedachten Regulativs vom 29. Mai v. J. dahin modifizirt:

„daß die Nothwendigkeit gerichtlicher Urtheile oder Zahlungsanweisungen, bezüglich auf die bei den Regierungs-Hauptkassen befindlichen Gelder vakanter Successionen, nur dann unumgänglich ist, wenn die Regierung nicht selbst mit dem Kurator über die Richtigkeit und Zahlbarkeit der gegen den Nachlaß geltend gemachten Forderungen mit Rücksicht auf den Bestand und die Schulden des Nachlasses einverstanden ist."

Ew. Hochwohlgeboren überlasse ich, von dieser Modifikation des §. 6. dem Appellationsgerichtshofe und den Landgerichten, so wie durch die Ober-Prokuratoren den Kuratoren solcher vakanten Nachlasse Kenntniß zu geben.

Berlin den 6. August 1842.

Der Justiz-Minister
Mühler.

An
den Königlichen Ersten Präsidenten des Appellationsgerichtshofes Herrn Schwarz und den Königlichen General-Prokurator Herrn Berghaus Hochwohlgeboren zu Köln.

I. 3256. Rh. Gen. 165.

Beilage.

Die Bedenken, welche die Königliche Regierung in dem Bericht vom 30. November v. J. gegen die Ausführung des von dem Königlichen Justiz-Ministerium unter dem 29. Mai v. J. erlassenen Regulativs wegen Verwaltung der vakanten Nachlassenschaften in der Rheinprovinz zur Sprache gebracht hat, können als begründet nicht anerkannt werden.

Ganz der in dem Art. 1936. des bürgerlichen Gesetzbuchs aufgestellten allgemeinen Regel gemäß, daß von deponirtem Gelde keine Zinsen zu entrichten sind, hat auch der Art. 813. l. c. eine Verzinsung der bei der Staats-Kasse zu deponirenden baaren Bestände vakanter Nachlassenschaften nicht vorgeschrieben. Allerdings sollten später in Folge der Bestimmungen des Staatsrathsgutachtens vom $\frac{\text{19. September}}{\text{13. Oktober}}$ 1809 die Gelder vakanter Nachlassenschaften an die französische Amortisations-Kasse, welche nach dem Gesetze vom 28. Nivose XIII. (18. Januar 1805.) die bei ihr deponirten Summen mit 3 Prozent verzinsen mußte, hinterlegt werden; es ist indeß diese Kasse weggefallen, die Hinterlegung der Bestände vakanter Nachlassenschaften bei ihr unmöglich geworden und so der gesetzliche Zustand wieder eingetreten, wie er es war, ehe das Staatsrathsgutachten vom 19. September 1809 genehmigt wurde. In diesem gesetzlichen Zustande, nach welchem die baaren Bestände vakanter Nachlassenschaften bei der Staatskasse zu hinterlegen sind, ohne daß diese zu einer Verzinsung verbunden ist, konnten selbstredend die Reskripte des Königlichen Justiz-Ministeriums vom 6. Februar 1826 und 19. April 1837 nichts ändern und ist ihren Bestimmungen ungeachtet, notorisch auch in dem einen und dem andern Regierungs-Bezirke die Hinterlegung der Bestände der vakanten Nachlassenschaften bei den Domainen-Rentei-Kassen nach wie vor erfolgt, eine Beschwerde der Interessenten darüber, daß dieselben nicht verzinset worden, aber nicht vorgebracht worden.

Die Bestände, welche von den Nachlaß-Kuratoren nach Abzug der Kosten für die Beerdigung, Versiegelung, Entsiegelung, Inventarisation und Erhaltung der Masse, so wie nach Befriedigung der liquiden privilegirten Gläubiger an die Hauptkassen eingezahlt werden, sind in der Regel so unbedeutend, daß ihre verzinsliche Belegung bei der Bank nicht möglich ist, oder doch die Kosten eines einzuleitenden gerichtlichen Distributions-Verfahrens dieselbe ganz oder zum größten Theil absorbiren würden. In diesen Fällen, wo wegen des Vorhandenseins von Gläubigern, deren Forderungen den Betrag der Aktivmasse übersteigen oder zur Vermeidung der mit diesem in keinem Verhältnisse stehenden Kosten der gerichtlichen Einweisung in den vakanten Nachlaß, auch der Staat kein Interesse hat, diese nachzusuchen, würde die Hinterlegung der Bestände bei der Bank eine Fortführung derselben in den Rechnungen auf lange Zeit nothwendig machen, die zu weitläuftig und nutzlos erscheint, um solche mit Aufhebung der Bestimmungen meiner Cirkular-Verfügung vom 23. Juni v. J. anordnen zu können. Sind es ausnahmsweise bedeutendere Summen, welche von den Nachlaß-Kuratoren hinterlegt worden, so wird diese entweder der

Fiskus vermöge seines Rechts auf erblose Verlassenschaften in Anspruch nehmen können, oder es werden doch die vorhandenen Gläubiger oder Erbschafts-Prätendenten ein Interesse haben, die baldige Vertheilung oder Unterweisung derselben zu veranlassen. Im ersteren Falle wird die betreffende Königliche Regierung sofort die Einweisung in den Besitz des Nachlasses nachsuchen, und eine vorläufige Hinterlegung des baaren Bestandes bei der Bank ist nicht nöthig; für den andern Fall dagegen will ich gestatten, daß auf den speziellen Antrag des Nachlaß-Kurators die eingezahlten Summen von der Regierungs-Haupt-Kasse bei der Bank belegt und deren Absetzung als erspart in den Rechnungen selbst über den Schluß des zweiten Jahres hinausgeschoben wird, wenn die baldige gerichtliche Vertheilung oder Ueberweisung der Masse an die Erbschaftsgläubiger oder Prätendenten als wahrscheinlich nachgewiesen wird.

Da nach §. 3. des Regulativs vom 29. Mai v. J. der Nachlaß-Kurator alle liquiden privilegirten Schulden gleich selbst zahlen und nach §. 5. der Käufer eines Immobiliars den Betrag der Hypothekenschulden bei Einzahlung des Kaufpreises zurückbehalten kann, so werden unter den §. 6. des Regulativs in der Regel nur solche Schulden fallen, bei welchen Streit über die Richtigkeit obwaltet, oder die, weil sie zusammen den Bestand des Nachlasses übersteigen, ein Distributions-Verfahren nothwendig machen. Im Allgemeinen unbegründet erscheint daher das Bedenken der Königlichen Regierung, daß durch die Bestimmung, nach welcher Zahlungen aus der Regierungs-Haupt-Kasse aus vakanten Nachlässen nur auf Grund gerichtlicher Urtheile oder Zahlungs-Anweisungen erfolgen können, der Kurator in der ihm gesetzlich beigelegten Befugniß, den Nachlaß in der zweckmäßigsten Weise zu administriren, beschränkt werde. Um indessen für die Fälle, wo die Nachlaßgläubiger sich über eine außergerichtliche Vertheilung der Masse einigen und die betreffende Königliche Regierung mit dem Kurator über die Richtigkeit und Zahlbarkeit der Forderungen einverstanden ist, eine sofortige Zahlung möglich zu machen, hat sich der Herr Justiz-Minister bereit erklärt, den §. 6. dahin zu modificiren, daß die Nothwendigkeit gerichtlicher Urtheile und Zahlungsanweisungen nur dann eintritt, wenn die Regierung nicht selbst mit dem Kurator über die Richtigkeit und Zahlbarkeit der gegen den Nachlaß geltend gemachten Forderungen einverstanden ist.

Wenn ferner die Königliche Regierung behauptet, daß Sie, so lange Fiskus nicht par déshérence succedirt, nicht befugt sei, gegen die Rechnungen der Kuratoren Monita im prozessualischen Wege durchzuführen, so steht dies mit den Bestimmungen des Art. 6. der Instruktion des Justiz-Ministers vom 8. Juli 1806 und den Entscheidungen, welche der Pariser Kassationshof unter dem 20. Januar 1807 und 6. Juni 1809 erlassen hat, nicht in Einklang und kann daher die vorgeschlagene Aenderung des §. 8. des Regulativs nicht veranlaßt werden.

Die Nachlaß-Kuratoren bringen bei Einzahlung der vorhandenen Bestände nicht allein die bis dahin gehabten Auslagen, sondern auch die Remuneration für ihre Bemühungen in Abzug; es ist daher in der Regel keine dringende Veranlassung vorhanden, ihnen weitere Vorschüsse zur Bestreitung der Kosten der etwa noch nöthigen Feststellung der Aktiv- und Passiv-Masse zu bewilligen; ich will es indeß dem eigenen Ermessen der Königlichen Regierung überlassen, in wie fern in dem einen oder dem andern Falle hiervon Ausnahmen zu machen sind. Bei dem Mangel eines gesetzlichen Tarifs über die den Nachlaß-Kuratoren zu bewilligenden Gebühren, ist es endlich Sache der Königlichen Regierung, zu beurtheilen, in wie fern die von denselben verlangten Remunerationen angemessen sind oder nicht, sie im ersteren Falle zu bewilligen, letzteren Falls aber durch gerichtliche Entscheidung festsetzen zu lassen.

Berlin den 8. Juli 1842.

Der Finanz-Minister.
In dessen Abwesenheit: v. Berger.

An
die Königliche Regierung
zu Aachen.

38.

Verfügung vom 6. August 1842, — die bei dem Landgericht zu Saarbrücken für die Jahre 1838 und 1839 abgehaltene Stempelrevision betreffend.

(Stempelgesetz vom 7. März 1822, Gesetz-Samml. S. 57. Reskripte vom 1. Oktober 1823, 26. März und 28. Oktober 1825, Schmidts Kommentar zum Stempelgesetz Anmerk. 3, 4, 18, S. 141, 144; vom 13. November 1830, Jahrb. Bd. 36. S. 370; vom 6. Juni 1837, Rhein. Samml. Bd. 6. S. 226, 228 und 5. November 1841, ebendas. Bd. 7. S. 352.)

Ew. Hochwohlgeboren erhalten hierbei

1. die Defekten-Tabelle über die daselbst für die Jahre 1838 und 1839 abgehaltene Stempel-Revision,
2. den Bericht des Provinzial-Steuer-Direktors zu Köln vom 13. Dezember 1840 an den General-Direktor der Steuern,
3. einen Extrakt aus meinem Schreiben an den Herrn Finanz-Minister vom 11. April v. J.

Mit den Bemerkungen ad I., II., IV., VII., VIII. und XII. hat der Herr Finanz=Minister sich einverstanden erklärt, und

ad X. ausnahmsweise, mit Rücksicht auf die Geringfügigkeit der festgesetzten Disziplinarstrafen es bei den angewendeten Erkenntnißstempeln von 15 Sgr. belassen und die mehrgeforderten niedergeschlagen, im Prinzipe vom Gesetz abzugehen sich jedoch nicht befugt gehalten, weshalb das Königliche Landgericht für künftige Fälle zu dessen Befolgung angewiesen wird.

ad XI. hat der Herr Finanz=Minister das, was wegen der accessorischen Interventionen in dem Reskripte vom 1. Oktober 1823 (Schmidt Kommentar S. 144 Anm. 18.) erklärt ist, zwar nicht ohne Unterschied für Adcitationen und Litisdenunciationen als maaßgebend angenommen, sich indeß damit einverstanden erklärt, daß in dem, dem betreffenden Monitum (29.) zum Grunde liegenden Falle die Adcitation der accessorischen Intervention gleich stehe und deshalb den zu dem verwendeten Erkenntnißstempel von 5 Thlr. noch nachgeforderten Stempel von 5 Thlr. niedergeschlagen.

In Ansehung der Berechnung des Stempels in Theilungssachen (ad III. V., VI. und IX.) hat der Justiz=Minister nach erfordertem Bericht des General=Prokurators und wiederholter Erwägung mit dem Herrn Finanz=Minister sich dahin geeinigt:

A. Daß zu den Urtheilen, welche nicht streitige Punkte oder nur Kontestationen über die Regelmäßigkeit der Procedur und die dabei sich ergebenden Incidentpunkte betreffen, so wie zu dem Homologationsurtheile, der feste Stempel von 15 Sgr. zu verwenden sei. Dies ist auch bereits durch das Schreiben vom 19. April 1837 Num. 3. und das Reskript vom 6. Juni ejd. (Rheinische Sammlung Bd. 6. S. 226, 228) anerkannt.

B. Daß, wenn in einem und demselben Theilungsprozesse mehrere Definitiv=Urtheile successive abgefaßt worden, z. B. über die Theilnehmungsrechte, die Theilungsrechnungsquoten, die Bestandtheile der Masse, die Konferenda, die Praecipua u. dergl. m.

1. Zu dem ersten Urtheile, wenn dasselbe einen nach Gelde schätzbaren Gegenstand betroffen hat, der Prozentstempel und wenn dasselbe einen unschätzbaren Gegenstand betroffen hat, der Stempel von 5 bis 20 Thlr. zu verwenden sei. Die Aussetzung des Stempels bis zu dem Endurtheile, welches die schließliche Feststellung der Theilung enthält, läßt sich nicht rechtfertigen, indem theils es ungewiß bleibt, ob noch ein weiteres Urtheil ergehen werde und die Partheien nicht vielmehr sich einigen werden, theils die dadurch nothwendig veranlaßten Stempel=Nachliquidationen Schwierigkeiten herbeiführen und der Kontrole der Stempelbehörde entzogen werden. Auch kann, wenn zu dem Endurtheile der Stempel von der ganzen streitigen Masse berechnet wird, dadurch, wie der Provinzial=Steuer=Direktor mit

Recht bemerkt, eine größere Besteuerung herbeigeführt werden, als sich würde rechtfertigen lassen.

2. In Betreff des zu dem zweiten und den ferneren Urtheilen erster Instanz zu verwendenden Stempels ist zu unterscheiden,

a. ob das nachfolgende Urtheil, gleich dem früheren, einen schätzbaren oder unschätzbaren, oder

b. das eine Urtheil einen schätzbaren, das andere einen unschätzbaren Gegenstand betrifft.

ad a. Im ersten Falle, es sei daß beide Urtheile schätzbare oder beide unschätzbare Punkte entscheiden, ist zu berechnen, wieviel der Stempel betragen haben würde, wenn über beide Gegenstände zusammen, durch ein und dasselbe Urtheil würde erkannt worden sein. In diesen Stempel, es sei der Prozentstempel oder der Stempel von 5 bis 20 Thlr. ist der zu dem früheren Urtheile verwendete Stempel nach Abzug des Stempels von 15 Sgr. einzurechnen und der Rest zu dem nachfolgenden Urtheil zu verwenden.

ad b. Wenn aber das eine Urtheil einen schätzbaren, das andere einen unschätzbaren Gegenstand betrifft, so ist bereits hinsichtlich der in Schwängerungs- und Alimenten-Prozessen ergehenden Urtheile, welche gleichzeitig schätzbare und unschätzbare Punkte entscheiden, durch das Reskript vom 13. November 1830 (Jahrb. Bd. 36. S. 370.) anerkannt, daß zu denselben in der Regel nur der Stempelsatz von 5 bis 20 Thlr. erforderlich ist, so fern aber der schätzbare Gegenstand für sich allein einen höhern Werth-Stempel als 20 Thlr. rechtfertigen würde, der Werth des schätzbaren Gegenstandes die alleinige Norm des anzuwendenden Stempels bleibt. Mit Rücksicht auf das hierbei zum Grunde liegende Prinzip ist bei Festsetzung des Stempels zu dem nachfolgenden Urtheile in Theilungssachen zunächst zu berechnen, wieviel dieser Stempel ohne Rücksicht auf den zu dem frühern Urtheile verwendeten Stempel betragen würde, es sei

aa. wenn das frühere Urtheil einen schätzbaren, das nachfolgende einen unschätzbaren Gegenstand betrifft, der Stempel von 5 bis 20 Thlr., oder

bb. wenn das frühere Urtheil einen unschätzbaren, das nachfolgende einen schätzbaren Gegenstand betrifft, der Prozentstempel.

Beträgt der hiernach ermittelte Stempel weniger als der zu dem frühern Urtheil verwendete, oder eben so viel, so ist zu dem nachfolgenden Urtheile nur der 15 Sgr.-Stempel zu nehmen; beträgt derselbe aber mehr, so ist in denselben der erste Stempel nach Abzug des Stempels von 15 Sgr. einzurechnen und der Rest zu dem nachfolgenden Urtheil zu verwenden.

Diese Regeln ad 1. und 2. treten jedoch nur dann ein,

wenn das nachfolgende Urtheil mit dem frühern in einem innern Zusammenhange steht und eine Folge desselben ist; wogegen, wenn das nachfolgende Urtheil einen für sich bestehenden selbstständigen Prozeß betrifft, der volle Stempel zu demselben ohne Rücksicht auf den zu dem frühern Urtheile verwendeten zu nehmen ist.

Nach diesen Grundsätzen erledigen sich die den Stempel in Theilungssachen betreffenden Monita der Defekten-Tabelle folgendergestalt:

ad III. die Monita 9 und 10 hat der Provinzial-Steuer-Direktor, soweit es auf die vorliegenden speciellen Sachen ankam, fallen lassen; dieselben scheiden daher aus.

ad V. Monitum 22 desgleichen.

ad VI. Monita 24 und 28 wird, insofern nicht inzwischen der Theilungsprozeß beendet und zu dem Endurtheile nach der bisherigen Praxis des Landgerichts der Hauptstempel verwendet sein sollte, der Prozentstempel,

a. in dem Falle des Mon. 24 von dem Werthe der beiden Grundstücke und des Hauses, von welchem streitig war, ob sie zur Masse gehörten,

b. in dem Fall des Mon. 28 von dem Werthe der drei streitigen Grundstücke und des bestrittenen Theils der von dem N. zu konferirenden Summe zu berechnen, und sofern in demselben Theilungsprozesse schon ein früheres definitives Urtheil ergangen sein sollte, der zu demselben verwendete Stempel nach dem obigen Grundsatze einzurechnen sind. Auf den Umstand, daß gegen das erste Urtheil appellirt worden, wodurch das Königliche Landgericht die nicht geschehene Festsetzung des Stempels zu rechtfertigen sucht, kommt es nach §. 19. des Stempelgesetzes nicht an.

ad IX. Monita 25 und 30. Werden mit einem Theilungs-Prozesse Anträge auf Rechnungslegung zum Zwecke der Bildung der Masse verbunden und waltet über die Rechnungspflichtigkeit oder deren Umfang ein Streit ob, so wird zu dem Urtheile, durch welches über die Rechnungslegung entschieden wird, wie zu einem jeden andern Urtheile über einen unschätzbaren Gegenstand nach näherer Maaßgabe der in dem anliegenden Schreiben vom 11. April v. J. ad Num. VII. enthaltenen Bemerkungen, der Stempel von 5 bis 20 Thlr. zu verwenden sein. Wird die Rechnungspflicht anerkannt, so ist das Urtheil wie eine Agnitions-Resolution nach den Rescripten vom 26. März und 28. Oktober 1825 (Schmidts Kommentar zu den Stempelgesetzen, S. 141 und 142, Anmerk. 3 und 4) zu besteuern.

Hiernach ist sowohl ad mon. 25 als ad mon. 30 der Stempel von 5 bis 20 Thlr. zu dem Urtheil zu verwenden. Kommen in einem solchen mit Rechnungslegung verbundenen

Theilungsprozesse nachträgliche Erkenntnisse über die Theilung vor, so entscheiden hinsichtlich der zu diesen nachträglichen Erkenntnissen zu verwendenden Stempel die obigen in Theilungssachen überhaupt angenommenen Grundsätze.

Das Monitum des Stempel-Fiskals ad 25, daß zu dem Urtheile, durch welches, außer der Zurückweisung der Klage auf Rechnungslegung, der Kläger zum Beweise der Theilungsklage zugelassen worden, abgesehen von dem Stempel von 5 bis 20 Thlr. für die Hauptsache, wegen der gleichzeitigen Bestimmung über den Beweis ein Stempel von 15 Sgr. erforderlich sei, hat der Provinzial-Steuer-Direktor mit Recht für unbegründet erklärt, da ein und dasselbe Urtheil nicht gleichzeitig als ein Haupt- und als ein Neben-Urtheil besteuert werden kann. Von dem gleichen Grundsatze ist bereits in dem Schreiben vom 16. September v. J. ad 7. und der Verfügung an den Landgerichts-Präsidenten und Ober-Prokurator zu Trier vom 5. November v. J. (Rheinische Sammlung Bd. 7. S. 357) ausgegangen.

Hiernach hat das Königliche Landgericht wegen Erledigung der sämmtlichen rückständigen Monita das Weitere zu veranlassen.

Berlin den 6. August 1842.

Der Justiz-Minister
Mühler.

An
den Königlichen Landgerichts-Präsidenten Herrn Bessel und den Königlichen Ober-Prokurator Herrn Leue Hochwohlgeboren zu Saarbrücken.

I. 3419. Rh. Gen. 62. Vol. 6.

Beilage.

Auszug aus dem Schreiben an den Herrn Finanz-Minister vom 11. April 1841.

Ew. Excellenz beehre ich mich den mit dem verehrlichen Schreiben vom 5. v. M. mir gefälligst mitgetheilten Bericht des Provinzial-Steuer-Direktors zu Köln vom 13. Dezember v. J.,

die bei dem Königlichen Landgericht zu Saarbrücken für die Jahre 1838 und 1839 vorgenommene Stempel-Revision betreffend,

ganz ergebenst zurück zu senden und zu den einzelnen nicht erledigten Monitis Folgendes zu bemerken:

I. Ad monitum 1. bin ich damit einverstanden, daß zu dem Erkenntnisse, durch welches die Klage auf Rechnungslegung aus dem Grunde als unannehmbar abgewiesen wird, weil der Kläger die verlangte Kaution für die Prozeßkosten nicht bestellt hat, der vom Landgericht verwendete Werthstempel von 15 Sgr. nicht genügt, sondern der Stempel von 5 bis 20 Thlr zu verwenden ist. Der Kläger ist mit seiner Klage definitiv zurückgewiesen; ob dies aus einem formellen oder materiellen Grunde geschehen, darauf kommt es nicht an. Das Erkenntniß ist daher keinesweges ein vorbereitendes. Anders würde es sich verhalten, wenn das Erkenntniß die Klage zugelassen, indem es entweder den Antrag des Verklagten anf Bestellung einer Kaution für die Kosten verworfen oder die Höhe der Kaution bestimmt hätte. In diesem Falle würde das Erkenntniß ein das später in der Hauptsache ergehemde Erkenntniß vorbereitendes gewesen sein. Ist aber der Kläger definitiv zurückgewiesen, so kann ein zweites Erkenntniß in demselben Prozesse nicht mehr vorkommen.

II. Ad monitum 17. Ebenso verhält es sich mit dem Stempel zu dem Erkenntniß, durch welches eine Klage, weil sie schon bei einem andern Gerichte schwebt, zurückgewiesen wird. Die exceptio litis pendentis erledigt, wenn sie begründet befunden wird, den Prozeß, in welchem sie vorgebracht wird, definitiv; das Erkenntniß erfordert daher auch den Stempel von dem ganzen in lite befangenen Gegenstande und im vorliegenden Falle, da auf Rechnungslegung geklagt war, den Stempel von 5 bis 20 Thlr. Wenn das Landgericht anführt, daß in den alten Provinzen über die exceptio litis pendentis per decretum und nicht per sententiam entschieden werde, und daher daselbst zu dergleichen Verfügungen überhaupt der Erkenntniß-Stempel nicht verwendet werden könne, so ist dies unrichtig. Nur wenn bei Einleitung der Klage sich ergiebt, daß dieselbe bereits anderswo anhängig ist, wird dieselbe per decretum zurückgewiesen. Wird aber vom Verklagten die exceptio litis pendentis vorgebracht, und nun vom Kläger die Klage nicht freiwillig zurückgenommen, so muß darüber per sententiam entschieden werden. (A. G. O. I. 9. §. 20. I. 10. §§. 79. 80. 65.)

IV. Ad monitum 20. In einem Erbtheilungsprozesse war die Licitation eines Grundstücks verordnet, und da unter der Taxe geboten war, suchten die Interessenten nach Art. 964. der Civil-Prozeßordnung die Genehmigung des Landgerichts in den Zuschlag nach. Das Landgericht versagte die nachgesuchte Genehmigung, weil die Licitation von großjährigen Miterben bebetrieben werde und auf diesen Fall der Art. 964. nicht anwendbar sei. Zu diesem letztern Urtheile, zu welchem ein Stempel von 15 Sgr. verwendet worden, wird ein Stempel von 5 Thlr. defektirt, so fern nicht, was der Provinzial Steuer-Direktor annoch ausmitteln will, schon zu dem früheren, die Licitation anordnenden Urtheile ein Stempel von 5 bis 20 Thlr. verwendet worden. Nach meinem Dafürhalten wird es indeß einer solchen Ausmittelung nicht bedürfen, da zu dem Urtheile, welches die Genehmigung versagt, gleich wie in dem Falle, wenn die Genehmigung ertheilt wäre, nur der Ausfertigungs-, nicht der Erkenntnißstempel gefordert werden kann.

VII. ad monitum 18. hat das Landgericht zu dem Urtheile, durch welches die Verklagten verurtheilt sind, Rechnung zu legen, nur einen Stempel von 15 Sgr. adhibirt. Das Monitum des Provinzial-Steuer-Direktors, daß zu diesem Urtheile ein Stempel von 5 bis 20 Thlr. erforderlich sei, ist begründet, da es sich hier um die Feststellung einer definitiven Verpflichtung handelt, und im Allgemeinen der Gegenstand des Streits der Schätzung im Gelde nicht fähig ist. Sollte in einzelnen Fällen die Pflicht zur Rechnungslegung sich nur auf eine bestimmte Summe beziehen und diese weniger als 500 Thlr. betragen, so wird dadurch nicht ausgeschlossen, daß der Prozentstempel genommen werde, und in Fällen, wo die Summe, über welche Rechnung gelegt werden soll, nicht einmal 50 Thlr. beträgt, wird gar kein Stempel zu nehmen sein. Kommen hinterher, nachdem die Pflicht zur Rechnungslegung festgestellt ist, noch Streitigkeiten über einzelne Positionen in der Rechnung vor, welche durch Erkenntniß entschieden werden, so muß von dem streitigen Gegenstande der Prozentstempel entrichtet werden.

VIII. ad monitum 27. hat der Provinzial-Steuer-Direktor, da in dem Prozesse über die Rechnungs-Abnahme nicht über die ganze in der Rechnung aufgeführte Summe von 434 Thlr. 25 Sgr., sondern nur über 106 Thlr. 25 Sgr. Streit gewesen ist, das frühere Monitum insoweit modifizirt, daß von der letztern Summe der Prozentstempel von 1 Thlr. 5 Sgr erforderlich sei. Nach dem zum Monitum 18. Angeführten ist dieser Anspruch begründet und das Landgericht wird daher, da es nur einen Stempel von 15 Sgr. festgesetzt hat, nachträglich noch 20 Sgr. zu liquidiren haben.

X. ad monita 12. 13. 14. 15. 16. und 19. Das Landgericht hat zu den Strafurtheilen in Disziplinar-Sachen gegen Civilstandsbeamte, durch welche Strafen von resp. 2 Thlr., 3 Thlr., 5 Thlr., 10 Thlr. ausgesprochen sind, einen Stempel von 15 Sgr. verwendet, weil dieses Disziplinar-Verfahren vor den Civilrichter gehöre, die Strafen den Ordnungsstrafen in den alten Provinzen gleichständen, die höchste Disziplinarstrafe gegen einen Civilstandsbeamten nach Art. 50. des Civilgesetzbuchs 100 Franken (26 Thlr. 20 Sgr.), also unter 50 Thlr. betragen, und sonach die Strafe mit einem höhern Werthstempel nicht im Verhältniß stehen. Der Provinzial-Steuer-Direktor hat, gestützt auf den Tarif Litt. A. e. einen Stempel von 5 Thlr. liquidirt. Nach einer strengen Auslegung des Stempelgesetzes ist die Ansicht des

Provinzial=Steuer=Direktors begründet, wie dies auch schon in dem Rescript vom 10. Mai 1838 Num. 5. (Lottner Bd. 6. S. 479) und in dem Schreiben vom 18. Dezember 1839 Num. VII. angenommen worden ist. Es steht jedoch zur Erwägung, ob es rathsam ist, bei dieser strengen Auslegung des Stempelgesetzes zu beharren, da die vom Landgericht angeführten Gründe viel für sich haben.

XI. ad monitum 29. Wenn der Adcitat erklärt, daß er den Regreß anerkennen und die Garantie übernimmt und dem Antrage des Verklagten beitritt, so steht die Adcitatio der Interventio accessoria gleich und es kann zu dem Urtheile, durch welches die Klage für begründet erachtet, der Verklagte verurtheilt und dem Adcitaten die Verpflichtung zur Entschädigung auferlegt wird, nicht ein doppelter Werthstempel erfordert werden (vgl. das in Schmidts Commentar S. 144 Anmerk. 18 angeführte Rescript vom 1. Oktober 1823). Wegen des Werthstempels im Interventionsprozesse nach rheinischem Verfahren beziehe ich mich überhaupt ganz ergebenst auf das diesseitige Schreiben vom 20. April 1839. Hiernach halte ich das Monitum des Provinzial=Steuer=Direktors nicht begründet.

XII. ad monitum 31. Nach der rheinischen Gerichtsverfassung sind Urtheile, welche in den alten Provinzen ergangen sind, in der Rheinprovinz nicht ohne Weiteres vollstreckbar, sondern müssen erst durch einen Rathskammerbeschluß exekutorisch erklärt werden. Eine Ausfertigung dieses Rathskammerbeschlusses wird unmittelbar unter das Urtheil gesetzt, welches exequirt werden soll, oder demselben annectirt. (Reskr. vom 16. September 1837, Lottner Bd. 6. S. 304.) Der Beschluß ist ein ergänzender Theil des Urtheils und kann meines Erachtens um so weniger mit einem besonderen Stempel belegt werden, als er nur zu den außerhalb der Rheinprovinz ergangenen Urtheilen erforderlich ist, und die exekutorische Klausel, welche nach Art. 146. der Civilprozeßordnung in die nach rheinischem Verfahren ergehenden Erkenntnisse mit aufgenommen werden muß, ersetzt. Daher paßt auch die vom Provinzial=Steuer=Direktor erfolgte Bezugnahme auf das Rescript vom 10. Mai 1838 Num. 33. (Lottner Bd. 6. S. 480) wegen Ertheilung der exekutorischen Klausel zu einem schiedsrichterlichen Urtheile nicht.

Ew. Excellenz ersuche ich ganz ergebenst um Dero gefällige Aeußerung, ob dieselben mit den vorstehend entwickelten Grundsätzen einverstanden sind, in welchem Falle ich demgemäß den Landgerichts=Präsidenten und Ober=Prokurator zu Saarbrücken mit Anweisung versehen werde.

Berlin den 11. April 1841.

An Mühler.

des Königl. Wirkl. Geheimen Staats= und Finanz=Ministers Herrn Grafen v. Alvensleben Excellenz.

39.

Verfügung vom 9. August 1842, — betreffend die Insinuationen durch die Post an Bewohner des Bezirks des Appellationshofes zu Köln, welche vor altländische Gerichte vorgeladen werden sollen.

Der von Ew. Hochwohlgeboren in dem Berichte vom 29. Juni d. J. gemachte Antrag auf Modifikation der allgemeinen Verfügung vom 23. Mai d. J.,

betreffend die Insinuationen durch die Post,

insoweit sie etwa gegen Bewohner des Bezirks des Appellationshofes zu Köln, die vor altländische Gerichte vorgeladen werden sollen, zur Anwendung gebracht werden könnte, kann zu einer generellen Anordnung keine Veranlassung geben. Zunächst enthält die Allerhöchste Ordre vom 31. März und die Verfügung vom 23. Mai d. J. nicht eine neue, einer besondern Promulgation bedürfende Vorschrift, sondern nur eine Wiederholung dessen, was schon nach §. 26. Theil I. Tit. 7. der Allgemeinen Gerichts-Ordnung stets Rechtens gewesen,

daß nämlich die Behändigung gerichtlicher Verfügungen auch in Fällen, wo ein Insinuationsdokument beizubringen ist, durch die Post erfolgen darf,

und die Allerhöchste Ordre hat nur bezweckt, die Gerichte zu verpflichten, sich in der Regel dieses Mittels zu bedienen und die Postgebühr zu ermäßigen. Es hat daher einer allgemeinen Promulgation dieser Allerhöchsten Ordre nicht bedurft, vielmehr genügt, sie zur Kenntniß der Gerichtsbehörden, für welche sie erlassen ist, behufs ihrer Befolgung zu bringen.

Daß nun aber diese Vorschrift, sowie der allegirte §. 26. auch dann Anwendung finden müssen, wenn es sich von Zustellungen altländischer Gerichtsbehörden an Personen handelt, die im Bezirke des Appellationsgerichtshofes zu Köln domicilirt sind, kann keinem Bedenken unterliegen, da die Verfügung des §. 26. auf alle Zustellungen, mithin selbst auf die sich bezieht, welche im Auslande zu machen sind, vorausgesetzt, daß die postamtliche Bescheinigung beigebracht werden kann, um so mehr also auf die im Inlande zu machenden, wenn dieselben auch an Unterthanen einer Provinz gehen, in welcher die Allgemeine Gerichtsordnung nicht gilt.

Die Frage, ob eine Zustellung als gehörig geschehen zu betrachten sei, die ein Gericht direkt und ohne Vermittelung einer andern Gerichtsbehörde vorzunehmen hat, läßt sich nur nach denjenigen Vorschriften beurtheilen, welche jenem zur Richtschnur gegeben sind, in dem fraglichen Falle also nach der Allgemeinen

Gerichts-Ordnung, und derjenige Rheinländer, welcher in Geschäfts-Verhältnisse in den ältern Provinzen tritt, die zu einem prozessualischen Verfahren Veranlassung geben können, muß sich auch mit den Gesetzen bekannt machen, die jenes reguliren.

In der That hat die Sache auch keine große praktische Bedeutung. Empfängt ein Bewohner des Bezirks des Apellationsgerichtshofes eine Zustellung eines altländischen Gerichtes direkt durch die Post, so wird er auch die Ueberzeugung haben, daß eine solche Zustellung statthaft sein muß, und also das thun, wozu die Zustellung ihm Veranlassung giebt, wie er ein Gleiches thun würde, wenn ihm die Zustellung auf Requisition durch einen Gerichtsvollzieher geschehen wäre. Durch diese Zustellungen mittelst der Post werden außerdem die lästigen Korrespondenzen zwischen den Ober-Prokuratoren und den altländischen Gerichten und zwischen jenen und den Gerichtsvollziehern zur Bewirkung der Zustellungen, so wie die Kontestationen über die Kompetenz vermieden, in welche einzelne Ober-Prokuratoren sich ganz gegen den Geist der dortigen Gerichtsverfassung, welche den Parteien überläßt, ihre Einreden selbst ohne Hülfe des öffentlichen Ministeriums bei Gericht vorzubringen, eingelassen haben.

Berlin den 9. August 1842.

Das Justiz-Ministerium.
Ruppenthal.

An
den Königlichen Ober-Prokurator
Herrn Bessel Hochwohlgeboren
zu Cleve.

I. 3170. Rh. Gener. 76. Vol. II.

40.

Verfügung vom 9. August 1842, — die bei dem Landgericht zu Trier für die Zeit vom 1. November 1838 bis 1840 abgehaltene Stempel-Revision betreffend.

Ew. Hochwohlgeboren erhalten hierbei mit Bezug auf den Bericht vom 9. Juni d. J., betreffend die Stempel-Defekten-Tabelle beim dortigen Landgericht für den Zeitraum vom 1. November 1838 bis dahin 1840

1. die beiden Berichte des Königlichen Provinzial-Steuer-Direktors zu Köln vom 7. und 8. Dezember v. J. über die bei der ersten und zweiten Civilkammer des Landgerichts für den Zeitraum vom 1. November 1838 bis 1. November 1840 abgehaltene Stempel-Revision.
2. Das Schreiben an den Herrn Finanz-Minister vom 19. Februar d. J.

Da der Herr Finanz-Minister mit dem Inhalt dieses Schreibens sich überall einverstanden erklärt hat, so werden Sie veranlaßt, demgemäß die Erledigung der rückständigen Monita zu bewirken.

Berlin den 9. August 1842.

Das Justiz-Ministerium.
Ruppenthal.

An
den Königlichen Landgerichts-Präsidenten Herrn Geheimen Justiz-Rath Rive und den Königlichen Ober-Prokurator Herrn Deuster Hochwohlgeboren zu Trier.

I. 2816. Rh. Gen. 62. Vol. 6.

Beilage.

Ew. Excellenz beehre ich mich, die mit den beiden geehrten Schreiben vom 5. d. M. mir gefälligst mitgetheilten Verhandlungen über die bei der ersten und zweiten Civil-Kammer des Königlichen Landgerichts zu Trier für die Zeit vom 1. November 1838 bis 1. November 1840 abgehaltene Stempel-Revision mit den nachstehenden Bemerkungen ganz ergebenst zurück zu senden.

A. Die Stempel-Defekten-Tabelle bei der ersten Civil-Kammer betreffend.

I. ad monitum 6. Die Ansicht des Königlichen Landgerichts, daß das Urtheil, durch welches Jemand für abwesend erklärt und die Kläger auf Grund des Art. 120. des Civilgesetzbuches in den provisorischen Besitz des von dem Abwesenden zurück gelassenen Vermögens gesetzt worden, nur präparatorisch sei und ein Werthstempel erst festgesetzt werden könne, wenn ein Inventarium errichtet sei und feststehe, daß das Vermögen wenigstens 50 Thlr. betrage, ist gesetzlich nicht begründet. Präparatorisch in dem Sinne des Stempelgesetzes: Tarif s. v. „Erkenntnisse A. c." ist ein Urtheil nur dann, wenn es ein anderes Urtheil vorbereitet und das Haupt-Erkenntniß später erfolgt. Das vorliegende Urtheil aber ist das Haupturtheil, zu welchem der volle Werthstempel verwendet werden muß. Auf den Betrag des zurück gelassenen Vermögens kommt es nur insofern an, um den Stempel zwischen 5 bis 20 Thlr. zu arbitriren, nicht aber um zu beurtheilen, ob überhaupt das Urtheil stempelpflichtig sei. Denn dasselbe hat nicht etwa die Einweisung in den Besitz des Vermögens allein zum Gegenstande, sondern der Hauptgegenstand desselben ist die Abwesenheits-Erklärung, welche außer der Einweisung in den Besitz des zurückgelassenen Vermögens noch manche andere gesetzliche Folgen, z. B. Art. 124, 135 u. ff., sogar hinsichtlich der persönlichen Verhältnisse des Abwesenden

(Art. 139, 141.) hat. Somit betrifft das Urtheil einen Gegenstand, welcher der Schätzung nach Gelde nicht fähig ist, und unterliegt dem Stempel von 5 bis 20 Thlr. In diesem Sinne hat sich auch bereits das Rescript vom 10. Mai 1838 Num. 9. (Lottner Bd. 6. S. 479) ausgesprochen.

II. ad monitum 23. Wenn auch die exekutorischen Zahlungsbefehle der Regierungen und anderer Verwaltungsbehörden gleiche Kraft mit gerichtlichen Entscheidungen haben, so folgt daraus doch nicht, daß sie demselben Werthstempel, wie diese, unterliegen. Das Stempelgesetz erfordert einen solchen Werthstempel nicht, die in dem Tarif s. v. „Erkenntnisse" enthaltenen Bestimmungen beziehen sich vielmehr nach der ausdrücklichen Vorschrift daselbst nur auf „Erkenntnisse und Urtheilssprüche der Gerichte", und allein bei dem Straf-Resolute der Finanz- und Polizeibehörden ist nach Litt. A. f. daselbst ein Stempel vorgeschrieben. Wenn nachher über die von der Verwaltungsbehörde ausgesprochene Zahlungs-Verbindlichkeit in den zulässigen Fällen ein Prozeß entsteht, so ist das in diesem Prozesse ergehende Urtheil keineswegs, wie das Landgericht annimmt, ein nachträgliches Urtheil, welches einem Erkenntniß in der Exekutions-Instanz gleichsteht, sondern das Haupturtheil, welches den vollen Werthstempel erfordert. Zu dem Erkenntniß, durch welches auf die gegen den Zahlungsbefehl der Königlichen Regierung auf Höhe von 643 Thlr. 23 Sgr. 3 Pf. eingelegte gerichtliche Opposition der Zahlungsbefehl vernichtet und die Opposition, Gemeinde N., in die Kosten verurtheilt worden, muß daher der defektirte Prozentstempel von 6 Thlr. 15 Sgr. adhibirt werden. Aus denselben Gründen ist auch schon früher in dem Schreiben vom 18. Dezember 1839 ad 11. und vom 16. September v. J. ad 10. (Rheinische Sammlung Bd. 7. S. 131 und 360) anerkannt, daß zu den Urtheilen, durch welche über die Opposition gegen die auf Grund eines notariellen Akts eingeleitete Exekution erkannt wird, der volle Werthstempel erforderlich sei.

III. die Monita 63, 64, 66, 83, 87. des Provinzial-Steuer-Direktors, welche derselbe selbst als sehr zweifelhaft anerkennt, halte ich nicht begründet. Die Beschlüsse des Landgerichts, durch welche bei dem Ausscheiden eines Notars aus seinem Amte, es sei durch Absterben, Entsetzung, Versetzung oder freiwilliges Niederlegen des Amtes, zunächst ein einstweiliger (Art. 53. und 54. der Notariatsordnung vom 25. April 1822) und später ein definitiver (Art. 55.—67. ebendas.) Bewahrer der Notariats-Urkunden ernannt wird, erfolgen weder im Interesse des abgehenden Notars oder dessen Erben, noch im Interesse des bestellten Verwahrers, für welchen mit dieser Verwahrung oft große Last verbunden ist, sondern lediglich im öffentlichen Interesse, um die Notariats-Urkunden vor dem Untergange zu sichern, und es möglich zu machen, daß die Interessenten auch nach dem Abgange des Notars, welcher eine Urkunde aufgenommen hat, eine Ausfertigung derselben erhalten können. Aus demselben Grunde schreibt die Allgemeine Gerichtsordnung Theil III. Tit. 7. §§. 96. u. ff. für die ältern Provinzen vor, daß die Notariats-Akten in der Notariats-Stube der Notarien-Kollegien aufbewahrt werden sollen, und wo solche nicht existiren, werden die Notariats-Akten bei den Gerichten aufbewahrt. (Rescripte vom 28. Juli 1817 und 14. Januar 1839, Jahrbücher Bd. 10. S. 20 und Bd. 53 S. 157.) Ich kann daher die Ansicht des Landgerichts, daß die Beschlüsse, wodurch in der Rheinprovinz die Akten eines abgehenden Notars einem andern Notar, sei es provisorisch oder definitiv, zur Verwahrung übergeben werden, stempelfrei seien, nur theilen. Wenn der Provinzial-Steuer-Direktor für die Stempelpflichtigkeit dieser Beschlüsse sich auf die Analogie der Protokolle, über die Hinterlegung der Handschrift und der Siegel-Abdrücke der neu ernannten Notarien, deren Stempelpflichtigkeit auf Höhe von 5 Sgr. in dem diesseitigen Schreiben vom 16. September v. J. ad 5. (Rheinische Sammlung Bd. 7. S. 355) anerkannt worden, beruft, so paßt diese Analogie nicht, indem einmal bei diesen Protokollen allerdings ein privatives Interesse der Notarien mit konkurrirt und zweitens es sich gegenwärtig nicht um Protokolle, sondern um Beschlüsse des Gerichts handelt. Die fernere Bemerkung des Provinzial-Steuer-Direktors, daß der aufbewahrende Notar bei der Verwahrung ein privatives Interesse habe, indem er nach Art. 57. der Notariatsordnung sich mit dem abgehenden Notar oder dessen Erben wegen der demselben noch zukommenden Gebühren und anderer Forderungen vereinigen müsse, kann die Stempelpflichtigkeit der Beschlüsse des Gerichts, durch welche der aufbewahrende Notar ernannt oder bestätigt wird, nicht begründen, da dieser Vergleich wegen der Gebühren und sonstigen Forderungen zwischen dem abgehenden Notar, resp. dessen Erben und dem neuen Notar mit dem Beschlusse des Gerichts in keinem nothwendigen Zusammenhange steht. Ein solcher Vergleich unterliegt vielmehr, wie jeder andere Vergleich, dem besonderen Vertragsstempel und kommt es in Ermangelung eines solchen Vergleichs zu der in dem zweiten Satze des Art. 57. der Notariatsordnung vorgeschriebenen gerichtlichen Festsetzung der von dem neuen Notar an den abgehenden resp. dessen Erben herauszuzahlenden Entschädigungs-Summe, so muß natürlich zu diesem Urtheile der vorschriftsmäßige Prozentstempel verwendet werden.

IV. ad 96, 100, 102, 104, 106, 108b, 109. Die von dem Landgericht gegen die in dem Rescripte vom 10. Mai 1838 ad. 33. (Lottner Bd. 6. S. 480) ausgesprochene Stempelpflichtigkeit der Präsidial-Ordonnanzen, durch welche schiedsrichterliche Urtheile für exekutorisch erklärt werden, angeführten Gründe sind einer wiederholten Erwägung unterworfen, jedoch nicht durchgreifend befunden worden, da die Präsidial-Ordonnanz kein integrirender Theil des schiedsrichterlichen Urtheils ist und daher einen besonderen Stempel von 15 Sgr. erfordert. Die Ansicht des Landgerichts, daß ein schiedsrichterlicher Ausspruch nicht stempelpflichtig sei, so lange ihm die Vollziehungskraft nicht beigelegt worden, vielmehr durch diese erst ein Urtheil und somit stempelpflichtig werde, ist unrichtig und wird durch das Stempelgesetz widerlegt, wonach die Erkenntnisse vor schiedsrichterlichen Behörden denselben Stempel erfordern, wie die gerichtlichen Erkenntnisse erster Instanz (Tarif s. v. Erkenntnisse) und auf das Stempelpapier selbst geschrieben werden sollen (§. 19. des Stempelgesetzes). Hiernach muß der Werthstempel zu dem schiedsrichterlichen Urtheile ohne Rücksicht auf die nachher Statt findende executorische Erklärung verwendet werden, und hieraus folgt zugleich, daß letztere keineswegs als ein Theil des ersteren, sondern als ein besonderer Akt zu betrachten ist.

V. Ad monita 97, 101, 103, 105, 107, 108a. Die Weigerung des Landgerichts, die von den Schiedsrichtern zu den schiedsrichterlichen Urtheilen festgesetzten Stempel einer Prüfung zu unterwerfen und auf die vom Stempel-Fiskal aufgestellten Monita zu entscheiden, ist nicht begründet, da der §. 30. des Stempelgesetzes den richterlichen Behörden die besondere Verpflichtung auferlegt, auf Befolgung der Stempelgesetze zu halten und alle bei ihrer Amtsverwaltung zu ihrer Kenntniß kommenden Stempel-Kontraventionen von Amtswegen zu rügen. Hiernach hätte schon der Landgerichts-Präsident, wenn er bei Ertheilung des exequatur den vorschriftsmäßigen Stempel nicht adhibirt fand, das Erforderliche wegen Ergänzung desselben und einen Beschluß des Gerichts darüber von Amtswegen veranlassen können, um so viel weniger kann sich jetzt das Gericht einer Entscheidung über die vom Stempel-Fiskal aufgestellten Monita entziehen. Von den Schiedsrichtern kann die Prüfung und die Entscheidung auf die Monita nicht gefordert werden, da ihr Amt mit dem Erlaß des Erkenntnisses aufgehört hat.

B. Die Stempel-Defekten-Tabelle bei der zweiten Civil-Kammer betreffend.

VI. Ad monitum 6. Das Landgericht hat zu dem Urtheile, durch welches in einem Prozesse zwischen mehreren Erb-Interessenten das Testament des Erblassers vernichtet und die Verklagten verurtheilt worden, den ganzen Nachlaß nebst Früchten an die Kläger und Intervenienten herauszugeben, einen

Werthstempel als von einer unschätzbaren Sache, mit 5 Thlr. festgesetzt. Mit Recht ist diese Festsetzung monirt, da der ganze Nachlaß Gegenstand des Rechtsstreits war und dieser nicht unschätzbar ist. Ob die Entscheidung des Prozesses auf einer einfachen Rechtsfrage beruhete, ist bei Festsetzung des Stempels gleichgültig. Nach dem Betrage des Nachlasses muß daher der Prozentstempel festgesetzt werden, hierbei kommt es jedoch nicht, wie der Stempel=Fiskal angenommen hat, auf die Aktiv=Masse allein an, sondern der Werth des Nachlasses konstituirt sich erst nach Abzug der Passiv=Masse. Die in dem §. 11. Litt. c. des Stempelgesetzes und in der Allerhöchsten Kabinets=Ordre vom 26. Januar 1834 (Gesetz=Samml. S. 19) für die Berechnung des Werthstempels in erbschaftlichen Liquidations=Prozessen gegebenen Vorschriften können auf Prozesse, in welchen mehrere Personen über das Eigenthum einer Erbschaft streiten, nicht angewendet werden; in dergleichen Prozessen, wo die Erbschaft selbst Gegenstand des Streits ist, läßt sich dieser nur auf den reinen Betrag der Erbschaftsmasse annehmen. Hiernach wird der Stempel anderweitig zu berechnen sein. Völlig unabhängig von diesem Prozeßstempel ist übrigens noch der von den Erben zu entrichtende Erbschaftsstempel.

VII. ad monitum 7. Das Landgericht hat zu dem Urtheile, durch welches die gegen ein auf Grund eines Notariats=Akts erfolgte Aufkündigung und Zahlungs=Aufforderung eingelegte Opposition verworfen worden, nur 15 Sgr. Stempel adhibirt, weil lediglich die Regelmäßigkeit und Gültigkeit der zugestellten Kündigung, nicht aber das Kapital selbst Gegenstand des Prozesses gewesen, dieser mithin einen Nebenpunkt betroffen habe, und somit die Vorschrift des Stempelgesetzes: Tarif s. v. Erkenntnisse Litt. A. c. zur Anwendung komme. Der Prozinzial=Steuer=Direktor dagegen hält den Werthstempel nach der Höhe der geforderten Summe für nothwendig. Das Monitum ist für begründet zu achten, indem hier kein vorbereitendes oder nachträgliches Erkenntniß, sondern ein Haupt=Erkenntniß vorliegt, und es in Bezug auf die Berechnung des Stempels gleichgültig ist, ob die Zurückweisung einer Klage oder Einrede aus materiellen oder formellen Gründen erfolgte. Dies ist bereits in mehreren früheren Fällen, namentlich in dem Rescripte vom 10. Mai 1838 ad 47. (Lottner Bd. 6. S. 480), in dem Schreiben vom 18. Dezember 1839 ad IX. (Rheinische Sammlung Bd. 7. S. 130), in dem Schreiben vom 11. April 1841 ad I. und II. anerkannt.

VIII, ad monitum 9. Aus demselben Grunde ist zu dem Urtheile, durch welches die erhobene Eigenthumsklage für unannehmbar erachtet und die Ladung vernichtet worden, weil kein Sühneversuch vorangegangen sei (Art. 48. der Civilprozeßordnung), der volle Werthstempel nach dem Werthe des eingeklagten Gegenstandes zu verwenden.

Es liegt hier die Zurückweisung einer zu früh angebrachten Klage vor. (cf. Rescript vom 6. Mai 1838 ad 47, Lottner Bd. 6. S. 480.)

IX. ad monitum 14. Ebenso ist zu dem Urtheile, durch welches die gegen einen Zahlungsbefehl eingelegte Opposition für begründet erachtet ist, weil dem Zahlungsbefehle kein exekutorischer Titel zum Grunde lag, der Werthstempel nach der Höhe der geforderten Summe zu verwenden, da der angestellte Prozeß durch die Vernichtung des Zahlungsbefehls definitiv beendet ist, und der Opponent seine Zahlungsverbindlichkeit überhaupt in Abrede stellte, mithin die ganze geforderte Summe Gegenstand des Rechtsstreits war.

X. ad monitum 33. Hinsichtlich des Stempels zu Arrestprozessen haben Ew. Excellenz Sich der in meinem Schreiben vom 16. September v. J. ad 9. (Rheinische Sammlung Bd. 7. S. 358) geäußerten Ansicht in Dero Antwortschreiben vom 31. Oktober desselb. J. dahin einverstanden erklärt, daß zu dem Urtheile in Arrestprozessen nach Maaßgabe der Bestimmung des Stempeltarifs Litt. A. b.,

> wenn rechtliche Hülfe wegen Sicherstellung einer Leistung nachgesucht wird,

ein Stempel von 5 bis 20 Thlr. erforderlich sei, sofern indeß die Forderung, wegen welcher der Arrest angelegt worden, die Summe von 500 Thlr. nicht übersteige, zufolge der Rescripte vom 26. März und 28. Oktober 1825 (Annalen Bd. 9. S. 318 und 925) der Prozentstempel nach der Höhe der Forderung zu nehmen, und wenn wegen derselben Forderung successive mehrere Arrestschläge stattfinden, zu den späteren Urtheilen ein Stempel von 15 Sgr. zu verwenden sei. Hiernach ist das Monitum für begründet zu erachten, und kommt es darauf, aus welchem Grunde der angelegte Arrest verworfen worden, nicht an.

XI. ad monitum 40. Der Provinzial-Steuer-Direktor nimmt für ein Urtheil, durch welches eine Ladung, weil die dem Verklagten zugestellte Abschrift derselben kein Datum hatte, vernichtet worden, den vollen Werthstempel in Anspruch, wogegen das Landgericht nur einen Stempel von 15 Sgr. adhibirt hat. Diesem Monito vermag ich nicht beizutreten. Im vorliegenden Falle war das Gericht mit der Hauptsache gar nicht befaßt, der Kläger ist nicht etwa mit der Klage zurückgewiesen, sondern diese ist gar nicht an das Gericht gediehen, weil die Ladung nicht vorschriftsmäßig, mithin so gut als gar nicht ergangen war. In diesem Falle endet das Urtheil nicht den Prozeß, sondern entscheidet nur über einen Nebenpunkt, zu welchem nach dem Tarif: s. v. Erkenntnisse Litt. A. c. ein höherer Stempel als 15 Sgr. nicht erforderlich ist.

XII. ad monitum 16. In Ansehung des zu einem Urtheile, durch welches nach Art. 399—401 der Civilprozeßordnung eine Instanz perimirt wird, erforderlichen Stempels kann ich weder der Ansicht des Landgerichts, noch der Ansicht des Provinzial-Steuer-Direktors beitreten. Das Landgericht hat das Urtheil als ein einen Nebenumstand betreffendes angesehen und daher einen Stempel von 15 Sgr. dazu verwendet, wogegen der Provinzial-Steuer-Direktor dasselbe gleich einem Haupt-Urtheile nach dem Gegenstande des Prozesses besteuern will, und daher, da die Klage einen unschätzbaren Gegenstand betroffen hat, zu dem Urtheile einen Stempel von 5 bis 20 Thlr. für erforderlich hält. Dem Peremtions-Urtheile liegt die stillschweigende Entsagung einer Partei auch die Instanz zum Grunde. Wenn eine Partei den Prozeß eine bestimmte Zeit hat liegen lassen, so kann die andere Partei darauf antragen, daß die bisherigen Verhandlungen für unwirksam erklärt werden. Das Peremtions-Urtheil ist daher in der That nichts anderes, als die nach der Gerichtsverfassung der älteren Provinzen stattfindende Verfügung des Richters, durch welche in Folge stillschweigender Entsagung des Klägers die Akten reponirt werden. Für den Fall, daß Prozesse durch Entsagung beendet werden, bestimmt der Stempeltarif: s. v. „Prozeß", daß die tarifmäßigen Stempel zu den vorangegangenen einzelnen Verhandlungen nachgebracht werden, diese jedoch niemals den halben Betrag des Stempels, welcher zu dem Haupt-Erkenntnisse hätte genommen werden müssen, übersteigen sollen. Diese Vorschrift findet eben sowohl auf die stillschweigende, als auf die ausdrückliche Entsagung Anwendung, und danach muß auch der Stempel zu einem Peremtions-Urtheile festgesetzt werden. Sind vor dem Peremtions-Urtheile keine noch mit einem nachträglichen Stempel zu belegende Verhandlungen vorgekommen, da die Gerichtsvollzieher-Urkunden schon einem von dem Erkenntnißstempel unabhängigen, sogleich zu verwendenden Stempel unterliegen, so ist zu dem Peremtions-Urtheile nur der Ausfertigungsstempel von 15 Sgr. zu verwenden.

XIII. ad monita 23, 24, 42, 43, 44. Die Analogie der für Theilungsprozesse in dem Schreiben vom 19. April 1837 ad 3. (Lottner Bd. 6. S. 228) aufgestellten Grundsätze, welche das Landgericht zur Begründung seiner Ansicht anführt, daß zu Urtheilen, durch welche Jemand zur Rechnungslegung verurtheilt worden, sobald die Parteien darüber, daß und worüber gerechnet werden soll, einig seien, nur ein Stempel von 15 Sgr. erforderlich sei, paßt nicht. Bei Theilungsprozessen ist die in dem Falle, wenn die Parteien, ob und wie zu theilen, gar nicht uneinig sind, in dem Urtheile vorkommende Bestimmung: „verordnet die Theilung u. s. w." eine bloße Form, welche die Ernennung des Theilungs-Kommissars, der Sachverständigen zur Schätzung und Ermittelung der Theile und des Notars zur Bildung der Theilungs-Loose vorbereitet. Anders ist es in Rechnungsprozessen; das Urtheil, welches die Verpflichtung zur Rechnungslegung ausspricht, ist ein definitives, und wenn der Verklagte seine Verbindlichkeit zur Rechnungslegung anerkannt hat, so ist das Urtheil eine Agnitions-Resolution, zu welcher, wie zu einem Prozesse über einen unschätzbaren Gegenstand, ein Stempel von 5 bis 20 Thlr. erforderlich ist. (cf. Schmidt's Kommentar zu den Stempelgesetzen S. 141 und 142.) Die Monita sind daher für begründet zu achten. Ad monitum 43. kann nicht einmal von dem Einverständnisse beider Theile über die Rechnungslegung die Rede sein, da der Verklagte in contumaciam verurtheilt ist.

Ew. Excellenz ersuche ich ganz ergebenst um Dero gefällige Aeußerung, ob Dieselben mit den vorstehenden Bemerkungen einverstanden sind, in welchem Falle ich das Landgericht zu Trier demnach mit Anweisung versehen werde.

Berlin den 19. Februar 1842.

Mühler.

An
den Königlichen Wirklichen Geheimen
Staats- und Finanz-Minister Herrn
Grafen v. Alvensleben Excellenz.

41.

Verfügung vom 13. August 1842, — betreffend die Mittheilung einer Abschrift des Urtels in jeder gegen einen Verwaltungsbeamten schwebenden Untersuchung an die Regierung.

(Verfügung vom 17. September 1835, Lottner Bd. 5. S. 220.)

Durch die Verfügung vom 17. September 1835 (Lottner Bd. 5. S. 220) ist mit Bezug auf §. 47. der Verordnung vom 26. Dezember 1808 darauf aufmerksam gemacht, daß bei allen Untersuchungen gegen die den Regierungen untergeordneten Offizianten die ergangenen Erkenntnisse der betreffenden Regierung abschriftlich, unabhängig von der Einreichung des in solchen Sachen ergehenden Urtheils erster Instanz, an den Departements-Chef mitzutheilen sind.

Diese Bestimmung ist durch die Allerhöchste Verordnung vom 18. Februar d. J. nicht aufgehoben und daher, wie auf den Wunsch des Königl. Ministeriums des Innern hierdurch noch besonders bestimmt wird, auch fernerhin zu befolgen.

Berlin den 13. August 1842.

Der Justiz-Minister
Mühler.

An
die Königlichen Herrn Ober-Prokuratoren Hochwohlgeboren zu Köln, Kleve, Düsseldorf, Elberfeld, Aachen, Koblenz, Trier und Saarbrücken.

I. 3702. Rh. Crim. 75. Vol. 2

42.

Verfügung vom 10. September 1842, — betreffend die Bestätigung des Knappschafts-Reglements für die Bleierzgruben und die damit in Verbindung stehenden Erzwäschen und Schmelzhütten am Bleiberge im Bergrevier Commern, des Bergamts-Bezirks Düren.

Ew. Hochwohlgeboren kommuniciren wir anliegend eine Ausfertigung des Knappschafts-Reglements für die Bleierzgruben und die damit in Verbindung stehenden Erzwäschen und Schmelzhütten am Bleiberge bei Commern vom 31. Juli d. J., welches nach seiner mittelst Allerh. Kabinets-Ordre vom 16. August d. J. erfolgten Bestätigung durch die Amtsblätter der Regierungen zu Köln und Aachen bekannt gemacht werden wird, mit dem Ersuchen, dessen Handhabung zu schützen, und die Gerichte danach anzuweisen.

Berlin den 10. September 1842.

Für den Justiz-Minister
Ruppenthal.

Für den Finanz-Minister
Klügel.

An
den Königlichen General-Prokurator am Rheinischen Appellationsgerichtshofe, Geheimen Ober-Justizrath Herrn Berghaus Hochwohlgeboren zu Köln.

I. 3859. Rh. Gen. 119. Vol. 2.

Nachstehendes von Sr. Majestät dem Könige wörtlich also in folgender Allerhöchster Ordre:

Auf Ihren Bericht vom 31. v. M. will Ich das zurückerfolgende Knappschafts-Reglement für die Bleierzgruben und die damit in Verbindung stehenden Erzwäschen und Schmelzhütten am Bleiberge im Revier Commern des Bergamts-Bezirks Düren hiermit bestätigen.

Sanssouci den 16. August 1842.

Friedrich Wilhelm.

An
die Staats-Minister Mühler und
v. Bodelschwingh.

bestätigtes

Knappschafts-Reglement
für die Bleierzgruben und die damit in Verbindung stehenden Erzwäschen und Schmelzhütten am Bleiberge im Bergrevier Commern, des Bergamts-Bezirks Düren.

Die allgemeine Fürsorge, welche Seitens des Staats für die Unterstützung und Verpflegung kranker und invalider Berg- und Hüttenleute, für die Unterstützung der Wittwen und Waisen verstorbener oder verunglückter Berg- und Hütten-Arbeiter getroffen werden muß, erfordert die Gründung eines Knappschafts-Verbandes, woran die Beamten und Arbeiter sämmtlicher jetzt vorhandenen oder noch zu eröffnenden Knotten-Bleierzgruben und die mit diesen in Verbindung stehenden Erzwäschen und Schmelzhütten am Bleiberge im Bergrevier Commern, und wenn es später für angemessen erachtet werden sollte, auch andere Gruben des genannten Reviers Theil nehmen müssen.

Für die Organisation und Verwaltung dieses Knappschafts-Instituts, welches ohne Verzug ins Leben treten soll, werden hiermit folgende nähere Bestimmungen ertheilt:

I.

Eigenschaften eines Knappschafts-Mitgliedes im Allgemeinen.

Art. 1.

Alle Beamte und Arbeiter der genannten Gruben-Waschwerke und Hütten sind verpflichtet, dem Knappschafts-Verbande beizutreten, insofern sie sich dazu qualifiziren.

Art. 2.

Zur Aufnahme eignet sich jeder Beamte und Arbeiter im Alter über 16 und unter 50 Jahren, gegen dessen Moralität nichts Erhebliches einzuwenden ist, welcher nach einem beizubringenden Atteste des Knappschafts-Arztes an einer chronischen oder andern Krankheit, die ihn zur Berg-Aufbereitungs- und Hütten-Arbeit unfähig macht, nicht leidet, vielmehr vollkommen gesund und körperlich befähigt ist, die Berg-Aufbereitungs- oder Hütten-Arbeiten zu verrichten. Ueber sein Alter hat sich jeder derselben durch ein amtliches Geburts-Attest auszuweisen. Bei der Einführung dieses Knappschafts-Instituts und der ersten Aufnahme der Mitglieder sollen auch diejenigen über 50 Jahre alten Berg-Aufbereitungs- oder Hütten-Arbeiter für qualifizirt erachtet werden, welche nachweisen, daß sie schon länger als 10 Jahre Berg-Aufbereitungs- und Hüttenarbeit betrieben haben und deren Aufnahme sonst nichts im Wege steht.

Bei der Aufnahme wird der Aufzunehmende in die Knappschaftsrolle eingetragen und erhält ein gedrucktes Exemplar des gegenwärtigen Knappschafts-Reglements, welchem, mit der Unterschrift des Revierbeamten versehen, der Vor- und Zuname des Empfängers und das Datum der Einschreibung zu dessen Legitimation beigefügt werden soll.

Art. 3.

Ab- und zugehende Arbeiter, welche die Grubenarbeit nicht als ihren ausschließlichen Erwerb betrachten, können nicht Mitglieder des Instituts seyn. Sie entrichten jedoch einen bestimmten Beitrag zur Knappschafts-Kasse, wogegen sie im Falle der Erkrankung oder Beschädigung bei der Berg-Aufbereitungs- oder Hüttenarbeit eine unten näher bestimmte Unterstützung erhalten.

Arbeiter unter 16 Jahren und über 50 Jahre, insofern letztere nicht nach Art. 2. als Mitglieder eintreten, stehen zum Institut in demselben Verhältniß wie die ab- und zugehenden Arbeiter.

II.

Eintheilung der Mitglieder in verschiedene Klassen.

Art. 4.

Die Mitglieder zerfallen rücksichtlich ihrer Verhältnisse zum Institut in ständige und unständige Mitglieder.

A. Ständige Mitglieder

sind diejenigen, welche die Gruben-Wasch- und Hütten-Arbeit als ausschließlichen Erwerb betrachten und nachweisen, daß sie dieselbe ununterbrochen bereits 5 Jahre lang betrieben haben.

Sie theilen sich wieder in folgende Klassen:

1. Klasse. Obersteiger, Kassirer und Schichtmeister,
2. Klasse. Grubensteiger, Poch- und Wäschsteiger, Werkmeister, Schmelzmeister und Kunstwärter,
3. Klasse. Häuer, Zimmerlinge und Schmiede, und die mit diesen in gleicher Kathegorie stehenden Aufbereitungs- und Hütten-Arbeiter,

4. Klasse. Schlepper, Haspelzieher und Pumper und die wiederum mit diesen in gleicher Kathegorie stehenden Aufbereitungs- und Hütten-Arbeiter.

B. Unständige Mitglieder,

welche das vorgeschriebene Dienstalter von 5 Jahren noch nicht erreicht haben. Sie bilden sowohl rücksichtlich der Beiträge zur Knappschafts-Kasse, als auch der zu empfangenden Unterstützungen aus derselben nur eine Klasse.

III.

Einnahme der Knappschafts-Kasse.

Art. 5.

Die Einnahmen der Knappschafts-Kasse sind folgende:

1. Beiträge der Mitglieder.

a. Die ständigen Mitglieder tragen nach Verschiedenheit der Klassen bei:

1. Klasse wöchentlich	. . .	3 Sgr.
2. = =	. . .	2 =
3. = =	. . .	1½ =
4. = =	. . .	1 =

b. Die unständigen Mitglieder zahlen wöchentlich 1 Sgr.

Diese Beiträge sollen ununterbrochen und somit auch für die Zeit entrichtet werden, wo die Mitglieder keine Berg- Aufbereitungs- oder Hütten-Arbeit treiben.

Frei von Beiträgen sind jedoch die Knappschaftsmitglieder während der Zeit, wo sie ihrer Militairverpflichtung im stehenden Heere Genüge leisten, oder zu Militair-Uebungen herangezogen werden, ohne dadurch in ihren Rechten zu verlieren.

2. Beiträge der ab- und zugehenden Arbeiter.

Diese bezahlen, so lange sie Gruben-, Wasch- oder Hütten-Arbeit treiben, wöchentlich 1 Sgr.

3. Außerordentliche Beiträge der Mitglieder.

a. bei der Aufnahme	1 Thlr.	
b. bei der Beförderung vom unständigen zum ständigen Mitgliede, oder von einer Klasse in eine höhere	— =	10 Sgr.
c. bei der Verheirathung ein Trauscheingeld von	— =	15 Sgr.

d. die Strafgelder, welche die Gruben-Verwaltungen den Arbeitern für kleine Vergehen bei der Arbeit auferlegen, sollen von ersteren gleichfalls zur Knappschafts-Kasse abgeliefert werden.

4. Beiträge der Gewerken.

a. Zur Unterstützung des Instituts und zur Bildung eines Grund-Kapitals sind die Grubenbesitzer verpflichtet, von jeder Karre (20 Centner) geförderter Knotten-Bleierz 2½ Sgr. und von jedem Centner aus dem alten Hüvel ausgesiebten Bleierz einen mit obigem dem Werthe nach im Verhältniß stehenden Beitrag an die Knappschafts-Kasse zu zahlen.

b. In die Knappschafts-Kasse fließen auch diejenigen Geschenke, welche bei Ertheilung von Koncessionen im Commerschen Revier von den Gewerkschaften gegeben zu werden pflegen, sowie derjenige Theil des Erlöses von altem Grubenholze und unbrauchbaren Materialien, welche die Besitzer der Knappschafts-Kasse überlassen wollen.

Art. 6.

Damit sich die Knappschafts-Mitglieder über die Leistung ihrer Beiträge gehörig ausweisen können, sollen denselben Quittungsbücher zugestellt werden, welche sie bei der Zahlung vorzulegen haben.

Art. 7.

Um die nöthige Ordnung in den Stammrollen und Listen erhalten und die Einziehung der Beiträge von den Knappschafts-Mitgliedern ordnungsmäßig bewirken zu können, haben die Vorstände der Berg- und Hüttenwerke dem Revierbeamten allmonatlich Anzeige von den Beurlaubungen der Arbeiter und allen bei den Knappschafts-Mitgliedern vorgekommenen Veränderungen zu machen.

Die beurlaubten Knappschafts-Mitglieder haben keine Ansprüche auf Krankenlohn oder sonstige Unterstützungen für sich und die Ihrigen, wenn sie während ihrer Urlaubszeit erkranken oder von einem sonstigen Unglück betroffen werden.

IV.

Wohlthaten des Instituts.

Art. 8.

Bei gehöriger Erfüllung ihrer Verpflichtungen haben die Mitglieder des Instituts nach den Bestimmungen Art. 9. bis 21. und in den daselbst für jetzt festgesetzten Beträgen, deren anderweitige Regulirung und Normirung jedoch vorbehalten bleibt, für den Fall der Nothwendigkeit einer Ermäßigung folgende Wohlthaten zu erwarten:

a. die ständigen Mitglieder,

1. eine Pension für sich und im Todesfalle für ihre Wittwen und Kinder;
2 ein Krankenlohn;

3. Kur= und Medizin=Kosten,
4. eine Beihülfe zu den Begräbnißkosten;
5. sofern es der Zustand der Kasse verstattet, eine Beihülfe zum Elementar=Schul=Unterricht der Kinder.

b. die unständigen Mitglieder,

1. ein Krankenlohn;
2. Kur= und Medizin=Kosten;
3. eine Beihülfe zu den Begräbnißkosten.

c. die ab= und zugehenden Arbeiter

dagegen nur freie Kur und Medizin, im Falle sie während der Arbeit auf den Gruben des Commerschen Reviers erkranken.

Art. 9.

Pensionen der Invaliden, Wittwen und Waisen.

A. Invalide.

Wenn ein ständiges Mitglied durch Unglücksfall bei der Gruben=, Wasch= oder Hüttenarbeit, oder durch Krankheit als Folge jener, zur fernern Gruben=, Wasch= oder Hüttenarbeit untauglich geworden ist, so hat dasselbe sogleich Anspruch auf Pension. Außerdem aber nur in dem Falle, wenn es zehn Jahre seine Beiträge zur Knappschafts=Kasse ununterbrochen geleistet hat. In jedem Falle hat sich dasselbe über seine Invalidität durch ein Attest des Knappschafts=Arztes, sowie des betreffenden Knappschafts=Aeltesten auszuweisen und bezieht alsdann nach Verschiedenheit der Klassen eine wöchentliche Pension, und zwar:

1. Klasse von 20 Sgr.
2. Klasse von 15 Sgr.
3. Klasse von 10 Sgr.
4. Klasse von 7½ Sgr.

Diese Pension wird auf die Hälfte ermäßigt, wenn der Invalide nach dem Zeugniß des Arztes noch zu häuslicher Arbeit fähig ist.

Art. 10.

B. Wittwen.

Wenn ein verheirathetes ständiges Mitglied, welches zehn Jahre seine Beiträge ununterbrochen zur Knappschafts-Kasse entrichtet hat, stirbt, so erhält die Wittwe folgende Pension:

1. Klasse wöchentlich 10 Sgr.
2. Klasse wöchentlich 8 Sgr.
3. Klasse wöchentlich 6 Sgr.
4. Klasse wöchentlich 4 Sgr.

und zwar ohne Rücksicht auf ihre Erwerbsfähigkeit. Hat ein ständiges Mitglied seine Beiträge noch nicht 10 Jahre lang zur Kasse geleistet, so erhält dessen Wittwe nur dann obige Unterstützung, wenn es durch einen Unglücksfall bei der Gruben=, Wasch= oder Hüttenarbeit zu Tode kommt, oder an einer Krankheit in Folge jener stirbt.

Art. 11.

Um jedoch hierbei die Knappschafts-Kasse zugleich gegen Nachtheil sicher zu stellen, welcher derselben daraus erwachsen kann, wenn bejahrte Mitglieder junge Frauen heirathen, wird bestimmt, daß in Fällen:

1. wenn das Knappschafts-Mitglied von 45—50 Jahren, 20 Jahre und darüber älter ist, als die Frau;
2. wenn das Knappschafts-Mitglied von 50—60 Jahren, 15 Jahre und darüber älter ist, als die Frau,

der Konsens nur unter der Bedingung ertheilt werden soll, daß zuvor beide Theile mit Zuziehung der nächsten Verwandten der Braut einen schriftlichen Revers ausstellen, worin letztere auf den Fall, daß ihr Mann vor ihr mit Tode abgehe, auf die Wohlthat einer Pension aus der Knappschafts-Kasse Verzicht leistet.

Art. 12.

Es soll jedoch in solchem Falle dem Manne auch frei stehen, seiner hinterbliebenen Wittwe den Anspruch auf Gnadenlohn durch Nachzahlung eines fünfjährigen Beitrags zur Knappschafts-Kasse, welcher durch doppelte Beitragsleistung während dieser Zeit zu entrichten ist, zuzusichern.

Stirbt der Mann vor Ablauf der fünf Jahre, so kann die Wittwe erst dann zur Hebung des Gnadenlohns gelangen, wenn durch dessen Innehaltung der rückständig gebliebene Beitrag des Mannes berichtigt ist.

Art. 13.

Diese für das Interesse der Kasse nothwendige Bestimmung hat übrigens nur auf diejenigen Ehen Bezug, welche nach Einführung dieses Reglements geschlossen werden.

Art. 14.

Eine Wittwe verliert ihre Pension, wenn sie sich wieder verehelicht. Heirathet dieselbe einen Mann, der nicht Bergmann, Wäscharbeiter oder Hüttenmann ist, und wird zum zweiten Male Wittwe, so hat sie auch dann auf Wiedererlangung der Pension keine Ansprüche. Ist der zweite Mann dagegen Knappschafts-Mitglied, so fällt ihr, wenn sie zum zweiten Male Wittwe wird, die Pension wieder zu. Die Frau, welche die Ehe mit einem invaliden Bergmann geschlossen, hat gar keine Ansprüche auf Wittwengelder.

Art. 15.

Jedes Knappschafts-Mitglied ist nach den Allerhöchsten Kabinets-Ordres vom 29. Mai 1833 und 16. Januar 1834 verpflichtet, unter Beibringung der Taufzeugnisse für sich und seine Braut, um den Konsens der Verehelichung bei dem Revier-Beamten nachzusuchen.

Art. 16.

C. Waisen.

Für jedes hinterlassene ehelich erzeugte Kind eines ständigen Knappschafts-Mitgliedes wird bis zu seinem Eintritt in das 15. Lebensjahr nach den verschiedenen Klassen eine Erziehungs-Beihilfe von 5, 4, 3 und 2 Sgr. wöchentlich gezahlt. Die Zahl und das Lebensalter der hinterbliebenen, zu jener Kategorie gehörigen Kinder muß durch Taufzeugnisse dargethan werden.

Art. 17.

Die Bezahlung der in den Artikeln 9, 10 und 16 genannten Pensionen und Unterstützungen beginnt von dem Tage, wo ein Mitglied invalide wird oder stirbt, und soll anderer Seits für den vollen Monat, in welchem der Invalide, die Wittwe oder Waise stirbt, geleistet werden.

Art. 18.

Krankenlöhne.

Krankenlöhne erhält jedes ständige Mitglied, welches während der Berufs-Arbeit ohne eigenes Verschulden erkrankt oder beschädigt wird, wenn die Krankheit länger als eine Woche dauert.

Die Krankenlöhne betragen bei den ständigen Mitgliedern

der 1. Klasse wöchentlich	1	Thlr.	15	Sgr.
der 2. = = =	1	=	—	=
der 3. = = =	—	=	20	=
der 4. = = =	—	=	15	=

bei den unständigen Mitgliedern wöchentlich 1 Thlr.

Diese Krankenlöhne werden nur auf ärztliche, mit dem Gutachten des betreffenden Knappschafts-Aeltesten versehene Atteste bewilligt, in denen ausdrücklich ausgesprochen sein muß, daß der Kranke zur Verrichtung häuslicher Arbeit nicht im Stande ist.

In der Regel dauert die Unterstützung nur 3 Monate. Zum längern Genuß derselben bedarf es der Genehmigung des Bergamtes, welche jedoch nur in Folge eines ärztlichen, mit dem Gutachten des Knappschafts-Aeltesten versehenen Attestes ertheilt werden kann, in welchem angegeben sein muß, daß die Genesung des Kranken zu erwarten steht und derselbe deshalb noch nicht als Invalide betrachtet werden kann.

Das Krankenlohn muß an den dazu von dem Knappschafts-Kassen-Rendanten bestimmten Zahlungsterminen in Empfang genommen werden, und zwar spätestens am 2ten Zahlungstermine, nachdem es fällig geworden ist. Von Demjenigen, der es alsdann noch nicht abholt oder abholen läßt, wird angenommen, daß er darauf verzichte.

Art. 19.

Freie Kur und Medizin.

Alle Mitglieder des Instituts, wenn sie ohne eigenes Verschulden erkranken, oder bei der Berufsarbeit beschädigt werden, erhalten freie Kur und Medizin. Dasselbe ist bei den Pensionairen der Fall.

Weiber und Kinder der Mitglieder oder Pensionaire haben jedoch hierauf keinen Anspruch.

Die Kranken werden von demjenigen Knappschafts-Arzte behandelt, mit welchem die Kasse dieserhalb ein Abkommen treffen und der den Mitgliedern näher bezeichnet werden wird.

Einen andern Arzt dürfen sie sich nicht willkürlich wählen, es sei denn auf ihre eigene Kosten. Die von dem Knappschafts-Arzte verordneten Arzeneien werden von dazu bestimmten Apotheken verabreicht.

Knappschafts-Mitglieder und Pensionaire, welche sich durch unordentlichen Lebenswandel eine Krankheit zuziehen, erhalten weder Krankenlohn, noch freie Kur und Medizin.

Art. 20.

Begräbniß-Beihülfe.

Bei dem Tode eines ständigen oder unständigen Mitgliedes erhalten die Hinterbliebenen eine Begräbniß-Beihülfe von Vier Thalern. Bei Pensionairen beträgt diese Beihülfe nur Zwei Thaler.

Für ab- und zugehende Arbeiter wird nur in dem Falle, wenn sie bei der Berufs-Arbeit verunglücken, an die Hinterbliebenen eine Beihülfe zu den Begräbnißkosten von Vier Thalern gezahlt.

Art. 21.

Schulunterricht.

Sobald der Zustand der Knappschafts-Kasse nach dem Ermessen des Oberbergamts und nach Anhörung der Knappschafts-Aeltesten es verstattet, wird die Knappschafts-Kasse Beiträge zu dem Schulgelde der Kinder aller ständigen Mitglieder des Knappschafts-Instituts leisten.

Wo eine solche Beihülfe für den Schulunterricht erfolgt, haben alsdann die Knappschafts-Aeltesten die Aufsicht über den unausgesetzten Schulbesuch der Kinder zu führen.

Art. 22.

Außerordentliche Unterstützungen.

Außerordentliche Unterstützungen können nur in ganz besonders dringenden Fällen und bei unverschuldetem Unglück, immer aber nur ausnahmsweise und auf specielle Anweisung des Oberbergamts, nach Anhörung der Knappschafts-Aeltesten, verabreicht werden.

V.

Verlust der Benefizien.

Art. 23.

Mitglieder des Knappschafts-Instituts, welche ohne Urlaub des Vorstandes der Berg- und Hüttenwerke (Art. 7.) die Gruben-Aufbereitungs- oder Hütten-Arbeit der Erzgruben am Bleiberge auf länger als 14 Tage verlassen, ein anderes Gewerbe ergreifen oder sich dem Müßiggange ergeben, sowie diejenigen, welche 2 Quartale lang mit ihren Beiträgen zur Kasse zurückbleiben, werden in der Knappschafts-Rolle gestrichen, verlieren dadurch alle Ansprüche auf die Benefizien des Instituts, und sollen, wenn sie später bei den Berg- oder Hüttenwerken, welche in einen Knappschafts-Verband gehören, etwa wieder in Arbeit treten, zur Klasse der unständigen Mitglieder gezählt und wie neu eintretende Mitglieder behandelt werden.

Knappschafts-Mitglieder, welche zur Strafe für immer abgelegt werden, sowie Pensionaire und Mitglieder, die sich eines Criminal-Verbrechens schuldig machen, verlieren alle Ansprüche auf die Benefizien des Knappschafts-Instituts, erhalten auch ihre geleisteten Beiträge nicht zurück.

Die Entscheidung darüber bleibt jedoch in jedem einzelnen Falle von der Behörde einzuholen.

Dagegen erwerben die, nur eine bestimmte Zeit zur Strafe abgelegte Mitglieder alle Rechte auf die Wohlthaten des Instituts von Neuem, sobald sie wieder zur Arbeit angenommen werden, und ihre Beiträge unausgesetzt entrichten.

Kein aus dem Institute ausscheidendes Mitglied, es mag der Austritt freiwillig oder gezwungen erfolgen, kann Ansprüche auf Rückerstattung der von ihm geleisteten Beiträge machen.

Mitglieder des Instituts, welche sich auf unerlaubte Weise Krankenscheine verschaffen, oder ohne wirklich krank zu sein, eine Krankheit angeben, sowie diejenigen, welche während der Dauer einer Krankheit und des Genusses des Krankenlohns, ohne ausdrückliche Erlaubniß des Knappschafts-Arztes, Feld- oder häusliche Arbeiten verrichten, in Wirthshäusern oder bei öffentlichen Belustigungen getroffen werden, verlieren nicht nur das Krankenlohn, sondern müssen auch dasjenige zurückerstatten, was sie mißbräuchlich bis dahin bezogen haben und können den Umständen nach zur Strafe abgelegt werden, worüber die Bergbehörde zu bestimmen hat.

VI.

Verwaltung des Instituts.

Art. 24.

Die Verwaltung des Instituts ressortirt unter Oberaufsicht des Oberbergamts vom Bergamte zu Düren und wird speciell von dem Revierbeamten, einem Rendanten und von mehreren Knappschafts-Aeltesten unter specieller Aufsicht des Bergamtes nach diesem Reglement ausgeführt.

Art. 25.

Die Knappschafts-Aeltesten betreffend.

Die Knappschafts-Aeltesten werden aus den Belegschaften der Gruben, Aufbereitungs-Anstalten und Hütten, durch letztere selbst gewählt. Sie müssen des Schreibens erfahren und von religiösem und sittlichem Lebenswandel sein.

Bei den Wahlen ist in der Art zu verfahren, daß durchschnittlich auf 80 Mitglieder 1 Knappschafts-Aeltester kommt. Die Wahl kann nicht abgelehnt werden, sondern der Gewählte muß das Amt wenigstens 1 Jahr, in der Regel aber für die Dauer von 3 Jahren übernehmen. Die Austretenden können wieder gewählt werden. Sie werden von dem Bergamte bestätigt und auf den Grund einer ihnen zu ertheilenden Instruktion verpflichtet.

Die Knappschafts-Aeltesten haben auf eine jährliche Remuneration von 10 Thalern aus der Knappschafts-Kasse Anspruch zu machen.

Art. 26.

Den Rendanten betreffend.

Der Rendant wird von der Behörde angestellt und bezieht eine Tantieme, welche bis zu 4 Procent der jährlichen Brutto-Einnahme steigen darf, hat auch die gesetzmäßige Kaution zu leisten.

Die Beiträge derjenigen Mitglieder, welche auf den Werken am Bleiberge arbeiten, werden von demselben am Lohntage von ihrem Verdienste durch die Werks-Vorstände und Verwaltungen eingezogen. Diese sind verpflichtet, solche nebst den Beiträgen von den Werken, Strafgeldern u. s. w. gleich nach dem letzten Lohntage eines jeden Monats an den Rendanten abzuführen, und bei dieser Einziehung und Abführung diejenigen Vorschriften zu beobachten, welche die Behörde denselben deshalb ertheilen wird.

Knappschafts-Mitglieder, welche auf den Werken des Bleiberges nicht gearbeitet haben oder außerhalb desselben beschäftigt gewesen sind, haben ihren Beitrag direkt an den Rendanten zu entrichten.

Art. 27.

Der Rendant der Knappschafts-Kasse hat über Einnahme und Ausgabe derselben vollständige, d. h. belegte Rechnung zu führen, welche mit jedem Kalenderjahr abfließt. Innerhalb der ersten 8 Wochen nach dem abgelaufenen Jahre muß dieselbe von dem Rendanten dem Revierbeamten zur Einsicht und Begutachtung vorgelegt werden, welcher sie zu dem Ende mit den

Knappschafts = Aeltesten durchgeht und dem Bergamte spätestens am 1. Mai jeden Jahres zur Prüfung und Abnahme überreicht.

Am 1. August jeden Jahres wird die Rechnung mit dem beantworteten und begutachteten Notaten = Protokolle dem Oberbergamte, welches die Decharge darüber zu ertheilen hat, zur Superrevision eingereicht.

Art. 28.

Außerdem hat der Rendant alle Vierteljahr über Einnahme und Ausgabe der Kasse dem Bergamte Extrakte vorzulegen.

Art. 29.

Ueber die Verwaltung des Instituts wird jährlich nach erfolgter Rechnungs = Ablage ein Hauptbericht aufgestellt, gedruckt und den Knappschafts = Aeltesten zur Vertheilung an die Mitglieder übergeben, damit diese sich von dem Zustande und der Verwaltung des Instituts Kenntniß verschaffen können.

Art. 30.

Für Verluste, welche die Knappschafts = Kasse durch Vernachlässigungen oder Verbrechen der Kassenbeamten erleidet, übernimmt der landesherrliche Fiskus die Gewährleistung.

Art. 31.

Sollte es im Verlaufe der Zeit zweckmäßig erscheinen, auch andere als die genannten Gruben des Bergreviers Commern mit in den Knappschafts = Verband aufzunehmen, so sind diese ebenfalls zum Beitritt und zur Leistung angemessener Beiträge, welche der Finanz = Minister feststellen wird, verpflichtet.

Berlin den 31. Juli 1842.

wird hierdurch Behufs seiner Anwendung und Ausführung ausgefertigt. Berlin den 10. September 1842.

(L. S.)

Der Justiz = Minister.	Der Finanz = Minister.
In dessen Abwesenheit:	In dessen Abwesenheit:
Ruppenthal.	Graf v. Beust.

43.

Verfügung vom 3. Oktober 1842, — betreffend die Erledigung unmittelbarer Requisitionen zwischen den diesseitigen Gerichtsbehörden mit den Königlich Niederländischen Behörden.

(Reskr. v. 8. Februar 1830, Jahrb. Bd. 15. S. 127 und vom 29. August 1840, Justiz Minist. Blatt S. 288.)

Nach einer Mittheilung des Königl. Ministeriums der auswärtigen Angelegenheiten hat das Königl. Land= und Stadtgericht zu T. in der Untersuchungssache wider V. wegen Diebstahls zur Vernehmung dreier Zeugen in Amsterdam sich un=

mittelbar an das Königlich Niederländische Justiz-Ministerium gewendet, welches zwar diesem Antrage sofort gewillfahrt hat, wogegen jedoch vom Königlich Niederländischen Gesandten im Auftrage seines Hofes, unter Mittheilung der aufgenommenen fünf Verhandlungen, der Wunsch zu erkennen gegeben ist, daß dergleichen Anträge künftig, in so fern nicht Gefahr im Verzuge obwalte, nur auf diplomatischem Wege angebracht werden möchten.

Das Königl. Oberlandesgericht empfängt hierbei die gedachten Verhandlungen mit dem Auftrage, dieselben dem Königl. Land- und Stadtgericht zu T. zuzufertigen und letzteres auf das Reskript vom 8. Februar 1830 (Jahrb. Bd. 35. S. 127.) aufmerksam zu machen.

Wegen der Erledigung unmittelbarer Requisitionen zwischen den diesseitigen und den Gerichtsbehörden des Großherzogthums Luxemburg verbleibt es bei den Bestimmungen des Reskripts vom 29. August 1840. (Just. Minist. Blatt für 1840. S. 288).

Berlin den 3. Oktober 1842.

Der Justiz-Minister
Mühler.

An
das Königliche Oberlandesgericht zu N.
IV. 6941. Requis. 48. Vol. 2.

44.

Verfügung vom 4. Oktober 1842, — betreffend die Befugniß der Justizbehörden zur selbstständigen Einleitung der Untersuchung und zur Einlegung des Aggravations-Rechtsmittels in Untersuchungssachen wider gerichtliche Polizeibeamte der Rheinprovinz, welche zugleich Verwaltungsbeamte sind, sich aber in erster Eigenschaft ein Vergehen zu Schulden kommen lassen.

Ew. Hochwohlgeboren erhalten hierbei Abschrift des Allerhöchsten Befehls vom 30. Juli d. J., betreffend die Befugniß der Justizbehörden zur selbstständigen Einleitung der Untersuchung und zur Einlegung des Aggravations-Rechtsmittels in Untersuchungssachen wider gerichtliche Polizeibeamte der Rheinprovinz, welche zugleich Verwaltungsbeamte sind, sich aber in erster Eigenschaft ein Vergehen zu Schulden kommen lassen, mit dem Auftrage, die Landgerichte zur Nachachtung davon in Kenntniß zu setzen.

Berlin den 4. Oktober 1842.

Das Justiz-Ministerium
Ruppenthal.

An
den Königlichen Ersten Präsidenten des Appellationsgerichtshofes, Herrn Schwarz und den Königlichen General-Prokurator Herrn Berghaus Hochwohlgeboren zu Köln.
I. 3948. Rh. Crim. 75. Vol. 2.

Beilage.

Aus dem Berichte des Staats-Ministeriums vom 1. Juni d. J. habe Ich ersehen, daß in der Rheinprovinz zeither, mit seltenen Ausnahmen, sowohl der Antrag auf Einleitung der Untersuchung gegen Verwaltungsbeamte wegen solcher Vergehen, welche von denselben als gerichtliche Polizeibeamte begangen worden, als auch die Einlegung des Aggravations-Rechtsmittels in diesen Untersuchungen nur von der Justiz-Behörde ausgegangen ist. — Ich will es bei dieser Praxis, welche nach der Aeußerung der meisten Regierungen nicht nur keine Nachtheile für die Verwaltung ergeben hat, sondern auch ohne Herbeiführung von Konflikten nicht geändert werden kann, ferner belassen und demgemäß hierdurch bestimmen, daß die Beschlußnahme darüber: ob gegen einen Verwaltungsbeamten wegen solcher Vergehen, deren er sich in der Eigenschaft als gerichtlicher Polizei-Beamte schuldig gemacht hat, die Untersuchung einzuleiten und ob in einer solchen Untersuchung das Aggravations-Rechtsmittel einzulegen sei, lediglich zur Kompetenz der Justizbehörden gehören soll, wonach die Beurtheilung über die Einlegung jenes Rechtsmittels Ihnen, dem Justiz-Minister Mühler zusteht. Die Provinzial-Justiz- und Verwaltungs-Behörden sind hiernach mit der erforderlichen Anweisung zu versehen.

Erdmannsdorf den 30. Juli 1842.

Friedrich Wilhelm.

An
das Staats-Ministerium.

45.

Verfügung des General-Prokurators zu Köln vom 10. Oktober 1842, — die friedensgerichtlichen Gebühren betreffend.

(Dekret vom 16. Februar 1807, Art. 1, 2, 4, 6, 8, 10, 16, 17; Civilprozeßordnung Art. 925; Subhastationsordnung §. 5.)

Eine von dem Rheinischen Appellations-Gerichtshofe vor kurzem erlassene, die friedensgerichtlichen Gebühren betreffende Entscheidung veranlaßt mich, die darin aufgestellten, von dem Gerichtshofe anerkannten Grundsätze zur Kenntniß der friedensgerichtlichen Beamten zu bringen, damit bei Berechnung und Einziehung der Kosten diesen in dem Gesetze beruhenden Grundsätzen gemäß überall verfahren werde.

Dieselben bestehen darin:

1. Daß die Bestimmung des Artikels 1. des Dekrets vom 16. Februar 1807, wonach bei Anlegung, Rekognition und Abnahme der Siegel, in so fern nur eine Vakation stattgefunden hat, die vollständige Vakationsgebühr zu berechnen ist, wenn auch die Amtsverrichtung keine drei Stunden gedauert haben sollte, auf alle folgende Vakationen keine Anwendung finde.

Möchte daher das Geschäft zwar über drei Stunden, aber weniger als sechs Stunden gedauert haben, so wird für die vierte resp. fünfte Stunde jedesmal nur ein Drittel der gewöhnlichen Vakationsgebühr berechnet, und ist dieses selbstredend auch der Fall bei den in den Artikeln 2, 4, 6, 8, a. a. O. bezeichneten Geschäften.

2. Daß für die Vereidigung der bei Inventarisationen zuzuziehenden Sachverständigen Mangels einer gesetzlichen Zubilligung keine Gebühren in Ansatz gebracht werden dürfen.

3. Daß bei Lokalterminen zur Einnahme des Augenscheins oder zur Vernehmung der Zeugen nach der Anmerkung zum Art. 8. a. a. O. in dem Protokolle jedesmal die desfalsige Requisition der Partei ausdrücklich bezogen werden muß, widrigenfalls jeder Gebührenansatz unzulässig ist.

Uebrigens versteht es sich von selbst, daß in allen Fällen, in welchen der Betrag der Gebühren von der größern oder mindern Dauer der auf das Geschäft verwendeten Zeit abhängig ist, diese jedesmal in der aufgenommenen Verhandlung genau bezeichnet werden muß, so daß sich daraus entnehmen läßt, wann solche angefangen hat und beendigt worden ist.

4. Daß der Art. 8. a. a. O. nur auf die namentlich darin angeführten Amtsverrichtungen zu beschränken sei, so hin auf andere Fälle, insbesondere aber auf den Fall, wo außerhalb der gewöhnlichen Gerichtsstelle die Erhebung eines Eides erfolgt, nicht ausgedehnt werden dürfe, indem es rücksichtlich der nicht speziell bezeichneten Geschäfte bei der gesetzlich ausgesprochenen Regel sein Bewenden behält, wonach die friedensgerichtlichen Beamten den Parteien gegenüber ihr Amt unentgeltlich zu verwalten haben.

5. Daß die Inventarisation resp. Vertheilung eines Nachlasses zu den friedensgerichtlichen Amts-Verrichtungen nicht gehöre, folglich für derartige Verhandlungen noch weniger Gebühren in Ansatz gebracht werden dürfen.

6. Daß für die, nach dem Artikel 925. der Civil-Prozeßordnung auf der Kanzlei des betreffenden Landgerichts über die geschehene Siegelanlage zu machende Erklärung durch den Art. 17. des vorgedachten Dekrets nur dem Gerichtsschreiber eine Gebühr bewilligt sei.

7. Daß bei Vormundschaften, bei welchen dem überlebenden Ehegatten der Nießbrauch zusteht, keine Gebühren zuläßlich sind, wenn die Nießbrauchseinkünfte die Erziehungskosten nicht übersteigen.

8. Daß, wenn Familienrathsbeschlüsse in unvermögenden Vormundschaften die Veräußerung des Vermögens der Minorennen zum Gegenstande haben, woran zugleich Großjährige betheiligt sind, durch diesen letzten Umstand dennoch eine Gebührenerhebung keinesweges gerechtfertigt werde.

9. Daß ebenso in unvermögenden Vormundschaftssachen für den Familienrathsbeschluß über die Einwilligung zur Verehelichung einer Minderjährigen eine Gebührenerhebung nicht statt finden dürfe, weil es sich hierunter nur von einer erst abzuschließenden Ehe handle, so hin durch diese Einwilligung noch keinesweges die Emanzipation eintrete, diese vielmehr erst durch die Verheirathung selbst herbeigeführt werde.

10. Daß für die Ausfertigung des Protokolls über den mißlungenen Vergleichs-Versuch nur die im Artikel 10. des Dekrets vom 16. Februar 1807 fixirte Gebühr berechnet werden dürfe, es so hin ungesetzlich sei, die Ausfertigungs-Gebühren nach der Anzahl der Rollen zu berechnen.

11. Daß die Gerichtsschreiber nach Art. 16. a. a. O. vollständige Ausfertigungen der Protokolle über Anlage und Abnahme der Siegel, so wie über die Rekognition derselben, nur dann ertheilen können, wenn sie schriftlich darum ersucht werden.

12. Daß es als eine strafbare Gebührenanhäufung zu betrachten sei, wenn in Subhastationssachen mit dem Beschlagnahme-Protokoll gleichzeitig die Beschreibung der zur Subhastation gebrachten Grundstücke, die Verkaufsbedingungen und sogar die Auszüge aus den Hypothekenregistern mit ausgefertigt und hierfür die Ausfertigungsgebühren berechnet werden, indem der §. 5. der Subhastationsordnung nur die Mittheilung der der Beschlagnahme zum Grunde liegenden protokollarischen Verhandlung an den Schuldner vorschreibe und diesem es unbenommen bleibe, von den auf die Beschlagnahme sich beziehenden Anlagen Einsicht zu nehmen.

Indem ich die friedensgerichtlichen Beamten auf diese Grundsätze aufmerksam mache, halte ich mich zu der Erwartung berechtigt, daß diesen nirgend wo zuwider gehandelt werde, und beauftrage zugleich die Herren Ober-Prokuratoren auf die gehörige Befolgung derselben zu wachen.

Köln den 10. Oktober 1842.

Der General-Prokurator
Berghaus.

I. 826. Rh. Off. S. 43.

46.

Verfügung vom 11. Oktober 1842, — betreffend das Kontumazial-Verfahren in Interdiktions-Prozessen.

In einer Ihrem letzten Jahresberichte beigefügten Abhandlung haben Ew. Hochwohlgeboren zum Zwecke der Herbeiführung abändernder legislatorischer Verfügungen auszuführen gesucht, daß durch die vom Appellationsgerichtshofe zu Köln erkannte Nothwendigkeit, beim Ausbleiben des Verklagten in Interdiktionsprozessen ein Kontumazialurtheil zu erlassen, dem öffentlichen Ministerium, wenn es als Provokant auftrete, die Möglichkeit entgehe, die Rechtskraft des Urtheils herbeizuführen und einem Erlöschen desselben nach Artikel 156. der Prozeß-Ordnung vorzubeugen, weil insbesondere die Bevormundung des Interdicirten nach Artikel 505. des Civilgesetzbuchs und Artikel 895. der Prozeß-Ordnung erst bei eingetretener Rechtskraft des Urtheils zuläßig sei.

Diese Ansicht kann indessen als richtig nicht angesehen werden.

Denn abgesehen davon, daß die gleich nach einem solchen Urtheile eintretende, im Artikel 501. des Civilgesetzbuchs bestimmte Maaßregel eine partielle Vollstreckung des Urtheils ist, bestimmen die Artikel 505. a. a. O. und 895. der Prozeß-Ordnung nur,

> daß wenn gegen das Interdiktions-Urtheil keine Berufung eingelegt oder dasselbe auf eingelegte Berufung bestätigt sei, die Bevormundung eintreten solle.

So lange also nach erfolgter Signifikation des Urtheils noch keine Berufung eingelegt ist, steht dem öffentlichen Ministerium auch innerhalb der Appellationsfrist die Befugniß zu, die Vollstreckung des Urtheils durch Antrag auf Bevormundung herbeizuführen, gleich wie in andern Civilsachen die Exekution in gleichem Stadium bis zur wirklichen Einlegung des Rechtsmittels zuläßig ist.

Auch finden Ew. Hochwohlgeboren in dem Repertoire von Merlin, bei dem Worte: Interdiktion §. 5. No. 3. die Bestätigung des Gesagten, indem durch das dort angeführte Urtheil die Ernennung des Vormundes nur deswegen vernichtet wurde, weil sie vor der Zustellung des Interdiktions-Urtheils Statt hatte.

Hiernach mögen Ew. Hochwohlgeboren in Zukunft verfahren, wie dies auch von anderen Ober-Prokuratoren geschieht.

Berlin den 11. Oktober 1842.

Das Justiz-Ministerium.
Ruppenthal.

An
den Königlichen Ober-Prokurator Herrn Bessel Hochwohlgeboren zu Kleve.

I. 4126. Rh. Gen. 153.

47.

Allgemeine Verfügung vom 7. November 1842, — die amtliche Bezeichnung der vormals unmittelbaren deutschen Reichsstände betreffend.

Nach einem Beschlusse des Staats-Ministeriums vom 31. Mai 1842 soll künftig bei denjenigen vormals unmittelbaren Reichsständen, welche bis 1806 reichsständische Territorien besessen haben, seidem aber der Souveränität eines deutschen Bundesfürsten unterworfen worden sind, der Ausdruck „Standesherr" vermieden und statt desselben,

a, wenn von einzelnen Familien die Rede ist, die Bezeichnung von dem besonderen Familien-Namen oder von der Besitzung entnommen,

und b, wenn es auf Bezeichnung der Kategorie ankommen sollte, ein Ausdruck gewählt werden, welcher auf die historische Entwickelung des Rechtsbegriffs hinweiset, wie namentlich der Ausdruck „mediatisirte, vormals reichsständige" oder „vormals reichsunmittelbare Häuser."

Dieses wird hierdurch in Beziehung auf die nachstehende in dem Ministerial-Blatt für die innere Verwaltung Seite 248, 249 abgedruckte Bekanntmachung des Herrn Ministers des Innern sämmtlichen Gerichtsbehörden zur Nachricht und Nachachtung bekannt gemacht.

Berlin den 7. November 1842.

Der Justiz-Minister
Mühler.

An
sämmtliche Gerichtsbehörden.

I. 4921. Standesherrn 1. Vol. 4.

Beilage.

Cirkular-Verfügung an sämmtliche Königliche Regierungen und General-Kommissionen, sowie an das Königliche Polizei-Präsidium hierselbst, die amtliche Bezeichnung der vormaligen unmittelbaren deutschen Reichsstände betreffend, vom 13. Juli 1842.

Des Königs Majestät haben wiederholt Ihre Mißbilligung darüber zu erkennen gegeben, wenn in Verhandlungen und Berichten der Ausdruck „Standesherr" zur Bezeichnung derjenigen vormals unmittelbaren deutschen Reichsstände, welche bis 1806 reichsständische Territorien besessen haben, in diesem Jahre aber, oder seitdem der Souverainität eines deutschen Bundesfürsten unterworfen sind, gebraucht worden.

Zur vollständigen Bezeichnung des staatsrechtlichen Begriffs der bei der Auflösung des deutschen Reichs und späterhin anderen Landesherren untergeordneten vormaligen Reichsstände ist der Ausdruck „Standesherr", von welchem die Preußische Gesetzgebung in dieser Beziehung Gebrauch macht, für sich allein nicht geeignet, indem er den gedachten Begriff um so weniger erschöpft, als es, namentlich in Schlesien und in der Lausitz, Gutsbesitzer giebt, welche gleichfalls Standesherren heißen, obwohl sie nach ihren Standes- und staatsrechtlichen Verhältnissen eine Stellung einnehmen, welche von jener der vorerwähnten Familien wesentlich verschieden ist. Der Gebrauch der Ausdrücke: „Standesherr, standesherrlich, Standesherrlichkeit" in solchen Beziehungen, wo es darauf ankommt, das Ganze des veränderten staatsrechtlichen Zustandes der gedachten Familien zu bezeichnen, ist auch in den bundesgesetzlichen Bestimmungen nicht begründet.

In Folge der dieserhalb stattgehabten Berathung des Königlichen Staats-Ministeriums wird die Königliche Regierung (General-Kommission) angewiesen, jene Ausdrücke in den obigen Beziehungen zu vermeiden.

Es fehlt zwar an einem andern Ausdrucke, unter welchem die bei Auflösung des deutschen Reichs mediatisirten und der Souveränität von Preußen unterworfenen fürstlichen und gräflichen Häuser, auf welche das Edikt vom 21. Juni 1815 und die Allerhöchste Instruktion vom 30. Mai 1820 Anwendung findet, den Rechtsbegriff völlig erschöpfend zusammen gefaßt werden könnten, indem ein Theil derselben niemals reichsständisch oder auch nur reichsunmittelbar begütert gewesen ist; es ist aber auch ein praktisches Bedürfniß zur Einführung einer solchen Terminologie nicht vorhanden, da, sobald von einzelnen Familien die Rede ist, die Bezeichnung von dem besonderen Familiennamen oder der Besitzung entnommen werden kann, wie bei den Ausdrücken: „der Fürst von Wied", „das (früher reichsunmittelbare) Gebiet des Fürsten von Wied" und dergleichen, und da, wo es sich, wie nur in seltenen Fällen nöthig sein wird, um Bezeichnung der Kategorie selbst handelt, ein Ausdruck zu wählen ist, welcher auf die historische Entwickelung des Rechtsbegriffs hinweiset, wie namentlich der Ausdruck „mediatisirte, vormals reichständische und reichsunmittelbare Häuser."

Berlin den 13. Juli 1842.

Der Minister des Innern.
In dessen Abwesenheit: v. Bernuth.

48.

Allgemeine Verfügung vom 17. November 1842, — betreffend den Gerichtsstand der Mitglieder und Beamten der Militair-Intendanturen in Kriminal- uud Injurien-Sachen.

(Reskript vom 28. Januar 1825, Jahrb. Bd. 24. S. 330.)

In dem Reskripte vom 28. Januar 1825, wodurch die Bestimmungen der Allerhöchsten Kabinets-Ordre vom 19. Juli 1809, wegen Aufhebung der Militair-Jurisdiktion haben erläutert werden sollen, ist unter andern ausgesprochen:

daß außer den Offizieren, Unteroffizieren nnd Soldaten folgende Militair-Personen den Militair-Gerichtsstand in Kriminal- und Injuriensachen beibehalten haben.

1. u. s. w.

5. Die Mitglieder und Beamten der Militair-Intendanturen, die Militair-Oekonomie-Beamten in den Festungen, nämlich die in denselben befindlichen Beamten der Bekleidungs-Depots, der Proviant- und Fourage-Aemter, so wie die Garnison-, Verwaltungs- und Lazareth-Offizianten in den Festungen. — In den offenen Städten aber haben alle diese ebengenannten Beamten den Militair-Gerichtsstand nicht.

Nach dieser Fassung muß man annehmen, daß die Mitglieder und Beamten der Militair-Inkendanturen nur dann wenn sie in einer Festung, nicht aber wenn sie in einer offenen Stadt ihren dienstlichen Aufenthalt haben, in Kriminal- und Injuriensachen dem Militair-Gerichtsstande unterworfen seien.

Ein solcher Unterschied zwischen Festungen und offenen Städten findet jedoch gesetzlich in Betreff der Militair-Intendantur-Mitglieder und Beamten nicht, sondern lediglich bei den Militair-Oekonomie-Beamten und den übrigen in der vorgedachten Bestimmung aufgeführten Militair-Beamten statt; es haben vielmehr die Mitglieder und Beamten der Militair-Intendanturen sämmtlich, ohne Rücksicht auf ihren dienstlichen Aufenthalt, in Kriminal- und Injurien-Sachen den Militair-Gerichtsstand, und beruht es lediglich auf einem bei der Entwerfung des Reskripts vom 28. Januar 1835 vorgefallenen Redaktionsfehler, daß auch auf diese Personen der für die übrigen unter Num. 5. des ebengedachten Reskripts aufgeführten Militair-Beamten gemachte Unterschied ausgedehnt worden ist.

Nach dieser, im Einverständniß mit dem Herrn Kriegs-Minister erfolgenden Berichtigung haben sich die Civil-Gerichtsbehörden zu achten.

Berlin den 17. November 1842.

Der Justiz-Minister
Mühler.

An
sämmtliche Civil-Gerichtsbehörden.
I. 5062. M. 52. Vol. 12.

49.

Verfügung vom 18. November 1842, — die Entlassung der Referendarien und Auskultatoren bei freiwilligem Ausscheiden aus dem Königlichen Dienst betreffend.

(Verfügung vom 18. Oktober 1838, Jahrb. Bd. 52. S. 670, Rhein. Samml. Bd. 6. S. 609.)

Für die älteren Provinzen der Monarchie ist bereits durch das Rescript vom 18. Mai 1832 die Entlassung der Referendarien und Auskultatoren bei freiwilligem Ausscheiden aus dem Königlichen Dienste, mit und ohne Vorbehalt des Karakters und Ranges eines Referendarius (Allg. Gerichtsordnung Theil 1. Tit. 2. §. 83) den Präsidien der Obergerichte überlassen. Zur Herbeiführung eines gleichförmigen Verfahrens für die Rheinprovinz werden mit Bezug auf die wegen der Versetzung der Referendarien und Auskultatoren ergangenen Verfügung vom 18. Oktober 1838 (Jahrb. Bd. 52. S. 670, Rhein. Samml. Bd. 6. S. 609) Ew. Hochwohlgeboren hierdurch ermächtigt, denjenigen Referendarien und Auskultatoren, welche ihre Entlassung aus dem Königlichen Justizdienste freiwillig nachsuchen, das Dimissoriale zu ertheilen. Von der Ertheilung des Dimissoriale an Referendarien ist jedoch dem Ersten Präsidenten und General-Prokurator am Appellationsgerichtshofe, sowie dem Justiz-Minister Anzeige zu machen.

Berlin den 18. November 1842.

Der Justiz-Minister
Mühler.

An
die Königl. Herren Landgerichts-Präsidenten
und die Königl. Herren Ober-Prokuratoren
zu Köln, Koblenz, Düsseldorf, Elberfeld,
Trier, Aachen, Kleve und Saarbrücken.

I. 5143. Rhein. Off. Sachen. Num. 14.

50.

Verfügung vom 22. November 1842, — betreffend die Führung der in den Artikeln 658. und 751. der Civil-Prozeß-Ordnung vorgeschriebenen Register für das Distributions- und für das Kollokations-Verfahren.

Es ist zu meiner Kenntniß gekommen, daß bei dem dortigen Königlichen Landgerichte die in den Artikeln 658. und 751. der Civil-Prozeß-Ordnung vorgeschriebenen Register für das Distributions- und für das Kollokations-Verfahren nicht geführt werden, weil durch ein Reskript vom 11. Juli 1834 die Beibehaltung eines anderen und für beide Arten des Verfahrens gemeinschaftlichen Kontrolenregisters genehmigt sei. Dieser Grund kann indessen von Führung der gesetzlich vorgeschriebenen Register offenbar nicht entbinden. Denn bei dem durch das Rescript vom 11. Juni 1834 genehmigten Register ist der Zweck nur der, eine Kontrole über den Gang beider Arten des Verfahrens im Interesse der Aufsicht zu erhalten. Es ist also nur für Ew. Hochwohlgeboren zur Erleichterung der Aufsicht bestimmt. Die gesetzlichen Register aber haben den Zweck, jedem Betheiligten

Gelegenheit zu geben, durch deren Einsicht sich Kenntniß darüber zu verschaffen, ob und von welcher Partei ein Distributions- und Kollokations-Verfahren bereits eingeleitet worden ist oder nicht, um hiernach zu ermessen, ob und welche Schritte zu machen sind, um zur Vertheilung der Masse zu gelangen. Die gedachten Register können also neben jenem Kontrolregister nicht entbehrt werden.

Ew. Hochwohlgeboren werden daher veranlaßt, diese gesetzlichen Register, und zwar auch für die bereits bestehenden Kollokations- und Distributionssachen für jede Gattung besonders anlegen und fortführen zu lassen.

Berlin den 22. November 1842.

Der Justiz-Minister
Mühler.

An
den Königlichen Landgerichts-Präsidenten Hrn. Dr. Wurzer und den Königlichen Ober-Prokurator Herrn v. Olfers Hochwohlgeboren
zu Koblenz.

I. 5127. Rh. Gen. 139.

51.

Verfügung vom 28. November 1842, — betreffend einen mit der Regierung zu Koblenz wegen einer Stipendienstiftung erhobenen Kompetenz-Konflikt.

(Allg. Landrecht Thl. II. Tit. 13. §. 13.; Gesetz vom 16.—24. August 1790 Tit. 2. Art. 13; Regierungs-Instruktion vom 23. Oktober 1817 §. 2. Num. 6. und §. 18. Buchst. d.; Ressort-Reglement vom 20. Juli 1818 §. 15. und der darin für anwendbar in der Rheinprovinz erklärte §. 36. der Verordnung vom 26. Dezember 1808, Gesetz-Samml. für 1817 S. 283)

Ew. Hochwohlgeboren erhalten die Anlagen Ihres Berichts vom 19. v. M. mit dem Eröffnen zurück, daß ich den von der dortigen Königlichen Regierung in Sachen des Thorwärters B. gegen dieselbe erhobenen Kompetenz-Konflikt, in Uebereinstimmung mit dem Herrn Minister der geistlichen, Unterrichts- und Medizinal-Angelegenheiten, für begründet erachte.

Die Klage des Thorwärters B. vom 13. Juni d. J. ist dahin gerichtet, daß die verklagte Regierung als obervormundschaftliche Behörde von dem Gerichte angehalten werde, dem Kläger für seine Söhne die Revenüen der C.schen Hälfte des von dem Rendanten des Hospitals unter Aufsicht der Hospitalverwaltung administrirten S.schen Stiftungsfonds zu überweisen und die Hospitalverwaltung zur Zahlung der Revenüen an ihn anzuweisen.

Diese Klage bezweckt daher, die Verwaltungsbehörde zu einem Akte der reinen Verwaltung zu zwingen, und da die Gerichte sich nach Artikel 13. Tit. II. des Gesetzes vom 16.—24. August 1790 nicht in Verwaltungs-Angelegenheiten mischen dürfen, so gehört es auch nicht zu ihren Attributionen, über eine solche Klage zu erkennen. Dazu kommt, daß die nach §. 2. Num. 6. und §. 18. Buchst. d. der Regierungs-Instruktion vom 23. Oktober 1817 der Regierung zustehende Direktion und Aufsicht über milde Stiftungen, von deren Ausübung es sich im vorliegenden Falle handelt, nach §. 13. Theil II. Tit. 13. des Allg. Landrechts, ein ihr zur Verwaltung übertragenes Hoheitsrecht ist, und daß nach §. 15. des Ressort-Reglements vom 20. Juli 1818 und dem darin für anwendbar in der Rheinprovinz erklärten §. 36. der Verordnung vom 26. Dezember 1808 (Gesetz-Samml. vom Jahre 1817 S. 283) über Hoheitsrechte der Rechtsweg noch besonders und ausdrücklich ausgeschlossen ist.

Will der Kläger seinen Anspruch gegen die Stiftung selbst im Rechtswege ausführen, so muß er ihn gegen die unmittelbare Verwaltung derselben richten, die in dieser Hinsicht vor den Gerichten Recht zu nehmen hat. Gegen die oberaufsehende Behörde findet aber nach dem Angeführten der Rechtsweg nicht statt.

Ew. Hochwohlgeboren haben hiernach wegen definitiver Sistirung des Rechtsweges in dieser Sache nunmehr das Weitere zu veranlassen.

Berlin den 28. November 1842.

Der Justiz-Minister
Mühler.

An
den Königlichen Ober-Prokurator
Herrn v. Olfers Hochwohlgeboren
zu Koblenz.

V. 4105. Rh. Gen. 74. Vol. 2.

52.

Verfügung vom 6. Dezember 1842, — die Sportelfreiheit der Eisenbahn-Angelegenheiten betreffend.

(Gesetz über die Eisenbahn-Unternehmungen vom 3. November 1838, Gesetz-Samml. S. 505.)

Ew. Hochwohlgeboren wird auf den Bericht vom 16. Oktober d. J. eröffnet, daß der Herr Finanz-Minister mit mir darüber einverstanden ist, daß die den Eisenbahn-Gesellschaften in Expropriations-Angelegenheiten nach §. 15. des Gesetzes vom 3. November 1838 zustehende Sportelfreiheit den rheinischen Gerichts-Sekretariaten gegenüber nur auf diejenigen Rollengebühren-Antheile, die zur Staats-Kasse fließen und über welche der Staat frei disponiren kann, zu beziehen ist, die Sekretariate aber in dem Bezuge der bisher erhobenen 30 Centimes per Rolle belassen und die Eisenbahn-Gesellschaften zur Zahlung derselben für verpflichtet zu erachten sind. Es hat also keinen Anstand, hiernach die Sekretariate zu ermächtigen, die erwähnten Gebühren von den Eisenbahn-Gesellschaften zu erheben.

Berlin den 6. Dezember 1842.

Der Justiz-Minister
Mühler.

An
den Königlichen General-Prokurator
Herrn Berghaus Hochwohlgeboren
zu Köln.

I. 5319. Rh. Off. Sachen 72. Vol. 2.

53.

Allgemeine Verfügung vom 8. Dezember 1842, — betreffend die Fuhrgelder bei von mehreren Beamten gemeinschaftlich unternommenen Geschäftsreisen.

(Verordnung vom 28. Juni 1825, §§. 10. u. 12.; Reskript vom 17. Februar 1838 (Jahrb. Bd. 51. S. 166); Allerhöchste Kabinets-Ordre vom 30. Juli d. J., Gesetz-Samml. S. 247.)

Nachstehende, an das Königl. Oberlandesgericht zu N. ergangene Verfügung wird hierdurch den Gerichtsbehörden zur Nachachtung bekannt gemacht.

In dem Berichte vom 22. v. M. fragt das Königliche Oberlandesgericht an:

ob bei gemeinschaftlichen Geschäftsreisen mehrerer Beamten nur der Haupt-Kommissarius die Fuhrgelder liquidirt und bezieht, und die Neben-Kommissarien mitnimmt, oder ob jeder der zusammenreisenden Beamten das Pauschquantum von 15 Sgr. für die Meile zu fordern berechtigt ist?

Auf diese Anfrage wird dem Kollegium Folgendes eröffnet.

Der §. 10. der Verordnung vom 28. Juni 1825 bestimmt zwar:

daß, wenn mehrere Beamte bei einem und demselben kommissarischen Geschäfte konkurriren, dieselben, soweit es die Umstände gestatten, zur Verminderung der Fuhrkosten zusammenreisen müssen, und daß alsdann nur der Haupt-Kommissarius allein die gesammten Fuhrkosten zu liquidiren habe.

Diese letztere Bestimmung kann jedoch jetzt nur dann zur Anwendung kommen, wenn der Haupt-Kommissarius zum Reisen mit Extrapost befugt ist, und sich zur Besorgung eines auswärtigen kommissarischen Geschäfts entweder der Extrapost oder eines Privatfuhrwerks bedient hat, da er hierzu berechtigt, zugleich aber auch verpflichtet ist, alle Reisekosten, sowohl für sich, als auch für den mitzunehmenden Subaltern-Beamten, zu berichtigen.

Nachdem aber der §. 12. der Verordnung vom 28. Juni 1825 durch die Allerh. Kab.-Ordre vom 30. Juli d. J. (Gesetz-Samml. S. 247) dahin abgeändert worden ist,

daß die Beamten, welche nicht zum Reisen mit Extrapost berechtigt sind, befugt sein sollen, in allen Fällen ein Pauschquantum von 15 Sgr. für die Meile als Reise-Vergütigung zu liquidiren,

so unterliegt es keinem Bedenken, daß

1. dies Pauschquantum nicht nur von dem Haupt-Kommissarius, sondern auch von dem zum Geschäft zuzuziehenden Subaltern-Beamten für sich besonders liquidirt werden kann, wie dies schon in dem Reskripte vom 17. Februar 1838 (Jahrb. Bd. 51. S. 166) bestimmt worden ist, und daß
2. dem Haupt-Kommissarius die Befugniß zur Besorgung eines gemeinschaftlichen Fuhrwerks zusteht, und der zugezogene Subaltern-Beamte verpflichtet ist, die Hälfte der gesammten, wirklich entstandenen Reisekosten aus dem von ihm liquidirten Reisekosten-Pauschquantum zu berichtigen.

Dagegen kann der Haupt-Kommissarius nicht verlangen, daß die für ihn und die zugezogenen Subaltern-Beamten zulässigen und liquidirten Reisekosten-Pauschsummen ihm allein gegen Besorgung des Fuhrwerks und Bestreitung der Reisekosten ohne weitere Berechnung überlassen werden. Das Pauschquantum von 15 Sgr. für die Meile ist hauptsächlich an die Stelle der früher zulässig gewesenen Entschädigung bei Reisen mit der Fahr- oder Personenpost getreten. So wie diese Entschädigung jedem Beamten zugekommen ist, welcher die betreffende Reise wirklich mit der Post gemacht hat, so kann auch jetzt jeder Beamte das für ihn liquidirte Reisekosten-Pauschquantum von 15 Sgr. für die Meile verlangen, da ihm dagegen obliegt, die wirklich erwachsenen Reisekosten zu gleichem Antheile mit dem Haupt-Kommissarius zu tragen und Letzterem die Wahl des Fuhrwerks überlassen bleibt.

Berlin den 8. Dezember 1842.

Der Justiz-Minister
Mühler.

An
das Königliche Oberlandesgericht zu N.

I. 5266. D. 18. Vol. 7.

54.

Verordnung vom 9. Dezember 1842, — wegen Ermäßigung der auf die Verletzung der Schonzeit des Wildes gesetzten Strafen.

Wir Friedrich Wilhelm, von Gottes Gnaden, König von Preußen ꝛc

haben durch die Verordnung vom 18. Mai 1839 auf den Antrag Unserer getreuen Stände der Provinz Sachsen die in der Holz-, Mast- und Jagd-Ordnung für das Herzogthum Magdeburg und das Fürstenthum Halberstadt vom 3. Oktober 1743 auf die Verletzung der Schonzeit des Wildes gesetzten hohen Strafen suspendirt und an deren Stelle ermäßigte Strafen festgesetzt. Da sich das Bedürfniß zu einer solchen Strafermäßigung auch in allen übrigen Landestheilen herausgestellt hat, so verordnen Wir, nach den von Unseren getreuen Ständen bei Begutachtung des Entwurfs zu einer allgemeinen Forst- und Jagdpolizei-Ordnung abgegebenen Erklärungen und auf den Antrag Unsers Staats-Ministeriums, für den ganzen Umfang Unserer Monarchie, mit Aufhebung der Verordnung vom 18. Mai 1839, vorläufig bis zum Erscheinen der allgemeinen Forst- und Jagdpolizei-Ordnung, wie folgt.

§. 1.

Für das Tödten oder Einfangen des Wildprets während der vorgeschriebenen Schonzeit Seitens der zur Jagd sonst berechtigten Personen, treten nachstehende Geldbußen ein:

1.	für ein Stück Elchwild	50 Thlr.
2.	für ein Stück Rothwild	30 =
3.	für ein Stück Dammwild	20 =
4.	für ein Stück Auerwild	10 =
5.	für einen Schwan	10 =
6.	für einen Fasan	10 =
7.	für ein Stück Rehwild	10 =
8.	für einen Dachs	5 =
9.	für einen Haasen	4 =
10.	für ein Stück Hasel= oder Birkwild .	3 =
11.	für eine Schnepfe, Gans oder Ente .	2 =

§. 2.

Diesen Geldbußen (§. 1.) wird für den Fall des Unvermögens des Kontravenienten verhältnißmäßige Gefängnißstrafe substituirt.

§. 3.

In Betreff der geschehenen Aufhebung der Schonzeit für das Schwarzwild und hinsichts der Ermächtigung der Provinzial=Regierungen, den Jagdberechtigten auf ihren Antrag zur Vorbeugung von Wildschäden, in den dazu geeigneten Fällen, den Abschuß des Roth= und Dammwildes auch in der Schonzeit zu gestatten, behält es bei den schon im administrativen Wege ergangenen Bestimmungen sein Bewenden.

Urkundlich unter Unserer Höchsteigenhändigen Unterschrift und beigedrucktem Königlichen Insiegel.

Charlottenburg den 9. Dezember 1842.

(L. S.) Friedrich Wilhelm.

Prinz von Preußen.

v. Boyen, Mühler, v. Rochow, v. Nagler, v. Ladenberg, Rother, Gr. v. Alvensleben, Eichhorn, v. Thile, v. Savigny, Frhr. v. Bülow, v. Bodelschwingh, Graf zu Stolberg, Graf v. Arnim.

I. 272. F. 51. Vol. 2

55.

Allerhöchster Kabinets-Befehl vom 9. Dezember 1842, — die von den rheinischen Gerichtsschreibern zu ertheilenden Atteste über die Ueberweisung von Kriminalkosten betreffend.

(Verfügung vom 13. Mai 1840, Rheinische Sammlung Bd. 7. S. 167.)

Ich habe über ihre Anträge in dem Berichte vom 10. August d. J. wegen der von den rheinischen Justizbehörden den Regierungen in Strafsachen mitzutheilenden Jahres-Uebersichten der wieder einzuziehenden Gerichtskosten, die gutachtliche Aeußerung des Chef-Präsidenten der Ober-Rechnungs-Kammer erfordert. In Uebereinstimmung mit dessen Ansicht will Ich nach Ihrem Vorschlage genehmigen, daß die von Ihnen wegen dieses Gegenstandes am 13. Mai 1840 erlassene Verfügung zurückgenommen, und bis auf weitere Anordnung, worüber die Ober-Rechnungs-Kammer noch in nähere Berathung treten und sich eventuell mit Ihnen verständigen wird, das früher bestandene Verfahren wieder hergestellt werde.

Charlottenburg den 9. Dezember 1842.

Friedrich Wilhelm.

An
den Staats- und Justiz-Minister Mühler.

Durch die vorstehende Allerhöchste Ordre ist die auf Antrag der Königl. Ober-Rechnungs-Kammer erlassene Verfügung vom 13. Mai 1840 zurückgenommen und das frühere Verfahren in Ansehung der Kosten in Strafsachen wieder hergestellt worden, so daß es der Anfertigung der General-Uebersichten nicht ferner bedarf.

Berlin den 13. Dezember 1842.

Der Justiz-Minister
Mühler.

V. 4204. Rh. Kassensachen Num. 36.

56.

Verfügung vom 13. Dezember 1842, — betreffend die Entschädigung der Zeugen in Strafsachen im Regierungsbezirk Trier.

Es ist zu meiner Kenntniß gelangt, daß dort den in Strafsachen abgehörten Zeugen aus dem Landgerichtsbezirke Trier nur die gewöhnliche Vergütung von 1 Franken und nicht die von 1 Franken 50 Centimen oder 12 Sgr. für den Myriameter bewilligt wird, welche der Artikel 2. des Dekrets vom 7. April 1813 hinsichtlich derjenigen Zeugen bestimmt, welche außerhalb ihres Arrondissements berufen und vernommen werden. Da indessen, wie das Reskrikt vom 6. Februar 1824 (Lottner Bd. 2. S. 455) in Uebereinstimmung mit der Verfügung der Immediat-Justiz-Organisations-Kommission vom 27. Mai 1821 ausgesprochen hat, nach dem französischen Sprachgebrauche unter dem Ausdrucke: „Arrondissement" der Bezirk eines ersten Instanzgerichts zu verstehen ist, so hat es, seitdem der Regierungsbezirk Trier in zwei Landgerichtsbezirke getheilt ist, gar kein Bedenken, daß die Zeugen, die aus einem dieser Bezirke in den andern in Strafsachen geladen werden, die Entschädigung von 12 Sgr. pro Myriameter erhalten müssen.

Ew. Hochwohlgeboren haben daher künftig hiernach zu verfahren.

Berlin den 13. Dezember 1842.

Der Justiz-Minister
Mühler.

An
den Königlichen Landgerichts-Präsidenten Herrn Bessel, und den Königlichen Ober-Prokurator Herrn Leue Hochwohlgeboren
zu Saarbrücken.

I. 5362. Rh. Off. Sachen 6. Vol. II.

57.

Allerhöchste Kabinets-Ordre vom 23. Dezember 1842, — betreffend die Ausdehnung der mildernden Bestimmungen der Ordre vom 28. Oktober 1836 zu dem §. 22. des Stempelgesetzes vom 7. März 1822 auf Verträge, welche zwischen einer unmittelbaren oder mittelbaren Staatsbehörde und einer Privatperson abgeschlossen sind.

Nachdem durch die Ordre vom 28. Oktober 1836 die Vorschriften des Stempel-Gesetzes vom 7. März 1822 §. 22. dahin gemildert worden sind, daß die Stempelstrafe, welche ein Beamter wegen unterlassener Verwendung des tarifmäßigen Stempels zu einer Amtsverhandlung verwirkt hat, nicht mehr von dem Besitzer oder Produzenten der Verhandlung eingefordert, sondern unmittelbar von dem schuldigen Beamten eingezogen, und Letzterer, sofern nicht das Vergehen wegen einer damit zusammentreffenden anderweitigen Verletzung der Amtspflicht eine höhere Strafe nach sich zieht, nur mit einer Ordnungsstrafe belegt werden soll, will Ich auf den Bericht des Staats-Ministeriums vom 12. d. M. die mildernden Bestimmungen dieser Ordre auch auf Verträge ausdehnen, welche zwischen einer unmittelbaren oder mittelbaren Staatsbehörde und einer Privatperson abgeschlossen sind. Es soll demnach, wenn zu einem solchen Vertrage der tarifmäßige Stempel nicht verwendet worden, die bei dem Vertrage betheiligte Privatperson, desgleichen jeder andere Besitzer oder Produzent der darüber aufgenommenen Verhandlung mit Strafe verschont bleiben, der Beamte dagegen, welcher den Vertrag im Auftrage oder Namens der Behörde geschlossen hat, in eine, nach den Bestimmungen der Ordre vom 28. Oktober 1836 fest zu setzende Strafe verfallen. Hat jedoch die Privatperson, mit welcher der Vertrag geschlossen worden, erweislich wider besseres Wissen veranlaßt, oder nachgegeben, daß zu demselben ein Stempel gar nicht oder ein geringerer, als der tarifmäßige Stempel verwendet worden, so tritt neben der den Beamten treffenden Strafe gegen die Privatperson die ordentliche Stempelstrafe nach den Bestimmungen des Stempelgesetzes vom 7. März 1822 ein. Der Steuer-Verwaltung bleibt in allen Fällen die Befugniß, den fehlenden Stempel von dem Produzenten der Verhandlung einzuziehen, unter Vorbehalt der dem letztern gegen dritte Personen oder Behörden zustehenden Regreß-

Anspüche. Diese Bestimmungen sind durch die Gesetz-Sammlung zur öffentlichen Kenntniß zu bringen.

Charlottenburg den 23. Dezember 1842.

Friedrich Wilhelm.

An
das Staats-Ministerium.
I. 29. Steuersachen 32. Vol. IV.

58.

Allgemeine Verfügung vom 29. Dezember 1842, — über die Begleitung eines Missethäters zum Richtplatz durch einen Seelsorger.

(§. 545. der Krim.-Ord.; Allerh. Kab.-Ordre vom 27. Februar 1829; Allgemeine Verfügung vom 4. Februar 1839, Justiz-Min.-Blatt für 1839, S. 74.)

Des Königs Majestät haben Sich bewogen gefunden, über die Begleitung eines Missethäters zum Richtplatz durch einen Seelsorger die also lautende Allerhöchste Ordre vom 19. d. M. zu erlassen:

Durch die Kabinets-Ordres vom 27. Februar 1829 und 30. Januar 1839 hat Mein in Gott ruhender Herr Vater, des Hochseeligen Königs Majestät, angeordnet, daß die Begleitung des Missethäters zum Richtplatz überall wegfallen und der in dem §. 545. der Kriminal-Ordnung gemachte Religions-Unterschied nicht mehr statt finden solle. Ich finde Mich bewogen, eine Modifikation dieser Vorschrift in den Fällen eintreten zu lassen, wo der Seelsorger in Uebereinstimmung mit dem Wunsche des Verurtheilten eine solche Begleitung beantragt, behalte Mir jedoch die Bewilligung in jedem einzelnen Falle Selbst vor. Sie haben hiernach die Gerichte mit Anweisung zu versehen und in den Berichten über die Bestätigung der Todes-Urtheile jedesmal anzuführen, ob eine Begleitung zur Richtstätte beantragt worden ist.

Charlottenburg den 19. Dezember 1842.

Friedrich Wilhelm.

An
den Staats- und Justiz-Minister
Mühler.

Sämmtliche Königliche Landes-Justiz-Kollegien und der Königliche Herr General-Prokurator zu Köln werden hiervon in Kenntniß gesetzt, mit der Anweisung, dieser Allerhöchsten Bestimmung gemäß in den Berichten, mit welchen die Todes-Urtheile zur Allerhöchsten Bestätigung eingereicht werden, jedesmal anzuzeigen, ob eine Begleitung zur Richtstätte beantragt worden ist und sich gutachtlich über den Antrag zu äußern.

Berlin den 29. Dezember 1842.

Der Justiz-Mühler
Mühler.

An
sämmtliche Königliche Landes-Justiz-Kollegien
und den Königl. Herrn General-Prokurator
beim Appellationshofe zu Köln.
I. 5666. Crim. 9. Vol. 2.

XXX.

1843.

Gesetze, Verordnungen, Rescripte.

59.

Allerhöchste Kabinets-Ordre vom 4. Januar 1843, — über die Berechnung der Ausfertigungsgebühren bei den Land- und Handelsgerichts-Sekretariaten in dem zum Bezirk des Rheinischen Appellationsgerichtshofes gehörigen Theile des Herzogthums Berg.

Um die im Bezirke des Appellationsgerichtshofes zu Köln gesetzlich bestehende Verschiedenartigkeit der Berechnung der Ausfertigungs-Gebühren bei den Land- und Handelsgerichten zu beseitigen, will Ich auf Ihren Bericht vom 19. Dezember v. J. unter Abänderung des Artikels 143. des Dekrets vom 17. Dezember 1811 über die Einregistrirungsstempel und Sekretariatsgebühren hierdurch bestimmen, daß auch in dem zum Bezirke des Appellationsgerichtshofes zu Köln gehörigen Theile des Herzogthums Berg bei Berechnung der Kosten der Ausfertigungen, welche von den Land- und Handelsgerichts-Sekretariaten ertheilt werden, das Blatt (die Rolle) zu Vierzig Zeilen gerechnet werde. Sie haben diese Ordre durch die Gesetz-Sammlung zur öffentlichen Kenntniß zu bringen.

Potsdam den 4. Januar 1843.

Friedrich Wilhelm.

An
die Staats-Minister Mühler und
v. Bodelschwingh.

I. 94. Rhein. Off. S. 72. Vol. II.

60.

Gesetz über die Bestrafung der Landstreicher, Bettler und Arbeitsscheuen, vom 6. Januar 1843.

Wir Friedrich Wilhelm, von Gottes Gnaden, König von Preußen rc.

haben die bestehenden Vorschriften über die Bestrafung der Landstreicher, Bettler und Arbeitsscheuen einer Revision unterworfen, und verordnen demnach auf den Antrag Unserer Minister der Justiz und des Innern und nach erfordertem Gutachten Unsers Staatsraths, für den ganzen Umfang der Monarchie was folgt.

I.

Landstreicher.

§. 1.

Wer geschäfts- oder arbeitslos umher zieht, ohne sich darüber ausweisen zu können, daß er die Mittel zu seinem redlichen Unterhalt besitze, oder doch eine Gelegenheit zu demselben aufsuche, hat als Landstreicher Gefängniß nicht unter sechs Wochen oder Strafarbeit bis zu sechs Monaten verwirkt.

Nach ausgestandener Strafe ist der Ausländer aus dem Lande zu weisen und der Inländer in eine Korrektions-Anstalt (§. 8.) zu bringen.

II.

Bettler.

§. 2.

Das Betteln wird mit Gefängniß bis zu sechs Wochen geahndet, worüber in dem Bezirke des Appellationsgerichtshofes zu Köln die Polizeigerichte zu erkennen haben.

Ausländische Bettler können nach ausgestandener Strafe von der Polizeibehörde aus dem Lande gewiesen werden.

§. 3.

Ist der Bettler wegen eines solchen Vergehens bereits bestraft worden (§. 2.), so finden gegen ihn die Bestimmungen des §. 1. Anwendung. Eben diese Bestimmungen treten ein:

1, wenn auf falschen Namen oder unter fälschlicher Vorschützung von Unglücksfällen, Krankheiten oder Gebrechen gebettelt wird;

2, wenn der Bettler Waffen bei sich führt oder sich Drohungen erlaubt, insofern nicht durch die Drohung eine härtere Strafe verwirkt ist;

3, wenn Jemand eines fremden Kindes beim Betteln sich bedient oder ein Kind zu diesem Zwecke hergiebt.

§. 4.

Den Bestimmungen der §§. 2. und 3. unterliegen auch diejenigen, welche Kinder zum Betteln anleiten oder ausschicken.

§. 5.

Wer Personen, die seiner Gewalt oder Aufsicht untergeben sind und zu seiner Hausgenossenschaft gehören, vom Betteln abzuhalten unterläßt, hat Gefängnißstrafe bis zu acht Tagen verwirkt.

III.

Arbeitsscheue.

§. 6.

Mit der im §. 2. bestimmten Strafe sind auch diejenigen zu belegen,

1, welche dem Spiele, Trunke oder Müßiggange sich dergestalt hingeben, daß sie in einen Zustand versinken, in welchem zu ihrem Unterhalt oder zum Unterhalt Derjenigen, zu deren Ernährung sie verpflichtet sind, durch Vermittelung der Obrigkeit fremde Hülfe in Anspruch genommen werden muß;

2, welche eine Unterstützung aus öffentlichen Armenfonds empfangen, wenn sie sich weigern, die ihnen von der Obrigkeit angewiesene, ihren Kräften angemessene Arbeit zu verrichten;

3, welche nach Verlust ihres bisherigen Unterkommens binnen einer von der Orts-Polizeibehörde zu bestimmenden Frist sich kein anderweitiges Unterkommen verschaffen und auch nicht nachweisen können, daß sie solches, aller angewandten Bemühungen ungeachtet, nicht vermocht haben.

Im Rückfalle sind gegen dieselben die Bestimmungen des §. 1. anzuwenden.

§. 7.

Wo nach der in einzelnen Provinzen bestehenden Einrichtung die Landstreicher und Bettler sogleich nach deren Aufgreifung an die Landarmen- oder Korrektions-Anstalt abgeliefert werden, ist die Untersuchung gegen sie von dem Justitiarius der Anstalt oder dem Gerichte des Orts, wo die Anstalt sich befindet, zu führen, und in letzterer auch die Strafe zu vollstrecken.

§. 8.

Die Dauer der Einsperrung in der Korrektions-Anstalt (§. 1.) ist von der Landes-Polizeibehörde nach den Umständen zu ermessen; sie darf aber einen Zeitraum von drei Jahren nicht übersteigen.

§. 9;

Die Landes-Polizeibehörde kann diejenigen inländischen Landstreicher oder Bettler, welche sich binnen vier Wochen nach ihrer

Entlassung aus der Korrektions-Anstalt über einen zu ihrem Fortkommen hinreichenden Erwerb nicht ausweisen, bis zur Führung dieses Nachweises in der Anstalt wieder einsperren lassen.

§. 10.

Zur Herstellung der erforderlichen Uebereinstimmung dieses Gesetzes mit den einzelnen Landarmen-Reglements hat Unser Minister des Innern weitere Anordnungen zu treffen.

Urkundlich unter Unserer höchst eigenhändigen Unterschrift und beigedrucktem Königlichen Insiegel.

Berlin den 6. Januar 1843.

Friedrich Wilhelm.

(L. S.)

v. Müffling, Mühler, v. Savigny, Gr. v. Arnim.

Beglaubigt für den Staatssekretair: Bornemann.

I. 418. Criminalia 79. Vol. II.

61.

Allerhöchster Kabinets-Befehl vom 22. Dezember 1842, — betreffend die Unterbringung der zu Festungs-Arrest verurtheilten Personen.

Da es in neuerer Zeit öfter vorgekommen ist, daß Festungsgefangene während ihres Arrestes unerlaubte Verbindungen nach Außen unterhalten haben, so sollen in Zukunft solche Individuen, welche zu Festungs-Arrest verurtheilt worden und nach den obwaltenden Umständen verdächtig sind, daß sie einen unerlaubten Verkehr nach Außen zu unterhalten suchen werden, unter Ausschließung der Festung Spandau, nur nach folgenden Festungen geschickt werden, als: Weichselmünde, Graudenz, Stettin, Magdeburg, Silberberg, Glatz, Neiße, Kosel, Wesel und Ehrenbreitstein. Die Ministerien des Krieges und der Justiz haben zur Ausführung dieser Bestimmung das Erforderliche zu veranlassen.

Charlottenburg den 22. Dezember 1842.

Friedrich Wilhelm.

An
die Ministerien des Krieges und der Justiz.

Vorstehender Allerhöchster Kabinets-Befehl wird hierdurch den Gerichtsbehörden und dem Königlichen General-Prokurator zu Köln zur Nachachtung bekannt gemacht.

Berlin den 25. Januar 1843.

Der Justiz-Minister
Mühler.

An
die Gerichtsbehörden und den Königlichen
Herrn General-Prokurator zu Köln.
I. 107. Krim. 34. Vol. 4.

62.

Allgemeine Verfügung vom 26. Januar 1843, — die Versetzung der Referendarien betreffend.

(Rescripte vom 6. Mai 1840, Justiz-Ministerial-Blatt für 1840, S. 218 und folg., vom 12. Mai 1832 und 24. Dezember 1842, a. a. O. Jahrgang V. S. 6 und 7.)

Zur Vereinfachung des Geschäftsganges ist den Präsidenten der Obergerichte durch die Verfügungen vom 12. Mai 1832 und 24. Dezember v. J. (Justiz-Ministerial-Blatt für 1843, S. 6 und 7) die Befugniß beigelegt worden:

Auskultatoren und Referendarien

1. bei ihrem freiwilligen Ausscheiden aus dem Königlichen Dienst, selbst mit dem Vorbehalt des Titels und Ranges eines Referendarius, oder auch des Wiedereintritts in den Justizdienst, ingleichen
2. behufs des Ueberganges an ein anderes Obergericht oder eine Verwaltungsbehörde,

zu entlassen und denselben ein Dimissorium zu ertheilen, auf Grund dessen ihre Wiederanstellung erfolgen kann.

Durch die Verfügung des Justiz-Ministers vom 6. Mai 1840 (Justiz-Ministerial-Blatt für 1840, S. 218 und folg.)

das dritte Examen betreffend,

ist dagegen unter Num. IV. bestimmt worden,

daß jeder Referendarius in dem Departement desjenigen Kollegiums, bei welchem er nach zurückgelegtem zweiten Examen eingetreten ist, auch bis zur Beendigung des Referendariats verbleiben muß und eine frühere Versetzung in besonderen Fällen nur mit Genehmigung des Justiz-Ministers erfolgen darf.

Der Justiz-Minister will diese letztere Bestimmung, dieselbe dem oben aufgestellten allgemeinen Grundsatz unterordnend, hierdurch aufheben.

Damit jedoch Referendarien, welche sich zum dritten Examen qualifiziren wollen, das Präsidial-Attest über ihre Zulassung zu dieser Prüfung von dem Präsidenten, unter dessen Leitung sie zuletzt gearbeitet haben, aus eigener Kenntniß ertheilt werden kann, so verbleibt es bei der Anordnung, daß ein Referendarius, welcher sich an ein anderes Obergericht hat versetzen lassen, bei demselben mindestens ein Jahr lang arbeiten muß, bevor er die Ausstellung jenes Attestes verlangen kann.

Berlin den 26. Januar 1843.

Der Justiz=Minister
Mühler.

An
die Präsidien der Königlichen Obergerichte.
I. 197. O. 9. Vol. 2.

63.

Verfügung vom 31. Januar 1843, — die Begnadigungs=Gesuche der in den Straf=Anstalten der Rheinprovinz detinirten Sträflinge betreffend.

Ew. Hochwohlgeboren erhalten hierbei den Bericht des Direktors der Strafanstalt zu N. vom 29. v. M. Nach Ihrem Berichte vom 15. v. Mts. haben Sie bereits damals sämmtliche Ober=Prokuratoren von dem Inhalte der unterm 30. November v. J. an die Strafanstalten in der Rheinprovinz erlassene Weisung, die Begnadigungs=Gesuche detinirter Sträflinge betreffend, in Kenntniß gesetzt. Der Ober=Prokurator zu N. hat zufolge des anliegenden Berichts des Direktors der Strafanstalt zu N. jener Weisung zuwider, das von der Direktion der gedachten Anstalt befürwortete Immediat=Begnadigungs=Gesuch des Sträflings S. selbstständig zurückgewiesen und scheint auch der Ober=Prokurator zu M. nach einem hier eingegangenen Berichte Zweifel über die Auslegung jener Bestimmung zu hegen. Da es der Wille Seiner Majestät des Königs ist, daß in allen Fällen, wo die Immediat=Begnadigungs=Gesuche detinirter Sträflinge von der Direktion der Strafanstalt befürwortet worden, Allerhöchsten Orts berichtet werde, so werden Ew. Hochwohlgeboren aufgefordert, die Ober=Prokuratoren anzuweisen, solche Immediat=Gesuche jederzeit, unter Beifügung der betreffenden Akten, mittels gutachtlichen Berichts an den Chef der Justiz gelangen zu lassen.

Berlin den 31. Januar 1843.

Das Justiz=Ministerium.
Ruppenthal.

An
den Königlichen General=Prokurator
Herrn Berghaus Hochwohlgeboren
zu Köln.
I. 97. Rh. Crim. 59. Vol. 2.

64.

Allgemeine Verfügung vom 14. Februar 1843, — die genaue Beobachtung der über den Verlust des Adels 2c. bestehenden Vorschriften betreffend.

(Allg. Landrecht Thl. II. Tit. 9. §. 91. und Tit. 20. §§. 92, 95, 103, 633, 672, 1405, 1453, 1461; Allerh. Kab.=Befehle vom 19. April 1800, Sammlung der Verordnungen für 1800 S. 130, und vom 18. Februar 1837, Gesetz=Samml. S. 30.)

Des Königs Majestät haben mich in der nachstehenden, an das Staats=Ministerium erlassenen Allerhöchsten Kabinets=Ordre vom 2. d. M. anzuweisen geruht, den Gerichten die genaue Beobachtung der über den Verlust des Adels u. s. w. bestehenden Vorschriften einzuschärfen, indem die Festsetzung neuer Bestimmungen hinsichtlich des Verlustes der Ehrenrechte der neuen Strafgesetzgebung vorbehalten bleiben soll.

Diesem Allerhöchsten Befehle gemäß wird den Gerichtsbehörden in Erinnerung gebracht, daß nach §. 91. Tit. 9. Thl. II. Allg. Landrechts, wegen grober Verbrechen der Verlust des Adels durch richterliches Erkenntniß ausgesprochen werden kann. Es heißt zwar in dem darauf folgenden §. 92:

„in welchen Fällen darauf erkannt werden müsse, bestimmen „die Kriminalgesetze;“

wenn indessen im 20. Titel des II. Theils des Allg. Landrechts der Verlust des Adels speziell nur beim Duell angedroht und außerdem nur in dem Verluste aller Standes= und Ehrenrechte, welche gewisse Verbrechen, namentlich der Hochverrath, Landesverrath, das Auflauern, der Meineid und der Bankerut (§§. 672, 95, 103, 633, 1405, 1453, 1461.) nach sich ziehen, mitbegriffen ist, so folgt daraus nicht, daß die Adelsentsetzung nur in diesen Fällen verwirkt sei. Vielmehr geht aus dem Wesen des Adelstandes hervor, daß Handlungen, welche eine völlige Verleugnung des Ehrgefühls oder einen hohen Grad von Bosheit zu erkennen geben, damit unvereinbar sind, daß daher die Adelskassation wegen Verbrechen solcher Art vollkommen gerechtfertigt und, wie die Fassung des oben angeführten §. 91. Tit. 9. Thl. II. Allg. Landrechts ergiebt, den Absichten der bestehenden Gesetze ganz entsprechend ist.

In Uebereinstimmung hiermit hat die in der Sammlung der Verordnungen S. 130 durch das auf Spezial=Befehl erlassene Reskript vom 12. Mai 1800 bekannt gemachte Allerhöchste Kabinets=Ordre vom 19. April 1800 verordnet:

daß wenn Jemand vom Adel wegen Diebstahls oder demselben ähnlichen Verbrechens mit einer Kriminalstrafe be=

legt werde, zugleich auf Kassation des Adels zu erkennen sei

und für die Rheinprovinz ist durch die Allerhöchste Kabinets-Ordre vom 18. Februar 1837 (Gesetz-Samml. S. 30) bestimmt worden,

daß jeder Adlige, welcher entweder eines Verbrechens wegen zu einer Kriminalstrafe verurtheilt, oder wegen eines nach vollendetem 16ten Lebensjahre verübten, in den Artikeln 401, 403—408 oder 423 des Rheinischen Strafgesetzbuchs vorgesehenen Vergehens mit korrektioneller Strafe belegt wird, gleichzeitig durch das erkennende Gericht seines Adels verlustig erklärt werden soll.

Die Gerichtsbehörden haben diese Vorschriften zu beachten und bei Abfassung der Straferkentnisse gegen Personen des Adelstandes, wenn die Verbrechen, für welche die Strafen festgesetzt werden, in Gemäßheit der oben angeführten Bestimmmungen den Verlust des Adels zu begründen geeignet sind, die Adels-Entsetzung jederzeit im Erkenntniß auszusprechen.

Berlin den 14. Februar 1843.

Der Justiz-Minister
Mühler.

An
die Gerichtsbehörden
I. 501. A. 14. Vol. 2.

Beilage.

Da der vom Staatsrathe berathene Entwurf des Strafgesetzbuchs, durch welches die aus den mangelhaften Bestimmungen der bisherigen Gesetze hinsichtlich des Verlustes der Ehrenrechte, namentlich des Adels und der National-Kokarde, hervorgegangenen Uebelstände vollständige Abhülfe erhalten werden, schon bei den nächstens zusammentretenden Provinzial-Landtagen zur Begutachtung vorgelegt werden wird, so bin Ich mit der Ansicht der Majorität des Staats-Ministeriums, daß von Erlassung einer besonderen Verordnung über diesen Gegenstand abzusehen sei, um so mehr einverstanden, als derselbe zu denjenigen Gegenständen des Strafgesetzbuches zu zählen ist, worüber die Stände vorzugsweise mit ihrer Erklärung zu hören sind, andrerseits aber nach späteren Beschlüssen des Staatsraths der Verlust der Ehrenrechte auch noch in anderen Fällen, als bei der Verurtheilung zur Zuchthausstrafe oder Kassation eintreten soll, (§. 35. des letzten Entwurfs) was ein tiefes Eingehen in die einzelnen Materien nothwendig macht. Ich will demnach den vorliegenden Gesetzentwurf auf sich beruhen lassen, jedoch Sie, den Justiz-Minister Mühler, anweisen, den Gerichten die genaue Beobachtung der über den Verlust des Adels u. s. w. bestehenden Vorschriften einzuschärfen.

Berlin den 2. Februar 1843.

Friedrich Wilhelm.

An
das Staats-Ministerium.

65.

Allerhöchster Kabinets-Befehl vom 3. Februar 1843, — betreffend die unentgeltliche Insertion der von nicht fiskalischen Behörden in unvermögenden Untersuchungssachen erlassenen Steckbriefe, sowie der Bekanntmachung wegen präsumtiv gestohlener und als verdächtig angehaltener Sachen in die Amtsblätter oder deren Anzeiger.

(Kriminal-Ordnung §. 636.)

Ich genehmige auf Ihren Bericht vom 2. v. M., daß alle Steckbriefe in unvermögenden Untersuchungssachen, namentlich auch die von nicht fiskalischen Behörden erlassenen, so wie alle in Beziehung auf dieselben erforderlichen Bekanntmachungen, sofern in der bisherigen Art bescheinigt wird, daß die Schuld des Entweichens keinem Dritten zur Last fällt, ferner auch alle Bekanntmachungen wegen präsumtiv gestohlener oder als verdächtig angehaltener Sachen in die Amtsblätter oder deren Anzeiger unentgeltlich inserirt werden können. Auch will Ich gestatten, daß die in Betreff solcher unentgeltlichen Insertionen von der Oberrechnungskammer bis jetzt gezogenen und nach den bisherigen Vorschriften begründeten Monita als erledigt betrachtet werden dürfen.

Berlin den 3. Februar 1843.

Friedrich Wilhelm.

An
die Staats-Minister Mühler und
Grafen v. Arnim.

Vorstehender Allerhöchster Kabinets-Befehl wird hiermit zur Kenntniß der Gerichte gebracht.

Berlin den 6. März 1843.

Der Justiz-Minister
Mühler.

An
sämmtliche Gerichtsbehörden.
I. 851. Krim. Kosten 21.

66.

Publikandum des Königlichen Staats-Ministeriums vom 7. März 1843, — die Berichtigung eines in der Verordnung vom 9. Dezember 1842 enthaltenen Schreibfehlers, die Ermäßigung der auf die Verletzung der Schonzeit des Wildes gesetzten Strafen, betreffend.

In die Verordnung vom 9. Dezember v. J. (Gesetz-Sammlung Num. 2315.) wegen Ermäßigung der auf die Verletzung der Schonzeit des Wildes gesetzten Strafen, ist aus einem bei der Redaktion vorgefallenen Schreibfehler, die auf die Verletzung der Schonzeit für die Rebhühner mit zwei Thaler für jedes Stück angedrohte Strafe nicht mit übernommen worden. Diese Verordnung wird daher auf Allerhöchsten Befehl Seiner Majestät des Königs dahin berichtigend ergänzt, daß für das Tödten oder Einfangen eines Rebhuhns während der vorgeschriebenen Schonzeit eine Geldbuße von zwei Thalern eintritt, welcher für den Fall des Unvermögens verhältnißmäßige Gefängnißstrafe zu substituiren ist.

Berlin den 7. März 1843.

Königliches Staats-Ministerium.
Prinz von Preußen.
v Boyen, Mühler, v. Nagler, Rother, Gr. v. Alvensleben, Eichhorn, v. Thile, v. Savigny, Frhr. v. Bülow, v. Bodelschwingh, Gr. zu Stolberg, Gr. v. Arnim.

I. 1123. F. 51. Vol. II.

67.

Allgemeine Verfügung vom 9. März 1843, — betreffend die Konkurrenz der Regierungs-Baubeamten bei den für Rechnung Königlicher Justiz-Behörden auszuführenden Bauten, Reparaturen und Utensilien-Herstellungen.

(Verfügung vom 14. Mai 1827, Jahrb. Bd. 29. S. 211.)

Von Seiten der Justiz-Verwaltung ist bisher die Regel befolgt worden, daß bei Bauten, Reparaturen und Utensilien-Herstellungen für Gerichtsbehörden, welche aus Staatsfonds unterhalten werden, ein Revisions-Attest oder ein Vermerk des

Königlichen Bezirks-Baubeamten über die untadelhafte Ausführung, Beschaffenheit und Preiswürdigkeit erforderlich sei, wenn der einzelne Gegenstand der Anschaffung, die Reparatur oder der Bau 5 Thlr. oder mehr beträgt, ohne Unterschied, ob besondere Liquidationen darüber eingereicht werden, oder ob diese Kosten in größern Rechnungen mit enthalten sind.

Diese Bestimmung wird in Uebereinstimmung mit den bei den übrigen Verwaltungen getroffenen Anordnungen und im Einverständniß mit der Königlichen Ober-Rechnungs-Kammer dahin abgeändert, daß die Revision der Bezirks-Baubeamten nicht weiter erforderlich sein soll, wenn die Kosten den Betrag von 20 Thlr. nicht erreichen.

Berlin den 9. März 1843.

Der Justiz-Minister
Mühler.

An
sämmtliche Königliche Justiz-Behörden.
I. 653. Justizfonds 33. Vol. 2.

68.

Verfügung vom 11. März 1843, — die bei dem Landgericht zu Aachen für die Zeit vom 13. November 1839 bis 1. Februar 1841 abgehaltene Stempel-Revision betreffend.

(Schreiben vom 14. Februar 1838 und 16. September 1841; Rhein. Samml. Bd. 6. S. 477 und Bd. 7. S. 357.)

Ew. Hochwohlgeboren erhalten hierbei

1. Den Auszug aus der Stempel-Defekten-Tabelle über die beim dortigen Königlichen Landgericht für die Zeit vom 15. November 1839 bis 1. Februar 1841 abgehaltene Stempel-Revision.
2. Den Bericht des Provinzial-Steuer-Direktors zu Köln an den General-Direktor der Steuern vom 24. Januar d. J.

Der Justiz-Minister ist mit dem Herrn Finanz-Minister aus den von dem Provinzial-Steuer-Direktor angeführten Gründen darin einverstanden, daß der in dem Schreiben vom 14. Februar 1838 zu Num. 41. (Rhein. Samml. Bd. 6. S. 477) ausgesprochene Grundsatz, wonach zu Urtheilen, welche theilweise definitive, theilweise interlokutorische sind, der Stempel bis zur Abfassung des in Folge des Resoluts zu erlassenden definitiven Erkenntnisses soll vorbehalten werden können, fortan nicht mehr zur Anwendung zu bringen, sondern daß in Ansehung der Festsetzung des Stempels zu solchen Urtheilen nach den neuerdings durch das Reskript vom 6. August v. J. für Theilungssachen festgestellten Grundsätzen zu verfahren ist. Eine Ueberbürdung für die Parteien wird durch dieses Verfahren nicht herbei geführt, da demselben das Prinzip zum Grunde liegt, daß zu den mehreren auf einander folgenden Urtheilen, abgesehen von dem für jedes Urtheil erforderlichen Ausfertigungsstempel von 15 Sgr. zusammen nicht ein größerer Stempel verwendet wird, als genommen sein würde, wenn über sämmtliche Streitpunkte durch ein und dasselbe Urtheil erkannt wäre. Daß zu einem theilweise definitiven, theilweise interlokutorischen Erkenntnisse nicht außer dem Stempel für die Hauptsache zugleich ein Stempel von 15 Sgr. für das Interlokut genommen werden könne, ist schon in dem Schreiben vom 16. September 1841 Num. 7. (Rhein. Samml. Bd. 7. S. 357) und wiederholt in der oben angeführten Verfügung vom 6. August v. J. bestimmt.

Hiernach haben Ew. Hochwohlgeboren das Weitere zur Erledigung der rückständigen Monita zu 10, 11, 13 und 35 zu veranlassen. Insbesondere kann das dem Monitum 13. zum Grunde liegende Erkenntniß, durch welches den Verklagten eine Waldberechtigung zuerkannt worden, und über den Umfang und Werth derselben ein weiteres Verfahren angeordnet wird, für ein vorbereitendes Erkenntniß im Sinne des Stempel-Tarifs, „Wort-Erkenntnisse" Buchst A. c., nicht erachtet werden. Ueber die Waldberechtigung selbst ist definitiv erkannt, es muß daher, da der Werth derselben nicht feststeht, der Stempel von 5 bis 20 Thlr. zu diesem Erkenntniß verwendet werden.

Berlin den 11. März 1843.

Der Justiz-Minister
Mühler.

An
den Königlichen Landgerichts-Präsidenten Herrn Hoffmann und den Königlichen Ober-Prokurator Herrn Packenius Hochwohlgeboren zu Aachen.

I. 719. Rh. Gener. 62. Vol. 6.

69.

Verfügung vom 11. März 1843, — betreffend die Aufnahme von weiblichen Sträflingen, deren Kinder noch nicht von der Mutterbrust entwöhnt sind, in die Strafanstalt.

Ew. Hochwohlgeboren wird auf den Bericht vom 17. v. Mts., betreffend die Aufnahme von weiblichen Sträflingen, deren

Kinder noch nicht von der Mutterbrust entwöhnt sind, in die Strafanstalt, hiermit eröffnet, daß das Reskript vom 10. Juni 1839 (Just.-Min.-Blatt für 1839 S. 209), wie die darin enthaltene Bezugnahme auf den §. 566. der Kriminal-Ordnung ergiebt, nur für diejenigen Landestheile maaßgebend ist, in welchen die Allg. Kriminal-Ordnung vom 11. Dezember 1805 Gesetzeskraft hat. Die in dem Rescripte erwähnte Verfügung des Herrn Ministers des Innern ist auch nur an die Regierungen in diesen Landestheilen und an die Regierung zu Düsseldorf in Beziehung auf die Kreise Rees und Duisburg, nicht aber an die übrigen rheinischen Regierungen erlassen. Dessenungeachtet kann das Justiz-Ministerium es nur für zweckmäßig halten, wenn auch in der Rheinprovinz gegen Personen weiblichen Geschlechts, welche Kinder an der Brust nähren, die Strafvollstreckung bis dahin, daß die letzteren entwöhnt sind, ausgesetzt und Säuglinge in die Strafanstalten nicht aufgenommen werden.

Dieser Grundsatz ist als Regel festzuhalten, wodurch jedoch Ausnahmen in einzelnen Fällen, wie in den von Ihnen in dem Berichte bezeichneten, in welchen jener Grundsatz zu einer unbilligen Härte führen würde, nicht ausgeschlossen werden.

Berlin den 11. März 1843.

Das Justiz-Ministerium.
Ruppenthal.

An
den Königlichen Ober-Prokurator
Herrn Deuster Hochwohlgeboren
zu Trier.

I. 827. Rh. Krim. 5. Vol. 7.

70.

Verfügung vom 30. März 1843, — betreffend die Kompetenz zur Entscheidung der Streitigkeiten zwischen Gemeinden und Eigenthümern über Erweiterung der Nachbarwege.

(Dekret vom 16. Oktober 1813, Ressort-Reglement vom 20. Juli 1818 §. 2. Num. 2.; Gesetz vom 11. Mai 1842 §. 4. Gesetz-Samml. S. 193.)

Der von der dortigen Königlichen Regierung in der Possessorien-Sache des Grafen v. S. wider die Gemeinde E. am 6. Dezember v. J. erhobene Attributions-Konflikt ist, wie ich Ew. Hochwohlgeboren in Uebereinstimmung mit dem Herrn Finanz-Minister auf den Bericht vom 11. d. M. eröffne, als begründet angenommen worden.

Die erhobene Possessorienklage ist nämlich, wie die Akten ergeben, gegen die von der Regierung aus wegepolizeilichen Gründen angeordnete Wegschaffung der an dem Nachbarwege zwischen den Ortschaften T., E. und R. befindlichen, auf dem Eigenthume des Klägers stehenden Hecke gerichtet. Da nun aber nach §. 2. Num. 2. des Ressort-Reglements vom 20. Juli 1818 die Regierungen über die Streitigkeiten zwischen Gemeinden und Eigenthümern zu entscheiden haben, wozu die von der Verwaltung gut gefundene Anordnung über die Richtung, Ausdehnung und Erweiterung der Nachbarwege Anlaß giebt, so gebührt ihr auch in der vorliegenden Sache die Entscheidung. Wenn der angeführte Paragraph dabei hinzusetzt: „insofern nicht über das Eigenthum geschritten wird", so bezieht sich, wie schon das Dekret vom 16. Oktober 1813 ergiebt, dieser Zusatz nur auf die Frage, ob wegen Wegnahme des Eigenthums zum Vortheile des Nachbarweges eine Entschädigung zu leisten sei, und er vermag also nicht die Kompetenz der Gerichte in Possessoriensachen vorliegender Art zu rechtfertigen. Dies ergiebt auch der §. 4. des Gesetzes vom 11. Mai v. J. (Gesetz-Sammlung S. 193). Denn da die Anordnung der Regierung, gegen deren Ausführung die Possessorienklage gerichtet ist, eine polizeiliche Verfügung darstellt, und die Klage nur auf die Behauptung eines dadurch geschehenen Eingriffs in Privatrechte gegründet ist, so kann nach jenem Paragraphen nicht die Vereitelung der Anordnung, sondern nur die Frage, ob ein solcher Eingriff geschehen und zu welchem Betrage dafür Entschädigung geleistet werden müsse, Gegenstand einer richterlichen Entscheidung sein.

Hiernach haben Ew. Hochwohlgeboren also die definitive Sistirung des Rechtsverfahrens zu veranlassen und den Parteien davon Nachricht zu geben.

Berlin den 30. März 1843.

Der Justiz-Minister
Mühler.

An
den Königlichen Ober-Prokurator
Herrn Schnaase Hochwohlgeboren
zu Düsseldorf.

I. 1648. Rh. Gen. 111. Vol. 2.

71.

Verfügung vom 31. März 1843, — die öffentliche Bekanntmachung des von den Zuchtpolizei-Gerichten erkannten Verlustes der staatsbürgerlichen Rechte betreffend.

(Strafgesetzbuch Art. 42; Verordnungen vom 28. März 1811 und 9. Juni 1819, resp. §. 2. Litt. b. und §. 3. Num. 2.)

Da zuchtpolizeiliche Urtheile, welche einer Person die Ausübung der im Artikel 42. des Strafgesetzbuches bezeichneten staatsbürgerlichen Rechte ganz oder theilweise untersagen, nach der Natur dieser letztern nur in Folge ihrer Bekanntmachung an alle diejenigen Beamten und Behörden, vor welchen die Ausübung jener Rechte stattfindet, zum Vollzug kommen können, und nach §. 3. Num. 2. der Verordnung vom 9. Juni 1819, §. 2. Buchst. b. der Verordnung vom 28. März 1811 derartige Bekanntmachungen, statt durch Cirkulare, vermittelst der Amtsblätter geschehen sollen, so wird genehmigt und bestimmt, daß auch fernerhin diese Art der Bekanntmachung jener Urtheile stattfinden soll.

Diese in tabellarische Form zu redigirende Bekanntmachung, in welcher das Vergehen, wegen dessen die Verurtheilung erfolgt, **nicht** anzugeben ist, haben Ew. Hochwohlgeboren am 1. Januar und 1. Juli jedes Jahres in Bezug auf alle in dem abgelaufenen halben Jahre rechtskräftig abgeurtheilten Fälle der korrektionellen Verlustig-Erklärung staatsbürgerlicher Rechte zu veranlassen und darin die Namen und Vornamen, Alter, Gewerbe und Wohnort der Verurtheilten, Tag des Urtheils, Dauer der Verlustigung, sowie den Tag, an welchem sie endigt, und endlich, ob die Verlustig-Erklärung in Bezug auf alle im Art. 42. des Strafgesetzbuches erwähnten Rechte, oder in Bezug auf welche sie erfolgt ist, anzugeben.

Zugleich sind in den Sekretariaten der Landgerichte, der Friedensgerichte und von den Notarien und Gerichtsvollziehern Verzeichnisse anzulegen und in ihren Geschäftslokalen anzuheften, in welche der Inhalt der erwähnten Bekanntmachungen einzutragen ist und welcher beim Wechsel der Beamten dem Dienstnachfolger mit übergeben werden müssen.

Ew. Hochwohlgeboren haben hiervon den Landgerichten, Friedensgerichten, Notarien und Gerichtsvollziehern Mittheilung zu machen, und namentlich Sie, der Herr Ober-Prokurator, bei den von Ihnen zu veranstaltenden Visitationen darauf zu achten, daß die Verzeichnisse gehörig nachgetragen werden und vollständig vorhanden sind.

Berlin den 31. März 1843.

Der Justiz-Minister
Mühler.

An
den Königlichen Herrn Landgerichts-Präsidenten und den Herrn Ober-Prokurator Hochwohlgeboren zu Köln, Kleve, Koblenz, Düsseldorf, Elberfeld, Aachen, Trier, Saarbrücken.
I. 921. Rh. Krim. 8. Vol. 2.

72.

Verfügung vom 9. April 1843, — die Vernichtung des bei den rheinischen Gerichten verbrauchten Stempelpapiers betreffend.

Ew. Hochwohlgeboren erhalten hierbei Abschrift der von dem Herrn Finanz-Minister an den dortigen Provinzial-Steuer-Direktor unterm 30 v. Mts. erlassenen Verfügung, die Vernichtung des bei den rheinischen Gerichten verbrauchten Stempelpapiers betreffend, um danach die Ober-Prokuratoren mit Anweisung zu versehen.

Berlin den 9. April 1843.

Das Justiz-Ministerium
Ruppenthal.

An
den Königlichen General-Prokurator Herrn Berghaus Hochwohlgeboren zu Köln.
I. 1350. Rh. Gen. 62. Vol. 6.

Beilage.

Ew. Hochwohlgeboren werden auf Ihren Bericht vom 25. Januar d. J. benachrichtigt, daß in Uebereinkunft mit des Herrn Justiz-Ministers Mühler Excellenz fernerhin die Aufbewahrung des Stempelpapiers zu den Verhandlungen der rheinischen Gerichtshöfe, unter vorausgesetzter vorgängiger Revision derselben, durch die betreffenden Stempelfiskäle, vom Tage der Kassirung des Stempelpapiers angerechnet, nur sechs Jahre lang dauern, demnächst aber selbiges in der von Ihnen in Vorschlag gebrachten Art, ohne daß jedoch die Anfertigung von Verzeichnissen darüber erforderlich sein soll, vernichtet werden darf.

Demgemäß werden Ew. Hochwohlgeboren veranlaßt, anzuordnen, daß die von den Gerichtsstellen an die Hauptämter abzuliefernden, mit dem Kassations-Vermerk versehenen Stempelbogen nach Abtrennung deren anderer Hälfte, insofern selbige noch nutzbar befunden wird, zum Verstampfen in einer Papiermühle verkauft werden.

Berlin den 30. März 1843.

Der Finanz-Minister
v. Bodelschwingh.

An
den Königlichen Provinzial-Steuer-Direktor Herrn Geh. Ober-Finanzrath Helmentag Hochwohlgeboren zu
Köln.

73.

Allerhöchster Kabinets-Befehl vom 23. März 1843, — über die Begleitung eines Missethäters zum Richtplatz durch einen Seelsorger.

(Allerhöchster Kabinets-Befehl vom 19. Dezember 1842, Justiz-Ministerial-Blatt für 1843 S. 2.)

Ich will auf Ihren Bericht vom 28. v. M. die gegen den N. erkannte Todesstrafe des Rades in die des Beiles verwandeln und das danach anzufertigende Konfirmations-Reskript zu Meiner Vollziehung vorgelegt erwarten. Zugleich genehmige Ich, daß Sie dem Verurtheilten die Begleitung zur Richtstätte, wenn er und der Seelsorger noch darauf antragen sollten, gestatten, und bestimme in Gefolge Meiner Ordre vom 19. Dezember v. J. auch im Allgemeinen, daß Sie bei Einreichung von Todesurteln Meine Genehmigung einholen dürfen, dem Verurtheilten, wenn er erst nach der Bestätigung des Urtels, in Uebereinstimmung mit dem Seelsorger, die Begleitung zur Richtstätte beantragen sollte, solche zuzugestehen. — Ueberdies haben Sie die Gerichte anzuweisen, bei Einreichung des Todesurtels zweiter Instanz, auch wenn die Begleitung zur Richtstätte nicht beantragt ist, sich über die Würdigkeit des Verurtheilten dazu, nach vorgängiger Rücksprache mit dem Seelsorger, gutachtlich zu äußern.

Berlin den 23. März 1843.

Friedrich Wilhelm.

An
den Staats- und Justiz-Minister
Mühler.

Die vorstehende Allerhöchste Ordre wird sämmtlichen Gerichtsbehörden, sowie dem Herrn General-Prokurator und den Herren Ober-Prokuratoren in der Rheinprovinz bekannt gemacht und werden dieselben hierdurch angewiesen, sich nach diesen Allerhöchsten Bestimmungen bei Einreichung von Todesurteln zweiter Instanz zur Allerhöchsten Bestätigung zu achten.

Berlin den 9. April 1843.

Der Justiz-Minister
Mühler.

I. 1233. Krim. 9. Vol. 2.

74.

Allgemeine Verfügung vom 15. April 1843, — betreffend die Belassung oder theilweise Einziehung des Gehaltes bei Beurlaubung der Justizbeamten und die Genehmigung deren Vertretung aus Staatsfonds.

Durch die Allerhöchste Ordre vom 28. März 1808 wurde bestimmt:

daß die Hof-, Militair- und Civil-Beamten bei Reisen mit Urlaub über Vier Wochen nur die Hälfte ihres Gehalts erhalten sollen.

Ausnahmen hiervon sollen nur dann eintreten:

1. Wenn der Urlaub für eine Reise ins Bad zur Wiederherstellung der Gesundheit eines Beamten nachgesucht, das letztere durch gehörig qualifizirte ärztliche Atteste nachgewiesen und in diesen zugleich die Zeit der unumgänglich nothwendigen Abwesenheit ausgedrückt wird (Allerhöchste Kabinets-Ordre v. 27. Juli 1810); wobei zugleich die Allerhöchste Kabinets-Ordre vom 7. Dezember 1799 zu berücksichtigen bleibt, nach welcher bei dem beabsichtigten Besuch ausländischer Bäder und Gesundbrunnen ärztlich attestirt werden muß, daß solche zur Wiederherstellung der Gesundheit des betreffenden Beamten nothwendig, und daß ein einheimisches Bad nicht eben so geschickt dazu sei.

Durch eine an das Königliche Staats-Ministerium am 16. Januar d. J. erlassene Allerhöchste Ordre ist jedoch ferner genehmigt worden:

daß den an ihrer Gesundheit leidenden Beamten nicht nur behufs des Gebrauchs von Heilbädern, sondern auch in den Fällen, wenn sie zu Brunnenkuren, zum Bestehen von chirurgischen Operationen, zur Erlangung der im Wohnorte fehlenden ärztlichen Hülfe und bei ähnlichen Veranlassungen auf längere Zeit als vier Wochen beurlaubt werden, die volle Besoldung während der ganzen Dauer des Urlaubs belassen werden kann, sobald die Nothwendigkeit des letztern durch glaubwürdige ärztliche Zeugnisse nachgewiesen wird.

2. Außerdem ist durch eine Allerhöchste Kabinets-Ordre vom 23. Februar 1833 gestattet worden:

denjenigen Beamten, welche in so großer Entfernung von ihrer Heimath angestellt sind, daß sie zu einer Reise dorthin mit einem blos vierwöchentlichen Urlaub nicht füglich ausreichen können, in Fällen, wo eine genügende Veranlassung zur Reise vorhanden ist, auch ein längerer Urlaub bis zu zwei Monaten ohne Verkürzung des Gehalts zu bewilligen.

Die Vertretung des beurlaubten Beamten muß in der Regel und so weit dies nach den Einrichtungen und nach dem Umfange der Geschäfte der betreffenden Gerichte zulässig ist, besonders in den Fällen, wenn die beurlaubten Beamten ihr volles Gehalt fortbeziehen, durch die übrigen Beamten der Gerichte erfolgen.

Die in einzelnen Fällen nicht zu vermeidenden Vertretungskosten können jedoch nach einem hierüber am 15. März d. J. abgefaßten Beschluß des Königlichen Staats-Ministerium's nicht den beurlaubten Beamten, welche ihr volles Gehalt fortbeziehen, zur Last gestellt werden, sondern sind auf die dazu bestimmten Fonds anzuweisen. Dies darf jedoch nur mit Genehmigung des Verwaltungs-Chefs geschehen.

Indem der Justiz-Minister diese Allerhöchsten Bestimmungen und Staats-Ministerial-Beschlüsse durch besonderen Abdruck zur nähern Kenntniß und genauen Nachachtung der sämmtlichen Gerichtsbehörden bringt, werden die Königlichen Obergerichte besonders angewiesen:

in allen Fällen, in welchen die Vertretung beurlaubter Justizbeamten ganz oder theilweise für Rechnung der Salarien-Kassen erfolgen soll, darüber und insbesondere über die Nothwendigkeit der Zuordnung besonderer aus Staats-Kassen zu remunerirender Stellvertreter, zunächst an den Justiz-Minister zu berichten und dessen weitere Entscheidung abzuwarten.

Nur bei wirklicher Gefahr im Verzuge kann eine vorläufige Verfügung von Seiten der Obergerichte, mit Vorbehalt der nachträglich einzuholenden Genehmigung des Justiz-Ministers erlassen werden.

Auch sind bei Beurlaubungen in Krankheitsfällen die erforderlichen ärztlichen Atteste von dem betreffenden Kreisphysikus entweder selbst auszustellen oder doch besonders zu bescheinigen.

Berlin den 15. April 1843.

Der Justiz-Minister
Mühler.

An
sämmtliche Gerichtsbehörden.
I. 1144. U. 26. Vol. 2.

Beilagen.

A.

Seine Königliche Majestät von Preußen u. s. w. haben wahrgenommen, daß das seit verschiedenen Jahren zur Mode gewordene Besuchen fremder Bäder und Gesundbrunnen auch unter den Offizianten immer mehr und mehr einreißt. Allerhöchstdieselben sind nun zwar weit davon entfernt, denjenigen, welche dieser Heilmittel zur Wiederherstellung ihrer Gesundheit wirklich bedürfen, solche zu versagen, dagegen aber ist es Seiner Majestät ernstlicher Wille, daß dem steigenden Mißbrauche derselben zu Nebenabsichten, worunter der Staat überhaupt und der Dienst insbesondere leidet, Einhalt geschehe. Zu dem Ende befehlen Sie, daß hinfüro keinem Offizianten die Erlaubniß ertheilt werden soll, ein fremdes Bad oder fremden Gesundbrunnen zu besuchen, der nicht von einem approbirten Arzte ein glaubwürdiges Zeugniß beibringt, daß solches zur Wiederherstellung seiner Gesundheit nothwendig und daß ein einheimisches Bad nicht eben so geschickt dazu sei. Sämmtliche Etats-Ministers und Departements-Chefs sollen die ihnen untergeordneten Offizianten in vorkommenden Fällen hiernach bescheiden, der Etats-Minister Graf von der Schulenburg, als Chef des Medizinal-Departements, aber soll durch das Ober-Collegium medicum und Sanitatis sämmtliche Aerzte von den Eigenschaften nnd Wirkungen der einheimischen Bäder und Gesundbrunnen unterrichten, und dieselben anweisen lassen, ihren Patienten den Gebrauch derselben in dazu sich eignenden Fällen vorzüglich zu empfehlen, besonders aber die für die Offizianten vorgeschriebenen Atteste auf den Grund des obigen Unterrichts gewissenhaft nur dann auszustellen, wenn sie ihrer pflichtmäßigen Ueberzeugung nach von dem Gebrauche einheimischer Heilungsanstalten sich nicht die gehörige Wirkung versprechen können.

Berlin den 7. Dezember 1799.

Friedrich Wilhelm.

An
das Etats-Ministerium.

B.

Mein lieber Kanzler Freiherr von Schrötter! Für das Militair ist der Grundsatz angenommen, daß bei Beurlaubungen auf längere Zeit als vier Wochen, denjenigen Offiziers, die auf Urlaub gehen, während desselben nur die Hälfte ihres ganzen Gehalts gewährt wird, insofern sie sich nicht selbst in der Lage befinden, auf den vollen Betrag Verzicht leisten zu können. Dieser Grundsatz soll auch bei allen Hof-, Militair- und Civilbeamten, die Urlaub nehmen, vom 1. April dieses Jahres in Anwendung kommen, und zwar so, daß der temporell angeordnete Prozent-Abzug nicht stattfindet, sobald jene Beschränkung eintritt. Ihr habt hiernach nicht nur in Absicht des Euch anvertrauten interimistischen Justiz-Departements, bei eintretenden Beurlaubungen zu verfahren, sondern auch das Nöthige dieserhalb an die demselben untergeordneten Justiz-Collegia zu verfügen. Ich bin Euer wohlaffectionirter König.

Königsberg den 28. März 1808.

Friedrich Wilhelm.

An
den Kanzler Freiherrn v. Schröter.

C.

Meine lieben Staats-Minister Graf zu Dohna und von Kircheisen; Meine lieben Geheimen Staatsräthe Sack, Labaye, Stägemann und v. Oelsen. Von Meiner am 28. März 1808 erfolgten Anordnung, daß die Hof-, Militair- und Civilbeamten bei Reisen mit Urlaub über vier Wochen nur die Hälfte ihres Gehalts erhalten sollen, will Ich auf Euern Bericht vom 3. d. M. in den Fällen eine Ausnahme gestatten, wenn der Urlaub für eine Reise ins Bad, zur Wiederherstellung der Gesundheit nachgesucht, das Letztere durch gehörig qualifizirte ärztliche Atteste nachgewiesen, und in diesen zugleich die Zeit der unumgänglich nothwendigen Abwesenheit ausgedrückt wird. Ihr habt Euch hiernach zu achten und Ich verbleibe Euer wohlaffectionirter König.

Charlottenburg den 27. Juli 1810.

Friedrich Wilhelm.

An
die Staats-Minister Grafen zu Dohna und v. Kircheisen, den Geheimen Staatsrath Sack nnd die Immediat-Finanz-Kommission.

D.

Ich genehmige auf Ihren Bericht vom 1. d. M., daß dem Regierungsrath S. in N. für die achtwöchentliche Urlaubszeit zu einer Reise nach Magdeburg und der Altmark wegen der großen Entfernung, ausnahmsweise das volle Gehalt belassen werde, und will Sie zugleich im Allgemeinen autorisiren, bei allen denjenigen Beamten, die in so großer Entfernung von ihrer Heimath stationirt sind, daß sie zu einer Reise dorthin mit einem bloß vierwöchentlichen Urlaube nicht füglich ausreichen können, in Fällen, wo eine genügende Veranlassung zur Reise vorhanden ist, allenfalls auch einen längern Urlaub bis zu zwei Monaten ohne Verkürzung des Gehalts zu bewilligen.

Berlin den 23. Februar 1833.

Friedrich Wilhelm.

An
die Staats-Minister v. Schuckmann,
Maaßen und Frhr. v. Brenn.

E.

Ich genehmige auf den Antrag des Staats-Ministeriums vom 31. v. Mts., daß den an ihrer Gesundheit leidenden Beamten nicht nur Behufs des Gebrauchs von Heilbädern, sondern auch in den Fällen, wo sie zu Brunnen-Kuren, zum Bestehen von chirurgischen Operationen, zur Erlangung der im Wohnorte fehlenden zureichenden ärztlichen Hülfe und bei ähnlichen Veranlassungen auf längere Zeit als vier Wochen beurlaubt werden, die volle Besoldung während der ganzen Dauer des Urlaubs belassen werden kann, sobald die Nothwendigkeit des letzteren durch glaubwürdige ärztliche Zeugnisse nachgewiesen wird.

Berlin den 16. Januar 1843.

Friedrich Wilhelm.

An
das Staats-Ministerium.

F.

Staats-Ministerial-Beschluß.

Zur Beseitigung des Zweifels, welcher sich darüber erhoben hat,

wie es mit den Vertretungskosten gehalten werden soll, welche durch Beurlaubungen solcher Beamten zuweilen entstehen, die nicht von Andern kostenfrei übertragen werden können,

beschließt das Königliche Staats-Ministerium in Erwägung der dafür sprechenden Gründe, daß bei allen in den Umständen gerechtfertigten Beurlaubungen, welche auf den Grund der Allerhöchsten Kabinets-Ordres vom 28. März 1808, 27. Juli 1810,

23. Februar 1833 und 16. Januar d. J. unter Belassung des ganzen Gehalts ertheilt werden, also bei Beurlaubungen

a. bis vier Wochen, und ausnahmsweise bei größerer Entfernung des Heimathsortes vom amtlichen Wohnorte, bis zur Dauer von zwei Monaten;

b. zur Wiederherstellung der Gesundheit, ohne Beschränkung auf eine bestimmte Zeitfrist,

die unvermeidlichen Vertretungskosten den zu beurlaubenden Beamten nicht zur Last fallen, vielmehr auf die betreffenden Fonds anzuweisen sind. Dies darf jedoch nur mit Genehmigung der vorgesetzten Ministerien geschehen, an welche deshalb in vorkommenden Fällen zu berichten ist.

Von diesem Beschlusse, sowie von der darin allegirten Allerhöchsten Kabinets-Ordre vom 16. Januar d. J. erhält jedes Ministerium beglaubigte Abschrift, um danach das Nöthige zu veranlassen.

Berlin den 15. März 1843.

Königliches Staats-Ministerium.

75.

Allgemeine Verfügung vom 24. April 1843, — betreffend den zu Alimentations-Erkenntnissen, die zwischen Eheleuten in oder außer dem Ehescheidungsprozesse ergehen, zu verwendenden Stempel.

(Stempel-Tarif vom 7. März 1822 unter dem Worte: „Ehescheidungs-Erkenntnisse"; Allerhöchste Kabinets-Ordre vom 16. Mai 1828, Gesetz-Sammlung S. 71.)

Nachstehende Verfügung des Herrn Finanz-Ministers vom 4. d. M. wird sämmtlichen Gerichtsbehörden zur Nachricht und Nachachtung bekannt gemacht.

Berlin den 24. April 1843.

Der Justiz-Minister
Mühler.

An
sämmtliche Gerichtsbehörden.

I. 1485. Steuersachen 15. Vol. 3.

Ew. Hochwohlgeboren werden bei Rücksendung der Anlagen Ihres Berichts vom 12. November v. J. in Beziehung auf die Stempel-Revision der Registratur des dortigen Königlichen Landgerichts aus dem Jahre 1841 angewiesen, die Monita 1, 2, 6 und 17 auf sich beruhen zu lassen und von den Defekten abzustehen.

Denn was die Monita 1, 2 und 17 anlangt, so darf dabei die Stempelposition: „Ehescheidungs-Erkenntnisse" nicht außer Berücksichtigung bleiben, welche anordnet, daß wenn darin auf eine Strafe oder Abfindung erkannt wird, davon neben dem Stempel zum Ehescheidungs-Erkenntnisse der Erbschaftsstempel nach der Tarifposition „Erbschaften" erhoben werden soll.

Hiernach ist, gleichviel ob die Abfindung in Kapital-Vermögen oder Alimenten bestanden hat, von solchen Beträgen kein Erkenntniß-, sondern der Erbschaftsstempel zu entrichten gewesen. Den letztern hat die Allerhöchste Kabinets-Ordre vom 16. Mai 1828 allgemein aufgehoben, ohne eine andere Stempelabgabe an dessen Stelle zu setzen. Es kann daher nicht für zulässig erachtet werden, neben dem Stempel zum Ehescheidungs-Erkenntniß noch einen Prozeßwerthstempel von einer als Abfindung eingeklagten Alimenten-Forderung zu erheben. Beim Monitum 6 ist zwar von einem eigentlichen Ehescheidungs-Prozeß nicht die Rede, sondern nur von der Feststellung der Alimente der Ehefrau während der freiwilligen Trennung der Eheleute und des Aufenthalts der Ehefrau außer dem Hause des Ehemanns. Allein auch in diesem Falle kann statt des Prozeßwerthstempels nach Maaßgabe des Betrages der in lite befangenen Alimentenforderung nur ein Stempel von 15 Sgr. eintreten, indem des Königs Majestät Sich in einer Allerhöchsten Kabinets-Ordre vom 3. März 1828 dahin ausgesprochen haben, daß sowie die im Hause zu empfangenden Alimente nicht besteuert seien, also auch die nach der Scheidung außer dem Hause in Gelde zu prästirende Unterhaltung des geschiedenen Ehegatten nicht besteuert werden dürfe, da sie nur die vor der Trennung in natura empfangenen Alimente vertrete.

Berlin den 4. April 1843.

Der Finanz-Minister
v. Bodelschwingh.

An
den Königl. Geheimen Ober-Finanzrath
und Provinzial-Steuer-Direktor Herrn
Helmentag Hochwohlgeboren zu Köln.

76.

Gesetz vom 4. Mai 1843 über das Wiederinkurssetzen der unter öffentlicher Autorität auf jeden Inhaber ausgefertigten Papiere.

Wir Friedrich Wilhelm, von Gottes Gnaden, König von Preußen rc.

verordnen zur Beseitigung der Zweifel, welche über die Befugniß öffentlicher Behörden zum Wiederinkurssetzen der unter öffentlicher Autorität auf jeden Inhaber ausgefertigten Papiere entstanden sind, und zur Feststellung des bei dem Wiederinkurssetzen zu beobachtenden Verfahrens, auf den Antrag Unseres Staats-Ministeriums und nach erfordertem Gutachten Unseres Staatsraths für den ganzen Umfang der Monarchie was folgt:

§. 1.

Hat eine öffentliche Behörde ein unter öffentlicher Autorität auf jeden Inhaber ausgefertigtes Papier für sich außer Kurs gesetzt, so kann dasselbe sowohl von ihr selbst, als auch von der ihr vorgesetzten Behörde wieder in Kurs gesetzt werden.

§. 2.

Ist eine öffentliche Behörde an die Stelle einer andern getreten, so kann sie die von dieser außer Kurs gesetzten Papiere wieder in Kurs setzen.

§. 3.

Außer den Fällen der §§. 1. und 2. findet das Wiederinkurssetzen nur durch einen gerichtlichen Vermerk statt, nach vorgängiger Prüfung der Legitimation dessen, welcher die Aufhebung der Außerkurssetzung verlangt.

Im Bezirke des Appellationsgerichtshofes zu Köln soll die Befugniß zum Wiederinkurssetzen den Friedensrichtern zustehen.

In Beziehung auf die Befugniß der Institute zum Wiederinkurssetzen der von ihnen ausgefertigten Papiere verbleibt es bei den bestehenden Vorschriften.

§. 4.

Der Wiederinkurssetzungs-Vermerk muß, wenn eine Behörde, ein Gericht oder ein Institut den eigenen Vermerk aufhebt, die Worte:

„Wieder in Kurs gesetzt"

enthalten.

Hebt eine Behörde den Außerkurssetzungs-Vermerk einer andern Behörde, an deren Stelle sie getreten ist, wieder auf (§. 2.), so hat sie bei ihrer Unterschrift zu bemerken, daß sie an deren Stelle getreten ist.

Soll der Vermerk einer Privatperson aufgehoben werden, so ist dies durch die Worte:

„Wieder in Kurs gesetzt durch N. N."

auszudrücken.

Geschieht dies für einen anderen, als denjenigen, welcher das Papier außer Kurs gesetzt hat, so ist dessen Legitimation in dem Vermerke — jedoch ohne umständliche Anführungen oder Bezugnahmen — anzudeuten, z. B.

„Wieder in Kurs gesetzt von den Erben des N. N."

Außerdem ist in allen Fällen das vollständige Datum, die Unterschrift und das in schwarzer Farbe auszudrückende Siegel der Behörde (§§. 1. und 2.), des Gerichts oder Instituts (§. 3.) dem Vermerke beizufügen.

Urkundlich unter Unserer Höchsteigenhändigen Unterschrift und beigedrucktem Königlichen Insiegel.

Berlin den 4. Mai 1843.

(L. S.) Friedrich Wilhelm.

v. Müffling, v. Rochow, Mühler, Rother, v. Savigny.

Beglaubigt für den Staatssekretair:
Bornemann.

I. 2114. S. 13. Vol. 4.

77.

Verordnung vom 11. Mai 1843, — die Kompetenz der Friedensgerichte in der Rheinprovinz betreffend.

Wir Friedrich Wilhelm, von Gottes Gnaden, König von Preußen 2c.

haben auf den Antrag Unserer getreuen Stände der Rheinprovinz die Vorschriften über die Kompetenz der Friedensgerichte einer Revision unterwerfen lassen, und verordnen nunmehr auf den Bericht des Staats-Ministeriums und nach erfordertem Gutachten einer aus Mitgliedern des Staatsraths ernannten Kommission für den Bezirk des Appellationsgerichtshofes zu Köln, was folgt:

§. 1.

Die im §. 1. der Verordnung vom 7. Juni 1821 bestimmte Summe, bis zu deren Höhe die Friedensgerichte in bloß persönlichen und Mobiliarsachen mit Zulassung der Appellation zu erkennen befugt sind, wird von 300 Thlr. auf 100 Thlr. herabgesetzt.

§. 2.

Die Friedensgerichte erkennen fortan, wenn ein schriftlicher Miethsvertrag vorliegt, auf die Räumung gemietheter Häuser oder Wohnungen, so fern die Klage auf die Nichtzahlung des Miethszinses oder auf den Ablauf der Miethszeit gegründet wird und der jährliche Miethszins die Summe von Fünfzig Thalern nicht übersteigt, wogegen ihre Kompetenz bei dem Vorhandensein eines nur mündlich abgeschlossenen Miethsvertrages unbeschränkt ist.

Sind in einem und demselben Vertrage ein Haus oder eine Wohnung und andere Grundstücke zur Benutzung überlassen worden, so gehört die Räumungsklage nur dann vor das Friedensgericht, wenn das Haus oder die Wohnung als Hauptgegenstand des Vertrages anzusehen ist.

§. 3.

Lassen sich Partheien über eine Sache, die ihrer Natur nach zur Kompetenz der Handelsgerichte gehört, bei dem Friedensgerichte ein, so finden gegen das ergangene Erkenntniß eben die Rechtsmittel wie gegen andere Erkenntnisse der Friedensgerichte statt. Auf den in Handelssachen sonst zulässigen Personal-Arrest kann jedoch in diesem Falle von dem Friedensgericht nicht erkannt werden.

§. 4.

Innerhalb ihrer Kompetenz und unter den im Artikel 472. der Civil-Prozeßordnung enthaltenen Beschränkungen sollen die Friedensgerichte künftig auch über den Einspruch erkennen, welcher gegen die, auf den Grund eines von ihnen erlassenen Erkenntnisses eingeleitete Mobiliar-Exekution von dem Verurtheilten erhoben wird.

§. 5.

Eben so steht den Friedensgerichten innerhalb der im §. 1. gegenwärtiger Verordnung festgesetzten Kompetenz die Entscheidung über die Einsprüche gegen solche Mobiliarexekutionen zu, welche auf Grund von Notariats-Akten oder zur Beitreibung der durch Urtheile der Strafgerichte festgesetzten Civil-Entschädigungen eingeleitet worden sind.

§. 6.

Mit derselben Beschränkung hinsichtlich der Kompetenz (§. 1.) erkennen die Friedensgerichte über die Ansprüche, welche von dritten Personen auf die bei dem Schuldner gepfändeten Mobiliargegenstände erhoben werden.

§. 7.

Die Friedensgerichte sind in den Fällen, welche sie für dringend erachten, befugt, auf Grund der Artikel 558, 819 und 826 der Civil-Prozeßordnung, die Ermächtigung zum Arrestschlage zu ertheilen.

Auch steht ihnen die Befugniß zu, über die Gültigkeit eines Arrestschlages zu erkennen, zu dem sie die Ermächtigung ertheilt haben, jedoch nur innerhalb der allgemeinen Bestimmungen (§. 1.) über die ihnen verliehene Kompetenz.

§. 8.

Als Polizeirichter haben die Friedensrichter, ohne Rücksicht auf das Maaß der gesetzlichen Strafe, über alle Kontraventionen zu erkennen, welche nach Inhalt der Gesetze polizeilich geahndet werden sollen, oder deren Strafe ausdrücklich als eine polizeiliche bezeichnet ist, insofern nicht in dem betreffenden Gesetze selbst ein anderes angeordnet worden.

§. 9.

Der §. 2. der Verordnung vom 7. Juni 1821 wird aufgehoben. Die Ladungen vor das Friedensgericht erfolgen künftig wieder nach den Vorschriften der Civil-Prozeßordnung.

§. 10.

Die Entscheidungen der Friedensrichter über possessorische, sowie über Räumungsklagen (§. 2.) sind ohne Ausnahme der Appellation unterworfen. Die Friedensrichter können jedoch die provisorische Vollstreckbarkeit ihrer, die Räumung eines Hauses oder einer Wohnung aussprechenden Urtheile, mit oder ohne Bürgschaftsbestellung verordnen.

§. 11.

Die Bestimmungen dieses Gesetzes finden keine Anwendung auf die zur Zeit der Publikation schon rechtshängigen Sachen.

§. 12.

Soweit die bisher bestandenen Gesetze durch die gegenwärtige Verordnung nicht abgeändert sind, bleiben dieselben in Kraft.

Urkundlich unter Unserer höchsteigenhändigen Unterschrift und beigedrucktem Königlichen Insiegel.

Gegeben Potsdam den 11. Mai 1843.

(L. S.) Friedrich Wilhelm.

Frhr. v. Müffling, Mühler, v. Savigny.
Beglaubigt für den Staats-Sekretair:
Bornemann.

I. 2209. Rh. Gen. 47. Vol. III.

78.

Verfügung vom 30. Mai 1843, — die Befugniß der Regierungen betreffend, in Sachen ihres Ressorts den Friedensrichtern Aufträge zu ertheilen.

Ew. Hochwohlgeboren erhalten auf den Bericht vom 28. Januar d. J., betreffend die Befugniß der Regierungen, in Sachen ihres Ressorts den Friedensrichtern Aufträge zu ertheilen, Abschrift der von den Herrn Ministern der Finanzen und des Innern an die Rheinischen Regierungen und den Provinzial-Steuer-Direktor daselbst unterm 17. d. M. erlassenen Verfügung zur Kenntnißnahme mit dem Bemerken, daß, da des Königs Majestät erst vor Kurzem zu entscheiden geruhet haben, daß die Befugniß der Regierungen, den Justiz-Unterbehörden direkt Aufträge im Sinne der Num. XII. b. der Regierungs-Instruktion vom 30. Dezember 1825 zu ertheilen, bestehen bleiben müsse, die Einrichtung nicht herbeizuführen, daß die Regierungen sich stets an den Landgerichts-Präsidenten wenden, damit durch diesen der Auftrag ertheilt werde.

Dagegen ist es Sache der Friedensrichter und ihnen besonders einzuschärfen, ohne direkte Requisition der Regierung auf bloßes Ansuchen der Landräthe keine Erledigung administrativer Angelegenheiten in Gemäßheit der angeführten Instruktion vom 30. Dezember 1825 zu bewirken und sodann streng darauf zu halten, daß die Kosten, welche namentlich bei administrativen Untersuchungen, die sie im Auftrage der Regierungen führen, nicht auf den Kriminalfond angewiesen werden, zu welchem Ende bei der Anweisung auf die Kreiskasse besonders bemerkt werden muß, daß die Kosten nicht jenem, sondern dem Fond der Verwaltung, welcher der Beamte angehört, zur Last fallen.

Berlin den 30. Mai 1843.

Das Justiz-Ministerium.
Ruppenthal.

An
den Königlichen Ober-Prokurator
Herrn Grundschöttel Hochwohlgeboren zu Köln.

I. 2229. Rh. Off. Sach. 110.

Beilage.

Von dem Herrn Justiz-Minister Mühler ist uns die Korrespondenz mitgetheilt worden, zu welcher die dem Friedensrichter zu N. aufgetragene Führung der gegen den Bürgermeister N. zu N. eingeleiteten Disciplinar-Untersuchung, zwischen der Königlichen Regierung und dem dortigen Ober-Prokurator Veranlassung gegeben hat.

Nach Einsicht derselben eröffnen wir der Königlichen Regierung, daß zwar Seitens des Justiz-Ministeriums wiederholt der Antrag gemacht wurde, die Regierungen anzuweisen, die Requisitionen an Gerichtsbeamte wegen Führung administrativer Untersuchungen oder Erledigung anderer Aufträge an die Landgerichts-Präsidenten und den Ober-Prokurator Behufs Kommittirung eines Justizbeamten zu richten, die Gewährung dieses Antrages aber diesseits abgelehnt werden mußte, weil wir uns nicht für ermächtigt halten konnten, das den Regierungen durch den §. 50. der Verordnung vom 26. Dezember 1808 und den Artikel XII. b. der Regierungs-Instruktion vom 30. Dezember 1825 beigelegte Recht, den Justiz-Unterbeamten Aufträge zu ertheilen, in irgend einer Weise zu beschränken.

Das oben erwähnte Recht ist indessen nur den Regierungen beigelegt; sie haben daher auch selbst die erforderlichen Requisitionen an die Friedensrichter zu machen, und darf den Landräthen oder sonstigen Unterbehörden die Beauftragung der Friedensrichter nicht überlassen werden.

Die Friedensrichter sind durchweg mit gerichtlichen Geschäften vollauf in Anspruch genommen; nur beim Mangel geeigneter administrativer Organe ist daher ihre Hülfe in Anspruch zu nehmen.

In administrativen Untersuchungen gegen Verwaltungs-Beamte ist namentlich die Vernehmung der beschuldigten Beamten ihnen nicht anzusinnen, wenn für das eingeleitete Verfahren nicht ausdrücklich die Zuziehung eines Justizbeamten gesetzlich vorgeschrieben ist. Wenn Aufträge den Friedensrichtern ertheilt werden, bedarf es übrigens denselben gegenüber keiner Aeußerung der Regierungen über die Gründe, welche dazu Veranlassung gegeben haben, den Auftrag mit Uebergehung der Organe der Verwaltung ihnen zu machen.

Die durch die Erledigung der den Friedensrichtern ertheilten Aufträge entstehenden Kosten dürfen dem Kriminalfond nicht zur Last bleiben. Sind daher Zeugen- oder Sachverständigen-Gebühren auf die Anweisung der beauftragten Friedensrichter aus den mit der Erhebung und Zahlung der Kriminalkosten beauftragten Kassen gezahlt worden, so sind nach Eingang der Verhandlungen diese aus den, den Regierungen zur Disposition stehenden geeigneten Fonds zu erstatten und aus diesen Fonds auch die Gebühren der Friedensrichter, Gerichtsschreiber und Gerichtsvollzieher und die sonstigen baaren Auslagen zu berichtigen.

Durch das von dem Herrn Justiz-Minister an die sämmtlichen Landgerichts-Präsidenten der Rheinprovinz erlassene Reskript vom 21. Juni 1837 (Leitner, VI. 239.) sind zwar diese angewiesen, auf Requisition der Regierung, die solche jedoch nur ausnahmsweise und wenn besonders erhebliche Gründe dafür sprechen, eintreten lassen werde, einen Richter-Kommissar zur Führung administrativer Untersuchungen zu ernennen; es bezieht sich dieses Reskript indeß einmal nur auf die wegen unfreiwilliger Dienstentlassung von Civilbeamten im administrativen Wege eingeleiteten Verfahren, und beruht sodann nur auf einem zwischen dem Herrn Justiz-Minister und dem dermaligen Chef der Domainen- und Forstverwaltung getroffenen Uebereinkommen, ist daher ausdrücklich auf die zum Ressort der Domainen- und Forstverwaltung gehörigen Beamten beschränkt;

auf andere Fälle finden die Bestimmungen jenes Reskriptes daher keine Anwendung.

Berlin den 17. Mai 1843.

Graf v. Arnim. Im Auftrage des Herrn Finanz-Ministers:
v. Berger.

An
die Königlichen Regierungen zu Köln, Aachen, Koblenz, Düsseldorf, Trier und den Herrn Provinzial Steuerdirektor Geheimen Ober-Finanzrath Helmentag zu Köln.

79.

Verfügung vom 13. Juni 1843, — betreffend die Amtstracht der als Vertreter des öffentlichen Ministeriums bei den Polizeigerichten im Bezirk des Appellationsgerichtshofes zu Köln fungirenden Bürgermeister.

Mit Bezug auf Ew. Hochwohlgeboren Jahresbericht vom 21. März d. J. wird dem darin enthaltenen Antrage gemäß, für den Bezirk des Appellationsgerichtshofes, auf den Grund des §. 49. der Instruktion vom 19. November 1818 gestattet, daß die als Vertreter des öffentlichen Ministeriums bei den Polizeigerichten fungirenden Bürgermeister in den Sitzungen in derselben Amtstracht erscheinen dürfen, wie solche für die Friedensrichter bestimmt ist, ohne daß ihnen jedoch eine diesfällige Verpflichtung hierdurch auferlegt wird.

Es wird Ihnen überlassen, die Ober-Prokuratoren hiervon in Kenntniß zu setzen.

Berlin den 13. Juni 1843.

Das Justiz-Ministerium
Ruppenthal.

An
den Königlichen General-Prokurator Herrn Berghaus Hochwohlgeboren zu Köln.

I. 2364. Rh. Off. Sachen 22.

80.

Verfügung vom 16. Juni 1843, — die Auslegung der Verordnung vom 5. Juli 1819 wegen Bestrafung schriftlicher Beleidigungen in den Provinzen, wo das französische Strafgesetzbuch vorläufig noch gesetzliche Kraft hat, betreffend.

(Gesetz-Sammlung S. 164; Strafgesetzbuch Art. 222—227, 367—375 und 377, 471 Num. 11, 474; Allg. Landrecht Thl. II. Tit. 20. §§. 612—614, 643 und 646.)

Die korrektionelle Kammer des dortigen Königlichen Landgerichts ist in der Untersuchungssache wider den N. in dem Urtheile vom 3. März d. J. von der Ansicht ausgegangen, daß in dem §. 1. der Verordnung vom 5. Juli 1819 (Gesetz-Samml. S. 164), nach welchem die Bestimmungen des Art. 223—227 einschließlich, desgleichen der Art. 471 Num. 11. und 474 des Strafgesetzbuchs auch auf schriftliche unter gleichen Umständen begangene Beleidigungen angewendet werden sollen, ein Druckfehler vorhanden sei und es statt Art. 223 — 227 heißen müsse: Art. 222—227. Diese Annahme ist unrichtig. Wie die legislativen Verhandlungen über die Verordnung vom 15. Juli 1819 ergeben, ist der Art. 222. in der Verordnung ausdrücklich ausgeschlossen, weil die an obrigkeitlichen Personen im Amte oder bei Gelegenheit desselben verübten Injurien durch gesprochene Worte zufolge des Art. 222 strenger geahndet werden, als die Injurien durch Gebehrden und Drohungen nach Art. 223, und die schriftlichen Injurien mit den Injurien durch Gebehrden und Drohungen, nicht auch den gesprochenen haben gleich gestellt werden sollen. Hierbei ging man von der Rücksicht aus:

1, daß nach den damals in der Rheinprovinz geltenden Gesetzen schriftliche Injurien, welche die in den Art. 367—375 und 377 bezeichnete Eigenschaft nicht haben, gar nicht bestraft werden, daher schon in dieser bisherigen Rechtsverfassung selbst ein Motiv liege, auf solche bis jetzt straflose Handlungen von zweien Gesetzen, welche Strafbestimmungen über Injurien enthalten, das mildere anwendbar zu erklären;

2, daß auf keine Weise das Maximum der Strafe des Allgemeinen Landrechts, welches in den diesseitigen Provinzen ausgereicht habe, zu überschreiten sei, und zwar um so weniger, als in dem betreffenden Falle das bisher in der Rheinprovinz geltende französische Recht gar keine Strafe verhänge, das Maximum der Strafe der schriftlichen Beleidigungen — wenn man von Pasquillen abstrahire, für welche auch das französische Recht eine größere Strafe angedrohet habe — aber nach dem Allgemeinen Landrecht Thl. II. Tit. 20. §§. 612—614, 643 u. 646 immer nur eine zweijährige Freiheitsstrafe sei, auf wie hoch auch das Maximum des Art. 223 sich erstrecke, während das Maximum des Art. 222 bis zu fünfjähriger Gefängnißstrafe gehe;

3, daß das Motiv, weshalb für gesprochene Injurien im Art. 222 ein größeres Maximum bestimmt worden, als für solche durch Gebehrden und Drohungen, wohl darin liege, weil bei der erstern ein doppelter Verschärfungsgrund verbunden eintreten könne, indem sie nämlich

a. nicht blos formelle Beleidigungen enthalten, sondern auch durch ihren Inhalt verletzen, und
b. weil ferner gesprochene Worte eine größere Verletzung der der Obrigkeit schuldigen Ehrerbietung mit sich führen können;

daß bei Injurien durch Gebehrden beide Verschärfungsgründe, bei denen durch Drohungen wenigstens jedenfalls der erstere wegfallen, und schriftliche Injurien zwar auch durch ihren Inhalt beleidigen könnten, dagegen der letztere Verschärfungsgrund nie bei ihnen eintreten könne.

Hiernach kann daraus, daß in dem durch die Verordnung vom 5. Juli 1819 auf die schriftlichen Injurien für anwendbar erklärten Artikel 226 die Art. 222, 223 und 225 allegirt worden, die Anwendbarkeit des Art. 222 auf schriftliche Injurien nicht gefolgert werden.

Ew. Hochwohlgeboren haben diese Verfügung zur Kenntniß des Königlichen Landgerichts zu bringen.

Berlin den 16. Juni 1843.

Das Justiz-Ministerium
Ruppenthal.

An
den Königlichen Landgerichts-Präsidenten Herrn Hoffmann und den Königlichen Ober-Prokurator Hrn. Wingender Hochwohlgeboren zu Elberfeld.

V. 1336. Rh. Krim. 52. Vol. 2.

81.

Allgemeine Verfügung vom 17. Juni 1843, — betreffend die Requisitionen an Gerichtsstellen in Ungarn und Siebenbürgen.

Nach einer Mittheilung des Königlichen Ministeriums der auswärtigen Angelegenheiten können Requisitionen an Gerichtsstellen in Ungarn und Siebenbürgen mit Rücksicht auf die in diesen Provinzen bestehenden besonderen Verhältnisse nur auf diplomatischem Wege befördert werden.

Die Gerichtsbehörden werden daher hierdurch angewiesen, dergleichen Requisitionen jedesmal dem Justiz-Minister Behufs der weiteren Kommunikation mit dem Königlichen Ministerium der auswärtigen Angelegenheiten einzusenden.

Berlin den 17. Juni 1843.

Der Justiz-Minister
Mühler.

An
sämmtliche Gerichtsbehörden.
I. 2637. Requis. 48. Vol. 2.

82.

Verfügung vom 22. Juni 1843, — das Strafverfahren gegen beurlaubte Landwehrmänner in der Rheinprovinz betreffend.

(Allerh. Kabinets-Ordres vom 22. Februar 1823 und 26. August 1825, Gesetz-Sammlung für 1823 S. 28 und für 1825 S. 192.)

Seine Excellenz der wirkliche Geheime Staats- und Kriegs-Minister von Boyen theilt mir unterm 20. v. M. das Urtheil das Zuchtpolizeigerichts zu Köln vom 17. Januar d. J. mit, wodurch der Landwehr-Unteroffizier N. wegen Mißhandlung mit Vorbedacht zu viermonatlicher Gefängnißstrafe verurtheilt, dann vom Unteroffizier zum Gemeinen degradirt und für diese Degradation drei Monate von jener Gefängnißstrafe in Abzug gebracht worden sind, und äußerte dabei zugleich seine Meinung dahin, daß, da bei solchen Vergehen beurlaubter Landwehr-Unteroffiziere, die nicht zu den entehrenden gehören und nur mit Gefängniß bestraft werden, eine Degradation gesetzlich unzuläßig sei, auch das vorliegende Urtheil nicht gerechtfertigt erscheine. Ich kann diese Ansicht nur theilen.

In der Rheinprovinz ist das Strafverfahren gegen beurlaubte Landwehrmänner allein durch die Allerhöchste Ordre vom 22. Februar 1823 geordnet. Nach §. 4. derselben soll die Degradation nur eintreten:

1. wenn das Vergehen nach den Kriegs-Artikeln mit der Versetzung in die zweite Klasse des Soldatenstandes verbunden, oder
2. wenn es mit Festungs-Arbeit u. s. w. von 6 resp. 3 Monaten zu bestrafen ist.

Unter dem „u. s. w." der letzten Stelle kann, da die Festungs-Arbeit als Beispiel genannt ist, die Gefängnißstrafe nicht begriffen sein, sondern nur eine der Festungs-Arbeit gleich stehende Strafe, also eine Kriminalstrafe. Zu den Fällen zu 1. gehört, da nach der Allerh. Ordre vom 26. August 1825 die Versetzung in die zweite Klasse des Soldatenstandes allemal eintritt, wo die National-Kokarde und das Landwehrkreuz abzuerkennen sind, und dies nach der Allerhöchsten Ordre vom 30. September 1813 bei solchen Verbrechen und Vergehen, welche einen Mangel an patriotischer und ehrliebender Gesinnung anzeigen, statt finden soll, auch der Fall dieser letztern Art von Vergehen.

Es ist mithin in der Rheinprovinz auf Degradation beim Vorhandensein der betreffenden Charge zu erkennen.

1. bei Verbrechen ohne Unterschied,
2. bei Vergehen, wenn sie mit Versetzung in die zweite Klasse des Soldatenstandes nach den Kriegsartikeln bedroht sind, oder Mangel an patriotischer und ehrliebender Gesinnung verrathen, und deshalb Verlust der National-Kokarde eintreten muß.

Da nun das korrektionelle Vergehen der Mißhandlung mit Vorbedacht zu keinem der in Num. 2. begriffenen Fälle gehörte, so hätte auf Degradation nicht erkannt werden dürfen.

Ew. Hochwohlgeboren werden demnach angewiesen, in Zukunft, obiger Ausführung gemäß, Ihre Anträge zu nehmen, und im Falle die Gerichte denselben zu deferiren Bedenken tragen sollten, dagegen die geeigneten Rechtsmittel zu ergreifen.

Berlin den 22. Juni 1843.

Der Justiz-Minister
Mühler.

An
den Königlichen Ober-Prokurator
Herrn Grundschöttel Hochwohlgeboren zu Köln.

I. 3391. Rhein. Krim. 82.

83.

Regulativ vom 4. Juli 1843, — über die Errichtung und Verwaltung des Fabrikengerichts zu Burscheid im Kreise Solingen.

§. 1.

Auf den Grund des für das Herzogthum Berg geltenden Dekrets vom 17. Dezember 1811 soll ein Fabrikengericht in der Gemeinde Burscheid, Kreises Solingen, errichtet werden, dessen Wirksamkeit auf sämmtliche Fabrikationszweige und Handwerke, welche in den Gemeinden Burscheid, Schlebusch und Leichlingen, Kreises Solingen, betrieben werden, und auf alle im ganzen Umfang der gedachten Gemeinden ansässige Fabrikanten und Handwerker, so wie sie auf die von denselben beschäftigten Aufseher, Arbeiter und Lehrlinge, wenn solche auch außerhalb des Gerichtsbezirks ihren Wohnsitz haben, sich erstreckt.

§. 2.

Es sollen zwei Vergleichskammern, zu Burscheid und Leichlingen gebildet werden; dem Bezirke der Vergleichskammer zu Burscheid wird die Gemeinde Schlebusch einverleibt.

§. 3.

Das Fabrikengericht besteht aus fünf Mitgliedern und zwar aus drei Fabrik-Kaufleuten und zwei Mitgliedern aus der Klasse der Werkmeister, Fabrik-Arbeiter und Handwerker, welche mindestens Drei Thaler Klassensteuer zahlen und die, durch das Dekret vom 17. Dezember 1811 vorgeschriebenen Eigenschaften haben. Sie werden nach den bestehenden gesetzlichen Vorschriften, so wie sie im Dekret vom 17. Dezember 1811 enthalten sind, gewählt und von der Regierung zu Düsseldorf bestätigt, mit der Maaßgabe, daß

A. aus dem Bezirke der Vergleichskammer zu Leichlingen zwei Mitglieder, nämlich ein Fabrik-Kaufmann und ein Werkmeister, Fabrikarbeiter oder Handwerker;

B. aus dem Bezirke der Vergleichskammer zu Burscheid drei Mitglieder, nämlich zwei Fabrik-Kaufleute und ein Werkmeister, Fabrikarbeiter oder Handwerker

erwählt werden müssen.

§. 4.

Die Mitglieder des Fabrikengerichts bilden zugleich die Vergleichskammern, dergestalt, daß die aus jedem einzelnen Bezirk erwählten Mitglieder die Verrichtungen der Vergleichskammer für diesen Bezirk zu versehen haben. Bei der Vergleichskammer zu Burscheid treten die beiden Fabrik-Kaufleute vierteljährlich abwechselnd in Funktion.

§. 5.

Außer den ordentlichen Mitgliedern werden 5 Stellvertreter und zwar aus den nämlichen Klassen und in der nämlichen Anzahl, wie die ordentlichen Mitglieder, gewählt nnd bestätigt.

Für die Wählbarkeit der Stellvertreter gelten die für die Mitglieder vorgeschriebenen Bedingungen.

§. 6.

Die Wahl der Mitglieder und Stellvertreter geschieht in jedem der zwei Bezirke (§. 2.) besonders, dergestalt, daß die daraus zu wählende Anzahl (§§. 3. und 5.) von den, jedem einzelnen Bezirke angehörigen Stimmberechtigten gewählt wird.

§. 7.

Alle diejenigen, welche nach §. 3. des gegenwärtigen Regulativs wählbar sind, sind zugleich stimmberechtigt.

§. 8.

Bei allen vorzunehmenden Wahlen, sowohl der Mitglieder als der Stellvertreter des Fabrikengerichts, fertigt der Kreislandrath auf Grund der von den Ortsbehörden zu erfordernden Nachweisung die Liste der Stimmenden an, welche ausschließlich zur Wahlversammlung zugelassen werden.

§. 9.

Damit die verschiedenen Fabrikationszweige und Handwerke in dem Fabrikengericht angemessen vertreten werden, wird Unser Minister des Handels die Gewerbeklassen, aus welchen die Mitglieder desselben und deren Stellvertreter zu wählen sind, sowie die Zahl der aus jeder Klasse zu wählenden Mitglieder bei der ersten Wahl auf den Vorschlag der Regierung zu Düsseldorf, und später auf den Vorschlag des Fabrikengerichts von drei zu drei Jahren bestimmen.

§. 10.

Jeder Stimmberechtigte kann nur in Person und nicht durch einen Bevollmächtigten bei der Wahl, bei welcher der Landrath des Kreises den Vorsitz führt, mitwirken.

§. 11.

Jeder Stimmberechtigte hat die Befugniß, einen Kandidaten in Vorschlag zu bringen. Der von dem Vorsitzer zu bestellende Protokollführer trägt diese Vorschläge in ein Verzeichniß zusammen, welches zur Einsicht der Anwesenden vor der Wahl auf den Tisch des Wahlvorstandes niedergelegt wird.

§. 12.

Die Wahl wird sodann von den anwesenden Stimmberechtigten durch Geheimstimmung auf Stimmzetteln nach absoluter Stimmenmehrheit vollzogen.

§. 13.

Ergiebt die Wahl nicht für alle zu besetzende Stellen eine absolute Stimmenmehrheit, so werden für jede noch zu besetzende Stelle die beiden Kandidaten, welche die meisten Stimmen erhalten haben, zur neuen Wahl gebracht, so lange, bis sämmtliche Mitglieder und Stellvertreter mit absoluter Stimmenmehrheit gewählt sind.

§. 14.

Jeder Stimmberechtigte kann nur in demjenigen Wahlbezirk stimmen, in welchem er seinen Wohnsitz hat, wenn er auch in beiden Bezirken gewerbliche Anlagen besitzen möchte.

§. 15.

Nach erfolgter Bestätigung werden die Gewählten nach Vorschrift der Kabinets-Ordre vom 5. November 1833 mittelst

Ableistung des darin normirten Diensteides durch einen Kommissar der Regierung zu Düsseldorf, wozu der Landrath bestimmt werden kann, verpflichtet und in ihre Verrichtungen eingewiesen.

§. 16.

Ueber die Einsetzung des Fabrikengerichts wird eine Verhandlung aufgenommen und eine Ausfertigung derselben in der Kreis-Registratur hinterlegt, eine zweite an die Regierung zu Düsseldorf, eine dritte an das Landgericht daselbst und eine vierte an den General-Prokurator des Appellationsgerichtshofes zu Köln eingesandt.

§. 17.

Der von dem Fabrikengerichte in Gemäßheit des Dekrets vom 17. Dezember 1811 zu ernennende Sekretair muß zum Civil-Staatsdienste berechtigt sein, die nöthigen Geschäftskenntnisse besitzen und soll vorzugsweise aus den geprüften Gerichtsschreiber-Kandidaten gewählt werden. Er wird, nachdem seine Wahl von der Regierung zu Düsseldorf bestätigt worden ist, in Gemäßheit der Kabinets-Ordre vom 5. November 1833 beeidet.

§. 18.

Die Amtsdauer der ordentlichen Mitglieder des Gerichts beschränkt sich auf drei Jahre; nach Ablauf

A. des ersten Jahres treten aus:
ein Fabrik-Kaufmann aus dem Bezirke Burscheid und ein Mitglied aus der Klasse der Werkmeister ꝛc. aus dem Bezirke Leichlingen; nach dem

B. des zweiten Jahres ein Fabrik-Kaufmann aus dem Bezirke Leichlingen und ein Werkmeister ꝛc. aus dem Bezirke Burscheid;

C. nach dem dritten Jahre ein Kaufmann aus dem Bezirke Burscheid.

Die Personen, welche ausscheiden sollen, bestimmt, wenn Zweifel entstehen, das Loos.

In ähnlicher Weise wechseln die Stellvertreter.

§. 19.

Geräth ein Mitglied oder ein Stellvertreter in den Fallitzustand, so hört von dem Tage des Falliments-Urtheils sein diesfälliges Amt von selbst auf.

§. 20.

Rücksichtlich der Suspension und Amtsentsetzung der Mitglieder und Stellvertreter finden die allgemeinen, wegen der richterlichen Beamten bestehenden Gesetze Anwendung.

Das von einer Civil-Kammer des Landgerichts einzuleitende Disciplinar-Verfahren findet bei verschlossenen Thüren, unter Beobachtung der, für das Disciplinar-Verfahren gegen richterliche Beamte vorgeschriebenen Formen statt.

§. 21.

Das Lokal für die Sitzung und die Geschäftsführung des Fabrikengerichts und die Kosten der ersten Einrichtung nebst Heizung sind für das Hauptbureau und die Vergleichskammer in der Gemeinde Burscheid von der Gemeinde Burscheid, für die Vergleichskammer zu Leichlingen von dieser Gemeinde besonders zu beschaffen.

§. 22.

Die Kosten für Erleuchtung, Bedienung des Fabrikengerichts, sowohl in seinem Haupt-, als auch in den Vergleichsbureau's, sowie die dem Sekretair außer den Gebühren etwa zu bewilligende Remuneration sind von den Gewerbetreibenden selbst aufzubringen. Ueber die Art der Vertheilung des aufzubringenden Bedarfs auf die einzelnen Interessenten, bleibt die weitere Bestimmung Unserem Minister des Handels vorbehalten.

§. 23.

Die Ordnung der Sitzungen und der Geschäftsführung im Hauptbureau, sowie in den Vergleichskammern, ist durch ein Regulativ näher zu bestimmen, welches von dem Fabrikengericht nach seiner Einsetzung zu entwerfen und der Regierung zu Düsseldorf zur Bestätigung einzureichen ist.

§. 24.

Die Stempel zu den betreffenden Verhandlungen sind nach den Vorschriften des Stempelgesetzes vom 7. März 1822 und den dasselbe erläuternden und ergänzenden Verordnungen zu verwenden.

§. 25.

Die bei dem Fabrikengericht eingehenden Strafgelder sollen zu Belohnungen und Ermunterungen des Gewerbefleißes in dem Bezirke des Gerichts vertheilt werden.

Das Fabrikengericht hat jährlich eine Nachweisung über dieselben nebst seinem Gutachten über deren Verwendung bei der Regierung zu Düsseldorf einzureichen, auf deren Vorschlag die weitere Verfügung durch Unseren Minister des Handels erfolgen wird.

Urkundlich unter Unserer Allerhöchst eigenhändigen Unterschrift und beigedrucktem Königlichen Insiegel.

Sanssouci den 4. Juli 1843.

(L. S.) Friedrich Wilhelm.

Mühler, v. Bodelschwingh.

I. 3031. Rh. Gen. 52. Vol. 2.

84.

Allgemeine Verfügung vom 7. Juli 1843, — die Anträge auf Genehmigung eines Baues betreffend.

Seine Majestät der König haben durch Allerhöchste Ordre vom 3. d. M. zu befehlen geruhet, daß von jeder Behörde, von welcher der Antrag auf Genehmigung eines Baues ausgeht, das vollständige Bedürfniß vorher mit Sorgfalt erwogen werden solle, damit Nachforderungen vermieden werden.

Die sämmtlichen Gerichtsbehörden haben sich nach diesem Allerhöchsten Befehle zu achten.

Berlin den 7. Juli 1843.

Der Justiz-Minister
Mühler.

An
sämmtliche Gerichtsbehörden.

I. 3129. Justiz-Fonds 17. Vol. 6.

85.

Allerhöchste Kabinets-Ordre vom 14. Juli 1843, wodurch bestimmt wird, wie es im Bezirke des Appellationsgerichtshofes zu Köln bei dem Ableben eines Staats- oder andern öffentlichen Beamten, welcher Akten oder Gelder in amtlicher Verwahrung hat, hinsichtlich der Versiegelung gehalten werden soll.

Auf Ihren Bericht vom 26. v. M. bestimme Ich hierdurch, daß, wenn in dem Bezirke des Appellationsgerichtshofes zu Köln ein Staats- oder anderer öffentlicher Beamter, welcher Akten oder Gelder in amtlicher Verwahrung hat, verstirbt, die vorgesetzte Dienstbehörde zur Versiegelung der Akten und Gelder, sowie der Lokale, worin dieselben aufbewahrt sind, befugt sein soll, ohne Unterschied, ob der übrige Nachlaß gerichtlich versiegelt wird oder nicht. Diese Bestimmung ist durch die Gesetzsammlung zur öffentlichen Kenntniß zu bringen.

Sanssouci den 14. Juli 1843.

Friedrich Wilhelm.

An
die Staats-Minister Mühler, Eichhorn, v. Bodelschwingh, Grafen zu Stolberg und Grafen v. Arnim.

I. 3214. Rh. Gen. 165.

86.

Allgemeine Verfügung vom 5. August 1843, — betreffend den Anspruch der Hinterbliebenen eines in der letzten Zeit vor seinem Tode in seinen Geschäften gegen Abzug eines Theils seines Diensteinkommens vertreten gewesenen Beamten auf das Gehalt für den Sterbemonat und die Gnadenmonate.

(Cirkular-Verfügung vom 26. November 1832, Jahrb. Bd. 40 S. 447; Allg. Verfügung vom 26. Mai 1841, Justiz-Ministerial-Blatt S. 187.)

Die in der allgemeinen Verfügung vom 26. Mai 1841 (Justiz-Ministerial-Blatt für 1841 S. 187) aufgestellten Grundsätze hinsichtlich der Berechnung des Diensteinkommens, welches den Hinterbliebenen eines während der Amts-Suspension verstorbenen Beamten für den Sterbemonat und die Gnadenmonate zu zahlen ist, sind auch für die Fälle zur Anwendung zu bringen, wenn ein Beamter in der letzten Zeit vor seinem Tode wegen Krankheit ganz oder theilweise in seinen Geschäften gegen Abtretung eines Theils seines Einkommens vertreten worden ist.

Es ist daher auch in dergleichen Fällen den Hinterbliebenen des Beamten

1. für den Sterbemonat nur dasjenige Einkommen, welches der Verstorbene während der Zeit seiner Vertretung selbst bezogen hat, dagegen
2. für die außer dem Sterbemonat zulässigen Gnadenmonate, und zwar ohne Unterschied, ob letztere mit dem Sterbemonate ganz oder theilweise zusammen fallen oder nicht, das volle Einkommen der Stelle, wie der Verstorbene solches vor seiner später angeordneten Vertretung bezogen hatte, also in derselben Art, wie den Hinterbliebenen anderer Beamten, und ohne Abzug für etwaige Vertretungs-Kosten, nach Maaßgabe der in der Anweisung vom 26. November 1832 unter Num. VI, 2. (Jahrb. Bd. 40. S. 447) getroffenen Bestimmungen zu gewähren.

Wenn nach dieser Anweisung a. a. O. aus dem Einkommen der Stelle die Kosten für Hülfsarbeiter zu bestreiten sind, welche auch der Verstorbene hätte halten und remuneriren müssen, so sind darunter nur die Kosten für solche Hülfsarbeiter zu verstehen, welche der Verstorbene nach der ihm etats- oder bestallungsmäßig obliegenden Verpflichtung auch vor dem Eintritt seiner Krankheit und der dadurch herbeigeführten Vertretung aus seinem Einkommen zu bezahlen hatte, und welche daher bei der Berechnung seines reinen Diensteinkommens gleich den etwaigen Kosten für die Anschaffung von Bureau-Utensilien, Schreibmaterialien u. s. w. in allen Fällen vorweg in Abzug zu bringen sind.

Nach den vorstehenden Bestimmungen haben die sämmtlichen Königlichen Gerichtsbehörden sich in geeigneten Fällen zu achten.

Berlin den 5. August 1843.

In Abwesenheit des Justiz-Ministers:
Der Wirkliche Geheime Ober-Justizrath und Direktor
Ruppenthal.

An
sämmtliche Königliche Gerichts-Behörden.

I. 3561. S. 17. Vol. 2.

87.

Allgemeine Verfügung vom 20. August 1843, — betreffend die Erörterung der in Untersuchungsfällen vorkommenden Frage: ob eine Militairperson im Dienste begriffen gewesen sei?

Wenn Beleidigungen oder Widersetzlichkeiten, welche gegen Militairpersonen verübt worden sind, zur gerichtlichen Untersuchung gelangen, ist der wesentliche Umstand:

ob die betreffenden Militairpersonen im Dienste begriffen gewesen sind?

zuweilen streitig oder zweifelhaft.

Die Gerichtsbehörden werden angewiesen, in dergleichen Fällen über die gedachte Frage von der vorgesetzten Dienstbehörde der betheiligten Militairperson Auskunft zu erbitten und auf diese Auskunft die erforderliche Rücksicht zu nehmen.

Die Militairbehörden werden von dem Herrn Kriegs-Minister mit entsprechender Anweisung versehen werden.

Berlin den 20. August 1843.

In Abwesenheit des Justiz-Ministers:
Der Wirkliche Geheime Ober-Justiz-Rath und Direktor
Ruppenthal.

An
sämmtliche Gerichts-Behörden.

I. 3641. M. 11. Vol. 3.

88.

Verfügung vom 31. August 1843, — die Hinterlegung der mystischen und olographischen Testamente betreffend.

(Civil-Gesetzbuch Art. 1007, Civilprozeßordnung Art. 916 ff.)

Mit Ew. Hochwohlgeboren Ansicht in dem Bericht vom 2. d. Mts. kann ich mich nur dahin einverstanden erklären, daß mystische und olographische Testamente, sobald sie, sei es von dem Notar, der sie aufgenommen und bewahrt, sei es von einem sonstigen Verwahrer oder dem Friedensrichter nach dem Tode des Testators in Gemäßheit der Artikel 1007. des Civilgesetzbuchs und 916. flg. der Civilprozeßordnung dem Landgerichts-Präsidenten überreicht sind, eben dadurch in den landgerichtlichen Gewahrsam übergehen und deshalb die von dem Landgerichts-Präsidenten verordnete Hinterlegung derselben bei einem Notar Behufs der künftigen Bewahrung nur von dem Landgerichts-Sekretariate in Ausführung zu bringen ist. Der zur künftigen Bewahrung vom Landgerichts-Präsidenten bezeichnete Notar hat daher im Sekretariate, nach vorgängiger Benachrichtigung das Testament in Empfang zu nehmen, insofern nicht der Landgerichts-Präsident wegen der Entfernung des Amtssitzes des Notars vom Landgerichtssitze die Uebersendung des Testaments durch die Post unter Rekommandation nach den Umständen für angemessen erachtet und anordnet.

Ew. Hochwohlgeboren haben hiervon die Landgerichts-Präsidenten und Ober-Prokuratoren, so wie durch letztere die Notarien zur Nachachtung in Kenntniß zu setzen.

Berlin den 31. August 1841.

Das Justiz-Ministerium.
Ruppenthal.

An
den Königlichen General-Prokurator
Herrn Berghaus Hochwohlgeboren
zu Köln.

I. 3557. Rh. Gen. 180.

89.

Verfügung vom 5. September 1843, — die Gebühren der Gerichtsvollzieher in Folge der veränderten friedensgerichtlichen Kompetenz betreffend.

(Civil-Prozeßordnung Art. 559, 563, 564, Verordnung v. 11. Mai 1843 §§. 4. — 7.; Gebühren-Taxe vom 10. Juni 1833, Abschn. 1, Num. 1; Abschn. 2, Num. 10.)

Mit der von Ew. Hochwohlgeboren nach dem Berichte vom 8. v. M. betreffend die Gebühren der Gerichtsschreiber in Folge der veränderten Kompetenz der Friedensrichter einem der Ober-Prokuratoren ertheilten Bescheidung, kann sich der Justiz-Minister dahin nur einverstanden erklären,

daß in den Fällen der §§. 4, 5. und 6. der Verordnung über die Kompetenz der Friedensrichter vom 11. Mai d. J. die Gerichtsvollzieher für die dort erwähnten Einspruchsakte nur die im Abschnitte 1. Num. 1. der Gebührentaxe vom 10. Juni 1833 bestimmten Gebühren zu berechnen haben, da diese Akte wirkliche Klagen sind, und in Folge der Verweisung derselben zur Kompetenz der Friedensgerichte nach denselben Grundsätzen wie andere vor die Friedensgerichte gehörige Klagen beurtheilt werden müssen.

In Ansehung der im §. 7. der gedachten Verordnung erwähnten Arrestschläge ist, wenn gleich sie auf Ordonanz des Friedensrichters angelegt sind, da ihretwegen der erste Abschnitt der Gebührentaxe nichts bestimmt, auch ferner die Num. 10. des zweiten Abschnitts insofern anwendbar, als es sich von den Arrestakten selbst handelt. (Art. 559 der Civil-Prozeßordnung.) In Ansehung der Ladung auf Gültigkeits-Erklärung aber und deren Notifikation an den Drittarrestaten mit Ladung zur Erklärung (Art. 563, 564, ff. der Civil-Prozeßordnung) muß die Num. 1. Abschn. 1. der Gebührentaxe alsdann in Anwendung kommen, wenn der Friedensrichter über die Gültigkeit des Arrestes zu erkennen hat, indem in dieser Beziehung das oben hinsichtlich der Einspruchs-Akte Gesagte gilt.

Berlin den 5. September 1843.

In Abwesenheit des Justiz-Ministers:
Der Wirkliche Geheime Ober-Justizrath und Direktor
Ruppenthal.

An
den Königlichen General-Prokurator
Herrn Berghaus Hochwohlgeboren
zu Köln.

I. 3638. Rh. Offiz. Sachen 27. Vol. 4.

90.

Verfügung vom 12. September 1843, — betreffend die Befugniß der Regierungen zur exekutivischen Einziehung rückständiger Kaufgelder für Holz und andere Waldprodukte.

Ew. Hochwohlgeboren übersendet das Justiz-Ministerium mit Bezug auf §. 16. des Ressort-Reglements vom 20. Juli 1818 hierbei beglaubte Abschrift der Allerhöchsten an das Königliche Staats-Ministerium erlassenen Kabinets-Ordre vom 30. Mai d. J., betreffend die Befugniß der Regierungen zur exekutivischen Einziehung rückständiger Kaufgelder für Holz und andere Wald-Produkte zur Nachachtung und Mittheilung an den Königlichen Appellationsgerichtshof.

Den Landgerichts-Präsidenten und Ober-Prokuratoren ist gleichfalls beglaubte Abschrift dieser Allerhöchsten Ordre zur Nachachtung und Mittheilung an die Gerichte übersandt worden.

Berlin den 12. September 1843.

Das Justiz-Ministerium.
Ruppenthal.

An
den Königlichen Ersten Präsidenten des Appellationsgerichtshofes Herrn Schwarz und den Königl. General-Prokurator Herrn Berghaus Hochwohlgeboren zu Köln.
I. 3639. Rh. Gen. 74. Vol. 2.

Beilage.

Allerhöchste Ordre vom 30. Mai 1843.

Auf den Bericht des Staats-Ministeriums vom 2. d. Mts. will Ich es ferner dabei belassen, daß die Regierungen in Gemäßheit der Bestimmung im §. 42. Num. 2. der Verordnung vom 26. Dezember 1808 rückständige Kaufgelder für Holz und andere Waldprodukte von dem Schuldner nach dessen vorgängiger Vernehmung und nach Feststellung eines vorläufigen Liquidums exekutivisch beitreiben lassen. Auf andere Verträge, von deren Erfüllung zwar die Erreichung bestätigter Etats abhängt, die aber nicht speziell dem etatsmäßigen Soll-Einkommen zum Grunde liegen oder keine fortlaufende Einnahme für die Staatskasse zum Gegenstande haben, wie Verträge über Veräußerungen von Domainen und über Ablösung von Domainen-Gefällen, ist jedoch die angeführte Bestimmung nicht zu beziehen. — Sie, der Staats-Minister Mühler und Graf zu Stolberg haben hiernach das Weitere in Ihren Ressorts zu verfügen; einer Publikation dieser Ordre bedarf es nicht.

Berlin den 30. Mai 1843.

Friedrich Wilhelm.

An
das Staats-Ministerium.

91.

Allerhöchste Ordre vom 11. August 1843, — betreffend die Uebertragung von Beamtenstellen, welche grundsätzlich für die Militair-Invaliden reservirt sind, auch an solche Beamte, die in anderen Stellen dienstunfähig geworden sind, sofern deren frühere Anstellung sich auf geleistete Militairdienste überhaupt gründet.

(Staats-Ministerial-Beschluß vom 12. Oktober 1837, Jahrb. Bd. 50. S. 549—552.)

Nach dem Antrage des Staats-Ministeriums vom 31. v. M. will Ich genehmigen, daß allgemein die grundsätzlich für die Militair-Invaliden reservirten Stellen auch solchen in anderen Stellen dienstunfähig gewordenen Beamten übertragen werden können, deren Anstellung sich auf geleistete Militairdienste gründet.

Sanssouci den 11. August 1843.

Friedrich Wilhelm.

An
das Staats-Ministerium.

Vorstehende Allerhöchste Ordre wird sämmtlichen Gerichtsbehörden hierdurch bekannt gemacht.

Berlin den 2. Oktober 1843.

Der Justiz-Minister
Mühler.

An
sämmtliche Gerichtsbehörden.

I. 4372. M. 89. Vol. 6.

92.

Gesetz vom 13. Oktober 1843, — das Kassationsverfahren in Civilsachen bei dem Rheinischen Revisions- und Kassationshofe betreffend.

Wir Friedrich Wilhelm, von Gottes Gnaden, König von Preußen rc.

verordnen zur größeren Beschleunigung des Kassationsverfahrens in Civilsachen bei dem Rheinischen Revisions- und Kassationshofe auf den Antrag Unseres Justizministers und nach erfordertem Gutachten Unseres Staatsraths, so wie dem Unserer getreuen Stände der Rheinprovinz, wie folgt:

§. 1. In der Denkschrift, durch welche der Kassationsrekurs eingelegt wird, müssen die Kassationsmittel einzeln und abgesondert angegeben, und bei jedem Kassationsmittel muß, mit Hinweisung auf die im Prozesse vorgekommenen Thatsachen das Gesetz angeführt werden, von welchem der Kassationskläger behauptet, daß es durch das angefochtene Urtheil verletzt worden.

Diese Denkschrift muß spätestens innerhalb vier Monate nach der Zustellung des angegriffenen Urtheils an die Parthei in dem Sekretariat des Revisionshofes niedergelegt werden.

§. 2. Nach erfolgter Niederlegung der Denkschrift (§ 1.) findet eine anderweitige schriftliche Begründung des Rekurses nicht Statt, und ist letzter, wenn die Denkschrift den Erfordernissen des §. 1. nicht entspricht, auf den Antrag des Verklagten als unannehmbar zu verwerfen.

§. 3. Binnen zwei Monaten, vom Tage der Präsidial-Ordonnanz, durch welche die Mittheilung des Kassationsrekurses an den Kassationsverklagten und dessen Vorladung verfügt worden ist, muß der Kassationskläger die Mittheilung des Rekurses nebst der Ordonnanz bewirken, und den Kassationsverklagten in den Formen, welche die Artikel 61, 68 und 69 der Civilprozeßordnung vorschreiben, vor den Revisionshof laden.

Die Nichtbeachtung dieser Vorschriften von Seiten des Kassationsklägers hat den Verlust des Rechtsmittels zur Folge.

§. 4. Der Verklagte muß, wenn er im Inlande, oder in einem an die Rheinprovinz angrenzenden Staate seinen Wohnsitz hat, binnen drei Monaten, vom Tage der Zustellung der Kassationsschrift an, dem Anwalte des Klägers eine Erwiederungsschrift zustellen lassen und diese nebst dem Zustellungsakt auf dem Sekretariat des Revisionshofes niederlegen.

In den Fällen des Art. 73 Nr. 2. und 3. der Civilprozeßordnung richtet sich die Zustellungsfrist nach den daselbst vorgeschriebenen Bestimmungen.

§. 5. Nach Eingang der Erwiederungsschrift kann jeder Theil die Sache zur Verhandlung und Entscheidung befördern.

§. 6. In der öffentlichen Sitzung kann der Kläger die in der eingereichten Schrift angegebenen Kassationsgründe weiter ausführen und vertheidigen. Neue Gründe aufzustellen ist ihm nicht gestattet.

§. 7. Ist innerhalb der im §. 4. bestimmten Frist eine Erwiederungs-Schrift nicht eingegangen, so kann der Kläger die Sache zur Sitzung befördern.

§. 8. So lange noch kein Referent ernannt ist, kann der Verklagte die versäumte Erwiederungsschrift nachbringen. Ist bis dahin eine solche Nachbringung nicht erfolgt, so ist auf den Antrag des Klägers in contumaciam zu erkennen.

§. 9. Gegen Kontumazial-Urtheile ist binnen drei Monaten, vom Tage der Zustellung des Urtheils an, der Einspruch zulässig.

§. 10. Der Einspruch wird durch eine dem Anwalt des Klägers zugestellte und auf dem Sekretariat niedergelegte Denkschrift eingelegt, welche die Gründe in der Sache selbst enthalten muß, und als Einredeschrift gilt.

§. 11. Diese Denkschrift ist nur dann annehmbar, wenn sogleich bei deren Zustellung die Summe von fünf und zwanzig Thalern für die Kontumazialkosten dem Anwalt des Klägers baar angeboten wird.

§. 12. Das gegenwärtige Gesetz ist auf alle nach dem 1. Januar 1844 eingehende Kassationsgesuche anzuwenden. Entsprechen die vor diesem Zeitpunkte angebrachten Kassationsgesuche nicht den Erfordernissen des §. 1., so soll zu deren Nachholung dem Kassationskläger auf den Antrag des Kassationsverklagten eine angemessene Frist bestimmt und demnächst nach den Vorschriften der §§. 2. und folg. verfahren werden.

§. 13. So weit die bisherigen Vorschriften über das Kassationsverfahren durch das gegenwärtige Gesetz nicht abgeändert sind, bleiben dieselben auch ferner in Kraft.

Urkundlich unter Unserer Höchsteigenhändigen Unterschrift und beigedrucktem Königlichen Insiegel..

Gegeben Sanssouci den 13. Oktober 1843.

(L. S.) Friedrich Wilhelm.

v. Müffling, v. Rochow, Mühler, v. Savigny.

Beglaubigt: Bornemann.

V. 2817. Revis. Hof. Num. 6. Vol. 2.

93.

Verfügung vom 25. Oktober 1843, — betreffend den Anspruch eines, mittelst rechtskräftigen Civil-Erkenntnisses außer der Entfernung aus seinem Civil-Amte degradirten Invaliden auf Militair-Gnadengehalt.

(Gesetz vom 23. April 1842, Gesetz-Samml. S. 191; Zusammenstellung vom 18. August 1838, Jahrb. Bd. 52 S. 197.)

Da nach dem Berichte des Königlichen Oberlandesgerichts vom 9. August d. J. der seines Amtes entsetzte Land- und Stadtgerichtsbote N. auch der Charge als Unteroffizier rechtskräftig für verlustig erklärt worden ist, so ist der Herr Kriegs-Minister um Auskunft ersucht worden, ob diese Degradation des N. eine Herabsetzung des Militair-Gnadengehalts desselben nach sich ziehe. Die Erklärung des Herrn Kriegs-Ministers ist dahin ausgefallen, daß einem, nach dem Gesetz vom 23. April 1842 (Gesetz-Sammlung Seite 191) vom Civilgericht mittest rechtskräftigen Erkenntnisses degradirten Invaliden, immer nur mit Berücksichtigung seiner frühern Militairdienste und Invaliditätsverhältnisse, das einfache, höhere oder höchste Gnadengehalt eines Gemeinen von resp. 1 Thlr., 2 Thlr. oder 2 Thlr. 25 Sgr. monatlich gewährt werden darf, je nachdem der degradirte Invalide zur vierten und dritten, zweiten oder ersten Klasse der Invaliden, wie solche in der Zusammenstellung vom 18. August 1838 (Jahrbücher Bd. 52 S. 197) näher bezeichnet sind, gehörte.

Dem als Unteroffizier der zweiten Invalidenklasse mit dem höchsten Gnadengehalt seiner Charge von 4 Thlr. 10 Sgr. monatlich betheiligt gewesenen rc. N. steht daher, da er seiner Charge als Unteroffizier für verlustig erklärt worden ist, nur der höchste Satz des Gnadengehaltes eines Gemeinen der zweiten Invaliden-Klasse von 2 Thlr. 25 Sgr. monatlich zu, zu dessen Zahlung vom 1. August d. J. ab die Königliche Regierung daselbst heute veranlaßt worden ist.

Berlin den 25. Oktober 1843.

Der Justiz-Minister
Mühler.

An
das Königliche Oberlandesgericht zu N.

II. b. 3744. J. 26. Vol. 3.

94.

Allerhöchste Kabinets-Ordre vom 5. November 1843, — betreffend die Bestimmung, daß gegen Beamte, welche zur Zuchthausstrafe oder Festungsarbeit verurtheilt werden, ohne Unterschied der Fälle, die Strafe mag als die ordentliche oder als eine außerordentliche ausgesprochen werden, zugleich auf Kassation erkannt werden soll.

Auf den Bericht des Staats-Ministeriums vom 20. v. M. erkläre Ich Mich mit Rücksicht auf den §. 339. Tit. 20. Thl. II. des Allgemeinen Landrechts und den §. 408. der Kriminalordnung vollkommen damit einverstanden, daß, wenn gegen Beamte auf Zuchthausstrafe oder Festungsarbeit erkannt wird, ohne Unterschied der Fälle, die Strafe mag als die ordentliche, oder als eine außerordentliche ausgesprochen werden, zugleich auf Kassation erkannt werden muß. Diese Bestimmung ist durch die Gesetz-Sammlung zur öffentlichen Kenntniß zu bringen.

Sanssouci den 5. November 1843.

Friedrich Wilhelm.

An
das Staats-Ministerium.

I. 5302. Crim. 130. Vol. II.

95.

Verordnung vom 5. November 1843, — betreffend die Sicherung der Eröffnung der bei Notarien in dem Bezirke des Appellationsgerichtshofes zu Köln niedergelegten mystischen Testamente.

Wir Friedrich Wilhelm, von Gottes Gnaden, König von Preußen rc.

Um zu verhüten, daß im Bezirke des Appellationsgerichtshofes zu Köln mystische Testamente, welche nach Beifügung des erforderlichen notariellen Aufschrift-Aktes von den Testatoren nicht in eigene Verwahrung genommen, sondern in der des Notars belassen worden sind, bei deren Tode uneröffnet und unausgeführt bleiben, verordnen Wir auf den Antrag Unseres Staats-Ministeriums und nach Anhörung Unserer getreuen Stände der Rheinprovinz, was folgt:

§. 1.

Jeder Notar im Bezirke des Rheinischen Appellations-Gerichtshofes ist verpflichtet, von dem Vorhandensein eines bei ihm niedergelegten mystischen Testamentes dem Ober-Prokurator des Bezirks, in welchem die Erbschaft eröffnet worden ist, Anzeige zu machen, sobald ihm der Tod des Testators bekannt geworden ist.

§. 2.

Auf eine solche Anzeige, welche der Ober-Prokurator nach Feststellung des Todesfalls dem Landgerichts-Präsidenten vorzulegen hat, ist die Eröffnung des Testaments in der gesetzlich vorgeschriebenen Form zu bewirken.

§. 3.

Die dabei entstehenden Kosten werden auf den öffentlichen Fond angewiesen, und sind auf Grund einer mit dem Befehle der Vollstreckung versehenen Verfügung des Landgerichts-Präsidenten von demjenigen, welchem die Erbschaft angefallen ist, wieder einzuziehen.

Urkundlich unter Unserer Höchsteigenhändigen Unterschrift und beigedrucktem Königlichen Insiegel.

Gegeben Sanssouci den 5. November 1843.

(L. S.) Friedrich Wilhelm.

Prinz v. Preußen.
v. Boyen, Mühler, v. Nagler, Rother, Gr. v. Alvensleben, Eichhorn, v. Thile, v. Savigny, Frhr. v. Bülow, v. Bodelschwingh, Gr. zu Stolberg, Gr. v. Arnim.

I. 5073. Rh. Gen. 180.

96.

Allgemeine Verfügung vom 7. November 1843, — betreffend die Ausführung des Gesetzes wegen Bestrafung der Landstreicher, Bettler und Arbeitsscheuen vom 6. Januar 1843.

(Gesetz-Sammlung S. 19.)

Sämmtlichen Gerichtsbehörden wird über die Ausführung des Gesetzes wegen Bestrafung der Landstreicher, Bettler und Arbeitsscheuen vom 6. Januar d. J., nachdem in Betreff der dem Militair-Verbande Angehörigen mit des Herrn Kriegs-Ministers Excellenz die erforderliche Rücksprache genommen worden, und im Einverständnisse mit demselben Nachstehendes eröffnet:

Die Strafe der Landstreicher, Bettler und Arbeitsscheuen besteht nach Inhalt des Gesetzes vom 6. Januar 1843 in Gefängniß oder Strafarbeit.

Von diesen Strafgattungen abzuweichen, ist nicht zulässig, es darf daher weder auf Zuchthaus, noch, insofern die Angeschuldigten dem Militair-Verbande angehören, auf Einstellung in eine Militair-Straf-Abtheilung erkannt werden.

In dem Falle des §. 7. muß die Vollstreckung der Strafe nach der ausdrücklichen Bestimmung dieses Paragraphen stets in der Landarmen- oder Korrektions-Anstalt erfolgen, in welche die aufgegriffenen Landstreicher und Bettler abgeliefert worden sind.

Auch Gefängnißstrafen sind in dem gedachten Falle in den Anstalten zu vollstrecken; nur die verschiedenen Modalitäten, unter welchen die zur Gefängnißstrafe oder zur Strafarbeit verurtheilten Personen behandelt und beschäftigt werden sollen, sind den vorgesetzten Verwaltungs-Behörden der Landarmenhäuser resp. der Korrektions-Anstalten zu überlassen.

Sollte es vorgekommen sein, daß Gerichte gegen Landstreicher, Bettler und Arbeitsscheue auf Einstellung in eine militairische Strafsektion erkannt haben, so muß im Falle des §. 7. dennoch die Strafe in den Landarmen- oder Korrektions-Anstalten vollstreckt werden.

Die Gerichtsbehörden sind dessen ungeachtet verbunden, auch in den Untersuchungen wegen Landstreichens, Bettelns und Arbeitsscheu die Militair-Verhältnisse der Angeschuldigten zu ermitteln und die betreffenden Militair- und landräthlichen Behörden von der Untersuchung und deren Ausfall zu benachrichtigen.

Berlin den 7. November 1843.

Der Justiz-Minister
Mühler.

An
sämmtliche Gerichtsbehörden.
I. 4928. Krim. 79. Vol. 2.

97.

Verfügung vom 7. November 1843, — die den Eisenbahn-Gesellschaften zustehende Stempel- und Sportelfreiheit betreffend.

(Gesetz vom 3. November 1838, Gesetz-Samml. S. 506.)

Auf den über die Beschwerde der Direktion der Berlin-Frankfurter Eisenbahn-Gesellschaft wegen verweigerter Sportelfreiheit in der Prozeßsache des N. wider dieselbe erstatteten Bericht wird dem Königlichen Kammergericht im Einverständniß mit dem Herrn Finanz-Minister Folgendes eröffnet.

Nach den Erörterungen, welche dem Gesetz über die Eisenbahn-Unternehmungen vom 3. November 1838 (Gesetz-Samml. S. 506 ff.) vorangegangen sind, ist bei dem §. 15. desselben beabsichtigt worden, allen Verhandlungen, welche durch die Veräußerung resp. durch die Erwerbung der, der Expropriation unterliegenden Grundstücke veranlaßt werden, die Stempel- und Sportelfreiheit zu bewilligen. Diese letztere beschränkt sich daher nicht blos auf die Verhandlungen, welche die Expropriation selbst betreffen, sondern erstreckt sich auf alle, durch die Veräußerung überhaupt hervorgerufene Verhandlungen, mögen dieselben bei der eigentlichen Expropriation, oder erst nach und in Folge derselben entstanden sein.

Zu den letzteren gehören auch die Prozesse, welche durch die Unzufriedenheit der Grundeigenthümer mit der im Wege des Expropriations-Verfahrens ihnen festgesetzten Entschädigung hervorgerufen werden. Die dabei entstehenden Kosten müssen daher, soweit sie nach den gesetzlichen Bestimmungen der Eisenbahn-Gesellschaft zur Last fallen, niedergeschlagen werden.

Hiernach ist die Beschwerde der Direktion für begründet zu erachten und das hiesige Stadtgericht anderweitig zu bescheiden, auch in künftigen ähnlichen Fällen nach den vorstehenden Grundsätzen zu verfahren.

Berlin den 7. November 1843.

Der Justiz-Minister
Mühler.

An
das Königliche Kammergericht.
I. 4956. Sportelsachen 37. Vol. 6.

98.

Allerhöchste Kabinets-Ordre vom 8. November 1843, — betreffend die Ermäßigung der Strafe des Art. 96 des in der Rheinprovinz geltenden Gesetzes vom 21. April 1810, hinsichtlich der Entwendung von Stein- und Braunkohlen.

Da die Strafe, welche im Art. 96 des, in einem Theile der Rheinprovinz bestehenden Bergwerksgesetzes vom 21. April 1810 gegen Bergwerkskontraventionen angeordnet ist, bei minder erheblichen Entwendungen von Stein- und Braunkohlen zu unverhältnißmäßigen Härten führt, so bestimme Ich in Berücksichtigung des Antrages des Rheinischen Provinzial-Landtages auf Ihren Bericht vom 13. v. M., daß die gedachte Strafe bei solchen Entwendungen von Stein- und Braunkohlen, welche auf dem Ausgehenden der Flötze und Lager, mithin da verübt werden, wo diese Fossilien zu Tage kommen, und es keiner besonderen Vorrichtung zu ihrer Gewinnung bedarf, nach dem Ermessen des Richters im ersten Kontraventionsfall bis auf Fünf Thaler Geldbuße, und im Rückfalle bis auf Zehn Thaler Geldbuße, oder verhältnißmäßiges Gefängniß ermäßigt werden kann. Diese Bestimmung ist durch die Gesetz-Sammlung bekannt zu machen.

Sanssouci den 8. November 1843.

Friedrich Wilhelm.

An
die Staats-Minister Mühler und
v. Bodelschwingh.

I. 5546. Rh. Gen. 79.

99.

Verordnung vom 9. November 1843, — wegen Aufhebung der im Art. 55 des Rheinischen Civil-Gesetzbuchs enthaltenen Bestimmung über die Vorzeigung der Kinder bei Geburtsanzeigen.

Wir Friedrich Wilhelm, von Gottes Gnaden, König von Preußen &c.

verordnen auf den Antrag Unseres Staats-Ministeriums und nach Anhörung Unserer getreuen Stände der Rheinprovinz, was folgt:

Die im Artikel 55 des Rheinischen Civil-Gesetzbuchs enthaltene Bestimmung,

nach welcher bei Geburtsanzeigen die neugebornen Kinder dem Civilstands-Beamten vorgezeigt werden sollen,

wird aufgehoben.

Urkundlich unter Unserer Höchsteigenhändigen Unterschrift und beigedrucktem Königlichen Insiegel.

Gegeben Sanssouci den 9. November 1843.

(L. S.) Friedrich Wilhelm.

Prinz von Preußen.

v Boyen, Mühler, v. Nagler, Rother, Gr. v. Alvensleben, Eichhorn, v. Thile, v. Savigny, Frhr. v. Bülow, v. Bodelschwingh, Gr. zu Stolberg, Gr. v. Arnim.

I. 5389. Rh. Gen. 36. Vol. 3.

100.

Allgemeine Verfügung vom 14. November 1843, — betreffend die Bestrafung der Landwehrmänner bei unterlassener Ab- und Anmeldung bei der Aufenthalts-Veränderung.

(Verordnung vom 21. Oktober 1841, Gesetz-Samml. S. 325.)

Es sind Zweiffel darüber entstanden, ob ein beurlaubter Landwehrmann, welcher seinen Aufenthalt verändert und diese Veränderung so wemig an dem früheren Aufenthaltsorte abgemeldet, als an dem neuen Aufenthaltsorte angemeldet hat, die im §. 39.. der Verordnung über die Disciplinar-Bestrafung in der Armee vom 21. Oktober 1841 (Gesetz-Sammlung S. 325) bestimmte Strafe einmal für das Unterlassen der Abmeldung und zum andern für das Unterlassen der Anmeldung, also zweimal verwirkt hat;

oder

ob die im ersten Satze des §. 39. für das Unterlassen der Anmeldung angedrohte Strafe von 2 bis 5 Thlr. Geldbuße oder Gefängniß von 3 bis 8 Tagen zugleich die Ahndung für das Unterlassen der Abmeldung mit in sich schließe.

Der §. 39. der Verordnung vom 21. Oktober 1841 lautet:

„Ein beurlaubter Landwehrmann, welcher bei seiner Aufenthaltsveränderung die Anmeldung in dem neuen Aufenthaltsorte länger als vierzehn Tage versäumt hat, ist disziplinarisch mit Geldstrafe von zwei bis fünf Thalern oder mit Gefängnißstrafe von drei bis acht Tagen zu belegen.

Hat er jedoch nur die vorschriftsmäßige Abmeldung versäumt, sich aber rechtzeitig in dem Bezirk seines neuen Aufenthaltsortes angemeldet, so trifft ihn nur Geldstrafe von einem bis zwei Thalern, oder Gefängnißstrafe von einem bis zwei Tagen.

Diese Strafen für die unterlassene An- oder Abmeldung sind, auf Requisition des Bataillons-Kommandeurs, durch die Civilbehörde festzusetzen und sofort zu vollstrecken.“

Im Einverständnisse mit des Herrn Kriegs-Ministers und des Herrn Ministers des Innern Excellenzien erklärt sich der Justiz-Minister für die letztere der oben erwähnten Alternativen dahin:

daß die in §. 39. a. a. O. für das Unterlassen der Anmeldung angedrohte Strafe auch die Ahndung für das Versäumen der Abmeldung in sich schließe.

Es wird in dem §. 39. der Fall, daß die Abmeldung geschehen, die Anmeldung aber unterblieben ist, nicht erwähnt, es wird nur unterschieden zwischen

a. unterlassener Anmeldung und

b. unterlassener Abmeldung.

Ist blos die Abmeldung unterblieben, die Anmeldung aber erfolgt, so soll nur die im Zweiten Absatze bestimmte geringere Strafe von 1 bis 2 Thlr. oder 1 bis 2 Tage Gefängniß eintreten.

Ist aber die Anmeldung versäumt, so kommt die im ersten Satze vorgeschriebene strengere Strafe zur Anwendung, ohne Rücksicht darauf, ob die Abmeldung erfolgt war oder nicht.

Die nachtheiligen Folgen knüpfen sich hauptsächlich an die unterlassene Anmeldung, weil der Kontravenient sich durch das Unterlassen der Anmeldung seinen Dienstpflichten entziehen kann, auch wenn er sich abgemeldet hätte, und deshalb ist diese Versäumniß härter zu ahnden.

Da für das Unterlassen der Anmeldung ein Strafmaß von 2 bis 5 Thlr. oder Gefängniß von drei bis acht Tagen angeordnet ist, so sind die erkennenden Behörden dadurch in den Stand gesetzt, die durch das gleichzeitige Unterlassen der Abmeldung erhöhete Strafbarkeit als einen Zumessungsgrund zu behandeln und das Vergehen durch Anwendung eines Mittelsatzes härter zu strafen, als wenn nur die Anmeldung, nicht auch die Abmeldung unterblieben ist.

Auf die durch das Justiz-Ministerial-Reskript vom 2. September 1831 (Jahrb. Bd. 38 S. 139) mitgetheilten Allerhöchsten Kabinets-Ordres vom 21. Dezember 1825 und 12. August 1831 kann nicht weiter zurückgegangen werden, weil die Verordnung vom 21. Oktober 1841 ein neueres Strafgesetz ist.

Die vorstehenden Ansichten werden den Gerichtsbehörden zu Kenntnißnahme mitgetheilt.

Berlin den 14. November 1843.

Der Justiz-Minister
Mühler.

An
sämmtliche Gerichtsbehörden.
I. 5061. L. 10. Vol. 13.

101.

Verfügung vom 14. November 1843, — betreffend die Vergütigung der Reisekosten für kommissarische Geschäfte in Königlichen Dienst-Angelegenheiten an Beamte, welche nicht zum Reisen mit Extrapost berechtigt sind.

(Allerh. Kab.-Ordre v. 30. Juli 1842, Gesetz-Samml. S. 247.)

Auf den Bericht vom 3. d. M. wird dem Königlichen Land- und Stadtgericht Folgendes eröffnet.

Durch die Allerhöchste Kabinets-Ordre vom 30. Juli v. J. (Gesetzs. S. 247) ist die Bestimmung des §. 12. der Verordnung vom 28. Juni 1825 aufgehoben worden:

„daß den nicht zur Extrapost berechtigten Beamten in den Fällen, wo zwischen den zu bereisenden Punkten Fahrposten vorhanden sind und zu der Reise benutzt werden können, nur die Vergütigung für die ordinaire oder Personenpost nach dem tarifmäßigen Satze zukommen solle."

Statt dieser Bestimmung ist in jener Ordre ausdrücklich festgesetzt worden,

„daß die Beamten, welche nicht zum Reisen mit Extrapost berechtigt sind, befugt sein sollen, in allen Fällen, ohne Rücksicht darauf, ob zwischen den zu bereisenden Ortschaften eine Fahrpost-Verbindung besteht und ob davon zu dem Zwecke der Reise Gebrauch gemacht werden kann oder nicht, ein Pauschquantum von 15 Sgr. für die Meile als Reise-Vergütigung zu liquidiren."

Dagegen versteht es sich von selbst, daß diese Reise-Vergütigungen mehrerer Beamten zusammengerechnet bei einer gemeinschaftlich zu machenden Dienstreise niemals mehr betragen können, als wenn diese Beamten zusammen sich einer Extrapostfuhre bedient hätten, indem nach den allgemeinen Bestimmungen der Verordnung vom 28. Juni 1825 die den Beamten bei Dienstreisen zu bewilligende Reisekosten-Vergütigung niemals mehr betragen kann, als die Kosten einer Reise mit Extrapost.

Wollte man hiervon abgehen, so würden die Reisekosten die Natur baarer Auslagen ganz verlieren.

Berlin den 14. November 1843.

Der Justiz-Minister
Mühler.

An
das Königliche Land- und Stadtgericht zu N.

I. 5090. D. 18. Vol. 8.

102.

Verordnung vom 24. November 1843, — betreffend die Aufhebung der Verordnung vom 25. Januar 1823, wegen streitig gewordener Auslegung von Staatsverträgen.

Wir Friedrich Wilhelm, von Gottes Gnaden, König von Preußen rc.

verordnen auf den Antrag Unseres Staatsministeriums, was folgt:

§. 1.

Die Verordnung wegen streitig gewordener Auslegung von Staatsverträgen vom 25. Januar 1823 (Gesetz-Sammlung S. 19) wird aufgehoben.

§. 2.

Die Gerichte haben jedoch in Prozessen, bei deren Entscheidung es auf die völkerrechtliche Gültigkeit, die Anwendbarkeit oder Auslegung von Staats-Verträgen ankommt, auf den Antrag einer Partei, oder nach Befinden von Amtswegen, von Unserem Ministerium der auswärtigen Angelegenheiten die zum Zweck der rechtlichen Beurtheilung erforderliche Auskunft einzuholen.

Urkundlich unter Unserer Allerhöchsten Unterschrift und beigedrucktem Königlichen Insiegel.

Gegeben Charlottenburg den 24. November 1843.

Friedrich Wilhelm.

(L. S.)

Prinz von Preußen.

v. Boyen, Mühler, v. Nagler, Rother, Gr. v. Alvensleben, Eichhorn, v. Thile, v. Savigny, Frhr. v. Bülow, v. Bodelschwingh, Gr. zu Stolberg, Gr. v. Arnim.

I. 5583. S. 22. Vol. 3.

103.

Allgemeine Verfügung vom 12. Dezember 1843, — betreffend die Mittheilung der in Untersuchungssachen gegen Beamte ergangenen Erkenntnisse an die betreffenden Departements-Chefs und die Königlichen Regierungen.

(Verfügung v. 5. August 1841, Justiz-Ministerial-Blatt S. 254, und vom 8. Januar 1842, Justiz-Ministerial-Blatt S. 17.)

Es ist zur Kenntniß des Justiz-Ministers gekommen, daß die Gerichtsbehörden den in der allgemeinen Verfügung vom 5. August 1841 (Justiz-Ministerial-Blatt S. 254) ertheilten Vorschriften in Beziehung auf die Mittheilung der in Untersuchungssachen wider Beamte ergangenen Erkenntnisse

a. an den betreffenden Departements-Chef und
b. an die betreffende Regierung

nicht vollständig genügen und entweder das Erkenntniß nur dem Departements-Chef, oder nur der Regierung übersenden.

Sämmtliche Gerichtsbehörden und in der Rhein-Provinz die Herren Ober-Prokuratoren werden hierdurch angewiesen, die Vorschriften der vorgedachten allgemeinen Verfügung, auf welche die allgemeine Verfügung vom 8. Januar 1842 (Justiz-Ministerial-Blatt S. 17) zurückweiset, genau zu beachten, und in allen Untersuchungen wider Civil-Beamte, welche den Regierungen untergeordnet sind, das Erkenntniß erster Instanz an dem Tage, an welchem die Eröffnung desselben an den Angeschuldigten verfügt wird, sowohl

a. dem betreffenden Departements-Chef unmittelbar, als
b. der, dem Beamten vorgesetzten Regierung oder Provinzial-Steuer-Direktion,

wegen des Rechtsmittels der Aggravation, und wegen des Interesses, welches die Aufsichtsbehörde an dem Ausfalle des Erkenntnisses zu nehmen hat, mitzutheilen.

Berlin den 12. Dezember 1843.

Der Justiz-Minister
Mühler.

An
sämmtliche Gerichtsbehörden und an
die Herrn Ober-Prokuratoren in der
Rheinprovinz.

I. 5563. Krim. 103. Vol. 2.

104.

Konzessions- und Bestätigungsurkunde vom 18. Dezember 1843, — für die Köln-Mindener Eisenbahn-Gesellschaft.

Wir Friedrich Wilhelm, von Gottes Gnaden, König von Preußen ꝛc. ꝛc.

Nachdem von der unterm 21. August 1837 bestätigten Rhein-Weser-Eisenbahn-Aktien-Gesellschaft das von ihr eingeleitete Unternehmen einer Eisenbahn zur Verbindung des Rheines mit der Weser aufgegeben, und nunmehr anderweitig nach Inhalt des anliegenden Notarial-Aktes vom 9. Oktober d. J. zum Zwecke der Erbauung und Benutzung einer Eisenbahn von Köln nach der Landesgränze bei Minden eine anonyme Gesellschaft mit einem Grundkapitale von Dreizehn Millionen Thalern gebildet worden ist, wollen Wir hierdurch zur Ausführung dieser Eisenbahn, welche von Deutz ausgehen, bei Duisburg die Ruhr überschreiten und nach der Landesgränze bei Minden zum Anschlusse an die von Hannover dorthin zu bauende Eisenbahn geführt werden soll, Unsere landesherrliche Zustimmung ertheilen, zugleich auch hiermit, nach der Bestimmung des Art. 37. des Handelsgesetzbuches Unserer Rheinprovinz, die ebengedachte Gesellschaft mit der Benennung: „Cöln-Mindener-Eisenbahn-Gesellschaft" als eine anonyme Gesellschaft bestätigen, und deren Statuten, wie solche auf Grund der Seitens Unseres Finanzministers gepflogenen Verhandlungen in dem vorerwähnten Notarial-Akte vom 9. Oktober d. J. festgestellt worden sind, mit der Maaßgabe:

zu §. 20., daß die Amortisation der hierin gedachten Dokumente nicht von der Direktion selbst, sondern, auf Grund des von ihr nach §§. 20. und 30. veranlaßten Aufgebotes, von Unserem Landgerichte in Köln auszusprechen ist;

zu §. 30., daß im Falle des Eingehens der Allgemeinen Preußischen Zeitung statt ihrer eine andere in Berlin erscheinende Zeitung gewählt werden muß;

zu §§. 49. und 60., daß die darin erwähnten, von der Direktion außer Kurs gesetzten Aktien auch von der Direktion selbst durch einen nach §. 72. zu unterzeichnenden Vermerk wieder in Kurs gesetzt werden dürfen,

in allen Punkten genehmigen, indem Wir insbesondere, im Anerkenntnisse der Wichtigkeit der obenbezeichneten Eisenbahnverbindung für die allgemeinen Landes-Interessen, für die Zinsen des Aktien-Kapitales, wie dasselbe im §. 9. der Statuten vorläufig angenommen worden und demnächst in Gemäßheit des

§. 15. definitiv festgestellt werden wird, und zwar zum Satze von Drei und Ein Halb Prozent, unter den in den Statuten enthaltenen näheren Bestimmungen und Bedingungen die Garantie des Staates hierdurch bewilligen.

Zugleich bestimmen Wir, daß, so weit nicht in den ebenerwähnten Statuten besondere Festsetzungen getroffen worden, die in dem Gesetze über die Eisenbahn-Unternehmungen vom 3. November 1838 ergangenen allgemeinen Vorschriften, namentlich diejenigen über die Expropriation, nebst den besonderen Bestimmungen und Maaßgaben, welche in dem am 10. April 1841 mit der Königlichen Hannöverischen und der Herzoglich Braunschweigischen Regierung wegen der Herstellung einer Eisenbahn von Magdeburg über Braunschweig und Hannover nach Minden abgeschlossenen Staatsvertrage (Gesetz-Sammlung für 1842 S. 46 ff.) hinsichtlich der Strecke von Minden bis zur Landesgrenze enthalten sind, auf die vorgedachte Eisenbahn-Unternehmung Anwendung finden sollen.

Die gegenwärtige Konzessions- und Bestätigungsurkunde soll nebst den in dem mehrerwähnten Notarial-Akte vom 9. Oktober d. J. enthaltenen Statuten durch die Gesetz-Sammlung bekannt gemacht werden.

Gegeben Charlottenburg den 18. Dezember 1843.

(L. S.) Friedrich Wilhelm.

Mühler, v. Bodelschwingh.

Statuten
für die
Köln-Mindener-Eisenbahn-Gesellschaft.

Erster Abschnitt.
Allgemeine Bestimmungen.

Tit. I.
Zweck und Befugnisse der Gesellschaft.

§. 1. Zum Zweck der Erbauung und Benutzung einer Eisenbahn von Köln bis zur Landesgrenze bei Minden wird eine anonyme Gesellschaft nach den Bestimmungen des Preußisch-Rheinischen Handelsgesetzbuches, und zwar nach den Artikeln 29—37. desselben, gebildet, welche den Namen

Köln-Mindener-Eisenbahn-Gesellschaft

annimmt und ihren Sitz in der Stadt Köln hat.

§. 2. Die Gesellschaft wird dem Staate und dem Publikum gegenüber durch die Direktion, respektive den Administrationsrath, nach Maaßgabe der später folgenden Bestimmungen, vertreten.

§. 3. Die Bahn wird von Deutz ausgehen, bei Duisburg die Ruhr überschreiten und nach der Landesgränze bei Minden zum Anschlusse an die von Hannover dorthin zu bauende Bahn geführt werden; die Strecke von Minden bis zur Landesgränze wird jedoch nicht eher in Bau genommen, als bis der Staat nach Maaßgabe der noch mit der Königlich Hannöverschen Regierung zu führenden Verhandlungen die Zustimmung dazu ertheilt.

Die Bestimmung der Bahnlinie und die Festsetzung des Bauprojektes bleibt dem Königlichen Finanzministerium vorbehalten.

§. 4. Die Gesellschaft kann den Güter- und Personentransport auf der Bahn für eigene Rechnung betreiben. Sie wird, wenn auch andere Unternehmer diese Transporte besorgen möchten, davon ein Bahngeld erheben. Der Tarif sowohl für die Güter- als auch für die Personenbeförderung, so wie der Tarif für das Bahngeld, imgleichen jede Aenderung dieser Tarife, bedarf der Zustimmung des Königlichen Finanzministeriums. — Auch bleibt demselben nicht nur die Genehmigung, sondern, um das nothwendige Ineinandergreifen mit den Fahrten auf anderen Bahnen zu sichern, auch die Abänderung der Fahrpläne vorbehalten.

§. 5. Mit landesherrlicher Genehmigung kann die Gesellschaft auch Zweigbahnen von den nicht von der Hauptbahn berührten Orten zur Hauptbahn bauen und benutzen. Ueber die Anlage solcher Zweigbahnen beschließt die General-Versammlung; jedoch wird hinsichtlich der projektirten Zweigbahnen nach Mülheim a. d. Ruhr, nach Ruhrort und nach dem Hafen bei Duisburg die Beschlußnahme dem Administrationsrathe übertragen.

§. 6. Sollte in Folge weiterer Vervollkommnung in den Transportmitteln eine noch bessere oder wohlfeilere Förderung der Transporte, als auf Eisenschienen, möglich werden, so kann die Gesellschaft auch das neue Förderungsmittel herstellen und die Bahn, demselben angemessen, nach Anleitung des §. 4. benutzen.

§. 7. Die Gesellschaft kann, unter Genehmigung des Königlichen Finanzministeriums, mit den Unternehmern von Eisenbahnen, die in direkter Verbindung mit ihrer (der Gesellschaft) Bahn stehen oder errichtet werden, Verträge wegen der gegenseitigen Benutzung schließen, oder auch in solchen Eisenbahnen sich betheiligen.

§. 8. Die Gesellschaft kann, ebenfalls unter Genehmigung des Königlichen Finanzministeriums, für ihre Rechnung, jedoch nicht mit ausschließlichem Privilegium, die erforderlichen Einrichtungen zur Besorgung der Personen und Güter von und nach den Stationsplätzen herstellen; dies bezieht sich nur auf die diesen Plätzen nahe gelegenen Orte.

Titel II.

Aktien-Kapital und Anleihen.

§. 9. Das Aktien-Kapital wird vorläufig auf dreizehn Millionen Thaler festgesetzt, und zerfällt in 65,000 auf den Inhaber lautende Aktien, jede im Betrage von 200 Thalern.

a) Von diesem Aktien-Kapital übernimmt der Staat den siebenten Theil, in runder Summe von 1,860,000 Thalern, oder 9300 Stück Aktien.

b) Die übrigen sechs Siebentel, in runder Summe von 11,140,000 Thalern, werden durch 55,700 Stück Aktien, welche im Wege der Aktienzeichnung untergebracht werden, beschafft.

§. 10. Die Einzahlungen auf die Aktien erfolgen, nach der Wahl der Aktionäre, in Köln, Düsseldorf und Berlin, so wie in den Städten, welche sonst zu diesem Zweck etwa designirt werden. Die Direktion hat deshalb die erforderlichen Bestimmungen zu erlassen. Die gedachten Einzahlungen sind in Raten bis zu 20 Prozent sukzessive nach den näheren Bestimmungen der Direktion zu leisten, und zwar innerhalb zweier Monate nach einer von der letzteren erlassenen öffentlichen Aufforderung.

§. 11. Wer auf die im §. 9 b. gedachten Akrien nicht innerhalb der im §. 10. bezeichneten Frist die Einzahlungen leistet, hat eine Konventionalstrafe von 10 Prozent der in Rückstand gebliebenen Raten zum Vortheil der Gesellschaft verwirkt. Wenn innerhalb zweier ferneren Monate, nach einer erneuerten öffentlichen Aufforderung, die Zahlung noch immer nicht erfolgt, so ist die Gesellschaft berechtigt, die bis dahin eingezahlten Raten als verfallen, und die durch die Ratenzahlungen, so wie durch die ursprüngliche Unterzeichnung dem Aktionär gegebenen Ansprüche auf den Empfang von Aktien für vernichtet zu erklären. Eine solche Erklärung erfolgt nach Beschluß der Direktion durch öffentliche Bekanntmachung unter Angabe der Nummern der Aktien.

An die Stelle der auf diese Art ausscheidenden Aktionäre können von der Direktion neue Aktienzeichner zugelassen werden. Dieselbe ist aber auch berechtigt, so lange die ersten Aktienzeichner nicht ihrer Verhaftung entlassen sind, die fälligen Einzahlungen nebst der Konventionalstrafe gegen die ersten Aktienzeichner gerichtlich einzuklagen.

§. 12. Ueber den Betrag der Aktien hinaus ist der Aktionär, unter welcher Benennung es auch sey, zu Zahlungen nicht verpflichtet, den einzigen Fall der im §. 11. vorgesehenen Konventionalstrafe ausgenommen.

§. 13. Die Aktien-Dokumente werden nach einem dem Königlichen Finanzministerium zur Genehmigung vorzulegenden Formulare ausgefertigt und von wenigstens zwei Direktoren, so wie von dem Spezial-Direktor oder einem ihn vertretenden Beamten unterzeichnet.

§. 14. Sämmtliche auf die zu emittirenden 65,000 Stück Aktien geleistete Einzahlungen werden während der Bauzeit bis zum Schlusse des Jahres, in welchem die ganze Bahn von Köln nach Minden in Betrieb gesetzt wird, mit vier Prozent jährlich verzinset; diese Zinsen werden aus dem Kapitale (§. 9.) entnommen, so weit sie nicht durch den bis zu jenem Zeitpunkte aus dem Betriebe aufkommenden Ertrag gedeckt werden.

§. 15. Bei Ablauf des eben (§. 14.) gedachten Jahres wird das Kapital, welches sich

a) für den Bau der Bahn von Köln nach der Landesgränze bei Minden sammt allem Zubehör,
b) für das Betriebsmaterial,
c) für die Bestreitung der Generalkosten,
d) für die Zinsen der geleisteten Einzahlungen (§. 14.)

als nothwendig ergiebt, mit Zuziehung des Königlichen Finanzministeriums definitiv berechnet und festgestellt. — Sofern sich ein Mehrbedarf über den angenommenen Betrag von 13,000,000 Thalern herausstellen sollte, wird dieser Mehrbedarf entweder durch Erhöhung des Aktien-Kapitals in der Art, daß von den anderweit zu emittirenden Aktien ein Siebentel vom Staat übernommen, der Ueberrest im Wege der Aktienzeichnung untergebracht wird, oder durch Aufnahme einer Anleihe mittelst Emission auf den Inhaber lautender Obligationen beschafft. Die Beschlußnahme über die Wahl des einen oder des anderen Weges erfolgt auf den Vorschlag der Direktion durch den Administrationsrath unter Zustimmung des Königlichen Finanzministeriums.

§. 16. Vom 1. Januar des auf die Eröffnung der ganzen Bahn von Köln nach Minden folgenden Jahres an wird der aufkommende Ertrag dieser Bahn, sowie eventuell der weiteren Strecke bis zur Landesgränze (§. 3.) nach Maaßgabe der folgenden Bestimmungen auf das im §. 9. angenommene, resp. das nach §. 15. erhöhete Aktien-Kapital als Zinsen und Dividenden vertheilt:

I. Aus dem aufkommenden Ertrage werden zunächst

a) die Verwaltungs-, Unterhaltungs- und Betriebs-Kosten, mit Einschluß der für die Erneuerung des Ober-Baues und des Betriebs-Materials erforderlichen Beträge,
b) die Zinsen für die etwa zu emittirenden Obligationen, einschließlich des für deren Amortisation auszusetzenden Fonds,

entnommen.

II. Von dem hiernächst verbleibenden Ertrage wird jährlich eine mit Zustimmung des Königlichen Finanzministeriums, auf den Antrag der Direktion vom Administrationsrathe festzusetzende Quote zur Bildung eines Reservefonds für außerordentliche und nicht vorherzusehende Fälle vorweg entnommen.

Der Bestand desselben darf nur in Folge eines der Genehmigung des Königlichen Finanzministeriums unterliegenden Beschlusses des Administrationsrathes über 3 Prozent des Aktien-Kapitals erhöht werden.

III. Der nach Abzug der Beträge sub I. und II. sich ergebende Rest bildet den Reinertrag. Aus demselben werden zunächst auf sämmtliche Aktien 3½ Prozent jährliche Zinsen in halbjährlichen Terminen gezahlt.

Der Ueberschuß wird nach Abzug der den Mitgliedern des Administrationsrathes und der Direktion, sowie den Beamten statutengemäß oder kontraktlich zu gewährenden Tantièmen, vorbehaltlich des nach Nr. IV. dem Staate zufallenden Antheils, auf sämmtliche Aktien als Dividende vertheilt.

IV. Wenn der Reinertrag (Nr. III.) sich auf mehr als 5 Prozent des Aktien-Kapitals (§. 9. resp. 15.) beläuft, so fällt von diesem Ueberschusse über 5 Prozent der dritte Theil dem Staate zu, um nach seinem Ermessen zur Ausgleichung etwa geleisteter oder künftig zu gewährender Zinszuschüsse (§. 17.) oder zum Ankaufe von Aktien nach dem Tageskurse verwendet zu werden.

§. 17. Für den Fall, daß der Reinertrag (§. 16. III.) nicht dazu hinreichen sollte, um für die sämmtlichen Aktien einen jährlichen Zinsgenuß von 3½ Prozent zu gewähren, wird vom Staate der hierzu nöthige Zuschuß geleistet, und dieser Zinsgenuß unbedingt garantirt, so lange nicht die Amortisation der Aktien vollständig beendigt ist.

§. 18. Mit jeder Aktie werden für eine angemessene Zahl von Jahren Zinskupons ausgereicht, welche mit einem Kontrollzeichen des Königlichen Finanzministeriums versehen und nach Ablauf des letzten Jahres durch neue ersetzt werden.

Die Einlösung der Zinskupons und die Zahlung der Dividenden erfolgt in Köln, Düsseldorf und Berlin, sowie in denjenigen Städten, welche etwa sonst noch von der Direktion mit Zustimmung des Königlichen Finanzministeriums hierzu bestimmt werden.

§. 19. Die Zinsen und Dividenden, welche nicht innerhalb vier Jahre, vom Tage der ersten öffentlichen Aufforderung an gerechnet, und nach zweimal, in Zwischenräumen von wenigstens Einem Jahre wiederholt erlassenen desfallsigen öffentlichen Aufforderungen, in Empfang genommen worden sind, verfallen der Gesellschaft.

§. 20. Sollen angeblich verlorene oder vernichtete Aktien, Zinskupons oder Dividendenscheine mortifizirt werden, so erläßt die Direktion dreimal, in Zwischenräumen von vier Monaten, eine öffentliche Aufforderung, jene Dokumente einzuliefern oder die etwaigen Rechte an dieselben geltend zu machen. Sind, nachdem zwei Monate nach der letzten Aufforderung vergangen die Dokumente nicht eingeliefert oder die Rechte nicht geltend gemacht worden, so erklärt die Direktion die Dokumente öffentlich für nichtig oder verschollen, und fertigt an deren Stelle andere aus.

Die Kosten dieses Verfahrens fallen nicht der Gesellschaft, sondern den Betheiligten zur Last.

§. 21. Die emittirten Aktien, mit Ausschluß des vom Staate selbst nach §. 9 a., resp. §. 15. übernommenen Siebentels werden durch allmälige Einlösung nach dem Nennwerth vom Staate erworben und amortisirt. Von den amortisirten Aktien bezieht der Staat die Zinsen und Dividenden.

Zur Amortisation werden vom Staate, und zwar von dem auf die Eröffnung der ganzen Bahn von Köln nach Minden folgenden Jahre ab, jährlich verwendet:

1) Die Zinsen und Dividenden, welche auf das vom Staate übernommene Siebentel der Aktien fallen, mindestens also ein halbes Prozent des gesammten Aktien-Kapitals;
2) die Zinsen und Dividenden der amortisirten Aktien.

Zu dieser Amortisation ist der Staat selbst dann verpflichtet, wenn der Reinertrag (§. 16. III.) nicht einen Zinsgenuß von 3½ Prozent gewähren sollte, mithin von ihm, nach der Bestimmung des §. 17., zur Gewährung desselben Zuschuß geleistet werden muß. Andererseits steht demselben die Befugniß zu, den oben unter Nr. 1. gedachten Betrag aus seinen Mitteln jährlich auf 1 Prozent des gesammten Aktien-Kapitals zu erhöhen, wenn auch die Zinsen und Dividenden des von ihm übernommenen Siebentels sich nicht so hoch belaufen sollten.

§. 22. Die auf vorgedachte Weise nach dem Nennwerthe jährlich einzulösenden Aktien werden durch das Loos bestimmt.

Die Ausloosung findet am 1. Juli jedes Jahres Statt, und zwar zunächst am 1. Juli desjenigen Jahres, welches auf die Eröffnung der ganzen Bahn von Köln nach Minden folgt.

Sie geschieht in Gegenwart eines Königlichen Kommissarius, zweier Mitglieder der Direktion und eines protokollirenden Notars.

§. 23. Die Nummern der ausgelooseten Aktien werden dreimal öffentlich bekannt gemacht, und es wird zugleich bestimmt, an welchem Tage des Dezembers desselben Jahres die Kapitalbeträge gegen Ablieferung der Aktien und der nach dem 2. Januar des folgenden Jahres fällig werdenden Kupons (§. 18.) erhoben werden können.

§. 24. Der Inhaber einer ausgelooseten Aktie scheidet mit dem Ablauf desjenigen Jahres, in welchem die Ausloosung stattgefunden hat, aus der Gesellschaft aus, und es gehen von diesem Zeitpunkte ab seine Rechte durch die Ausloosung auf den Staat über.

§. 25. Die Nummern der ausgelooseten Aktien, welche in Folge der Bekanntmachung (§. 23.) nicht zur bestimmten Zeit vorgezeigt werden möchten, werden jährlich während zehn Jahre von der Direktion Behufs Empfangnahme der Zahlung öffentlich aufgerufen. — Diejenigen Aktien, welche nicht innerhalb eines Jahres nach dem letzten öffentlichen Aufrufe zur Einlösung vorgezeigt werden, sind werthlos, welches alsdann von der Direktion, unter Angabe der Nummern der werthlos gewordenen Aktien, öffentlich zu erklären ist. — Die Kosten des Verfahrens werden aus dem Kapitalbetrage für diese Aktien entnommen, und der Ueberschuß wird zu Unterstützungen für das bei der Bahn angestellte Personal verwendet.

§. 26. Sobald sämmtliche nach §. 9., resp. 15. emittirte Aktien vom Staate erworben sind, wird die Bahn von Köln nach der Landesgränze bei Minden und das Betriebsmaterial, nebst dem gesammten Zubehör, dem Reserve-Fond und sämmtlichen Aktivis und Passivis, Eigenthum des Staates.

§. 27. Das nach §. 15. festgestellte Aktien-Kapital kann nur mit landesherrlicher Genehmigung in Folge des Beschlusses einer General-Versammlung erhöht werden.

§. 28. Außer dem im §. 15. gedachten Falle dürfen Anleihen nur in Folge eines der Zustimmung des Königlichen Finanzministeriums unterworfenen Beschlusses der Generalversammlung kontrahirt werden.

Vorübergehende Benutzung von Kredit bei Banquiers gehört nicht unter den Begriff der vorgedachten Anleihen.

Titel III.

Bestimmungen über öffentliche Bekanntmachungen, Abänderungen der Statuten und über Auflösung der Gesellschaft.

§. 29. Jährlich sollen in der General-Versammlung die Resultate der Rechnungsablage und ein Bericht über den Zustand der Geschäfte der Gesellschaft mitgetheilt werden. Diese Resultate und der Bericht werden veröffentlicht.

§. 30. Die in diesen Statuten vorgeschriebenen oder vorgesehenen Bekanntmachungen oder öffentlichen Aufforderungen sind genügend in Beziehung auf die dabei betheiligten Personen erlassen, wenn sie in der Allgemeinen Preußischen Zeitung, in einer Kölnischen, einer Aachener und einer Düsseldorfer Zeitung erschienen sind.

§. 31. Beschlüsse, durch welche eine Abänderung der Statuten bewirkt wird, sind nur dann gültig, wenn sie durch die General-Versammlung mit einer Majorität von wenigstens drei Vierteln der Stimmen der gegenwärtigen oder vertretenen Aktionäre gefaßt werden, und bedürfen vor ihrer Ausführung der landesherrlichen Bestätigung.

Außerdem muß in den Einberufungsschreiben zu solchen General-Versammlungen die beabsichtigte Abänderung angedeutet werden.

§. 32. Die Auflösung der Gesellschaft kann nur in einer für diesen Zweck besonders angekündigten General-Versammlung, in welcher alle Aktionäre das Stimmrecht auszuüben befugt sind, durch eine Majorität von drei Vierteln der Stimmen beschlossen werden.

Bei dieser General-Versammlung hat jede Aktie Eine Stimme. Der für die Auflösung sprechende Beschluß bedarf der landesherrlichen Genehmigung und wird, wenn diese erfolgt, durch die §. 30. erwähnten Zeitungen bekannt gemacht. Die Auflösung kann erst drei Monate nachher erfolgen.

Zweiter Abschnitt.

Die innern Verwaltungs- und Geschäfts-Einrichtungen.

Titel IV.

Die General-Versammlung.

§. 33. Vorbehaltlich der in dem §. 32. enthaltenen Bestimmungen, nehmen nur die Besitzer der Aktien, welche den Besitz derselben in den Büchern der Gesellschaft haben eintragen lassen, Theil an der General-Versammlung. Auch ist zu dem Ende erforderlich, daß die Einschreibung vor dem Datum der öffentlichen Einberufung der General-Versammlung Statt gefunden habe.

Die vorbezeichnete Einschreibung erfolgt auf schriftliche Anmeldung bei der Direktion, entweder gegen Vorzeigung der Aktien oder eines der Direktion als genügend erscheinenden Zeugnisses über den Besitz derselben.

Ueber die erfolgte Einschreibung ertheilt die Direktion auf Verlangen eine Bescheinigung.

§. 34. Wenigstens Einen Tag vor der Genèral-Versammlung müssen die Besitzer der Aktien oder deren Bevollmächtigte sich legitimiren, daß der Besitz noch immer so besteht, wie es in den Büchern der Gesellschaft eingeschrieben ist. Diese Legitimation geschieht bei der Direktion, oder bei den dazu delegirten Direktions-Mitgliedern, oder auch verantwortlichen Beamten, entweder durch Vorzeigung der Aktien oder durch eine genügende Bescheinigung, im Falle der Bevollmächtigung, außerdem durch Einreichung oder Vorzeigung der Vollmacht.

§. 35. Die §§. 33., 34., 39. und 40. sind nicht auf diejenigen Aktien anwendbar, welche der Staat nach §. 9 a., resp. §. 15. übernimmt; es wird in dieser Hinsicht Nachfolgendes festgesetzt: Der Staat wird in der General-Versammlung durch einen von ihm zu bestellenden Kommissarius vertreten, welcher nicht Aktionär zu seyn braucht, und übt durch diesen sein Stimmrecht aus.

Die Zahl der Stimmen, auf welche sich dasselbe erstreckt, ist bei jeder General-Versammlung dem sechsten Theil der durch die sämmtlichen übrigen anwesenden Aktionäre vertretenen Stimmen gleich, so daß der Kommissarius des Staates jedesmal ein Siebentel der gesammten Stimmen führt.

Das Stimmrecht erhöht sich jedoch mit Rücksicht auf die nach § 21. eintretende sukzessive Einlösung der Aktien in dem Maaße. daß dem Staate nach Ablauf von

15 Jahren ein Sechstel,
25 = = Fünftel,
35 = = Viertel,
und demnächst nach 40 = = Drittel der sämmtlichen, in jeder General-Versammlung vertretenen Stimmen zukommt.

§. 36. Die General-Versammlung wird jährlich Einmal regelmäßig im zweiten Jahresquartale oder früher, sonst nur außerzewöhnlich berufen, regelmäßig durch die Direktion, außergewöhnlich durch diese oder in dem durch §. 58. sub 4. vorgesehenen Falle durch den Administrationsrath.

Die Berufung der General-Versammlung erfolgt durch

öffentliche Aufforderung, wenigstens einen Monat vor dem Zusammentritt.

§. 37. Die General-Versammlungen finden in Köln Statt und können mit Genehmigung des Königlichen Finanzministeriums auch in andern Städten gehalten werden.

§. 38. Wer von den Aktionären bei der General-Versammlung nicht erscheint oder nicht durch Bevollmächtigte sich vertreten läßt, ist dessen ungeachtet durch die Beschlüsse jener Versammlung gebunden.

§. 39. Nur die Besitzer von fünf und mehr Aktien sind in der General-Versammlung stimmberechtigt. Das Stimmrecht wird in folgendem Verhältniß ausgeübt:

a) für fünf bis fünfzig Aktien auf jede fünf Aktien Eine Stimme;

b) für die Aktien, welche Jemand über die Zahl von fünfzig hinaus besitzt, bis zu fünfhundert Aktien auf jede zehn Aktien Eine Stimme, und soll für die Aktien, welche Jemand über die Zahl von fünfhundert hinaus besitzt, ein Stimmrecht nicht ausgeübt werden. Hiernach kommen dem Besitzer von fünfhundert und mehr Aktien fünfundfünfzig Stimmen zu.

§. 40. Die Aktionäre können sich in Verhinderungsfällen durch andere stimmberechtigte Aktionäre vertreten lassen, antheilberechtigte Handlungshäuser aber durch ihre Prokuraträger, Gemeinden und öffentliche Institute durch ihre Repräsentanten, Minderjährige durch ihre Vormünder, Ehefrauen durch ihre Ehemänner, wenn diese Vertreter auch nicht Aktionäre sind. Mehr als fünfundfünfzig Stimmen kann ein Einzelner in der Eigenschaft als Bevollmächtigter bei der General-Versammlung in keinem Falle abgeben.

§. 41. Den Vorsitz in der General-Versammlung führt der Präsident, resp. der Vice-Präsident des Administrationsrathes.

§. 42. Der Vorsitzende der General-Versammlung designirt deren Protokollführer, wenn sie nicht vorzieht, ihn zu erwählen.

Das Protokoll wird von dem Vorsitzenden, dem Protokollführer, den gegenwärtigen Mitgliedern der Direktion und von denjenigen Aktionären unterschrieben, welche dies in der Versammlung verlangen.

Die Versammlung kann aus ihrer Mitte auch drei bis sechs Aktionäre zur Mitvollziehung des Protokolls ernennen.

§. 43. Alle Wahlen und Beschlüsse der General-Versammlung finden, vorbehaltlich der in den §§. 31. und 32. enthaltenen Bestimmungen, nach absoluter Stimmenmehrheit Statt; sind die Stimmen gleich, so entscheidet der Vorsitzende. Die

Wahl der Direktion und des Administrationsrathes erfolgt durch geheime Stimmenabgabe, und zwar die Wahl der Direktion zuerst.

§. 44. Bei Wahlen und bei allen Beschlüssen, die sich auf persönliche Verhältnisse beziehen, kann von denjenigen Aktionären, welche in Dienstverhältnissen zur Direktion oder zu den Beamten der Gesellschaft stehen, ein Stimmrecht nicht ausgeübt werden. Die Direktoren können bei der Wahl des Administrationsrathes das Stimmrecht nicht ausüben; sie können jedoch für den Wahlakt die Vollmachten, welche sie etwa von Andern besitzen, einfach übertragen. Sofern dem vom Staate ernannten Mitgliede der Direktion die Ausübung des Stimmrechtes des Staates (§. 35.) mit übertragen worden, findet jedoch die obige Beschränkung auf dasselbe nicht Anwendung.

§. 45. Die Direktion ist befugt, die Beschlußnahme über diejenigen Anträge bis zur nächsten General-Versammlung zu vertagen, welche nicht von ihr oder nicht vom Administrationsrathe ausgehen und der Direktion nicht acht Tage vor der Versammlung schriftlich mitgetheilt worden sind.

Es kann in diesem Falle die Versammlung beschließen, daß sie ohne weitere Berufung an einem der nächsten drei Tage wieder zusammentreten werde, um die Erklärung der Direktion zu hören und desfalls Beschluß zu fassen.

Die General-Versammlung kann das Verfahren bei ihren Verhandlungen und Beschlußnahmen innerhalb der Vorschriften dieser Statuten durch ein Reglement festsetzen, welches der Bestätigung des Königlichen Finanzministeriums unterworfen ist.

Titel V.

Der Administrations-Rath.

§. 46. Der Administrations-Rath besteht aus achtzehn Mitgliedern.

§. 47. Hinsichtlich des Wohnorts der Mitglieder des Administrations-Rathes gilt keine weitere Beschränkung, als daß derselbe nicht über zehn Meilen von der Bahn entfernt sein darf.

§. 48. Der dritte Theil der Mitglieder tritt jährlich aus und wird durch eine neue Wahl ersetzt. Bis die Reihenfolge des Austritts nach der Amtsdauer sich gebildet hat, entscheidet das Loos.

Die Austretenden sind wieder wählbar.

§. 49. Die Mitglieder des Administrationsrathes müssen fünf Aktien besitzen oder erwerben, welche während der Amtsdauer bei der Direktion deponirt und außer Kurs gesetzt werden.

§. 50. Die Wahl der Mitglieder des Administrationsrathes erfolgt durch die General-Versammlung.

Wenn in irgend einer Weise die Stelle eines Mitgliedes des Administrationsrathes vor dem regelmäßigen Ablauf der Amtsdauer vakant wird, so ersetzt die nächste General-Versammlung diese Stelle durch neue Wahl für die noch übrige Amtsdauer des Ausgetretenen.

§. 51. Das Königliche Finanzministerium ernennt jährlich aus den Mitgliedern des Administrationsrathes einen Präsidenten und einen Vice-Präsidenten.

§. 52. Insofern der Administrationsrath sich nicht, nach der im §. 58. sub 5. enthaltenen Befugniß, in Abtheilungen versammelt, sind seine Versammlungen Plenarsitzungen. Diese finden in Köln Statt, es sey denn, daß der Präsident des Administrationsrathes mit der Direktion darüber einig wäre, die Sitzung in einer andern Stadt halten zu lassen.

Wenigstens Einmal jährlich findet eine Plenarsitzung Statt.

§. 53. Das Plenum des Administrationsrathes wird berufen durch den Präsidenten oder in dessen Abwesenheit durch den Vice-Präsidenten, entweder wenn einer von beiden die Berufung für nothwendig erachtet, oder wenn dieselbe von wenigstens sechs Mitgliedern schriftlich verlangt wird, oder endlich wenn die Direktion darauf anträgt.

Die Berufung erfolgt mindestens sechs Tage vor dem beabsichtigten Zusammentritt. In dem Berufungsschreiben sollen die Gegenstände der Berathung im Allgemeinen angegeben werden.

§. 54. Für die Abtheilungen des Administrationsrathes kommen die im §. 58. sub 5. enthaltenen Bestimmungen zur Anwendung.

§. 55. Zur Fassung gültiger Beschlüsse des Plenums müssen, vorbehaltlich der in dem §. 58. enthaltenen Bestimmungen, wenigstens neun Mitglieder versammelt sein.

Die Beschlüsse werden, unter dem vorstehend bemerkten Vorbehalte, nach absoluter Stimmenmehrheit der Anwesenden gefaßt. Ist nicht diese, sondern nur Stimmengleichheit erreichbar, so entscheidet die Stimme des Vorsitzenden.

§. 56. Ueber die Verhandlungen des Administrationsrathes wird Protokoll geführt, welches wie die gefaßten Beschlüsse, von den anwesenden Mitgliedern zu unterschreiben ist.

§. 57. Der Administrationsrath ist verpflichtet:

1) die von den besoldeten Beamten oder Angestellten der Gesellschaft zu leistenden Kautionen auf den Antrag der Direktion oder nach eigenem Ermessen festzustellen;
2) die von der Direktion (jährlich) vorzulegenden Etats zu prüfen und die Genehmigung zu geben oder zu verweigern;

3) über alle Anträge der Direktion Beschluß zu fassen;
4) über die von der Direktion jährlich vorzulegende Rechnung, nach erlangter Ueberzeugung von deren Richtigkeit, Decharge zu ertheilen.

Zur Prüfung dieser Rechnung und der dazu gehörigen Beläge wird jährlich aus der Mitte des Administrationsrathes ein Rechnungs-Revisor von dem Königlichen Finanzministerium ernannt. So lange der Bau der Bahn nicht beendet ist, können auf gleiche Weise mehre Rechnungsrevisoren ernannt werden.

§. 58. Der Administrationsrath nimmt nicht Theil an der ausführenden Verwaltung, für welche die Direktion allein bestellt und verantwortlich bleibt, ist aber zu Folgendem befugt:

1) Er kann, unter Zuziehung des Spezial-Direktors oder eines Direktors, außergewöhnliche Kassenrevisionen bei den Kassirern oder Empfängern der Gesellschaft durch eines oder mehre seiner Mitglieder halten lassen, wozu der Präsident und Vice-Präsident von Amtswegen ohne weitern Beschluß befugt sein sollen.
2) Der Präsident, sowie auch der Vice-Präsident kann in den Bureaus der Direktion von deren Protokollen, Beschlüssen, Büchern und Dokumenten, sowie von ihrer Rechnungsführung und technischen Administration Kenntniß nehmen; auch kann der Administrationsrath mit einer Majorität von wenigstens zwölf Stimmen noch einem sonstigen Mitgliede die Befugniß zu einer solchen Kenntnißnahme beilegen, jedoch nicht für eine längere Zeit als Ein Jahr.
3) Der Administrationsrath kann mit einer Majorität von wenigstens zwölf Mitgliedern einen gewählten Direktor vom Dienste suspendiren, ist alsdann aber verpflichtet, bei der nächsten General-Versammlung auf die Entlassung dieses Direktors anzutragen. Wenn diese Versammlung den Antrag verwirft, so ist dadurch die vom Administrationsrathe ausgesprochene Suspension vom Dienste von selbst aufgehoben.
4) Bei sich ergebender Veranlassung kann der Administrationsrath mit einer Majorität von wenigstens zwölf Stimmen die Berufung einer außerordentlichen General-Versammlung einleiten.
5) Der Administrationsrath kann, wenn wenigstens zwölf seiner Mitglieder versammelt sind, auf den Antrag der Direktion Abtheilungen aus seiner Mitte ernennen und denselben die Funktionen, die er im Ganzen ausübt, theilweise übertragen. Hierbei gelten folgende Regeln:

a) eine Abtheilung muß wenigstens aus drei Mitgliedern bestehen;

b) der Präsident, resp. Vice-Präsident ist Vorsitzender der Abtheilung, zu welcher er designirt ist. Für die Abtheilungen, zu welchen der Präsident oder Vice-Präsident nicht gehört, wird der Vorsitzende aus den designirten Mitgliedern vom Präsidenten ernannt. Wenn in einer Abtheilung der Vorsitzende nicht gegenwärtig ist, so wird der Vorsitz von dem ältesten Abtheilungsmitgliede geführt;

c) die Abtheilung versammelt sich auf Berufung der Direktion, oder eines von ihr kommittirten Direktors oder höhern Beamten;

d) von den Funktionen des Administrationsrathes können den Abtheilungen nicht solche übertragen werden, zu deren Ausübung wenigstens zwölf Mitglieder in der Versammlung gegenwärtig sein müssen. Auch können den Abtheilungen die im §. 61. und §. 70. unter a., f., g. und h. dem Administrationsrathe vorbehaltenen Funktionen nicht übertragen werden;

e) die Direktion kann, wenn sie den Beschluß einer Abtheilung dem Interesse der Gesellschaft zuwiderlaufend erachtet, auf die Entscheidung des Plenums rekurriren.

§. 59. Die Rechnungsrevisoren erhalten für ihre Mühwaltung eine Vergütung, deren Betrag von dem Administrationsrathe festgestellt wird und in der Regel vierhundert Thaler nicht übersteigen soll. Im Uebrigen werden die Mitglieder des Administrationsrathes nicht besoldet, erhalten aber Ersatz der durch ihre Funktionen herbeigeführten Auslagen. Außerdem kann die General-Versammlung beschließen, daß Beträge bis zu Einem Prozent des Ueberschusses, welchen der Reinertrag nach Abzug von $3\frac{1}{2}$ Prozent Zinsen vom Aktienkapital ergiebt, unter die Mitglieder des Administrationsrathes, nach dem Maaßstabe ihrer häufigern oder seltenern Gegenwart bei den Versammlungen, vertheilt werden. Der Präsident und der Vice-Präsident sollen dabei, nach eben diesem Maaßstabe, jeder im dreifachen Verhältniß gegen die übrigen Mitglieder, betheiligt werden.

Titel VI.

Die Direktion.

§. 60. Die Direktion, welche in Köln ihren Sitz hat, besteht aus sieben Mitgliedern. Sechs derselben werden von der General-Versammlung gewählt, und zwar vier aus der Zahl der in Köln und zwei aus der Zahl der in Düsseldorf wohnhaften Aktionäre. — Ein Mitglied, welches nicht Aktionär zu sein braucht, wird vom Staate ernannt; auch bleibt dem letztern vorbehalten, für Verhinderungsfälle einen Stellvertreter für dasselbe zu bestellen.

Die gewählten Mitglieder müssen zehn Aktien der Gesellschaft besitzen oder erwerben, welche während der Amtsdauer von der Direktion außer Kurs gesetzt und deponirt werden.

Alle zwei Jahre, in der ersten auf die ordentliche General-Versammlung folgenden Sitzung der Direktion, treten drei von den gewählten Mitgliedern, und zwar zwei von den in Köln und eins von den in Düsseldorf wohnhaften, aus, und an deren Stelle drei neue Mitglieder ein, welche von der vorgedachten General-Versammlung zu wählen sind. — Der Austritt erfolgt das erste Mal nach dem Loose; demnächst scheiden diejenigen aus, welche in Folge der vorletzten Wahl eingetreten sind. Die Austretenden sind wieder wählbar.

§. 61. Wenn auf irgend eine Weise die Stelle eines gewählten Direktors vor dem regelmäßigen Ablaufe der Amtsdauer vakant wird, so ersetzt die nächste General-Versammlung diese Stelle durch neue Wahl für die noch übrige Amtsdauer des Ausgetretenen. Bis dahin wird dieselbe vom Administrationsrath in seiner nächsten Versammlung, unter Berücksichtigung der im §. 60. hinsichtlich des Wohnortes enthaltenen Bestimmungen, vorläufig besetzt.

§. 62. Die Direktion erwählt jährlich aus ihrer Mitte einen Präsidenten, welcher in Verhinderungsfällen seinen Stellvertreter aus der Zahl der übrigen Mitglieder bezeichnet.

§. 63. Die Direktion versammelt sich regelmäßig in periodischen, im Voraus von ihr festzusetzenden Sitzungen, zu welchen es besonderer Einladungen nicht bedarf, und außerordentlich auf Einberufung des Präsidenten, resp. seines Stellvertreters.

§. 64. In den Einladungen zu den außerordentlichen Versammlungen der Direktion sollen die Gegenstände ihrer Berathung summarisch angegeben werden. Sollen Gegenstände zur Berathung kommen, die nicht auf diese Weise vorgängig bezeichnet sind, so muß die Beschlußnahme darüber, wenn auch nur Ein Mitglied es verlangt, bis zur nächsten Versammlung vertagt werden.

§. 65. Zur Fassung gültiger Beschlüsse müssen wenigstens vier Mitglieder der Direktion gegenwärtig seyn. Sollten sich zu einer Sitzung nicht vier Mitglieder eingefunden haben, so ist die Beschlußfassung in einer anderweitigen Sitzung durch drei Mitglieder, unter denen sich das vom Staate ernannte

Mitglied, resp. dessen Stellvertreter befinden muß, gültig, sofern eine Einladung zu dieser Sitzung unter Bezeichnung der zu berathenden Gegenstände an sämmtliche Mitglieder ergangen ist.

§. 66. Vorbehaltlich der im §. 71. enthaltenen Bestimmungen, werden die Beschlüsse der Direktion nach Stimmenmehrheit der Anwesenden gefaßt; bei Stimmengleichheit giebt die Meinung des Präsidenten den Ausschlag.

§. 67. Die Beschlüsse der Direktion werden von den Mitgliedern, welche dabei konkurriren, unterzeichnet.

Das bei jeder Versammlung der Direktion zu führende Protokoll wird von den anwesenden Mitgliedern unterzeichnet. Die bei den Berathungen vorkommende Meinungsverschiedenheit wird auf Verlangen motivirt ausgedrückt. Die Minorität kann dies auch durch ein dem Protokolle beizufügendes Separat-Votum veranlassen.

§. 68. Die Direktion hat die obere Leitung der Geschäfte und Angelegenheiten der Gesellschaft innerhalb der durch die Statuten gezogenen Grenzen und Formen. Die Direktion vertritt daher die Gesellschaft in allen Verhandlungen und Verträgen mit Behörden oder dritten Personen, insbesondere auch bei Vergleichen, Erwerbung oder Veräußerung von Immobilien, Eintragung und Löschung von Hypotheken, sowie bei allen Rechtsstreitigkeiten oder sonstigen gerichtlichen Verhandlungen.

§. 69. Die Anstellung und Entlassung der Beamten der Gesellschaft, so wie die Feststellung ihrer Besoldung, gehen von der Direktion aus. Sie ist jedoch nicht befugt, Personen für den Dienst der Gesellschaft auf längere Zeit als zehn Jahre zu engagiren; eben so wenig ist sie zur Abschließung von Verträgen befugt, durch welche Pensionen zu Last der Gesellschaft gewährt würden.

§. 70. Ohne Genehmigung des Administrationsrathes ist die Direktion nicht befugt, über nachstehende Gegenstände Beschlüsse auszuführen oder Verträge definitiv abzuschließen, nämlich:

a) die Anstellung des Special-Direktors und aller Beamten oder Hülfsarbeiter, welche für eine längere Zeit als fünf Jahre angenommen werden, oder deren jährliche Besoldung mehr als vierhundert Thaler beträgt;

b) Kauf und Veräußerung von Immobilien, mit Ausnahme der zum Zwecke der Bahnanlage und aller dabei erforderlichen Arbeiten und Materialien zu erwerbenden und resp. erworbenen und später zu jenem Zweck nicht mehr erforderlichen Immobilien;

c) Leistungen von Arbeiten oder Lieferungen auf andere Weise, als durch öffentliche Verdingung an den Mindestfordernden, in sofern das Objekt die Summe von zweitausend

Thalern übersteigt, mit Ausnahme der unter d. und e. bestimmten Fälle;

d) Ankauf oder Verkauf von Maschinen oder Utensilien, wenn der Werth die Summe von zwanzigtausend Thalern übersteigt;

e) Aufführung von Gebäuden und Errichtung von Anlagen, deren Kosten die Summe von zehntausend Thalern übersteigen;

f) Festsetzung des Bahngeldes;

g) Festsetzung des Tarifs für den Transport von Personen, Waaren und sonstigen Gegenständen;

h) Vereinbarungen mit Unternehmern von Eisenbahnen nach Maaßgabe des §. 7.

Die vorbehaltene Genehmigung Seitens des Administrationsrathes kann, so weit es thunlich ist, vorgängig, oder auch nach einem allgemeinen, jährlich aufzustellenden Etat ertheilt werden.

§. 71. Die Direktion kann, wenn sie es vermittelst einer Majorität von wenigstens fünf Stimmen beschließt, einzelne ihrer Mitglieder zur Besorgung besonderer Funktionen delegiren, auch die deshalb erforderlich scheinenden Normen feststellen.

§. 72. Die aus den Beschlüssen der Direktion hervorgehenden Verfügungen, Vollmachten und Verträge sind von zwei Mitgliedern, worunter der Präsident oder dessen Stellvertreter sich befinden muß, zu unterzeichnen; für die laufende Korrespondenz genügt die Unterschrift eines Direktors, welche auch dem Spezial-Direktor übertragen werden kann.

§. 73. Die Mitglieder der Direktion erhalten, außer dem Ersatze für Reisekosten oder andere durch ihre Funktionen veranlaßte Auslagen eine Entschädigung für ihre Mühwaltung.

Diese Entschädigung soll in einer Tantième an dem Ueberschusse, welchen der Reinertrag nach Abzug von 3½ Prozent Zinsen vom Aktien-Kapital ergiebt, bestehen, und kann im Ganzen bis auf 4 Prozent von jenem Ueberschusse durch den Administrationsrath festgesetzt werden.

So lange ein solcher Ueberschuß nicht eingetreten ist, kann der Administrationsrath die Entschädigung bis zum Gesammtbetrage von dreitausend Thalern jährlich gewähren.

Der vom Staate ernannte Direktor erhält von der Gesellschaft keine Besoldung oder weitere Entschädigung für seine Mühwaltung, indem er vom Staate besoldet und für Reise- und andere Kosten entschädigt wird. Ob derselbe an der obigen Tantième Theil nehme, hängt von der Bestimmung des Königlichen Finanzministeriums ab.

Titel VII.

Von den Beamten der Gesellschaft.

§. 74. Als erster Verwaltungsbeamter zur Führung der Geschäfte nach den Beschlüssen der Direktion wird ein Spezial-Direktor angestellt. Die Anstellung desselben, so wie der übrigen Beamten, erfolgt mit den aus §§. 69, 70. und 75. sich ergebenden Maaßgaben durch die Direktion.

§. 75. Dem Königlichen Finanzministerium bleibt die Bestätigung,

a) des Spezial-Direktors und seines etwaigen Substituten,

b) des oder der höhern technischen Beamten für die Leitung des Baues und des Betriebes,

c) des Hauptkassirers

vorbehalten, und zwar hinsichtlich der ad a. und b. gedachten Beamten mit der Maaßgabe, daß es dem Königlichen Finanzministerium frei steht, die von der Direktion hierzu vorgeschlagenen Personen ohne Angabe von Gründen zu verwerfen und in einem solchen Falle die Wahl dieser Beamten selbst zu treffen.

Sowohl die Besoldung der sub a. b. und c. gedachten Beamten, als die sonstigen Verhältnisse derselben und die etwaigen besonderen Bedingungen ihrer Entlassung sind unter Zustimmung des Königlichen Finanzministeriums festzusetzen. Dasselbe kann, auf den Grund eines auf vorgängige Untersuchung und auf den Vortrag des Justitiars von dem Plenum der Königlichen Regierung zu Köln abzugebenden Gutachtens, die gezwungene Entlassung der in diesem Paragraphen bezeichneten Beamten wegen pflichtwidriger oder nachlässiger Dienstführung, und ihre Suspension vom Dienste während der Untersuchung verhängen.

Titel VIII.

Verhältnisse der Gesellschaft zur Staatsregierung.

§. 76. Sollte der Staat in Folge der von ihm übernommenen Zins-Garantie (§. 17.) genöthigt seyn, in fünf auf einander folgenden Jahren einen Zuschuß zu leisten, oder sollte der Zuschuß in einem Jahre mehr als Ein und ein halb Prozent des nach §. 9., resp. §. 15. festgesetzten Aktien-Kapitals betragen, so steht demselben die Befugniß zu, die Administration und den Betrieb der Bahn von Köln nach der Landesgrenze bei Minden zu übernehmen. — Im Falle der Geltendmachung dieser Befugniß ist der Staat hinsichtlich der Verwaltung keinerlei Beschränkungen von Seiten der Gesellschaft unterworfen; dagegen ist er verpflichtet, vollständig Rechnung zu legen und den aufkommenden Reinertrag nach eben den Bestimmungen, welche für die eigene Administration der Gesellschaft gelten (§. 16.), den Aktionären zukommen zu lassen, unter allen Umständen aber die garantirten $3\frac{1}{2}$ Prozent Zinsen zu gewähren. Wenn bei dieser Administration von Seiten des Staats der Reinertrag in drei hinter einander folgenden Jahren mehr als $3\frac{1}{2}$ Prozent des Aktienkapitals betragen hat, ist die Gesellschaft berechtigt, die Verwaltung wieder zu übernehmen.

§. 77. Die Eisenbahn-Gesellschaft ist verpflichtet, nach dem Verlangen der Militairverwaltung für die auf der Bahn zu befördernden Transporte von Truppen, Waffen, Kriegs- und Verpflegungsbedürfnissen, so wie von Militair-Effekten jeglicher Art, nöthigen Falls auch außerordentliche Fahrten einzurichten, und zwar dergestalt, daß für dergleichen Transporte nicht bloß die unter gewöhnlichen Umständen bei den Fahrten zur Anwendung kommenden, sondern auch die sonst noch vorhandenen Transportmittel benutzt werden.

Auch bleibt der Militair-Verwaltung vorbehalten, sich zu dergleichen Transporten eigener Transport- und Dampfwagen zu bedienen. In solchen Fällen wird der Gesellschaft, außer der Erstattung der Feuerungskosten, nur ein mäßiges Bahngeld gewährt.

Findet daneben auch die Benutzung der Transportmittel der Gesellschaft Statt, so wird dieselbe nach billig mäßigen Sätzen besonders vergütet.

Die Gesellschaft wird darauf Bedacht nehmen, eine Anzahl von Transportfahrzeugen so einzurichten, daß solche nöthigen Falls auch zum Transport von Pferden benutzt werden können, auch eine Anzahl von Wagen in einer Länge von 12 Fuß zum Gebrauch bei der Absendung der Militair-Effekten bereit zu halten.

§. 78. So weit nicht über die Verhältnisse der Gesellschaft zum Staate in diesen Statuten besondere Festsetzungen enthalten sind, bestimmen sich dieselben nach dem Gesetze über die Eisenbahn-Unternehmungen vom 3. Nov. 1838. Außerdem kommen hinsichtlich der Eisenbahnstrecke von Minden bis zur Landesgränze die besonderen Bestimmungen und Maaßgaben zur Anwendung, welche in dem Staatsvertrage zwischen Preußen, Hannover und Braunschweig über die Ausführung einer Eisenbahn von Magdeburg über Braunschweig und Hannover nach Minden vom 10. April 1841 (Gesetzsammlung für 1842 S. 46) enthalten sind.

§. 79. Die von der Direktion akzeptirten Modifikationen oder Zusätze zu den Statuten, welche die Staatsregierung bei Vollziehung der Konzession etwa vorschreiben möchte, sollen für die Gesellschaft eben so bindend sein, als wenn sie wörtlich in diesen Statuten enthalten wären.

Transitorische Verfügungen.

Art. 1. In Betreff der nach §. 9 b. im Wege der Aktienzeichnungen unterzubringenden 11,140,000 Thaler sind, da diese Summe durch die bisherigen Zeichnungen und Bewerbungen sehr bedeutend überschritten ist, folgende Bestimmungen maaßgebend:

I. Es sind vorzugsweise zu berücksichtigen:

a) die von den Aktionären der Rheinischen Eisenbahn-Gesellschaft angemeldeten Zeichnungen zum Betrage von . . . . 2,095,200 Thlr.

b) diejenigen Aktienzeichnungen, welche auf den Grund der von der Direktion jener Gesellschaft bekannt gemachten Bedingungen vom März 1841 bis zur Summe von . . . . 885,400 Thlr. erfolgt sind;

c) das Stammkapital, welches durch die Unterschriften der am 19. August d. J. zur Begründung der Gesellschaft in Köln zusammengetretenen dreiundfünfzig Aktienzeichner für eine Summe von . . . 347,800 Thlr. gebildet ist.

Solche sind daher für die Totalsumme von . . . . 3,328,400 Thlr. einer Reduktion nicht unterworfen.

II. Auf die nach deren Abzug übrigbleibende Aktien-Summe von . . . . 7,811,600 Thlr. konkurriren:

a) die in Köln auf den Grund der Bedingungen vom 24. August d. J. an demselben Tage angemeldeten Aktienzeichnungen zum Betrage von . . . . 31,470,500 Thlr.

b) diejenigen Aktienzeichnungen, welche bei dem in Düsseldorf zur Gründung einer anonymen Gesellschaft Behufs Herstellung der Köln-Mindener Eisenbahn gebildeten Komité vor dem 15. September d. J. bis zum Belaufe von . . . 11,159,000 Thlr. geschehen sind, wobei jedoch solche Zeichnungen, die für Rechnungen dritter Personen gemacht sind, nur in soweit berücksichtiget werden, als ein dazu bestandener Auftrag bis zum 18. Oktober d. J. einschließlich nachgewiesen wird.

III. Bei der Ausgleichung jener Konkurrenz werden nachstehende Bestimmungen befolgt:

a) So fern dieselben Interessenten sowohl bei der Ostrheinischen Eisenbahn-Gesellschaft, als bei dem Düsseldorfer Komité sich haben einschreiben lassen, wird nur eine Einzeichnung, und zwar bei Verschiedenheit der Summen, die größte berücksichtiget.

Dasselbe gilt hinsichtlich derjenigen, welche sich, sei es in Köln oder in Düsseldorf, zwei- oder mehrmal durch verschiedene Mandatare haben einschreiben lassen.

b) Die Einzeichner von fünf Aktien und weniger sind einer Reduktion nicht unterworfen, auch soll eine solche immer nur in so weit Statt finden, daß dem einzelnen Zeichner eine Betheiligung mit wenigstens fünf Aktien verbleibt.

c) Diejenigen Interessenten, welche nach der Bestimmung bei I. oder nach jener bei III. b. einer Reduktion nicht unterworfen sind, kommen mit den anderweitig von ihnen gemachten Zeichnungen nur in dem Maaße in Ansatz, daß der Betrag dieser Zeichnungen vorab um diejenige Summe gekürzt wird, welche einer Reduktion nicht unterliegt.

d) Der Aktienbetrag, welcher den einzelnen Interessenten, für welche gleichzeitig in Köln und in Düsseldorf Zeichnungen angemeldet worden, in Folge der Reduktion verbleibt, wird nach Verhältniß der für sie in Köln und in Düsseldorf gezeichneten Beträge den respektiven Anmeldern aufgegeben.

Art. 2. Die provisorische Direktion, welche bei Begründung der Gesellschaft am 23. August d. J. erwählt worden ist, hat, nachdem die Vertheilung des Aktienkapitals auf die verschiedenen Aktienzeichner in Gemäßheit der im Art. 1. festgesetzten Bestimmungen erfolgt sein wird, eine Einzahlung von zehn Prozent im Laufe des Monats November d. J. auszuschreiben und einzuziehen.

Die Einzahlungen sind nach näherer Bestimmung der gedachten provisorischen Direktion in Köln, Düsseldorf und Berlin zu leisten, und es werden die eingezahlten Beträge bei der Königlichen Bank deponirt, oder sonst nach der Bestimmung des Königlichen Finanzministeriums sicher niedergelegt.

Wer die ausgeschriebene Einzahlung nicht leistet, kann von der provisorischen, resp. von der definitiven Direktion sofort seines Anrechts verlustig erklärt werden.

Die nächste General-Versammlung wird unmittelbar nach erfolgter Allerhöchster Bestätigung der Statuten von der provisorischen Direktion nach Maaßgabe des §. 36. berufen.

I. 5741. E. 37. Vol. 6.

105.

Verordnung vom 22. Dezember 1843, — die Bestrafung des Spielens an der Spielbank zu Köthen betreffend.

Wir Friedrich Wilhelm, von Gottes Gnaden, König von Preußen rc.

verordnen, um den unglücklichen Folgen, welche aus der Fortdauer der öffentlichen Spielbank zu Köthen für Unsere Unterthanen bereits entstanden sind, künftig vorzubeugen, auf den Antrag Unseres Staatsministeriums, was folgt:

Diejenigen Unserer Unterthanen, welche an der Spielbank zu Köthen spielen oder für ihre Rechnung spielen lassen, sollen, ohne Rücksicht darauf, ob solches aus Gewinnsucht geschehen ist, oder nicht, mit einer Geldstrafe von 10 bis 100 Rthlr., im Unvermögensfalle aber mit Gefängniß von 14 Tagen bis 6 Monate bestraft werden.

Gegen Beamte und Militairpersonen kann außerdem nach Umständen auf Amtsentsetzung erkannt werden.

Studirende, welche an der Spielbank zu Köthen spielen oder für ihre Rechnung spielen lassen, werden mit dem Consilium abeundi bestraft.

Urkundlich unter Unserer Höchsteigenhändigen Unterschrift und beigedrucktem Königlichen Insiegel.

Gegeben Berlin den 22. Dezember 1843.

(L. S.) Friedrich Wilhelm.

Prinz v. Preußen.

v. Boyen, Mühler, v. Nagler, Rother, Gr. v. Alvensleben, Eichhorn, v. Thile, v. Savigny, Frhr. v. Bülow, v. Bodelschwingh, Gr. zu Stolberg, Gr. v. Arnim.

I. 34 de 44. Kriminal. 123.

106.

Verfügung vom 29. Dezember 1843, — die Requisitionen an niederländische Gerichte zu Zeugenvernehmungen und Eidesableistungen in Civilsachen betreffend.

(Reskripte vom 8. Februar 1830, 1. März 1835, 23. Juni 1836 und 3. Oktober 1842, Jahrbücher Bd. 35 S. 127, Bd. 45 S. 294, Bd. 47 S. 505, Bd. 60 S. 576.)

Aus Veranlassung einer Mittheilung des Ministeriums der auswärtigen Angelegenheiten,

die Requisitionen an niederländische Gerichte zu Zeugenvernehmungen und Eidesableistungen in Civil-Sachen betreffend,

wird das Königliche Oberlandesgericht mit Beziehung auf die Reskripte vom 8. Februar 1830, (Jahrbücher XXXV 127), vom 3. Oktober 1842, (Jahrbücher LX 576), vom 23. Juni 1836 (Jahrbücher XLVII 505) und vom 1. März 1835, (Jahrbücher XLV 294) darauf aufmerksam gemacht, daß nach der niederländischen Gerichtsverfassung in Civilsachen, unmittelbare Requisitionen der diesseitigen Behörden überhaupt nicht zu dem beabsichtigten Ziele führen. Es kommt vielmehr in allen dergleichen Prozeß-, Nachlaß- und andern Civil-Sachen lediglich darauf an, daß ein jenseitiger Advokat-Anwalt unter Mittheilung der betreffenden Schriftstücke veranlaßt werde, Namens der interessirenden Parteien die geeigneten Anträge bei dem kompetenten niederländischen Gerichte zu machen. Dies kann nach dem Ermessen der Gerichte und nach der Erklärung der Parteien entweder durch unmittelbare Kommunikation mit dem Anwalt geschehen, oder durch Verwendung an das Ministerium der auswärtigen Angelegenheiten zur Beförderung der diesfälligen Korrespondenz durch die Königliche Gesandschaft im Haag bewirkt werden. Die Gerichte haben auch wegen der bei den niederländischen Gerichten erwachsenden Kosten im Voraus einen Vorschuß zu erfordern, und wenn die diplomatische Vermittelung in Anspruch genommen wird, zugleich ausdrücklich zu bemerken, daß die Erstattung der Kosten gesichert sei.

In Beziehung auf Zeugenvernehmungen durch niederländische Gerichte wird von den letztern auf den Art. 178 des niederländischen Code de procedure civile Bezug genommen, welcher in der französischen Uebersetzung also lautet:

Lorsque dans une contestation on a allegué des faits de nature à être constatés par témoins, le juge ordonnera que la preuve en soit faite à l'audience. Néanmoins le tribunal, lorsqu'il le jugera nécessaire, pourra ordonner que l'enquête sera faite devant un ou plusieurs jugescommissaires.

Eine solche Zeugenvernehmung und Eidesableistung vor einer richterlichen Kommission erfordert aber wieder die Verwendung der Partei an einen bei dem betreffenden Gerichte angestellten Prokurator, welcher demnächst die Vernehmung in Antrag zu bringen hat.

Berlin den 29. Dezember 1843.

Der Justiz-Minister
Mühler.

An
das Königliche Oberlandesgericht zu N.

I. 5539. Requis. 48. Vol. 2.

XXXI.

1844.

Gesetze, Verordnungen, Rescripte.

107.

Verfügung vom 4. Januar 1844, — betreffend die Stempelfreiheit der von Unteroffizieren und Soldaten bei Verehelichungen vorzulegenden Auszüge der Geburts- und Sterbe-Register.

Ew. Hochwohlgeboren Bericht vom 29. November v. J., betreffend die Stempelfreiheit der von Unteroffizieren und Soldaten bei Verehelichungen vorzulegenden Auszüge der Geburts- und Sterberegister ist dem Herrn Finanz-Minister mitgetheilt worden, und erhalten Ew. Hochwohlgeboren hierbei Abschrift dessen Antwortschreibens vom 30. v. Mts. und dessen Anlagen zur Kenntnißnahme.

Berlin den 4. Januar 1844.

Das Justiz-Ministerium
Ruppenthal.

An
den Königlichen Ober-Prokurator
Herrn v. Olfers Hochwohlgeboren
zu Coblenz.

I. 18. Rh. Gen. 62. Vol. 6.

Beilagen.

a.

Die Voraussetzung in dem mittelst geehrten Marginal-Schreibens Ew. Excellenz vom 12. d. M. mir mitgetheilten Berichte des Ober-Prokurators v. Olfers zu Coblenz vom 29. November d. J., daß die für Unteroffiziere und Soldaten in den alten Provinzen Behufs ihrer Verheirathung ausgefertigten Tauf- und Todtenscheine stempelfrei seien, ist unrichtig; vielmehr geht aus dem in Abschrift hier beigefügten Schreiben an das Königliche Kriegs-Ministerium vom 22. Mai 1842 hervor, daß das Finanz-Ministerium eine solche von den Militair-Behörden allerdings in Anspruch genommene Stempelfreiheit niemals anerkannt, im Gegentheil ausdrücklich darauf bestanden hat, daß dergleichen Atteste der gesetzlichen Steuer unterworfen würden. Das Königliche Kriegs-Ministerium hat auch hierauf, wie sich aus der gleichfalls hier beigefügten Abschrift des Antwortschreibens vom 4. Juni 1842 ergiebt, die Ansicht, daß diesen Attesten Stempelfreiheit zugestanden werden könne, fallen lassen, und es liegt mithin kein Anlaß vor, für die Rheinprovinz eine Ausnahme hiervon eintreten zu lassen.

Berlin den 30. Dezember 1843.

v. Bodelschwingh.

An
den Königl. Wirkl. Geheimen
Staats- und Justiz-Minister
Herrn Mühler Excellenz.

b.

Nach der Tarifposition „Atteste" zum Stempelgesetze vom 7. März 1822 Absatz 5. kann es keinem Bedenken unterliegen, daß die pfarramtlichen Atteste, welche zu Kopulationen gebraucht werden, dem tarifmäßigen Stempel von 15 Sgr. für jedes Attest unterworfen sind. Eine gesetzliche Ausnahme für dergleichen pfarramtliche Atteste zu Gunsten der Militairpersonen vom Feldwebel und Wachtmeister abwärts, besteht nicht, und ich sehe mich daher außer Stande, die von Ew. Excellenz in dem gefälligen Schreiben vom 31. März c. gewünschte Stempelfreiheit nachzugeben.

Wenn Ew. Excellenz dabei bemerken, daß die Stempelfreiheit dieser Atteste so lange bestanden habe und auch sonst nirgend Zweifel darüber vorgekommen seien, so muß ich darauf ganz ergebenst entgegnen, daß das Unterlassen des Verbrauchs gesetzlich erforderlichen Stempelpapiers wohl nicht als das Bestehen der Stempelfreiheit angesehen und daraus ein Anspruch auf das Fortbestehen des nicht vorschriftsmäßigen Verfahrens hergeleitet werden kann, welches die Billigung und Zustimmung der Steuerbehörde niemals erhalten hat.

Ew. Excellenz ersuche ich ganz ergebenst, das General-Kommando des 4. Armeekorps hiernach auf das zurückfolgende Schreiben vom 4. Februar c. mit weiterer Instruktion zu versehen, mir aber gefälligst vom Verfügten Mittheilung zu machen, um auch den Provinzial-Steuer Direktor in entsprechender Weise bescheiden zu können.

Berlin den 22. Mai 1843.

v. Bodelschwingh.

An
den Königl. Wirkl. Geheimen
Staats- und Kriegs-Minister
Herrn v. Boyen Excellenz.

c.

In Folge Ew. Excellenz gefälligen Rückäußerung vom 22. Mai d. J.,

nach welcher dieselben auf die meinerseits gewünschte Stempelfreiheit der von Militairpersonen vom Feldwebel abwärts, Behufs ihrer Verheirathung beizubringenden pfarramtlichen Atteste nicht eingehen zu können glauben,

ist dem Königlichen General-Kommando des 4. Armeekorps die demgemäße Bescheidung des Kommandos der 7. Division auf die desfallsige Beschwerde gegen die von der Provinzial-Steuer-Direktion in Magdeburg in Anspruch genommene Stempelpflichtigkeit der gedachten Militairpersonen aufgegeben worden, wovon ich Ew. Excellenz ganz ergebenst zu benachrichtigen nicht ermangele.

Wenn ich hiernach Ew. Excellenz Verlangen genügt habe, so kann ich doch die Besorgniß nicht unterdrücken, daß die Maaßregel, bei aller anscheinenden Geringfügigkeit des Objekts zur Steigerung der Schwierigkeit, gute Unteroffiziere mit ihrem schmalen Einkommen längere Zeit dem Dienste zu erhalten, beitragen werde.

Berlin den 4. Juni 1842.

v. Boyen.

An
den Königl. Wirkl. Geheimen
Staats- und Finanz-Minister
Herrn v. Bodelschwingh
Excellenz.

108.

Verfügung vom 8. Januar 1844, — wonach die Kosten in Untersuchungssachen gegen die unvermögenden Frauen und die noch im väterlichen Hause befindlichen Kinder derjenigen Soldaten, welche den in einigen Städten noch bestehenden Invaliden-Kompagnien angehören, künftig auf die Staatskassen übernommen werden sollen.

Auf den Antrag der Provinzialstände von Schlesien haben Seine Majestät der König durch den Allerhöchsten Landtags-Abschied vom 30. Dezember v. J. zu bestimmen geruht,

daß die Kosten in Untersuchungs-Sachen gegen die unvermögenden Frauen und die noch im väterlichen Hause befindlichen Kinder derjenigen Soldaten, welche den in einigen Städten noch bestehenden Invaliden-Kompagnien angehören, künftig auf die Staatskassen übernommen werden sollen.

Sämmtliche Gerichtsbehörden werden hiervon zur Nachachtung für die Zukunft in Kenntniß gesetzt und zugleich angewiesen, die bereits entstandenen Kosten der Art, soweit sie von den zur Tragung derselben bisher verhaftet gewesenen Kommunen oder Gutsherrschaften noch nicht eingezogen sind, auf den Kriminal-Fond zu übernehmen.

Berlin den 8. Januar 1844.

Der Justiz-Minister
Mühler.

An
sämmtliche Gerichtsbehörden.

I. 107. Krim.-Kosten 17. Vol. 7

109.

Verfügung vom 17. Januar 1844, — betreffend die Mittheilung der in Untersuchungssachen gegen Beamte ergangenen Erkenntnisse an die betreffenden Departements-Chefs und die Königlichen Regierungen.

(Allgemeine Verfügung vom 12. Dezember 1843, Justiz-Ministerial-Blatt S. 304.)

Die allgemeine Verfügung vom 12. Dezember v. J. (Justiz-Ministerial-Blatt S. 304) hat, wie dem Königlichen Oberlandesgericht auf die Anfrage vom 5. d. M. hierdurch eröffnet wird, nicht blos in Beziehung auf das Rechtsmittel der Aggravation, welches nach den bestehenden Gesetzen in fiskalischen Untersuchungen gegen, der Regierung untergeordnete, Civil-Beamte der betreffenden Provinzial-Verwaltungs-Behörde zusteht, sondern auch wegen des Interesses, welches die Aufsichts-Behörde überhaupt an dem Ausfalle des Erkenntnisses zu nehmen hat, allgemein angeordnet:

> daß in allen, also auch in fiskalischen Untersuchungen wider Civil-Beamte, welche den Regierungen untergeordnet sind, das Erkenntniß erster Instanz sowohl dem Departements-Chef, als der dem Beamten vorgesetzten Provinzial-Verwaltungs-Behörde mitzutheilen sei.

Hiernach ist in Beziehung auf die Mittheilung der Erkenntnisse ferner nicht mehr zwischen Kriminal- und fiskalischen Untersuchungen zu unterscheiden, wenn die Untersuchung einen unmittelbaren oder mittelbaren, der Regierung untergeordneten Civil-Beamten betrifft.

Berlin den 17. Januar 1844.

Der Justiz-Minister
Mühler.

An
das Königl. Oberlandesgericht zu N.

I. 156. Krim. 103. Vol. 2.

110.

Verordnung vom 24. Januar 1844, — über die Festsetzung und den Ersatz der bei Kassen und anderen Verwaltungen vorkommenden Defekte.

Wir Friedrich Wilhelm, von Gottes Gnaden, König von Preußen rc.

verordnen zur Ergänzung der bestehenden Vorschriften über die Festsetzung und den Ersatz der bei Kassen und andern Verwaltungen vorkommenden Defekte, auf den Antrag Unseres Staatsministeriums und nach vernommenem Gutachten Unseres Staatsraths, für den ganzen Umfang der Monarchie, was folgt:

§. 1.

Die Feststellung der Defekte an öffentlichem oder Privatvermögen, welche bei öffentlichen Kassen oder anderen öffentlichen Verwaltungen entdeckt werden, ist zunächst von derjenigen Behörde zu bewirken, zu deren Geschäftskreise die unmittelbare Aufsicht über die Kasse oder andere Verwaltung gehört.

§. 2.

Von dieser Behörde ist zugleich festzustellen, wer nach den Vorschriften der gegenwärtigen Verordnung für den Defekt zu haften hat, und bei einem Defekt an Materialien, auf wie hoch die zu erstattende Summe in Gelde zu berechnen ist.

§. 3.

Eben so (§§. 1. und 2.) hat die unmittelbar vorgesetzte Behörde die Defekte an solchem öffentlichen oder Privatvermögen festzustellen, welches, ohne zu einer öffentlichen Kasse oder anderen öffentlichen Verwaltung gebracht zu sein, vermöge besonderer amtlicher Anordnung in den Gewahrsam eines Beamten gekommen ist.

§. 4.

Ueber den Betrag des Defekts, die Person des zum Ersatz Verpflichteten und den Grund seiner Verpflichtung ist von der in den §§. 1. und 3. bezeichneten Behörde ein motivirter Beschluß abzufassen.

§. 5.

Hat diese Behörde die Eigenschaft einer Central= oder Provinzialbehörde, so ist der Beschluß ohne Weiteres vollstreckbar.

§. 6.

In allen andern Fällen unterliegt der Beschluß der Prüfung der vorgesetzten Provinzialbehörde, und wird erst nach deren Genehmigung vollstreckbar.

§. 7.

Der vorgesetzten Centralbehörde bleibt jedoch in allen Fällen unbenommen, einzuschreiten, und den Beschluß selbst abzufassen oder zu berichtigen.

§. 8.

Nach Befinden der Umstände kann die Behörde auch mehrere Beschlüsse abfassen, wenn ein Theil des Defekts sofort klar ist, der andere Theil aber noch weitere Ermittelungen nothwendig macht, imgleichen, wenn unter mehreren Personen die Verpflichtung der einen feststeht, die der andern noch zweifelhaft ist.

§. 9.

In dem abzufassenden Beschlusse ist zugleich zu bestimmen, ob der Beamte zum Ersatz des Defekts oder nur zur Sicherstellung anzuhalten, und im ersten Falle, ob die Exekution unbedingt oder mit welchen näher zu bestimmenden Modifikationen zu vollstrecken.

§. 10.

Der abzufassende Beschluß kann auf die unmittelbare Verpflichtung zum Ersatz gerichtet werden:

1) sofern der Defekt nach dem Ermessen der Behörde durch Vorsatz bewirkt worden,

gegen jeden Beamten, welcher der Unterschlagung oder Veruntreuung als Urheber oder Theilnehmer geständig ist, oder für überführt erachtet wird;

2) sofern der Defekt nach dem Ermessen der Behörde durch grobes Versehen entstanden ist,
   a) gegen diejenigen, welchen die Kasse u. s. w. zur Verwaltung übergeben war, auf Höhe des ganzen Defekts,
   b) gegen jeden andern Beamten, der an der Einnahme oder Ausgabe, der Erhebung, der Ablieferung oder dem Transport von Kassengeldern oder andern Gegenständen vermöge seiner dienstlichen Stellung Theil zu nehmen hatte, nur auf Höhe des in seinen Gewahrsam gekommenen Betrages.

Eben dies gilt gegen die §. 3. genannten Beamten in den daselbst bezeichneten Fällen.

§. 11.

Der abzufassende Beschluß kann ferner auf Beschlagnahme des Vermögens oder Gehalts zur Sicherung des demnächst im Wege Rechtens auszuführenden Anspruchs, sofern der Defekt aus dem Vermögen der §. 10. genannten zunächst verantwortlichen Beamten und deren Dienstkaution nicht zu decken sein sollte, gerichtet werden:

gegen diejenigen, welche zwar die defektirten Gelder oder andere Gegenstände nicht in ihrem Gewahrsam gehabt, aber an deren Vereinnahmung, Verausgabung oder Verschlusse in der Weise unmittelbar Theil zu nehmen hatten, daß der Defekt ohne ihr grobes Verschulden nicht hätte entstehen können.

§. 12.

Sind Beamte, gegen welche die exekutivische Einziehung des Defekts zulässig ist, in der Verwaltung ihres Amtes, wofür sie eine Amtskaution bestellt haben, belassen worden, so ist die Exekution nicht zunächst in diese Kaution, sondern in das übrige Vermögen zu vollstrecken, jedoch so weit die bestellte Kaution reicht, nur auf Sicherstellung eines gleichen Betrages zu richten.

§. 13.

Bei Gefahr im Verzuge kann die unmittelbar vorgesetzte Behörde, auch wenn sie nicht die Eigenschaft einer Provinzialbehörde hat, oder der unmittelbar vorgesetzte Beamte vorläufige Sicherheitsmaaßregeln durch Beschlagnahme des Vermögens oder Gehalts gegen die nach §. 10. der Exekution unterworfenen Beamten ergreifen; es muß aber davon der vorgesetzten Provinzialbehörde ungesäumt Anzeige gemacht, und deren Genehmigung eingeholt werden.

§. 14.

Die Verwaltungsbehörde kann den zur Vollstreckung geeigneten Beschluß selbst zur Ausführung bringen, so weit dieselbe nach den bestehenden Gesetzen Exekution zu verfügen befugt ist. Außerdem ist das betreffende Gericht dieserhalb zu requiriren.

§. 15.

Die Gerichte und Hypothekenbehörden sind verpflichtet, den an sie ergehenden Requisitionen zu genügen, die Exekution gegen die benannten Personen ohne vorgängiges Zahlungsmandat schleunig zu vollstrecken, die Beschlagnahme der zur Deckung des Defekts erforderlichen Vermögensstücke zu verfügen, und die in Antrag gebrachten Eintragungen, wenn sonst kein Anstand obwaltet, im Hypothekenbuche zu veranlassen, ohne auf eine Beurtheilung der Rechtmäßigkeit einzugehen.

§. 16.

Gegen den Beschluß, wodurch ein Beamter zur Erstattung eines Defekts für verpflichtet erklärt wird (§. 10.), steht demselben sowohl hinsichtlich des Betrages als hinsichtlich der Ersatzverbindlichkeit, außer dem Rekurse an die vorgesetzte Behörde, die Berufung auf rechtliches Gehör zu.

Von dieser Befugniß muß jedoch innerhalb Eines Jahres, vom Tage der dem Verpflichteten geschehenen Bekanntmachung des vollstreckbaren Beschlusses, oder wenn der Verpflichtete ausgetreten ist, vom Tage des abgefaßten Beschlusses an, Gebrauch gemacht werden. Die Exekution behält, des eingeschlagenen Rechtsweges ungeachtet, bis zur rechtskräftigen Entscheidung nach Maaßgabe des Beschlusses ihren Fortgang, wenn nicht von der Verwaltung davon Abstand genommen wird.

In der etwa eingeleiteten Untersuchung bleiben dem Verpflichteten, insofern es auf die Bestrafung ankommt, seine Einreden gegen den abgefaßten Beschluß auch nach Ablauf des Jahres, wenn gleich sie im Civilprozeß nicht mehr geltend gemacht werden können, vorbehalten.

§. 17.

Gegen einen Beschluß, wodurch die Beschlagnahme des Vermögens oder Gehalts nach §. 11. angeordnet worden, steht dem Beamten die Berufung auf rechtliches Gehör in derselben Weise zu, wie dies gegen einen gerichtlich angelegten Arrest zulässig ist.

§. 18.

Das gegenwärtige Gesetz findet auf sämmtliche öffentliche Kassen und Verwaltungen und deren Beamte, einschließlich der gerichtlichen, so wie auf die Militairkassen, Magazine und Verwaltungen aller Art, und nicht nur auf Militair-Beamte, sondern auch auf Militair-Personen Anwendung.

Wegen Ausführung des Gesetzes in der Militairverwaltung wird Unser Kriegsminister eine Instruktion ertheilen, welche namentlich die Behörden zu bezeichnen hat, die den nach §§. 5. und 6. an die Provinzialbehörde zur Abfassung oder Bestätigung verwiesenen Beschluß zu erlassen befugt sind.

§. 19.

Wenn in Folge besonderer Gesetze den Behörden oder einzelnen Instituten bereits ein Exekutionsrecht gegen ihre Beamten zusteht, ohne daß es eines von der Provinzialbehörde abzufassenden oder zu bestätigenden Beschlusses bedarf, so behält es dabei sein Bewenden.

§. 20.

Eben so bleiben die Gesetze in Kraft, wodurch die Exekution gegen Erhebungsbeamte wegen gewisser an öffentliche Kassen abzuliefernder Einnahmen ohne Zulassung des Rechtsweges angeordnet ist.

§. 21.

Auf Defekte, welche bei Publikation der gegenwärtigen Verordnung bereits zur Kenntniß der Behörden gekommen sind, soll die gegenwärtige Verordnung ebenfalls angewandt werden, sofern der zu verfolgende Anspruch nicht bereits in den Rechtsweg eingeleitet ist.

Urkundlich unter Unserer Höchsteigenhändigen Unterschrift und beigedrucktem Königlichen Insiegel.

Gegeben zu Berlin den 24. Januar 1844.

(L. S.) Friedrich Wilhelm.

v. Rochow, Mühler, v. Savigny, v. Bodelschwingh, Gr. v. Arnim.

Beglaubigt: Bornemann.

I. 546. Krimin. 15. Vol. 4.

111.

Allgemeine Verfügung vom 29. Januar 1844, — betreffend die in Frankreich zu bewirkenden Insinuationen von Vorladungen und Verfügungen.

(Allerhöchste Kabinets-Ordre vom 4. Juni 1828, Gesetzsammlung für 1828 S. 85.)

Nach einer Mittheilung des Herrn Ministers der auswärtigen Angelegenheiten ist bei den in Frankreich zu veranlassenden Insinuationen von Vorladungen und Verfügungen diesseitiger Gerichte eine Erleichterung des Verkehrs in sofern herbeigeführt worden, als künftig jedesmal ein gerichtlicher Akt über die bewirkte Insinuation nach dem anliegenden Schema veranlaßt werden soll.

Sämmtliche Gerichts-Behörden werden hiervon in Kenntniß gesetzt. Es bleibt jedoch für den Fall, daß die Empfangs-Bescheinigung binnen einer angemessenen Frist nicht eingehen sollte, bei der Bestimmung der Allerhöchsten Kabinets-Ordre vom 4. Juni 1828 (Gesetz-Sammlung für 1828 S. 85):

> daß die Anzeige der jedesmaligen diesseitigen Gesandtschaft: das Insinuendum dem dortigen Ministerium der auswärtigen Angelegenheiten zugestellt zu haben — für hinreichend zu achten, um die Insinuation als vollständig anzunehmen und die rechtlichen Folgen derselben eintreten zu lassen.

Berlin den 29. Januar 1844.

Der Justiz-Minister
Mühler.

An
sämmtliche Gerichtsbehörden.

I. 341. Req. 48. Vol. 2.

No. 238.

Acte Judiciaire.

émané du Tribunal de . . . .
en date du . . . .
sous le No. . . . .
destiné au Sr. . . . .
demeurant à . . . .
arrondissement d . . . .
département d . . . .
notifié à la requête de . . . .
envoyé par . . . . le . . . . 184 . . .

Envoi de l'acte mentionné ci-dessus par M. le Procureur du Roi.	Signification par huissier de cet acte.	Récépissé donné par la personne intéressée.
M. le Procureur du Roi . . . . . . d . . . . invite l'huissier . . . . à remettre, dans le délai de dix jours, l'acte mentionné dans la note ci-dessus, à . . . . Le . . . . 184 . . .	Je soussigné, huissier près le Tribunal de première instance séant à déclare [1]) . . . . l'acte mentionné ci-dessus . . . . . Le . . . . 184 . . .	Je soussigné . . . . reconnais avoir reçu de M . . . . l'acte judiciaire mentionné ci-dessus. Le . . . . 184 . . .

1) L'huissier est tenu d'indiquer dans sa déclaration que la personne à qui l'acte est signifié l'à reçu et a signé le récépissé ci-contre, ou qu'elle a refusé de le recevoir, et, dans le cas où elle serait absente ou inconnue, il déclarera qu'il n'a pu le lui remettre, après avoir fait toutes les perquisitions nécessaires pour la trouver.

Nota. Ce bulletin doit, dans tous les cas, être renvoyé au Ministère des Affaire Etrangères.

112.

Allerhöchste Kabinetsordre vom 5. Februar 1844, — betreffend die ausschließliche Legitimation der Quästur der Universität zu Berlin zur Einziehung und Einklagung der von den Studirenden über gestundete Kollegienhonorare ausgestellten Reverse.

Auf ihren Bericht vom 6. v. M. will Ich hierdurch bestimmen, daß zur Einziehung und Einklagung gestundeter Honorare der Lehrer an der hiesigen Universität aus denjenigen Reversen, welche darüber von jetzt an, der Quästur der Universität von den Studirenden ertheilt werden, nur die Quästur allein legitimirt sein soll, jedoch unbeschadet der Einreden, welche dem Verklagten gegen den stundenden Lehrer oder dessen Rechtsnachfolger zustehen und auch gegen die Klage der Quästur zulässig bleiben. — Diese Bestimmung ist durch die Gesetzsammlung bekannt zu machen.

Berlin den 5. Februar 1844.

Friedrich Wilhelm.

An
die Staats-Minister Mühler und Eichhorn.

I. 1848. U. 19.

113.

Verfügung vom 7. Februar 1844, — die Gebühren der Notarien für die Bekanntmachungen bei öffentlichen Mo- und Immobiliar-Versteigerungen betreffend.

Ew. Hochwohlgeboren wird auf den Bericht vom 18. v. M. betreffend die Gebühren der Notarien für die Bekanntmachungen bei öffentlichen Mo- und Immobiliar-Versteigerungen,

eröffnet, daß da die unter den einzelnen Positionen der Taxordnung für die Notarien vom 25. April 1822 bewilligten Sätze mit wenigen sich von selbst ergebenden Ausnahmen immer nur für Original-Akte bewilligt, für Abschriften und Ausfertigungen aber unter den diesfälligen Positionen besondere Gebühren gestattet sind, — auch die Position:

„für die öffentliche Bekanntmachung“

bei Auktionen und Subhastationen nur von dem Originale dieser Bekanntmachungen verstanden, und daher außer dem dabei angegebenen Tarifsatze für die erforderlichen Abschriften noch die gesetzliche Abschrifts-Gebühr in Ansatz gebracht werden kann.

Eben aber weil diese letztere Gebühr für die Abschriften festgesetzt ist, ist es unzulässig, für die Abschriften einer öffentlichen Bekanntmachung den Tarifsatz „Ankündigung" in Ansatz zu bringen.

Da ferner von dergleichen Bekanntmachungen „Ausfertigungen" im gesetzlichen Sinne nicht zu machen sind, darf es auch nicht gestattet werden, für die Abschriften der erstern Ausfertigungs-Gebühren zu fordern.

Druckkosten, wo sie für die Bekanntmachung verwendet werden mußten, können dagegen als baare Auslagen liquidirt werden. Da endlich die Tax-Ordnung vom 25. April 1822 zwischen den Fällen, wo die Versteigerung im Auftrage eines Gerichts und dem, wo sie ohne einen solchen Auftrag auf Verlangen der Betheiligten erfolgt, keinen Unterschied macht, so gilt das vorstehend Gesagte von beiden Fällen.

Ew. Hochwohlgeboren werden veranlaßt, die Befolgung dieser, zur Kenntniß der Gerichte, Ober-Prokuratoren und Notarien zu bringenden Verfügung sorgfältig zu überwachen.

Berlin den 7. Februar 1844.

Das Justiz-Ministerium.
Ruppenthal.

An
den Königlichen General-Prokurator
Herrn Berghaus Hochwohlgeboren
zu Köln.

I. 334. Rh. Off. Sachen 30. Vol. 3.

114.

Allgemeine Verfügung vom 16. Februar 1844, — betreffend die Vernehmung von Zeugen bei niederländischen Gerichten in diesseitigen Civilsachen.

(Verfügung vom 29. Dezember 1843. — Justiz-Ministerial-Blatt für 1844. S. 19.)

Es ist bereits in der Verfügung vom 29. Dezember 1843 (Justiz-Ministerial-Blatt für 1844. S. 19), darauf aufmerksam gemacht worden, daß nach der niederländischen Gerichtsverfassung in Civilsachen unmittelbare Requisitionen der diesseitigen Behörden nicht zu dem beabsichtigten Ziele führen, sondern ein jenseitiger Advokat-Anwalt veranlaßt werden muß, Namens der interessirenden Parteien die geeigneten Anträge bei dem kompetenten niederländischen Gerichte zu machen.

Die Vernehmung von Zeugen kann bewirkt werden, wenn sich die betreffende Partei an einen bei dem Gericht angestellten Prokurator wendet, welcher nach §. 877, des Königlich Niederländischen Wetboek van burgerlyke Regtsvordering

> das Ansuchen an die Rechtsbank (Tribunal) desjenigen Arrondissements richten wird, in welchem die Personen, die man als Zeugen will vernehmen lassen, oder die größte Anzahl derselben, wohnhaft sind.

Das Gesuchschreiben muß enthalten:

1) die Gründe, die ein vorläufiges Zeugenverhör nothwendig machen,
2) die Thatsache, die man beweisen will,
3) die Namen und Wohnorte der Personen, die man als Zeugen will vernehmen lassen.

Sämmtliche Gerichtsbehörden werden hiervon mit der Anweisung in Kenntniß gesetzt, sich in vorkommenden Fällen danach zu achten.

Berlin den 16. Februar 1844.

Der Justiz-Minister
Mühler.

An
sämmtliche Gerichtsbehörden.

I. 701. Requis. 48. Vol. 2.

115.

Allgemeine Verfügung vom 21. Februar 1844, — betreffend das Verfahren der Gerichte bei Beschlagnahme falscher Münzen.

(Reskript vom 2. Januar 1826, Jahrb. Bd. 27. S. 109; und vom 11. September 1826, Jahrb. Bd. 28. S. 120.)

Nach einer Mittheilung des Geheimen Staats- und Kabinets-Ministers Herrn v. Thile Excellenz hat ein Gericht ein falsches Thalerstück, welches in einer Untersuchungssache in Beschlag genommen worden war, nach erfolgter rechtskräftiger Entscheidung der Sache vernichtet, statt dasselbe den bestehenden Vorschriften gemäß an die Münz-Verwaltung abzuliefern, und dies Verfahren auf die Anfrage der betreffenden Königlichen Regierung damit rechtfertigen wollen, daß das falsche Thalerstück von der General-Münz-Direktion für den Nachguß eines echten Thalers in Zinngemisch, mithin für ganz werthlos, erklärt worden sei.

Die Einlieferung der falschen Münzen nach geschlossener Untersuchung ist jedoch nicht in Beziehung auf den etwaigen Werth derselben angeordnet worden, sondern um in künftigen Fällen jederzeit darüber genaue Auskunft geben zu können, ob die in Beschlag genommenen falschen Münzen zu einer schon bekannten Fabrikation gehören, und die Verfertiger derselben schon entdeckt worden sind, zu welchem Behufe eine genaue Kontrolle über alle zum Vorschein gekommene falsche Münzen geführt wird.

Unter Bezugnahme auf die Reskripte vom 2. Januar 1826 (Jahrb. Bd. 27. S. 109) und vom 11. September 1826 (Jahrb. Bd. 28. S. 120) werden daher sämmtliche Gerichtsbehörden hierdurch angewiesen,

> alle falsche Münzen, welche in gerichtlichen Beschlag genommen werden, nach rechtskräftiger Entscheidung der Sache, auch wenn sie von der General-Münz-Direktion für ganz werthlos erklärt worden sind, nicht selbst zu vernichten, sondern an die betreffende Königliche Regierung, zur weiteren Beförderung an die Münz-Verwaltung, abzuliefern.

Berlin den 21. Februar 1844.

Der Justiz-Minister
Mühler.

An
sämmtliche Gerichtsbehörden.
I. 789. Krim. 122. Vol. 2.

116.

Allerhöchste Kabinets-Ordre vom 1. März 1844, — über die Strafe der Beleidigungen zwischen Militair- und Civilpersonen.

(Cirkular-Reskr. vom 19. Mai 1799 u. Allerh. Ordre vom 9. November 1801. — Akademische Edikten-Sammlung Bd. 10. S. 2397 und Bd. 11. S. 615.)

Es ist bereits in dem Zirkular-Reskripte vom 19. Mai 1799, welches sich auf die Ordre vom 23. April desselben Jahres gründet und in der Ordre vom 9. November 1801 (akademische Ediktensammlung Bd. X. S. 2397 und Bd. XI. S. 615) der Grundsatz ausgesprochen worden, daß, wie jeder Offizier wegen Beleidigungen von Civilpersonen mit Wacht- oder Festungs-Arrest bestraft wird, so auch Civilpersonen wegen Beleidigung von Militairpersonen nicht mit Geldbuße bestraft werden sollen. — Da dieser Grundsatz nicht überall befolgt worden ist, so finde Ich Mich veranlaßt, hierdurch für den ganzen Umfang der Monarchie zu bestimmen, daß bei Beleidigungen zwischen Militair- und Civilpersonen gegen den Beleidiger niemals auf Geldbuße, vielmehr ohne Unterschied des Ranges und Standes, jederzeit auf Freiheitsstrafe erkannt, und in den Fällen, in denen wegen der Beleidigung sonst nur Geldbuße eintreten würde, diese in verhältnißmäßige Freiheitsstrafe umgewandelt werden soll. — Diese Bestimmung findet jedoch auf mittelbare Beleidigungen, wenn Ehefrauen oder andere Angehörige von Militairpersonen beleidigt werden, keine Anwendung. — Diese Ordre ist durch die Gesetzsammlung zur allgemeinen Kenntniß zu bringen.

Berlin den 1. März 1844.

Friedrich Wilhelm.

An
die Staats-Minister v. Boyen
und Mühler.

I. 1849. M. 11. Vol. 3.

117.

Verfügung vom 9. März 1844, — betreffend die Anwendung des Artikels 365 der Strafprozeß-Ordnung.

(Verf. v. 7. November 1839, Justiz-Ministerial-Blatt v. 1839 S. 362.)

Das Justiz-Ministerium ist mit der in Ew. Hochwohlgeboren Berichte vom 23. v. Mts. aufgestellten Ansicht einverstanden, daß die Bestimmung des Artikels 365 der Strafprozeß-Ordnung:

En cas de conviction de plusieurs crimes ou delits, la peine la plus forte sera seule prononcée,

nicht blos in den Fällen Anwendung findet, wenn mehrere Verbrechen (crimes) mit einander, oder Verbrechen mit Vergehen (delits) konkurriren, sondern auch in dem Falle, wenn die begangenen mehrfachen strafbaren Handlungen sämmtlich zu den Vergehen gehören. Es ist nicht denkbar, daß der Gesetzgeber den Thäter bei der Konkurrenz mehrerer Verbrechen, oder bei der Konkurrenz eines Verbrechens mit einem Vergehen, in einem höheren Grade, als bei der Konkurrenz mehrerer Vergehen hätte begünstigen wollen.

Wie in dem Reskripte vom 7. November 1839 (Justiz-Ministerial-Blatt von 1839. S. 362) angeführt ist, findet jedoch der Grundsatz des Artikels 365 der Strafprozeß-Ordnung nur dann Statt, wenn die mehreren Verbrechen oder Vergehen sämmtlich vor der ersten Verurtheilung begangen sind.

In dem vorliegenden Falle ist der N.

1) wegen eines am 30. September 1840 begangenen Diebstahls durch Urtheil vom 4. März 1841 zuchtpolizeilich zu drei Jahren Gefängniß,
2) wegen eines in der Nacht vom 24. auf den 25. August 1840, also eines früher verübten Diebstahls, durch Urtel des Assisenhofes vom 28. Dezember 1841 zu vier Jahren Gefängniß

verurtheilt. Nach den obigen Grundsätzen ist die dreijährige Gefängnißstrafe durch die später erkannte vierjährige für absorbirt zu erachten, diese letztere kann jedoch erst von dem Tage, wo sie ausgesprochen ist, vom 28. Dezember 1841 an, oder wenn der N. den Kassations-Rekurs sollte eingelegt haben, von dem Tage des Urtheils des Revisions- und Kassationshofes an berechnet werden.

Hiernach haben Ew. Hochwohlgeboren das Weitere zu veranlassen und die Wittwe N. auf das für ihren Sohn N. unterm 22. Januar d. J. angebrachte Immediatgesuch zu bescheiden.

Berlin den 9. März 1844.

Das Justiz-Ministerium
Ruppenthal.

An
den Königlichen Ober-Prokurator
Herrn Grundschöttel Hochwohlgeboren zu Köln.

I. 1773. Rhein. Krim. 81.

118.

Verfügung vom 9. März 1844, — die Siegel der Friedensrichter bei Nachlaß-Regulirungen betreffend.

(Code civ. Art. 908.)

Der Justiz-Minister kann der von Ew. Hochwohlgeboren in dem Berichte vom 15. Oktober v. J. ausgesprochenen Ansicht, daß unter dem sceau particulier, dessen sich die Friedensrichter nach Art. 908 der Civilprozeß-Ordnung bei Nachlaß-Regulirungen bedienen sollen, ein Privatsiegel zu verstehen sei, nicht beitreten. Dieser Ansicht steht vielmehr der Ausdruck sceau, welcher, im Gegensatze von cachet, ein öffentliches Siegel bedeutet, entgegen und die Bemerkungen des Redners des Tribunals Gillet können für jene Ansicht nicht angeführt werden, da in denselben die Ausdrücke sceau und cachet wechseln und namentlich der letztere Ausdruck an Einer Stelle offenbar unrichtig statt sceau gebraucht wird. Der Justiz-Minister hat daher bei der bestimmten Vorschrift des Art. 908 der bürgerlichen Prozeß-Ordnung und bei deren offenbaren Zweckmäßigkeit, für die 123 Königlichen Friedensgerichte der Rheinprovinz besondere Nachlaßsiegel anfertigen lassen, welche Ew. Hochwohlgeboren hiebei nebst den Probe-Abdrücken erhalten. Dieselben unterscheiden sich in der äußern Form nach den acht Landgerichts-Bezirken und sämmtlich untereinander in der Umschrift.

Die Siegel sind durch die Landgerichts-Präsidenten und Ober-Prokuratoren den Friedensrichtern unter Verweisung auf den Art. 908 a. a. O. und mit der bestimmten Anweisung, dieselben in ihrem eigenen Gewahrsam zu behalten, zu übersenden; die Probe-Abdrücke sind in den Sekretariaten der Landgerichte zu deponiren.

Das Gräflich Hatzfeldische Friedensgericht zu Wildenburg haben Ew. Hochwohlgeboren zur Anschaffung eines solchen Nachlaßsiegels und zur Einreichung eines Abdrucks bei dem betreffenden Landgerichte anzuweisen.

Berlin den 9. März 1844.

Der Justiz-Minister
Mühler.

An
den Königlichen General-Prokurator
Herrn Berghaus Hochwohlgeboren
zu Köln.

I. 968. Rh. Gener 67.

119.

Vertrag vom 11. März 1844, — mit dem Großherzogthum Luxemburg wegen Auslieferung flüchtiger Verbrecher.

Nachdem Seine Majestät der König von Preußen und Seine Majestät der König der Niederlande, Großherzog von Luxemburg, zur Handhabung einer prompten Rechtspflege für zweckmäßig erachtet haben, eine Uebereinkunft wegen gegenseitiger Auslieferung flüchtiger Verbrecher abzuschließen, so haben Allerhöchstdieselben zu dem Behufe zu Bevollmächtigten ernannt:

Se. Majestät der König von Preußen

Allerhöchst Ihren Kammerherrn, außerordentlichen Gesandten und bevollmächtigten Minister am Königlich Niederländischen Hofe, Hans Carl Albrecht Grafen von Königsmarck, Ritter des Rothen Adlerordens 2. Klasse mit Eichenlaub und des St. Johanniter-Ordens, des Großherrlich Türkischen Nischam-Iftichar 1. Klasse und der großen Dekoration mit dem Bildnisse des Großherrn ꝛc.,

und

Se. Majestät der König der Niederlande, Großherzog von Luxemburg

Allerhöchst Ihren Kammerherrn und interimistischen Staatskanzler für das Großherzogthum Luxemburg, Friedrich Georg Prosper Freiherr von Blochausen, Ritter von dem Stern des Großherzoglich Luxemburgischen Ordens der Eichenkrone, des Königlich Niederländischen Löwenordens und des Königlich Preußischen Rothen Adlerordens 2. Klasse mit dem Stern ꝛc.,

welche Bevollmächtigte, nach vorheriger Mittheilung Ihrer gegenseitigen Vollmachten, über folgende Artikel übereingekommen sind:

Artikel 1.

Die Königlich Preußische und die Königlich Großherzoglich Luxemburgische Regierung, abgesehen von den Verbindlichkeiten, welche die Bundestags-Beschlüsse vom 5. Juli 1832. Art. 1. und vom 18. August 1836. Art. 2., die Kartellkonvention vom 10. Februar 1831 und das Zollkartell vom 11. Mai 1833 auferlegen, verpflichten sich außerdem durch gegenwärtige Uebereinkunft, sich, mit Ausnahme ihrer Nationalen, die von Preußen nach Luxemburg und von Luxemburg nach Preußen flüchtig gewordenen, durch die kompetenten Gerichtshöfe wegen der nachbenannten Verbrechen zur Untersuchung gezogenen oder verurtheilten Individuen gegenseitig auszuliefern, nämlich wegen:

1) Meuchelmord, Giftmischerei, Vatermord, Kindermord, Todtschlag, Nothzucht;
2) Brandstiftung;
3) Schriftverfälschung, mit Inbegriff der Nachmachung von Kassen-Anweisungen, Bankbillets und öffentlichen Papieren;
4) Falschmünzerei;
5) Falschen Zeugnisses;
6) Diebstahl, Prellerei, Erpressung, Unterschlagung Seitens öffentlicher Kassenbeamten;
7) Betrüglichen Bankerott.

Artikel 2.

Wenn das reklamirte Individuum in dem Lande, wohin es sich geflüchtet, bereits wegen eines daselbst begangenen Verbrechens oder Vergehens verfolgt oder gefangen gehalten wird, so kann dessen Auslieferung, bis zur vollendeten Abbüßung seiner Strafe, ausgesetzt werden.

Artikel 3.

Die Auslieferung wird, in sofern nicht Gefahr im Verzuge ist, auf diplomatischem Wege, sonst aber durch unmittelbaren Schriftenwechsel zwischen den beiderseitigen betreffenden Gerichten nachgesucht, und nur gegen Vorzeigung eines kondemnatorischen oder die Versetzung in den Anklagestand feststellenden Urtheils, bewilligt, welches im Original oder in beglaubigter Abschrift durch die kompetenten Gerichtshöfe, in den, durch die Gesetzgebung der, die Auslieferung begehrenden Regierung vorgeschriebenen Formen auszufertigen ist.

Artikel 4.

Wegen der im Art. 1. bezeichneten Handlungen kann der Fremde in beiden Ländern vorläufig gegen Vorzeigung eines Verhaftsbefehls, welchen die kompetente Behörde des reklamirenden Staats in den durch dessen Gesetze vorgeschriebenen Formen erlassen hat, verhaftet werden.

Diese Verhaftung wird nach den durch die Gesetzgebung der requirirten Regierung bestimmten Formen und Vorschriften erfolgen.

Der vorläufig verhaftete Fremde wird in Freiheit gesetzt, wenn ihm nicht binnen vier Monaten, in den durch die Gesetze der requirirenden Regierung vorgeschriebenen Formen, das die Versetzung in den Anklagezustand feststellende oder das kondemnatorische Urtheil bekannt gemacht wird.

Artikel 5.

Die Auslieferung kann nicht stattfinden, wenn seit den angeschuldigten Thatsachen, seit dem Prozeßverfahren oder der

Verurtheilung, die Klage oder die Strafe nach den Gesetzen des Landes, worin der Fremde sich befindet, verjährt ist.

Artikel 6.

Die durch die Arretirung und Haft der auszuliefernden Individuen, so wie durch den Transport derselben bis zur Grenze, erwachsenden Kosten, werden gegenseitig nach den in beiden Ländern bestehenden gesetzlichen Verordnungen und Tarifen erstattet.

Artikel 7.

Die Bestimmungen der gegenwärtigen Uebereinkunft finden nur auf solche Individuen Anwendung, welche sich eins der im Art. 1. verzeichneten Verbrechen haben zu Schulden kommen lassen.

Artikel 8.

Die gegenwärtige Uebereinkunft wird erst zehn Tage nach ihrer, in Gemäßheit der durch die Gesetzgebung beider Länder vorgeschriebenen Formen, erfolgten Publikation zur Ausführung gebracht.

Artikel 9.

Die gegenwärtige Uebereinkunft bleibt auch nach erfolgter Aufkündigung derselben von einer der beiden kontrahirenden Regierungen, noch sechs Monate lang in Kraft.

Sie wird ratifizirt, und die Ratifikationen werden binnen drei Monaten, oder wo möglich früher, ausgewechselt werden.

Zur Urkund dessen haben die oben genannten Bevollmächtigten solche unterschrieben und derselben ihre Wappen beigedruckt.

Geschehen im Haag den 11. März Eintausend Achthundert Vierundvierzig.

Koenigsmarck. (L. S.) de Blochausen. (L. S.)

Deklaration.

Da die hohen kontrahirenden Theile für angemessen erachtet haben, Spezial-Deklarationen in Betreff einiger Bestimmungen auszuwechseln, welche in die Uebereinkunft nicht aufgenommen worden sind, die aber dieselbe Wirkung haben sollen, als wenn sie einen integrirenden Bestandtheil derselben ausmachen, so sind die Unterzeichneten über folgende Punkte übereingekommen:

1) Was den Ausdruck Nothzucht betrifft — sub Nr. 1. des 1. Art. — so soll jeder gewaltsame Angriff auf die Schamhaftigkeit gegen Personen des einen oder des andern Geschlechts, als Verbrechen der Nothzucht angesehen werden, und als solches vorkommenden Falls die Auslieferung veranlassen.

2) Für den Fall, daß der reklamirte Verbrecher keines der beiden kontrahirenden Staaten Unterthan ist, bleibt es einer jeden der beiden hohen Regierungen, sowohl der Preußischen als der Luxemburgischen überlassen, von dem Staate, dem der Verbrecher angehört, die Zustimmung zu dessen Auslieferung an die reklamirende Regierung nachzusuchen; eine Verpflichtung zur Auslieferung wird alsdann nur begründet, sobald diese Zustimmung, in soweit sie nachgesucht war, ertheilt worden ist.

Um jeder Ungewißheit vorzubeugen, zu welcher die Andeutung des im Art. 1. der Uebereinkunft gebrauchten Ausdrucks: „Nationalen," Anlaß geben könnte, wird erklärt, daß von der Auslieferung jedes Individuum ausgenommen ist, welches, bevor es sich in den Staat, den es zuletzt verlassen, begeben hat, ein Unterthan desjenigen Staats gewesen ist, in welchen es auf seiner Flucht gekommen ist, und dessen frühere Verhältnisse nicht nach den Gesetzen dieses Staats aufgelöst worden sind.

3) Obgleich in dem Art. 1. unter denjenigen Verbrechen, welche die Auslieferung nach sich ziehen sollen, nicht der Nachmachung und Verfälschung aller Arten von Papiergeld Erwähnung geschieht, und eben so wenig von der böswilligen Entfernung des auf, aus dem Kurs zurückgezogenen, Papiergelde aufgedrückten gesetzlichen Ungültigkeitszeichens, so wie der in gewinnsüchtiger Absicht erfolgten wissentlichen Benutzung nachgemachten oder verfälschten Papiergeldes, so sollen dennoch die dieser Verbrechen schuldigen Individuen gegenseitig ausgeliefert werden, indem, da die Nachmachung des Papiergeldes nach Preußischen Gesetzen sowohl, als nach den Bestimmungen Nr. 3. Art. 1. der Königlich Großherzoglichen Verordnung vom 31. Dezember 1841. Nr. 2 B., ein Verbrechen der Falschminzerei ist, die bezeichneten Verbrechen resp. unter die Bestimmungen Nr. 3. und 4. des Art. 1. der gegenwärtigen Uebereinkunft begriffen werden.

4) Wenn ein reklamirtes Individuum Verbindlichkeiten gegen Privatpersonen eingegangen ist, an deren Erfüllung es durch seine Auslieferung verhindert wird, so soll dasselbe dennoch ausgeliefert werden nnd bleibt dem dadurch beeinträchtizten

Theile überlassen, seine Rechte vor der kompetenten Behörde geltend zu machen.

5) Die im Art. 6. gebrauchten Ausdrücke „nach den in beiden Ländern bestehenden gesetzlichen Verordnungen und Tarifen" sind so zu verstehen, daß bei dem Ersatz der Kosten, welche die Auslieferung veranlaßt hat, diejenigen Verordnungen und Tarife zum Grunde gelegt werden sollen, welche in dem Lande bestehen, wohin der Verbrecher geflüchtet war.

Deß zu Urkund haben die Bevollmächtigten Sr. Majestät des Königs von Preußen, und Sr. Majestät des Königs der Niederlande, Großherzogs von Luxemburg, gegenwärtige Deklaration unterzeichnet und ihre Wappen beigedruckt.

Geschehen im Haag den 11. März Eintausend Achthundert Vierundvierzig.

Koenigsmark. (L. S.) de Blochausen. (L. S.)

Der vorstehende Vertrag und die dazu gehörige Deklaration sind ratifizirt, und die Ratifikations=Urkunden am 20. Juni d. J. im Haag ausgewechselt worden.

I. 3432. Konventionen 4.

120.

Regulativ vom 29. März 1844, — über die Einrichtung des Gewerbegerichts zu Köln.

Wir Friedrich Wilhelm, von Gottes Gnaden, König von Preußen rc. rc.

Da sich das Bedürfniß gezeigt hat, hinsichtlich des Sprengels des bisherigen Rathes der Gewerbeverständigen zu Köln, sowie über die Wahl seiner Mitglieder und ihrer Stellvertreter neue Bestimmungen zu treffen, so haben Wir auf den Antrag Unserer Minister der Justiz und der Finanzen beschlossen, mit Aufhebung des französischen Dekretes vom 26. April 1811 und der Ordre vom 27. April 1830, nachfolgende Verordnung zu erlassen.

§. 1.

Der Rath der Gewerbeverständigen behält seinen Sitz zu Köln und führt fortan die Benennung: „Königliches Gewerbegericht zu Köln."

§. 2.

Die Zuständigkeit desselben erstreckt sich auf sämmtliche in der Stadt Köln und in den Bürgermeistereien Deutz, Rondorf, Longerich und Müngersdorf betriebene Fabrikationszweige und Handwerke, so wie auf alle innerhalb dieses Sprengels beschäftigte Gewerbtreibende.

§. 3.

Das Gericht besteht aus einem Haupt-Bureau und einer Vergleichs-Kammer, beide zu Köln.

§. 4.

Dasselbe ist zusammengesetzt aus fünfzehn Mitgliedern, welche ihr Amt unentgeldlich verrichten, und zwar aus acht Fabrikherren, welche selbst Handel treiben, und sieben Werkmeistern oder Handwerkern. Sie sind von den Gewerbetreibenden selbst, mit Vorbehalt der Bestätigung durch die Regierung zu Köln, nach den weiter unten folgenden Vorschriften zu wählen.

§. 5.

Die Mitglieder des Gewerbegerichts bilden zugleich die Vergleichskammer dergestalt, daß sie die Verrichtungen derselben nach näherer Bestimmung der Geschäfts-Ordnung abwechselnd monatlich zu versehen haben.

§. 6.

Außer den ordentlichen Mitgliedern sind sechs Stellvertreter, welche ihr Amt gleichfalls unentgeldlich verrichten, zu bestellen, und zwar drei Fabrikherren, welche selbst Handel treiben und drei Werkmeister oder Handwerker. Dieselben sind ebenso wie die Mitglieder, unter Vorbehalt der Bestätigung durch die Regierung in Köln, zu wählen.

§. 7.

Bei der Wahl der Mitglieder und Stellvertreter sind alle in dem Sprengel des Gewerbegerichts wohnhafte Fabrikherren und alle in dem Bezirke desselben ihr Gewerbe treibende Handwerker, welche wenigstens acht Thaler Gewerbesteuer jährlich entrichten, ingleichen alle in dem Sprengel des Gerichts beschäftigte Werkmeister stimmberechtigt; jedoch bleiben hiervon diejenigen ausgeschlossen, welche

1) fallirt, oder
2) durch ein Strafurtheil der im Art. 42. des Strafgesetz-Buches bezeichneten bürgerlichen Rechte verlustig erklärt sind;

so lange sie nicht rehabilitirt worden, oder falls die Aberkennung der bürgerlichen Rechte auf einen bestimmten Zeitraum sich beschränkt, dieser noch nicht abgelaufen ist.

§. 8.

Zu Mitgliedern oder Stellvertretern wählbar, sind alle Handeltreibende Fabrikherren und alle mindestens acht Thaler

Gewerbesteuer jährlich entrichtende Handwerker, so wie alle Werkmeister, welche

a) ihr Gewerbe schon sechs Jahre lang betrieben, und

b) das dreißigste Lebensjahr zurückgelegt haben.

Diejenigen unter ihnen, welche nach §. 7. von der Stimmberechtigung ausgeschlossen sind, dürfen auch nicht gewählt werden.

§. 9.

Damit indessen die verschiedenen Fabrikationszweige und Handwerke in dem Gewerbegericht angemessen vertreten werden, wird Unser Minister der Finanzen und des Handels die Gewerbsklassen, aus welchen die Mitglieder dieses Gerichts zu wählen sind, so wie die Zahl der aus jeder Klasse zu wählenden Mitglieder von drei zu drei Jahren bestimmen.

§. 10.

Die Wahl der Mitglieder und Stellvertreter erfolgt auf Anordnung der Regierung zu Köln und unter dem Vorsitze eines Mitgliedes derselben, oder eines damit beauftragten Beamten, nach Vorschrift der Art. 13. und 19. des Dekrets vom 11. Juni 1809 und der nachfolgenden weiteren Bestimmungen.

§. 11.

Jeder Stimmberechtigte kann nur in Person, nicht aber durch Bevollmächtigte bei der Wahl mitwirken.

§. 12.

Jeder Stimmberechtigte hat die Befugniß, einen Kandidaten in Vorschlag zu bringen.

Dieses geschieht mittelst Eintragung der Namen des Vorschlagenden und des Vorgeschlagenen in ein Verzeichniß, welches unter der Aufsicht des Sekretairs des Gewerbegerichts in dem Dienstlokale desselben während dreier, der Wahl unmittelbar vorhergehenden Tage, offengelegt wird.

Auch in dem Wahltermine selbst, vor der Wahl, kann jeder Stimmberechtigte einen Kandidaten in Vorschlag bringen und die Eintragung von dessen Namen in das Verzeichniß verlangen. Dieses Verzeichniß wird zur Ansicht der Anwesenden vor der Wahl auf den Tisch des Wahlvorstandes niedergelegt.

§. 13.

Die Wahl wird sodann von den anwesenden Stimmberechtigten durch Geheimstimmung auf Stimmzetteln nach absoluter Stimmenmehrheit vollzogen.

§. 14.

Ergiebt die Wahl nicht für alle zu besetzende Stellen eine absolute Stimmenmehrheit, so werden für jede noch zu besetzende Stelle die beiden Kandidaten, welche verhältnißmäßig die meisten Stimmen erhalten haben, zur neuen Wahl gebracht, so lange bis sämmtliche Mitglieder und Stellvertreter mit absoluter Stimmenmehrheit gewählt sind.

§. 15.

Die Wahlverhandlung wird hiernächst zur Bestätigung der gewählten Mitglieder und Stellvertreter an die Regierung in Köln eingesandt, welche auch etwanige Streitigkeiten über die Wählbarkeit und Stimmenberechtigung, sowie über die Gültigkeit der Wahlen, mit Vorbehalt des Rekurses an Unsere Minister der Finanzen und des Handels entscheidet.

§. 16.

Nach erfolgter Bestätigung werden die Gewählten in Gemäßheit der Ordre vom 5. November 1833 (Gesetz-Sammlung für 1833. S. 291) eidlich verpflichtet und in ihre Verrichtungen eingeführt.

§. 17.

Geräth ein Mitglied oder ein Stellvertreter in den Fallit-Zustand, so hört vom Tage des Falliments-Urtheils sein Amt von selbst auf.

§. 18.

Rücksichtlich der Suspension und Amtsentsetzung der Mitglieder und Stellvertreter finden die allgemeinen, wegen der richterlichen Beamten bestehenden Gesetze Anwendung. Das von einer Civilkammer des Landgerichts einzuleitende Disciplinar-Verfahren findet bei verschlossenen Thüren, unter Beachtung der für das Disciplinar-Verfahren gegen richterliche Beamte vorgeschriebenen Formen Statt.

§. 19.

Der Sekretair des Gewerbegerichts wird von dem Gewerbegerichte nach Vorschrift des Dekrets vom 11. Juni 1809 nach absoluter Stimmenmehrheit gewählt und auf Kündigung angestellt.

Derselbe darf nicht selbst Mitglied des Gerichts oder Stellvertreter sein; er muß die nöthige Geschäftskenntniß besitzen, zum Civilstaatsdienste berechtigt sein und vorzugsweise aus den geprüften Gerichtsschreiber-Kandidaten erwählt werden.

§. 20.

Die Wahl des Sekretairs bedarf der Bestätigung der Regierung zu Köln, nach deren Ertheilung er nach Maaßgabe des §. 16. dieser Verordnung und der Ordre vom 5. November 1833 durch das Gewerbegericht eidlich zu verpflichten ist.

§. 21.

Der Sekretair bezieht für die ihm obliegenden Verpflichtungen ein jährliches Gehalt und die im Dekrete vom 11. Juni 1809 bestimmten Gebühren.

§. 22.

Derselbe kann bei etwa eintretender Anhäufung der Geschäfte von dem Gerichte angehalten werden, einen Gehülfen auf seine Kosten zu halten, dessen Person von ihm in Vorschlag gebracht wird, welcher jedoch vor seinem Dienstantritte die Bestätigung des Gerichts erhalten und darauf von letzterem eidlich verpflichtet werden muß.

§. 23.

Die Amtsdauer der ordentlichen Mitglieder des Gewerbegerichts ist auf drei Jahre festgesetzt. Die Ordnung, in welcher dieselben austreten und neue gewählt werden, steht schon durch das Dienstalter der Mitglieder des bisherigen Rathes der Gewerbeverständigen fest.

§. 24.

Diejenigen Stellen, welche durch den ordentlichen Dienstaustritt oder durch sonstigen Abgang zur Erledigung kommen, werden vor dem Jahresschlusse durch neue Wahl nach den obigen Bestimmungen wieder besetzt.

Die Verzeichnisse der Stimmberechtigten zu diesen neuen Wahlen werden nach den Bestimmungen des Art. 14. des Dekrets vom 11. Juni 1809 mittelst Offenlegung derselben in dem Geschäftslokale des Oberbürgermeisters der Stadt Köln und Eintragung der Stimmfähigen auf deren Anmeldung aufgenommen. Dieselben haben sich zu dem Ende über Entrichtung der Gewerbesteuer in der oben bestimmten Höhe oder über ihre Eigenschaft als Werkmeister auszuweisen.

§. 25.

Für die außerordentlicher Weise erledigten Stellen geschieht die Wiedererwählung nur für die Zeit, welche die Abgehenden noch im Amte zu bleiben verpflichtet gewesen wären.

§. 26.

Die austretenden Mitglieder des Gewerbegerichts sind jederzeit wieder wählbar.

§. 27.

Die Amtsdauer der Stellvertreter ist gleichfalls auf drei Jahre beschränkt; bevor durch dieselbe die Ordnung des Austrittes sich von selbst bestimmt, treten nach dem ersten und zweiten Jahre je ein Fabrikherr und ein Werkmeister oder Handwerker aus. Die Reihefolge des Austritts wird durch das Loos bestimmt.

§. 28.

Die austretenden Stellvertreter sind ebenfalls jederzeit wieder wählbar.

§. 29.

Die Kompetenz und die Amtsverrichtungen des Gewerbegerichts, sowie das Verfahren bei demselben, imgleichen die Wirksamkeit der Vergleichskammer bestimmen sich nach den, hinsichtlich der Räthe der Gewerbeverständigen in der Rhein=

provinz bestehenden oder in der Folge ergehenden allgemeinen Vorschriften. Die Urschriften der Erkenntnisse sind von dem Präsidenten oder dessen Stellvertreter und von dem Sekretair zu unterzeichnen. Die Stempel zu den betreffenden Verhandlungen sind nach den Vorschriften des Gesetzes wegen der Stempelsteuer vom 7. März 1822 und den solches ergänzenden und erläuternden Verordnungen zu verwenden.

§. 30.

Die Ordnung der Sitzungen und der Geschäftsführung in dem Gewerbegerichte, wie in der Vergleichskammer, wird durch ein Regulativ bestimmt, welches von dem Gewerbegericht zu entwerfen und der Regierung zu Köln zur Bestätigung einzureichen ist.

Jedenfalls muß das Gewerbegericht alle vierzehn Tage wenigstens einmal und die Vergleichskammer wöchentlich wenigstens viermal zusammentreten.

§. 31.

Das Lokal für die Sitzungen und die Geschäftsführung des Gewerbegerichts, sowie der Vergleichskammer ist von der Stadtgemeinde Köln unentgeldlich zu beschaffen.

§. 32.

Die Kosten für Schreibmaterialien und Kopialien hat der Sekretair ohne besondere Vergütung zu bestreiten.

§. 33.

So weit die aus der Staatskasse zum Sekretair-Gehalt und zu den Bureaukosten bewilligten 420 Thlr. nicht ausreichen, sondern für Heizung, Erleuchtung, Bedienung oder andere Bedürfnisse des Gewerbegerichts und der Vergleichskammer noch weitere Geldmittel erforderlich sind, so sind solche von den Gewerbetreibenden selbst aufzubringen. Ueber die Art der Vertheilung des aufzubringenden Bedarfs auf die einzelnen Interessenten bleibt die Bestimmung Unserm Minister der Finanzen und des Handels vorbehalten.

Urkundlich unter Unserer Allerhöchst eigenhändigen Unterschrift und beigedrucktem Königlichen Insiegel.

Berlin den 29. März 1844.

(L. S.) Friedrich Wilhelm.

Mühler, v. Bodelschwingh.

I. 1958. Rh. Gen. 52. Vol. 3

121.

Allgemeine Verfügung vom 11. April 1844, — betreffend die Berücksichtigung der versorgungsberechtigten Militairpersonen bei Besetzung der etatsmäßigen und diätarischen Subalternstellen bei den aus Staatsfonds unterhaltenen Gerichtsbehörden.

Aus den, in Folge der Verfügung vom 26. Oktober v. J., eingereichten Verzeichnissen derjenigen Militairpersonen,

a) welche bei den Justizbehörden in etatsmäßigen Kanzlisten- oder in diätarischen Subalternstellen am Schlusse des Jahres 1842 überhaupt angestellt waren, und

b) welche im Laufe des Jahres 1842 neu angestellt worden sind,

und aus den mit diesen Verzeichnissen eingereichten Berichten hat der Justiz-Minister in Vergleich mit den alljährlich eingehenden Nachweisungen der, bei den Gerichtsbehörden vorkommenden Personal- und Etats-Veränderungen ersehen, daß von der Mehrzahl der Obergerichte bei Besetzung der Subalternstellen die Allerhöchsten Bestimmungen wegen Berücksichtigung der gedienten und der invaliden Militairpersonen immer noch nicht gehörig beachtet werden.

Indem der Justiz-Minister deshalb im Allgemeinen auf die über diesen Gegenstand bereits erlassenen, namentlich auf die unterm 2. Juni 1838 (Jahrb. Bd. 51. S. 395) und unterm 15. März 1841 (Justiz-Ministerial-Blatt S. 127) ergangenen Verfügungen verweist, werden die Gerichtsbehörden und insbesondere deren Vorstände wiederholt angewiesen, die Ansprüche, welche den zur Versorgung berechtigten Militairpersonen zustehen, mehr als bisher zu beachten, damit den hierüber ertheilten Allerhöchsten Vorschriften vollständig genügt und das Interesse für eine gute Justiz-Verwaltung mit der Sorge für die Unterbringung der Militairpersonen vereinigt wird.

Den Militairanwärtern stehen sämmtliche Subalternstellen, soweit sie dazu qualifizirt sind, offen, und es entspricht den Allerhöchsten Absichten keinesweges, daß dieselben bisher weniger in Subaltern- als in Unterbeamtenstellen versorgt worden sind.

Was insbesondere die Besetzung der diätarischen Hülfsarbeiterstellen betrifft, so ist es nicht zu billigen, wenn von den Militairpersonen eine umfassendere Qualifikation gefordert wird, als zu solchen Stellen nöthig ist, in welchen nach der ausdrücklichen Bestimmung Nr. 4. der Allerhöchsten Kabinets-Ordre vom 31. Oktober 1827 (Jahrb. Bd. 32. S. 299) die versorgungsberechtigten Militairs den Civildienst in der Regel antreten sollen, um, nach erwiesener Qualifikation, ihr Vorrükkeu in etatsmäßige Stellen zu erwarten.

Wenngleich hierdurch den Militairanwärtern kein unbedingter Anspruch auf sofortige Remunerirung eingeräumt ist, so leidet es doch nach den Worten, wie nach dem Sinne der gedachten Allerhöchsten Kabinets-Ordre keinen Zweifel, daß gerade die Stellung eines diätarischen Hülfsarbeiters den Militairpersonen Gelegenheit bieten soll, sich praktisch auszubilden und die Fähigkeit zur selbstständigen Verwaltung einer Subalternstelle zu erwerben.

Der Justiz-Minister erwartet hiernach, daß künftig auf die Ansprüche der zur Versorgung berechtigten Militairs mehr Rücksicht genommen und das Mißverhältniß aufgehoben wird, in welchem die Zahl der im Justiz-Subaltern-Dienst untergebrachten Militairs zu der Zahl der angestellten Civil-Supernumerarien bisher gestanden hat.

Berlin den 11. April 1844.

Der Justiz-Minister
Mühler.

An
sämmtliche Königl. und aus Staatsfonds unterhaltene Gerichtsbehörden.

I. 2184. J. 22. Vol. 4.

122.

Instruktion vom 14. Januar 1844, — für die Wachen, in Hinsicht auf die von ihnen vorzunehmenden Verhaftungen.

Zur Ergänzung der Vorschriften, welche dem zur Aufrechthaltung der öffentlichen Ordnung, Ruhe und Sicherheit auftretenden Militair bereits ertheilt sind, namentlich des Gesetzes über den Waffengebrauch vom 20. März 1837 und der Verordnung vom 17. August 1835 bei Aufläufen und Tumulten, haben Se. Majestät der König nachstehende Instruktion zu genehmigen geruht, welche dem zum Wachtdienst kommandirten Militair bei vorzunehmenden Verhaftungen allgemein zur Richtschnur dienen soll.

§. 1.

Wachen haben ein Recht, Verhaftungen vorzunehmen.

Die jedesmal zum gewöhnlichen oder außergewöhnlichen Wachtdienst der Garnison kommandirten Offiziere und Mannschaften, einschließlich der Offiziere du jour und der Ronde-Offiziere, haben die Befugniß und Verpflichtung, da, wo es gesetzlich nothwendig wird, Verhaftungen vorzunehmen.

§. 2.

Dies Recht erstreckt sich jedoch, a) nicht auf Gesandte und die zur Gesandtschaft gehörenden Personen.

Gesandte fremder Höfe und die zur Gesandtschaft gehörenden Personen dürfen nicht verhaftet werden; doch muß die Wache, wenn sie davon Kenntniß erhält, daß letztere eines Verbrechens schuldig sind, welches sonst die Verhaftung nach sich ziehen würde, dem Gouverneur oder Kommandanten sofort davon Meldung machen. In die Wohnungen der Gesandten dürfen die Wachen nicht eindringen.

§. 3.

b) auf Offiziere nur bedingungsweise.

Keine Wache ist befugt, aus eigener Machtvollkommenheit und ohne von einem höheren Militair-Vorgesetzten den Befehl dazu erhalten zu haben, einen Offizier zu arretiern, es sei denn, daß

1) ein Offizier sich augenscheinlich eines Verbrechens im Allgemeinen oder gegen die Wache selbst schuldig macht;
2) ein Offizier sich außer Uniform, d. i. in Civilkleidern, befände und sich den Anordnungen der Wache widersetzte, in welchem Falle er, wie jede Civilperson seines Standes behandelt wird.

§. 4.

Wer den Wachen gebieten, und wer dieselben nur requiriren kann.

Das Recht, Wachen zu gebieten, haben nur die denselben vorgesetzten Offiziere und Militairbehörden.

Alle übrige Behörden, Offiziere und Privatpersonen können die Wache blos zu ihrer Assistenz requiriren.

§. 5.

Auf welchen Antrieb die Wachen verhaften.

Die von den Wachen vorzunehmenden Verhaftungen erfolgen:

a) vermöge eigener Amtsgewalt;
b) auf Befehl der, den Wachen vorgesetzten Offiziere und Militairbehörden;
c) auf Antrag anderer öffentlichen Behörden;
d) auf Ansuchen von Privatpersonen.

§. 6.

a) vermöge eigener Amtsgewalt.

Vermöge eigener Amtsgewalt verhaften die Wachen:

1) alle diejenigen, welche von ihnen bei Verübung oder beim Versuch eines Verbrechens betroffen, oder unmittelbar darauf durch verfolgende oder umstehende Personen als Urheber der That bezeichnet werden, z. B. Räuber, Brandstifter, Diebe, Tumultuanten, und solche Personen, die sich schwerer Verletzungen Anderer zu Schulden kommen lassen;

2) ferner diejenigen, welche sich den Wachen thätlich widersetzen, sie insultiren oder beleidigen, oder ihren Anordnungen nicht Folge leisten, besonders in Fällen, wo es auf Stillung eines Tumults, Zerstreuung von Aufläufen, Schlichtung von Schlägereien, oder Verhinderung eines, die öffentliche Ruhe störenden Straßen-Unfugs ankommt; desgleichen die Uebertreter allgemein bekannter, am Orte geltender Polizei-Vorschriften, z. B. wegen des Tabackrauchens auf der Straße, wegen schnellen Fahrens und Reitens, Beschädigung der Laternen, Bürgersteige, Brükken rc., welche solche Vergehen Angesichts der Wachen verüben und der ihnen deshalb ertheilten Zurechtweisung nicht sogleich Folge leisten, oder der verwirkten Strafe durch die Flucht sich zu entziehen versuchen;

3) alle Unteroffiziere und gemeine Soldaten, welche, ohne sich im Dienste zu befinden, oder ohne besondere Erlaubniß erhalten zu haben, nach dem Zapfenstreich außerhalb ihres Quartiers betroffen werden.

§. 7.

b) Auf Befehl der ihnen vorgesetzten Militair-Behörden.

Das Recht, den Wachen Verhaftungen zu befehlen, haben die, denselben vorgesetzten Offiziere und Behörden, nämlich: der kommandirende General, der Gouverneur, der Kommandant, oder der, dessen Funktionen versehende Offizier, der Platzmajor, und die zum Garnisondienst kommandirten Offiziere.

Sobald diese, den Wachen vorgesetzten, Militair-Behörden und Offiziere eine Verhaftnehmung befehlen, muß dieselbe ohne weitere Prüfung, lediglich auf die Gefahr des Befehlenden erfolgen.

§. 8.

c) auf Requisitionen anderer öffentlichen Behörden.

Wird von einer anderen öffentlichen Behörde, worunter hier auch alle einzelne, in wirklicher Dienstausübung begriffene

Staatsdiener, insonderheit die zur Aufrechthaltung der Ruhe, Ordnung und Sicherheit bestellten Polizeibeamten, Gensd'armen, Nachtwächter und Armenwächter zu verstehen sind, vermöge ihres Amts auf Verhaftung angetragen, so erfolgt dieselbe gleichfalls ohne weitere Prüfung, auf die alleinige Gefahr des Requirenten.

§. 9.

d) auf Requisitionen von Privatpersonen.

Privatpersonen, welche Jemanden bei Verübung oder bei dem Versuche eines Verbrechens oder schweren Vergehens (§. 6. Num. 1.) betreffen, dürfen um dessen Verhaftung die Wache requiriren.

Einem solchen Antrage ist jedoch, wo nicht augenscheinliche Gefahr im Verzuge obwaltet, nur dann Statt zu geben:

a) wenn der Antragende nach den Umständen außer Stande ist, die Hülfe der Polizeibehörde zeitig genug in Anspruch zu nehmen, oder, wenn er versichert, daß keine polizeiliche Hülfe zur Hand sei;

b) wenn, wie z. B. bei bedeutenden Schlägereien in Wirthshäusern, aus der Veranlassung zu dem Antrage sich entnehmen läßt, daß die Polizei-Behörde nicht im Stande sein würde, ohne Unterstützung des Militairs die Verhaftung vorzunehmen.

Mit Verhaftungsanträgen, welche hiernach für unstatthaft erachtet werden müssen, sind die Antragenden an die Polizei-Behörde zu verweisen.

Wenn dem Antrage Statt gegeben wird, so muß der Antragende die Wache an den Ort führen, wo die Verhaftung erfolgen soll und ihr dort von dem, der die Verhaftung nachgesucht, die zu verhaftende Person bestimmt bezeichnet werden.

Die Verhafteten werden lediglich auf Gefahr des Antragenden abgeführt.

Letzterer aber muß sich über seine Person gehörig ausweisen. Kann er dies nicht, so muß er der Wache folgen, und im Wachthause, ohne jedoch als Arrestat behandelt zu werden, so lange verweilen, bis der schleunigst herbeizurufende nächste Polizeibeamte das Weitere veranlaßt.

§. 10.

Wohin die Verhafteten abzuliefern sind.

Alle Verhaftete werden nach dem nächsten Wachtgebäude gebracht und dem Gouverneur oder Kommandanten, oder dem, dessen Stelle vertretenden ältesten Militair-Befehlshaber gemeldet, der, in sofern die Verhafteten vom Militair sind, weiter über sie disponirt.

Sind die Verhafteten vom Civil, so werden sie sobald als möglich (Betrunkene, wenn sie nüchtern geworden), an die Polizei-Behörde abgeliefert, in den im §. 9. bezeichneten Fällen jedoch erst dann, wenn der herbeizurufende nächste Polizeibeamte dies für nöthig erachtet.

Erklärt sich der Polizeibeamte für die Entlassung des Verhafteten, so muß dieselbe auf seine alleinige Verantwortung erfolgen.

§. 11.

Wie sich die Wachen bei Arretirungen zu verhalten haben.

Die Wachen müssen sich bei vorkommenden Verhaftungen alles unnöthigen Redens, so wie aller wörtlichen und thätlichen Beleidigungen gänzlich enthalten, andererseits aber, wenn eine Verhaftung nach §§. 6—9. erfolgen muß, dieselbe nöthigenfalls nach Anleitung des Gesetzes vom 20. März 1837 über den Waffengebrauch des Militairs, mit Gewalt erzwingen.

Es müssen daher in jedem speziellen Falle, wenn es irgend möglich ist, soviel Mannschaften abgeschickt werden, daß die Verhaftung unter den obwaltenden Umständen jedenfalls erfolgen kann.

Findet aber der Führer dieser Mannschaften, wenn er an Ort und Stelle anlangt, daß das ihm anvertraute Kommando zu schwach ist, um die nöthigen Verhaftungen vorzunehmen, so muß er sofort denjenigen, der ihn abgeschickt hat, um die erforderliche Verstärkung des Kommando's ersuchen lassen.

In wieweit das kommandirte Militair bei dergleichen Dienstleistungen von seinen Waffen Gebrauch machen kann, um einen wirklichen oder gedrohten Angriff von sich abzuwehren, einen ihm entgegengesetzten Widerstand zu überwältigen, oder die Flucht eines Verhafteten zu vereiteln, ist in dem, als Anhang dieser Instruktion beigefügten, Gesetze vom 20. März 1837 näher vorgeschrieben.

§. 12.

Fortsetzung.

Sobald die Verhaftung erfolgt ist, steht der Verhaftete unter dem Schutz der Wache. Führt er Effekten bei und um sich, für deren Aufbewahrung er nicht selbst Sorge tragen kann, so liegt die einstweilige Sicherstellung derselben der Wache gleichfalls ob.

Verhafteten Kriminal-Verbrechern müssen jederzeit sogleich alle gefährliche und verdächtige Werkzeuge, so wie die Briefschaften, welche sie etwa bei sich führen, abgenommen und an die Behörde abgegeben werden, welcher der Verhaftete überliefert wird.

Die Wachen müssen darauf bedacht sein, daß sowohl die Verhaftung, als die Ablieferung des Verhafteten, mit Rücksicht auf seinen Stand, auf die möglichst schonende Weise erfolge.

Zu dem Ende ist, wenn der Verhaftete zuvörderst nach dem Wachtgebäude gebracht worden, mit seiner weiteren Ablieferung immer so lange Anstand zu nehmen, bis sich die durch die Verhaftung etwa herbeigezogene Volksmenge wieder verlaufen hat; auch ist es dem Verhafteten gestattet, wenn er es wünscht, in einem auf seine Kosten herbeizuschaffenden Wagen, in welchem sodann die ihn begleitende Mannschaft gleichfalls Platz nimmt, nach dem Orte der Ablieferung gebracht zu werden.

§. 13.
Fortsetzung.

Die Wachen sind verpflichtet, jedem Hülfesuchenden Schutz und Sicherheit möglichst zu gewähren und die Ruhe und Ordnung überall aufrecht zu erhalten; sie müssen daher, namentlich zur Nachtzeit, wenn sie Hülferuf oder Nothsignale hören, sogleich die nöthige Hülfe zu leisten bemüht sein.

Andrerseits aber müssen sie sich aller unnöthigen Einmischungen und Verhaftungen enthalten, insbesondere, wenn sie zur Herstellung der gestörten Ruhe und Ordnung beordert werden, und bei ihrem Erscheinen die Ruhe bereits wieder hergestellt ist.

§. 14.
Wie zu verfahren ist, wenn unbekannte, betrunkene oder kranke Personen hülflos gefunden werden.

Werden betrunkene oder kranke Personen an öffentlichen Orten hülflos gefunden, so liegt es der Wache ob, dieselben nach dem nächsten Wachtgebäude zu schaffen, und die ersteren so lange unter Aufsicht zu halten, bis sie nüchtern geworden sind, die letzteren aber sobald als möglich an die Polizei-Behörde abzuliefern.

§. 15.

Wo die Ortsverhältnisse nähere Bestimmungen und Anweisungen bei Anwendung dieser Instruktion erfordern, namentlich in mittleren und in kleinen Garnisonen, in welchen kein Gouverneur oder Kommandant, sich befindet, hat der älteste Militair-Befehlshaber mit der Ortspolizei-Behörde sich darüber besonders zu einigen.

Das Resultat dieser Einigung ist den vorgesetzten Behörden zur Bestätigung vorzulegen und nach deren Eingang an dem betreffenden Orte öffentlich bekannt zu machen.

Berlin den 14. Januar 1844.

v. Boyen, Mühler, Graf v. Arnim.

Ich will der von Ihnen vorgelegten, hierbei zurückerfolgenden Instruktion für die Wachen in Hinsicht der von denselbeu vorzunehmenden Verhaftungen hierdurch die Genehmigung ertheilen, und überlasse Ihnen, das Weitere wegen deren Bekanntmachung zu verfügen.

Berlin den 3. Februar 1844.

Friedrich Wilhelm.

An
den Kriegs-Minister, General
der Infanterie v. Boyen.

Vorstehende Allerhöchst bestätigte Instruktion für die Wachen, wird hierdurch zur Kenntniß sämmtlicher Gerichtsbehörden gebracht.

Berlin den 19. April 1844.

Der Justiz-Minister
Mühler.

An
sämmtliche Gerichtsbehörden.
I. 1823. M. 101. Vol. 2.

123.

Allerhöchste Kabinets-Ordre vom 19. April 1844, — betreffend die Auslegung der Art. 28. und 72. des Rheinischen Civilkosten-Tarifs vom 16. Febr. 1807 hinsichtlich der Gebühren für die zur Zustellung an die Parteien in Person oder im Wohnsitz erforderlichen Abschriften kontradiktorischer Definitiv-Urtheile.

Zur Beseitigung der, über die Auslegung der Artikel 28. und 72. des, im Bezirke des Appellations-Gerichtshofes zu Cöln geltenden Civilkosten-Tarifs vom 16. Februar 1807 entstandenen Zweifel bestimme Ich hierdurch auf Ihren Bericht vom 23. v. M., daß die Gerichtsvollzieher, und nicht die Anwalte die zur Zustellung an die Parteien in Person oder in deren Wohnsitze erforderlichen Abschriften der bei den Landgerichten oder dem Appellations-Gerichtshofe ergehenden kontradiktorischen, die Instanz vor denselben beendigenden Urtheile anzufertigen und die Gebühren für diese Abschriften zu beziehen haben. — Diese Bestimmung ist durch die Gesetzsammlung zur öffentlichen Kenntniß zu bringen.

Berlin den 19. April 1844.

Friedrich Wilhelm.

An
den Staats- und Justiz-Minister Mühler.

I. 1908. Rh. Offiz. S. 27. Vol. 5.

124.

Verfügung vom 25. April 1844, — betreffend die Frage: ob es den Parteien gestattet sei, sich vor Fabrikengerichten durch Rechtsverständige assistiren zu lassen.

(Dekret vom 11. Juni 1809, Art. 29; Großherzogl. Bergisches Dekret vom 17. Dezember 1811, Art. 91.)

Bei den Rheinischen Fabrikengerichten ist eine Verschiedenheit der Meinungen darüber entstanden:

> ob es den vor ihnen erscheinenden Parteien gestattet sei, sich der Assistenz von Rechtsverständigen zu bedienen und dieselben Behufs der Ausführung ihrer Rechte mit zur Gerichtsstelle zu bringen?

Mehrere Fabrikengerichte haben diese Frage verneint und wir tragen kein Bedenken, uns dieser Ansicht anzuschließen, da sie in den Gesetzen, so wie in dem Zweck und Wesen der Fabrikengerichte begründet ist.

Der Artikel 29. des Dekrets vom 11. Juni 1809, so wie der Art. 91. des Großherzoglichen Bergischen Dekrets vom 17. Dezember 1811 bestimmen ausdrücklich, daß die Parteien, sofern sie nicht krank oder abwesend sind, in Person erscheinen müssen und daß, im Falle einer Krankheit oder Abwesenheit, sie nur durch Verwandte, welche zugleich Gewerbegenossen sind, sich dürfen vertreten lassen; der Befugniß, sich durch Rechtsverständige assistiren zu lassen, geschieht in keiner Weise Erwähnung. Letzteres wäre aber, wenn die Gesetze diese wichtige Modifikation hätten zulassen wollen, um somehr erforderlich gewesen, als durch dieselbe zum großen Theil der Zweck des Gesetzes vereitelt werden würde. Der Einführung der Fabrikengerichte liegt unverkennbar die Absicht zum Grunde, die zwischen den Gewerbtreibenden entstehenden Streitigkeiten rasch, ohne Kosten und womöglich im Wege der Sühne zu erledigen.

Dieser Zweck läßt sich nur erreichen, wenn man unmittelbar und ausschließlich mit den Parteien selbst und allein verhandelt. Mischen sich Dritte hinein, so kann es nicht fehlen, daß dadurch die Verhandlung in die Länge gezogen oder unnützerweise verwickelt wird, oder eine leidenschaftliche Richtung nimmt, welche den Abschluß eines Vergleichs unmöglich macht. Die Streitigkeiten, welche zur Kompetenz der Fabrikengerichte gehören, sind fast sämmtlich der Art, daß es dabei lediglich auf technische und praktische Kenntnisse ankommt. In dieser Erwägung ist in den Gesetzen bestimmt, daß die Mitglieder der Fabrikengerichte sämmtlich technisch gebildete Personen sein müssen. Hält man diesen Gesichtspunkt fest, so ist die Einmischung von Rechtsverständigen nicht allein unnütz, sondern in vielen Fällen sogar gefährlich, da sie sich selten oder niemals in dem Besitze der zur richtigen Beurtheilung der Sache erforderlichen technischen Kenntnisse befinden werden. Zu allem diesem tritt hinzu, daß den Parteien durch die Gewährung der höheren Instanz, das Mittel gegeben ist, ihr Recht, wenn dasselbe durch irrthümliche Entscheidungen, namentlich in Ansehung der Kompetenz, verletzt sein sollte, zur Geltung zu bringen, so daß auch aus diesem Grunde die Zuziehung von Rechtsverständigen nicht nothwendig erscheint.

Ew. Hochwohlgeboren werden demnach veranlaßt, den Fabrikengerichten zu eröffnen, daß es den Parteien nicht gestattet sei, sich in den vor den Fabrikengerichten schwebenden Verhandlungen durch Rechtsverständige assistiren zu lassen und dieselben zu diesem Behufe mit zur Gerichtsstelle zu bringen.

Berlin den 25. April 1844.

Der Justiz-Minister
Mühler.

Der Finanz-Minister
v. Bodelschwingh.

An
den Königl. General-Prokurator am Rheinischen Appellationsgerichtshofe Herrn Geheimen Ober-Justizrath Berghaus Hochwohlgeboren zu Köln.

I. 1587. Rh. Gen. 52. Vol. 3.

125.

Verordnung vom 26. April 1844, — betreffend den ordentlichen persönlichen Gerichtsstand der im Auslande stationirten Steuerbeamten.

Wir Friedrich Wilhelm, von Gottes Gnaden, König von Preußen ꝛc.

verordnen, zur Beseitigung der über den ordentlichen persönlichen Gerichtsstand im Auslande stationirter Steuerbeamten entstandenen Zweifel, auf den Antrag Unseres Staatsministeriums, was folgt:

§. 1.

Die Beamten, welche in Folge des mit mehreren Deutschen Staaten geschlossenen Zollvereins an einem außerhalb Unserer Staaten belegenen Orte des Vereinsgebietes eine etatsmäßige Stelle verwalten, sollen fortan ihren ordentlichen persönlichen Gerichtsstand vor Unserm Kammergerichte haben.

§. 2.

Durch die im §. 1. enthaltene Bestimmung wird jedoch, wenn die Beamten vorher einen ordentlichen persönlichen Gerichtsstand in hiesigen Landen gehabt haben, in Beziehung auf ihre persönlichen Eigenschaften und Befugnisse (jura status) und die Erbfolge in ihren Nachlaß nichts geändert; solche sind auch ferner nach den in jenem frühern Gerichtsstande geltenden Rechten zu beurtheilen.

Urkundlich unter Unserer Höchsteigenhändigen Unterschrift und beigedrucktem Königlichen Insiegel.

Gegeben zu Potsdam den 26. April 1844.

(L. S.) Friedrich Wilhelm.

Prinz von Preußen.

v Boyen, Mühler, v. Nagler, Rother, Gr. v. Alvensleben, Eichhorn, v. Thile, v. Savigny, Frhr. v. Bülow, v. Bodelschwingh, Gr. zu Stolberg, Gr. v. Arnim.

I. 2209. G. 8.

126.

Verfügung vom 10. Mai 1844, — die Vollstrekkung der Falliments-Urtheile betreffend.

(Art. 455, 466 u. 589 des Handelsgesetzbuchs.)

In dem Jahresberichte des Ober-Prokurators zu Cleve pro 1843 ist die Frage erörtert worden:

> wie die Gerichtsvollzieher-Gebühren zum Kriminalfond wieder einzuziehen sind, welche durch die Verhaftung eines Fallirten in Gemäßheit des Falliments-Urtheils dann entstehen, wenn das öffentliche Ministerium auf Antrag des betreffenden Handelsgerichts oder der Falliments-Agenten oder Syndiken den Gerichtsvollzieher mit Vollziehung jenes Urtheils beauftragt?

Das Justiz-Ministerium sieht sich veranlaßt, in dieser Beziehung folgendes zu bemerken.

Der Art. 455. des Handelsgesetzbuchs, welcher das Handelsgericht ermächtigt, entweder die Verhaftung oder die Bewachung des Fallirten beim Erkennen des Falliments zu verordnen, hat zunächst und hauptsächlich den Zweck, das Interesse der Fallimentsmasse, also der Gesammtheit der Gläubiger zu sichern und daneben allerdings auch das öffentliche Interesse für den Fall, daß bei Untersuchung des Falliments der Schuldner strafbar gefunden werden sollte.

Daß das Interesse der Fallimentsmasse aber das überwiegende ist, ergiebt sich daraus, daß das Civil-Tribunal die Verhaftung verhängt, daß die Haft im Schuld-Arresthause stattfindet und daß nach Art. 466. des Handelsgesetzbuchs das Handelsgericht, also das Civil-Tribunal ermächtigt ist, die Freilassung des Verhafteten anzuordnen. Es ergiebt sich jener Satz aber auch daraus, daß, im Fall eine Untersuchung gegen den Fallirten begründet befunden wird, die Untersuchungsbehörden ohne Rücksicht auf den Inhalt des Fallimentsurtheils nach der Kriminal-Prozeß-Ordnung zur Verhaftung schreiten können.

Aus jenem doppelten Zwecke der Bestimmung des Art. 455. geht hervor, daß zwar das öffentliche Ministerium befugt ist, das Fallimentsurtheil in Bezug auf die Verhaftung zu vollstrecken, daß aber auch die Agenten oder Syndiken der Fallimentsmasse unter Aufsicht des Kommissars, wie in anderen Beziehungen, so auch in dieser, zur Vollstreckung des Fallimentsurtheils durch direkte Beauftragung eines Gerichtsvollziehers befugt sind, indem kein Gesetz sie in dieser Beziehung von der Vollstreckung ausschließt,

Hieraus folgt, daß das öffentliche Ministerium es in der Regel den Agenten oder Syndiken des Falliments überlassen muß, das Urtheil selbst direkt in Vollzug setzen zu lassen, und daß es nur dann einzuschreiten hat, wenn zum Nachtheile des öffentlichen Interesses die Verhaftung versäumt wird, und namentlich wenn aus strafrechtlichem Gesichtspunkte Grund zur Verhaftung schon wirklich vorhanden ist.

Außer diesen Fällen werden die Agenten oder Syndiken, wenn sie statt selbst zu vollstrecken, sich an das öffentliche Ministerium zur Vollziehung des Fallimentsurtheils in Bezug auf die Verhaftung wenden, darauf aufmerksam zu machen sein, daß sie selbst diese Vollziehung auszuführen befugt und verpflichtet seien.

Dadurch wird in den meisten Fällen der Vorschuß von Kosten für die Verhaftung aus dem Kriminalfond vermieden, indem die Kosten der Vollstreckung des Fallimentsurtheils von den requirirenden Agenten oder Syndiken dem Gerichtsvollzieher bezahlt werden müssen.

Schreitet aber, weil aus strafrechtlichem Gesichtspunkte Grund zur Verhaftung schon vorliegt, das öffentliche Ministerium selbst zu derselben, so müssen allerdings die Kosten aus dem Kriminalfond vorgeschossen werden, und ihre Erstattung bleibt, — abgesehen von dem Falle des Art. 589. des Handelsgesetzbuchs — von dem Ausgange der Untersuchung abhängig.

Hiernach sind die Ober-Prokuratoren, insbesondere der zu Cleve, zu instruiren, und bleibt Ew. Hochwohlgeboren überlassen, diejenigen Handelsgerichte hiervon in Kenntniß zu setzen, bei welchen sich die nicht begründete Praxis gebildet hat, statt der direkten Vollstreckung des Fallimentsurtheils das öffentliche Ministerium um die verordnete Verhaftung zu requiriren.

Berlin den 10. Mai 1844.

Das Justiz-Ministerium.
Ruppenthal.

An
den Königlichen General-Prokurator
Herrn Geheimen Ober-Justizrath
Berghaus Hochwohlgeboren
zu Köln.

I. 1899. Rh. Gen. 101. Vol. 2.

127.

Verordnung vom 10. Mai 1844, — betreffend die Verpflichtung der Militär-Vorspannpflichtigen zur Gestellung von Reitpferden.

Wir Friedrich Wilhelm, von Gottes Gnaden, König von Preußen rc.

verordnen zur näheren Bestimmung der Verpflichtung zur Gestellung des Militär-Vorspanns auf den Antrag Unseres Staatsministeriums für den ganzen Umfang Unserer Monarchie,

daß die zur Gestellung des Militär-Vorspanns Verpflichteten auf Erfordern die an sich dem Vorspann unterworfenen Pferde auch zum Reiten zu gestellen haben. Es muß jedoch in solchen Fällen das Sattel- und Zaumzeug in der Beschaffenheit, wie der Vorspannpflichtige es besitzt, angenommen werden.

Urkundlich unter Unserer Höchsteigenhändigen Unterschrift und beigedrucktem Königlichen Insiegel.

Gegeben Potsdam den 10. Mai 1844.

(L. S.) Friedrich Wilhelm.

Prinz v. Preußen.

v. Boyen, Mühler, Rother, Gr. v. Alvensleben, Eichhorn, v. Thile, v. Savigny, Frhr. v. Bülow, v. Bodelschwingh, Gr. zu Stolberg, Gr. v. Arnim.

I. 2889. V. 1.

128.

Allgemeine Verfügung vom 18. Mai 1844, — die Nachsuchung und Ertheilung von Postfreipässen betreffend.

Nach einer Mittheilung des Königlichen Geheimen Staats-Ministers und General-Postmeisters Herrn v. Nagler Excellenz, können Gesuche um Ertheilung eines Postfreipasses nur dann berücksichtigt werden, wenn dieselben von ganz mittellosen und verdienstvollen Bewerbern zu einer unvermeidlichen Reise angebracht werden; eine momentane Mittellosigkeit soll keine Beachtung finden.

Sämmtliche Obergerichte werden hiernach angewiesen, wenn ein Gesuch um Bevorwortung eines Postfreipasses bei denselben eingeht, und sich nach den aufgestellten Erfordernissen rechtfertigt, ein Attest darüber dem Bewerber auszustellen, da der Justiz-Minister bei ihm eingehende Gesuche dieser Art nur dann berücksichtigen wird, wenn sie durch ein solches Attest belegt sind.

Berlin den 18. Mai 1844.

Der Justiz-Minister
Mühler.

An
sämmtliche Obergerichte.

I. 2321. P. 20. Vol. 4.

129.

Verordnung vom 24. Mai 1844, — die Eröffnung von Aktienzeichnungen für Eisenbahn-Unternehmungen und den Verkehr mit den dafür ausgegebenen Papieren betreffend.

Wir Friedrich Wilhelm, von Gottes Gnaden, König von Preußen rc. rc.

haben Uns bewogen gefunden, zur Beseitigung der Mißbräuche, zu welchen die Eröffnung von Aktienzeichnungen für Eisenbahn-Unternehmungen und der Verkehr mit den dafür ausgegebenen Aktienpromessen und ähnlichen Papieren Anlaß gegeben hat, auf den Antrag Unseres Staatsministeriums für den ganzen Umfang Unserer Monarchie zu verordnen, wie folgt:

§. 1.

Niemand darf fortan ohne ausdrückliche Genehmigung Unseres Finanz-Ministers Aktienzeichnungen für ein Eisenbahn-Unternehmen eröffnen oder Aktien-Anmeldungen dafür annehmen. Wer dieser Bestimmung zuwiderhandelt, hat eine Geldbuße von funfzig bis fünfhundert Thalern, und außerdem die Konsiskation des gezogenen Gewinnes verwirkt.

§. 2.

Verträge, welche nach Publikation der gegenwärtigen Verordnung über Aktienpromessen, Interimsscheine, Quittungsbogen oder sonstige, die Betheiligung bei einer Eisenbahn-Unternehmung bekundende, aber vor Berichtigung des vollen, auf die Aktien oder Obligationen einzuzahlenden Betrages ausgegebene Papiere errichtet werden, sollen nur dann, wenn sie sofort von beiden Theilen Zug um Zug erfüllt werden, rechtsgültig, sonst aber ohne Ausnahme nichtig sein, und es soll eine gerichtliche Klage aus dergleichen Verträgen überall nicht zugelassen werden, auch aus Vergleichen, welche über hiernach ungültige Geschäfte geschlossen werden, weder Klage noch Exekution stattfinden.

§. 3.

Ueber die im §. 2. bezeichneten Papiere dürfen von den öffentlich bestellten und vereideten Mäklern und Agenten bei Strafe der Amtsentsetzung keine andere Geschäfte unterhandelt, vermittelt oder abgeschlossen werden, als solche, welche sofort von beiden Theilen Zug um Zug erfüllt werden.

§ 4.

Den öffentlich bestellten und vereideten Mäklern und Agenten wird bei Strafe der Amtsentsetzung hierdurch untersagt, in Papieren, welche über die Betheiligung bei ausländischen Aktien-Unternehmungen oder Anleihen vor Berichtigung des vollen, auf die Aktien oder Obligationen einzuzahlenden Betrages ausgegeben worden sind oder künftig ausgegeben werden, irgend ein Geschäft zu unterhandeln, zu vermitteln oder abzuschließen, ohne Unterschied, ob dasselbe sofort von beiden Theilen erfüllt wird, oder nicht. Eine Ausnahme findet nur in Betreff der Papiere für solche ausländische Unternehmungen statt, welche nach den bestehenden oder künftig abzuschließenden Staatsverträgen sich auch auf inländisches Gebiet erstrecken; diese unterliegen, gleich den inländischen Papieren, nur den Bestimmungen der §§. 2. und 3.

§. 5.

Die in der Verordnung vom 19. Januar 1836 (Gesetzsammlung für 1836. S. 9 ff.) §. 7. bestimmte Strafe und Verpflichtung zum Schadensersatz tritt auch gegen diejenigen ein, welche, ohne als öffentliche und vereidete Mäkler oder Agenten angestellt zu sein, und ohne vermöge ihres Amtes oder Dienstverhältnisses im Auftrage Eines der Kontrahenten zu handeln, gegen Entgelt ein Geschäft daraus machen, über die in den §§. 2. und 4. der gegenwärtigen Verordnung erwähnten Papiere, so wie über Aktien, Obligationen oder sonstige Geldpapiere in- oder ausländischer Gesellschaften oder Institute Geschäfte zu unterhandeln, zu vermitteln oder abzuschließen.

Urkundlich unter Unserer Höchst eigenhändigen Unterschrift und beigedrucktem Königlichen Insiegel.

Gegeben Sanssouci den 24. Mai 1844.

(L. S.) Friedrich Wilhelm.

Prinz von Preußen.

v. Boyen, Mühler, Gr. v. Alvensleben, Eichhorn, v. Thile, v. Savigny, Frhr. v. Bülow, v. Bodelschwingh, Gr. zu Stolberg, Gr. v. Arnim, Flottwell.

I. 2646. E. 37. Vol. 7.

130.

Allerhöchste Kabinets-Ordre vom 24. Mai 1844, — wegen Verwandlung der Stempelstrafen in Freiheitsstrafen.

Auf den Bericht des Staatsministeriums vom 13. d. M. erkläre Ich Mich mit dem, wegen Verwandlung der Stempelstrafen in Freiheitsstrafen bisher beobachteten Verfahren dahin einverstanden:

daß eine solche Verwandlung in den Fällen, wenn der Verpflichtete zur Zahlung der Geldbuße unvermögend ist, der Regel nach nicht stattfinden soll.

Eine Ausnahme hiervon tritt jedoch ein, bei Stempelstrafen gegen Verleger oder Vertheiler von Zeitungen oder Kalendern. Auch behält es bei den, in der Verordnung vom 16. Juni 1838 (Gesetzsammlung S. 370) §§. 25. bis 34. wegen der Karten-Stempelkontraventionen getroffenen Bestimmungen, so wie in Ansehung der Beamten, die sich bei ihrer Dienstverwaltung einer Verletzung des Stempelgesetzes schuldig machen, bei den hierüber bestehenden allgemeinen Vorschriften sein Bewenden.

Dieser Mein Befehl ist durch die Gesetzsammlung zur allgemeinen Kenntniß zu bringen.

Sanscouci den 24. Mai 1844.

Friedrich Wilhelm.

An
das Staats-Ministerium.

I. 3433. Steuersachen 32. Vol. 5.

131.

Verordnung vom 24. Mai 1844, — zur Beförderung der Sicherheit der Dampfschifffahrt auf dem Rheine und auf der Mosel.

Wir Friedrich Wilhelm, von Gottes Gnaden, König von Preußen rc. rc.

verordnen auf den Grund der, in den Art. 42. 53. und 63. der Uebereinkunft unter den Uferstaaten des Rheins, vom 31. März 1831 (Gesetzsammlung 1831. S. 71 ff.) den Landesherrschaften der einzelnen Uferstaaten vorbehaltenen Befugnisse, zur

Beförderung der Sicherheit der Dampfschifffahrt auf dem Rheine und auf der Mosel Folgendes:

§. 1.

I. Prüfung.

1) Der Dampfschiffs-Führer.

Da der Betrieb der Dampfschifffahrt besondere Sachkenntniß und Erfahrung erfordert, so werden nach Publikation dieser Verordnung als Führer (Kapitaine) Preußischer Dampfschiffe auf dem Rheine und auf der Mosel nur solche Personen zugelassen, welche sich über ihre Befähigung zur Führung solcher Schiffe durch Prüfung ausgewiesen haben.

§. 2.

Die Prüfung erfolgt bei der, nach §. 7. des Regulativs wegen Ausübung der Rheinschifffahrt vom 5. August 1834 (Gesetzsammlung 1834. S. 149 ff.) bestehenden Kommission, welcher die Regierung zu Köln für diesen Zweck jedesmal einen, im aktiven Dienste stehenden Dampfschiffsführer beizuordnen hat. Die sich auf die Anmeldung zur Prüfung und auf die letztere selbst beziehenden Vorschriften jenes Regulativs finden auch auf diejenigen Anwendung, welche sich zur Führung von Mosel-Dampfschiffen befähigen wollen.

§. 3.

Wer sich zur Prüfung meldet, hat den allgemeinen, durch das Regulativ vom 5. August 1834 bestimmten Erfordernissen zu genügen und der Kommission (§. 2.) ein glaubwürdiges Zeugniß darüber vorzulegen, daß er die Führung eines Dampfschiffes praktisch erlernt hat.

§. 4.

Die Kommission richtet die Prüfung:

a) auf die, im §. 11. a—h. jenes Regulativs bezeichneten Gegenstände, zugleich in ihrer Anwendung auf die Dampfschifffahrt;

b) darauf, ob der Kandidat hinreichende Kenntnisse von der Zusammensetzung und Anwendung der Dampfmaschinen desgleichen von den allgemeinen und besonderen, die Dampfschifffahrt betreffenden Preußischen Verordnungen hat.

Es bleibt ihrem Ermessen überlassen, ob sie

c) demselben die Ableistung einer Probefahrt auferlegen will.

In diesem Falle ist die Fahrt, in Gegenwart eines von dem Vorsitzenden der Kommission zu ernennenden Mitgliedes derselben, auf einem im Dienste befindlichen Dampfschiffe, unter Aufsicht des ordentlichen Schiffsführers und unter selbstständiger Leitung des Kandidaten zu machen.

§. 5.

Die im §. 14. des Regulativs vom 5. August 1834 auf beziehungsweise 6 und 3 Thaler festgesetzten Prüfungsgebühren werden für Dampfschiffs-Führer um 3 Thaler erhöht. Diejenigen, welche sich der Prüfung unterwerfen, um sich zur Führung eines Mosel-Dampfschiffs zu befähigen, zahlen den geringeren Satz; diejenigen, welche nur die ergänzende Prüfung (§. 8.) bestehen, den Betrag von 3 Thalern. Wenn eine Probefahrt Statt findet (§. 4.), trägt der Kandidat die dadurch entstehenden Kosten und hat dem derselben beiwohnenden Kommissionsmitgliede 2 Thaler Gebühren zu entrichten.

§. 6.

Von der Prüfung befreit sind die bei Publikation dieser Verordnung im aktiven Dienste befindlichen, mit Schifferpatenten versehenen Führer Preußischer Rhein- und Mosel-Dampfschiffe, wenn sie binnen acht Wochen präklusivischer Frist, der Regierung zu Köln ihr Schifferpatent und ein glaubwürdiges Zeugniß darüber vorlegen, daß ihnen zu der, im Eingange gedachten Zeit die Führung eines Dampfschiffes anvertraut gewesen sei. Daß dieser Nachweis geführt worden, ist dann von der Regierung kostenfrei zu bescheinigen.

§. 7.

Diejenigen Schiffsführer, welche den Nachweis in der, im §. 6. bestimmten Frist nicht führen, sind, ohne vorschriftsmäßige Prüfung, zur Führung eines Preußischen Rhein- oder Mosel-Dampfschiffes nicht zuzulassen und verfallen, wenn sie sich derselben dennoch unterziehen, in die, im §. 24. bestimmte Strafe.

§. 8.

Patentirte Rheinschiffer, welche sich über die praktische Fertigkeit im Betriebe der Dampfschifffahrt mittelst glaubwürdiger Zeugnisse ausweisen, können sich einer ergänzenden, lediglich die Dampfschifffahrt betreffenden Prüfung unterziehen; es finden dabei die in dem §. 4. enthaltenen Vorschriften, so weit sich dieselben auf die Dampfschifffahrt beziehen, Anwendung.

§. 9.

Besteht der Kandidat in der Prüfung, so ist ihm darüber von der Regierung zn Köln kostenfrei ein Zeugniß auszustellen. Jeder Führer eines Preußischen Rhein- oder Mosel-Dampfschiffes hat dies Prüfungszeugniß oder das im §. 6. gedachte Attest der Regierung, wenn das Dampfschiff, welches er führt, in der Fahrt oder in der Ladung begriffen ist, bei sich zu führen, um sich damit, wo es nöthig ist, ausweisen zu können.

§. 10.

2) Der Maschinenwärter.

Der Schiffseigenthümer darf nur solche Personen als Maschinenwärter auf einem Preußischen Rhein- oder Mosel-Dampfschiffe anstellen, welche ihm

a) das im §. 9. Litt. a. des Regulativs vom 5. August 1834 bezeichnete Zeugniß beibringen;

b) nachweisen, daß sie bereits ein Jahr auf einem solchen Schiffe als Heizer zur Zufriedenheit gedient haben, und welche

c) bei einer in seiner oder seines Stellvertreters resp. eines Mitgliedes der Dampfschifffahrts-Direktion Gegenwart von dem Schiffsführer vorzunehmenden Prüfung zureichende Kenntniß von der Einrichtung und Handhabung der Maschine zu erkennen gegeben haben.

Die bei der Publikation dieser Verordnung im aktiven Dienste befindlichen Maschinenwärter sind zur nachträglichen Beibringung der Litt. a. und b. bezeichneten Nachweise nicht verpflichtet, aber der Litt. c. bestimmten Prüfung, wenn dieselbe nicht bei Antritt des Dienstes Statt gefunden hat, unterworfen, und sofort des Dienstes zu entlassen, wenn sie in der Prüfung Mangel an zulänglicher Kenntniß von der Einrichtung und Handhabung der Maschinen zu erkennen geben.

§. 11.

Der Schiffsführer ist verpflichtet, die Dienstführung des Maschinenwärters unausgesetzt sorgfältig zu beobachten, und dem Schiffseigenthümer davon Anzeige zu machen, wenn jener Mangel an Besonnenheit oder an Aufmerksamkeit auf den Gang oder die Behandlung der Maschinen zeigt.

Der Schiffseigenthümer ist, in Folge dieser Anzeige oder eigener Wahrnehmung, oder auf die Anweisung derjenigen Regierung, zu deren Verwaltungs-Bezirke das Schiff gehört, verpflichtet, den Maschinenwärter sofort zu entlassen, wenn sich derselbe ein grobes Versehen zu Schulden kommen läßt, oder wenn er sich in jener Beziehung wiederholt leichter Versehen schuldig macht, oder wenn der im §. 14. erwähnte Fall eintritt.

Es steht der Regierung zu, zu verbieten, daß ein solcher Maschinenwärter, sei es in dieser Eigenschaft oder als Heizer, auf einem Preußischen Dampfschiffe wieder in Dienst genommen werde. Ob diese Maaßregel zu treffen sei, darüber beschließt die Regierung, nach vollständigem Vortrage über die, zur Sprache gebrachten Thatsachen, in der Plenarsitzung durch ein Resolut, welches unter Angabe der Gründe auszufertigen und dem Angeschuldigten zum Protokoll zu eröffnen ist. Dem Letzteren steht gegen das Resolut, mit Ausschluß der Berufung auf richterliche Entscheidung, innerhalb vier Wochen präklusivischer Frist, der Rekurs an den Minister des Handels offen.

§. 12.

II. Pflichten des Eigenthümers eines Preußischen Rhein- oder Mosel-Dampfschiffes.

Der Schiffseigenthümer hat dem Führer und dem ersten Maschinenwärter desselben eine Dienstanweisung zu ertheilen und diese zuvor, wenn das Schiff einem Preußischen Rheinhafen angehört, der Regierung zu Köln, wenn es einem Preußischen Moselhafen angehört, der Regierung zu Trier zur Genehmigung vorzulegen.

§. 13.

Die betreffende Regierung hat dieselbe unter dem Gesichtspunkte zu prüfen, daß sie den bestehenden Gesetzen und Verordnungen, insbesondere der, von Unserm Minister des Handels für die Sachverständigen zur Untersuchung der Dampfschiffe zu ertheilenden, jedem Dampfschiffsführer zur Aufbewahrung im Schiffe auszuhändigenden Instruktion entspreche, und daß der, bei Abfassung der Rheinschifffahrts-Ordnung leitend gewesene Grundsatz, wonach der Schiffsführer der erste Beamte des Schiffs ist, unter dessen verantwortlicher Aufsicht das Schiff mit allen seinen Werkzeugen und Geräthschaften sich befindet, und welcher die Polizei auf dem ganzen Schiffe handhabt, darin festgehalten werde. Die auf dem Schiffe getroffenen Einrichtungen müssen mit dem Zustande übereinstimmen, welchen jene Instruktion bedingt. Die, die Polizei betreffenden Bestimmungen sind auf dem Schiffe öffentlich anzuschlagen.

§. 14.

Der Schiffseigenthümer ist bei eigener Verantwortlichkeit verpflichtet, von dem Schiffsführer eine Kaution von mindestens 150 Thalern, von dem ersten Maschinenwärter eine solche von mindestens 75 Thalern bestellen zu lassen, welche für die, gegen den Besteller festzusetzenden Geldstrafen haftet.

Führer und Maschinenwärter von Rhein-Dampfschiffen haben diese Kaution bei der Regierungs-Hauptkasse zu Köln, Führer und Maschinenwärter von Mosel-Dampfschiffen bei der Regierungs-Hauptkasse zu Trier, baar oder in Preußischen Staatspapieren, zu bestellen. Wird die Kaution durch Geldstrafen angegriffen, so ist der Kautionspflichtige verbunden, dieselbe innerhalb 4 Wochen nach erhaltener Anzeige von der Deckung einer Geldstrafe aus der Kaution, bis zu dem Normalbetrage zu ergänzen. Ist nach Ablauf dieser Frist die Ergänzung nicht erfolgt, so tritt gegen den Kautionspflichtigen, wenn er Schiffsführer ist, die Entziehung des im §. 9. gedachten Zeugnisses, und damit der Befugniß, ein Preußisches Dampfschiff zu führen, wenn er Maschinenwärter ist, die Entlassung aus dem Dienste ein. Die Zurückgabe des Zeugnisses an den Schiffsführer, beziehungsweise die Wiederanstellung des Maschinenwärters kann erst dann erfolgen, wenn die Kaution bis auf den vorgeschriebenen Betrag ergänzt ist.

§. 15.

III. Untersuchung der vorbezeichneten Dampfschiffe.

1) Allgemeine Bestimmungen.

Der Schiffseigenthümer hat der Regierung des Bezirks, in welchem der Hafen des Schiffes belegen ist, alljährlich im April nachzuweisen, daß das Letztere im vorhergegangenen Jahre zur Untersuchung gestellt worden ist (§. 17.).

§. 16.

Diese Untersuchung wird von Kommissionen bewirkt werden, welche in jedem der betreffenden Regierungsbezirke aus zwei vereidigten Sachverständigen bestehen sollen.

Die Sachverständigen haben die Untersuchung nach Anleitung und mit Berücksichtigung der im §. 13. gedachten Instruktion zu bewirken.

§. 17.

2) Ordentliche Untersuchungen.

Die Preußischen Rhein- und Mosel-Dampfschiffe unterliegen, bevor sie überhaupt in den Dienst genommen werden dürfen, und, wenn sie den Letzteren bereits versehen haben, vor dem Beginne der Fahrten jedes neuen Jahres, einer Untersuchung.

Diese Untersuchung wird im Laufe der Fahrten desselben Jahres noch einmal wiederholt.

§. 18.

Behufs der ersten Untersuchung hat der Führer den Sachverständigen desjenigen Bezirks, in welchem der Hafen des Schiffes gelegen ist, 8 Tage vor der beabsichtigten Abfahrt die Anzeige zu machen, daß das Schiff zur Fahrt in Bereitschaft gestellt sei.

Die zweite Untersuchung nehmen die Sachverständigen zu einer beliebigen Zeit vor, ohne daß es dazu einer vorgängigen Benachrichtigung bedarf. In beiden Fällen darf der Dienst des Schiffes nicht behindert werden, es möchten denn Anzeigen eines Gefahr drohenden Mangels vorliegen.

§. 19.

3) Außerordentliche Untersuchungen.

Außerordentliche Untersuchungen sind die Sachverständigen innerhalb der Grenzen ihres Bezirks, ohne Rücksicht darauf, ob das Schiff einem Hafen desselben angehört oder nicht, ob es ein Preußisches oder fremdes, den Preußischen Rhein oder die Preußische Mosel befahrendes ist, vorzunehmen verpflichtet, so oft ihnen eine glaubhafte Anzeige über gefahrbringende Mängel an der Maschine oder in ihrem Betriebe oder am Schiffe zugehen, oder sie aus ähnlicher Veranlassung von dem Ober-Präsidenten oder von der Regierung dazu aufgefordert werden. Auch bei solchen außerordentlichen Untersuchungen ist auf den Dienst des Schiffes möglichst Rücksicht zu nehmen.

§. 20.

Ueber den Erfolg jeder Untersuchung ist eine Verhandlung aufzunehmen, welche von den Sachverständigen, dem Schiffsführer und dem ersten Maschinenwärter zu unterzeichnen ist. Verweigern diese oder einer von ihnen die Unterschrift, so ist dies in der Verhandlung zu bemerken. Abschrift der Letzteren ist dem Schiffsführer auf Verlangen kostenfrei auszuhändigen. Hat die Untersuchung keinen Mangel ergeben, so ertheilen die Sachverständigen dem Führer sofort die Erlaubniß, das Schiff in Fahrt zu setzen.

§. 21.

Die Verhandlung (§. 20.) ist sofort, längstens binnen 24 Stunden, durch die Sachverständigen der Regierung, in deren Bezirk die Revision stattgefunden, vorzulegen. Ist die Erlaubniß nicht ertheilt worden, so hat die Regierung längstens binnen drei Tagen nach Empfange der Verhandlung, ihre Entscheidung dem Schiffsführer bekannt zu machen.

§. 22.

So oft auf den Grund einer Untersuchung die Erlaubniß zur Fahrt ertheilt wird, haben die Sachverständigen dem Schiffsführer ein Zeugniß nach einem bestimmten Formulare auszufertigen, welches bis zur nächsten Untersuchung in der Hauptkajüte des Schiffs auszuhängen ist.

§. 23.

Der Schiffseigenthümer hat für die ordentliche Untersuchung (§§. 17. 18.), mit Einschluß der Kosten für die Ausfertigung des Erlaubnißscheins (§. 22.), jedem Sachverständigen einen Thaler Gebühren zu zahlen, desgleichen für die außerordentliche Untersuchung (§. 19.) in dem Falle, wenn sich Mängel an dem Schiffe oder an der Maschine oder in dem Betriebe der Letzteren ergeben haben. Finden sich dergleichen Mängel nicht, so hat die Regierung die Gebühren anzuweisen.

§. 24.

IV. Strafen.

Schiffsführer, welche sich der Führung eines Preußischen Rhein- oder Mosel-Dampfschiffes unterziehen, ohne ihre Befähigung nachgewiesen zu haben (§§. 1. 7.); welche in den, im §. 9. gedachten Fällen eines oder das andere der dort bezeichneten Atteste nicht bei sich führen; welche die nach §. 11. ihnen obliegende Verpflichtung nicht erfüllen; welche ohne Erlaubniß die Fahrt antreten (§. 22.): sollen gerichtlich verfolgt und in eine Geldstrafe von 5 bis 50 Thaler, im Wiederholungsfalle bis 100 Thaler oder im Falle des Unvermögens in eine verhältnißmäßige Gefängnißstrafe verurtheilt werden. Ist ein Schiff unter Leitung eines Schiffsführers in Fahrt gesetzt worden, welcher sich über seine Befähigung dazu nicht ausgewiesen hat (§§. 1. und 7.), so trifft gleiche Geld- oder Gefängnißstrafe den Eigenthümer des Schiffes.

Die Festsetzung der Strafen steht nach Anleitung der Verordnung vom 30. Juni 1834 (Gesetzsammlung 1834. S. 136) bei den Kontraventionen auf dem Rheine den Rhein-Zollgerichten, bei den Kontraventionen auf der Mosel den gewöhnlichen Polizeigerichten zu.

Die Vollstreckung der Strafen erfolgt nach Maaßgabe der §§. 55. 56. der Verordnung vom 30. Juni 1834.

Unter erschwerenden Umständen kann dem Schiffsführer außerdem die Befugniß, ein Preußisches Dampfschiff zu führen, entzogen werden. Die Entscheidung hierüber steht in Beziehung, sowohl auf Rhein-, als Mosel-Dampfschiffsführer der Regierung in Köln zu, welche auch für die Einziehung der im §. 9. bezeichneten Atteste zu sorgen hat. — Es findet dabei das in den §§. 20—23. des Regulativs vom 5. August 1834 angeordnete Verfahren statt. Wenn es sich um Bestrafung eines Mosel-Dampfschiffsführers handelt, so tritt bei diesem Verfahren ein von dem Ober-Präsidenten ein für allemal zu ernennender Bau-Beamter, dessen Name durch die Amtsblätter der Regierungen zu Coblenz und Trier bekannt zu machen ist, an die Stelle des Rheinschifffahrts-Inspektors.

§. 25.

Auf den Grund des Schiffs-Untersuchungsprotokolls (§. 20.) ist die Regierung des Bezirks ermächtigt, wegen der darin angezeigten Mängel und Unregelmäßigkeiten dem Schiffsführer, desgleichen dem ersten Maschinenwärter Ordnungsstrafen nach Maaßgabe der Verschuldung eines Jeden bis zu 50 Thalern aufzulegen.

Die Entschuldigung: der Eigenthümer des Schiffes habe es an den erforderlichen Einrichtungen, geschehener Aufforderung unerachtet, fehlen lassen, soll, auch wenn sie erwiesen, nicht berücksichtigt werden; es wäre denn, daß der Schiffsführer der Regierung oder den Sachverständigen, noch ehe diese das Schiff bestiegen, eine schriftliche Anzeige davon gemacht hätte.

Wegen der verhängten Ordnungsstrafen findet der Rekurs an den Minister des Handels statt.

Bei erheblichen und wiederholten Vernachlässigungen kann die Regierung zu Köln dem Schiffsführer die Befugniß, ein Preußisches Dampfschiff zu führen, entziehen (§. 24.).

§. 26.

Der nach Maaßgabe der Bestimmungen §§. 19. und 20. des Regulativs vom 5. August 1834, eintretende Verlust des

Rheinschiffer-Patents hat den Verlust der Befugniß, ein Preußisches Dampfschiff zu führen, zur Folge.

Gegen diejenigen Führer von Mosel-Dampfschiffen, welche nicht zugleich im Besitze eines Rheinschiffer-Patents sich befinden, ist in den unter Litt. a. und b. jener Bestimmungen bezeichneten Fällen durch richterliches Erkenntniß und in den daselbst unter Litt. c—f. bezeichneten Fällen durch ein von der Regierung zu Köln abzufassendes Resolut, der Verlust der Befugniß, ein Preußisches Dampfschiff zu führen, auszusprechen.

Urkundlich unter Unserer Höchst eigenhändigen Unterschrift und beigedrucktem Königlichen Insiegel.

Gegeben Sanssouci den 24. Mai 1844.

(L. S.) Friedrich Wilhelm.

Mühler, v. Savigny, Frh. v. Bülow, v. Bodelschwingh, Gr. v. Arnim.

I. 3809. Rh. Gen. 89. Vol. 5.

132.

Allgemeine Verfügung vom 31. Mai 1844, — betreffend die Nichtzulassung der im letzten Semester des akademischen Studiums mit der Strafe der Relegation oder des Konsils belegten Studirenden der Rechte zur ersten juristischen Prüfung.

Von Seiten des Herrn Ministers der geistlichen, Unterrichts- und Medizinal-Angelegenheiten ist wegen der Nichtzulassung der im letzten Semester des akademischen Studiums mit der Strafe der Relegation oder des Konsils belegten Studirenden zu den ersten Staats-Prüfungen die nachstehend abgedruckte Verfügung vom 22. d. M. an die Provinzial-Schul-Kollegien erlassen worden, welche den sämmtlichen Gerichtsbehörden hierdurch mit der Anweisung bekannt gemacht wird, sich nach dieser Verfügung auch in Betreff der Zulassung der im letzten halben Jahre ihrer akademischen Studienzeit mit Relegation oder dem Konsil bestraften Studirenden der Rechte zur ersten juristischen Prüfung zu achten und, wenn in einzelnen Fällen Bedenken obwalten oder besondere Gründe zu einer Ausnahme vorliegen sollten, darüber zu berichten.

Berlin den 31. Mai 1844.

Der Justiz-Minister
Mühler.

An
sämmtliche Gerichtsbehörden.

I. 2538. O. 9. Vol. 3.

Beilage.

Das Gesetz über die Bestrafung von Studenten-Verbindungen vom 7. Januar 1838 (Gesetzs. S. 13 ff.) schreibt im §. 4. vor, daß ein mit dem Consilium abeundi oder mit der Relegation bestrafter Student nur durch besondere Erlaubniß des Ministeriums der Unterrichts-Angelegenheiten auf einer Universität wiederum zugelassen, und daß diese Erlaubniß nach dem Consilium nie vor sechs Monaten, nach der Relegation nie vor einem Jahre ertheilt werden darf. Diese Vorschrift gründet sich auf die Bestimmung im Artikel 7. Num. 6. des am 5. Dezember 1835 in den Königlichen Staaten publicirten Bundestagsbeschlusses vom 14. November 1834 (Gesetzs. von 1835. S. 291), wo außerdem festgesetzt ist, daß wenn die eine oder die andere Strafe theils wegen verbotener Verbindungen, theils wegen anderer Vergehen erkannt worden, und das in Betreff verbotener Verbindungen zur Last fallende Verschulden nicht so bedeutend gewesen ist, daß deshalb allein auf Wegweisung erkannt worden, die oben bezeichneten Zeiträume auf die Hälfte beschränkt werden können. Nach Analogie dieser letzteren Bestimmung wird auch denjenigen Studirenden, welche wegen anderer Vergehen, als wegen Theilnahme an verbotenen Verbindungen, von einer deutschen Universität konsiliirt oder relegirt worden sind, der Besuch einer andern Universität in der Regel nicht vor dem Ablauf eines halben oder ganzen Jahres nach ergangenem Strafresolut gestattet. Diese im Interesse der akademischen Disciplin aufrecht zu erhaltende Wirkung der Strafe der Relegation und des Konsils muß auch zur Aufrechthaltung des Bundesbeschlusses für solche Fälle gesichert bleiben, wo ein Studirender im Laufe des letzten Semesters seines Aufenthalts auf Universitäten konsiliirt oder relegirt worden ist, und zwar um so mehr, als von solchen Studirenden, welche dem Abgange von der Universität überhaupt und dem Uebergange ins praktische Leben so nahe standen, mehr noch als von jüngeren Studirenden erwartet werden muß, daß sie durch ihr Betragen keinen Anlaß zu so ernstlichen Rügen von Seiten der akademischen Disciplin geben.

Zu dem Ende wird hierdurch bestimmt, daß ein Studirender, der nach Ausweis seines Universitäts-Abgangs-Zeugnisses im letzten Semester seines Aufenthalts auf der Universität konsiliirt oder relegirt worden ist, noch nicht als ein solcher betrachtet werden kann, welcher rite sein akademisches triennium absolvirt hat, daß er daher auch nicht zu den ersten Prüfungen zugelassen werden kann, auch wenn er faktisch schon das triennium absolvirt und sämmtliche Testate über die vorschriftsmäßig zu hörenden Vorlesungen erhalten haben sollte. Ein solcher Studirender muß vielmehr noch eine andere Universität besuchen und von dieser ein Zeugniß seines Wohlverhaltens beibringen, wenn nicht besondere Gründe zu einer Ausnahme vorliegen, über welche dann an mich zur Entscheidung zu berichten ist. Das Königliche Provinzial-Schul-Kollegium veranlasse ich, hiernach in vorkommenden Fällen zu verfahren und den Prüfungs-Kommissionen diese Verfügung in meinem Auftrage zur Nachachtung mitzutheilen.

Berlin den 22. Mai 1844.

Der Minister der geistlichen rc. Angelegenheiten
Eichhorn.

An
sämmtliche Königl. Provinzial-
Schul-Kollegien.

133.

Verfügung vom 31. Mai 1844, — betreffend die schriftliche Verpflichtungserklärung bei veränderter Dienstanstellung.

Ew. Hochwohlgeboren erhalten beifolgend die Ihnen auf den Antrag des Herrn General-Prokurators in Köln bewilligten Reisekosten und Diäten für Ihre am Rheinischen Appellationsgerichtshofe Statt gehabte Verpflichtung zum Betrage von 34 Thlr. 1 Sgr. mit der Aufforderung, der Bureaukasse des Justiz-Ministeriums umgehend portofrei Quittung zu übersenden.

Berlin den 31. Mai 1844.

Der Justiz-Minister
Mühler.

An
den Königl. Ober-Prokurator
Herrn N. zu N.

Abschrift vorstehender Verfügung erhalten Ew. Hochwohlgeboren mit dem Eröffnen, daß der Justiz-Minister in Berücksichtigung der von Ihnen in dem Berichte vom 26. v. Mts. vorgetragenen Gründe die Diäten und Reisekosten des N. zwar angewiesen hat. Um indessen für die Folge ähnliche Liquidationen für bloße Verpflichtungs-Reisen bei Versetzungen abzustellen, wird mit Rücksicht darauf, daß die Allerhöchste Ordre vom 10. Februar 1835 auch eine schriftliche Verpflichtungserklärung bei veränderter Dienststellung gestattet, bestimmt, daß in allen Fällen, in welchen Rheinische Justiz-Beamte bei veränderter Dienststellung die den Diensteid vertretende Verpflichtungserklärung an sich vor einem andern Gerichte, als bei welchem sie einzutreten haben, abgeben müssen, nur eine schriftliche Erklärung nach Maaßgabe der Allerhöchsten Ordre vom 10. Februar 1835 von ihnen dieser Stelle einzureichen ist, wenn sie es nicht vorziehen, auf ihre Kosten die Reise dahin zu unternehmen, in welchem Falle der mündlichen Abgabe der Erklärung in der Sitzung nichts entgegensteht.

Berlin den 31. Mai 1844.

Der Justiz-Minister
Mühler.

An
den Königlichen General-Prokurator
Herrn Geheimen Ober-Justizrath
Berghaus Hochwohlgeboren
zu Köln.

I. 3046. Rh. Off. Sachen 38.

134.

Allgemeine Verfügung vom 1. Juni 1844, — betreffend die gegen die Vorschrift der Cirkular-Verfügung vom 27. Juli 1839 (Justiz-Ministerial-Blatt S. 284) erfolgte Einstellung von mit Gefängnißstrafe zu belegenden Landwehrsträflingen in Festungs-Straf-Sektionen.

(Allerhöchste Kabinets-Ordre vom 11. April 1839. Gesetzs. S. 205.)

Nach einer Mittheilung des Herrn Kriegs-Ministers Excellenz sind bei der Revision der Festungsbau-Rechnungen von Posen, Stettin, Spandau rc. für 1842 mehrere Erinnerungen dagegen aufgestellt worden, daß gegen die Vorschrift der auf Grund der Allerhöchsten Kabinets-Ordre vom 11. April 1839 (Gesetzs. S. 205) erlassenen Cirkular-Verfügung vom 27. Juli 1839 (Justiz-Ministerial-Blatt S. 284) die Einstellung von Landwehr-Sträflingen in eine Festungs-Straf-Sektion erfolgt ist, obwohl dieselben nur zu einer Freiheitsstrafe von 3 Monat verurtheilt waren, mithin auf Gefängnißstrafe zu erkennen gewesen wäre.

Die demnächst verfügte Einziehung der diesfälligen Verpflegungs-Kosten von den Civilgerichten hat zu vielerlei Weiterungen Veranlassung gegeben, die zum Theil noch gegenwärtig nicht beseitigt sind.

Sämmtliche Gerichtsbehörden werden daher an die genaue Befolgung der gedachten Cirkular-Verfügung vom 27. Juli 1839 bei eigener Vertretung hinsichtlich der durch die Nichtbeachtung derselben entstehenden Mehrkosten hierdurch erinnert.

Berlin den 1. Juni 1844.

Der Justiz-Minister
Mühler.

An
sämmtliche Gerichtsbehörden.
I. 2149. L. 10. Vol. 13.

135.

Allerhöchste Kabinets-Ordre vom 27. April 1844, — betreffend die Aberkennung der National-Kokarde bei Verurtheilungen zu Zuchthausstrafe oder Festungs-Arrest auf Lebenszeit.

(Allerhöchste KabinetsOrdre vom 1. Juli 1817, Jahrb. Bd. 10. S. 33.)

Nach Ihrem Antrage in dem Berichte vom 23. v. M. will Ich hierdurch bestimmen, daß der Verlust der National-Kokarde von den Gerichten auch alsdann ausgesprochen werden soll, wenn auf lebenswierige Zuchthausstrafe oder Festungs-Arrest erkannt wird und die entgegenstehende Vorschrift in der Ordre vom 1. Juli 1817 wiederum aufheben. Sie haben diese Bestimmung zur Kenntniß der Gerichte zu bringen. —

Potsdam den 27. April 1844.

Friedrich Wilhelm.

An
den Staats- und Justiz-Minister Mühler.

Vorstehender Allerhöchster Kabinets-Befehl wird hierdurch den sämmtlichen Gerichtsbehörden zur Nachachtung bekannt gemacht.

Berlin den 4. Juni 1844.

Der Justiz-Minister
Mühler.

An
sämmtliche Gerichts-Behörden.

I. 2065. N. 4. Vol. 4.

136.

Verordnung vom 7. Juni 1844, — betreffend die Ausübung der Disciplin über Advokaten und Anwalte im Bezirke des Appellationsgerichtshofes zu Köln.

Wir Friedrich Wilhelm, von Gottes Gnaden, König von Preußen rc. rc.

finden Uns bewogen, zur Beseitigung der Mißverhältnisse, welche daraus entstehen, daß gegen die Advokaten im Bezirke des Appellationsgerichtshofes zu Köln, welche zugleich als Anwalte angestellt sind, in Beziehung auf jede dieser beiden Eigenschaften ein verschiedenes Disciplinarverfahren Statt findet, auf den Antrag Unseres Staats-Ministeriums, für den genannten Bezirk zu verordnen, was folgt:

§. 1. Jeder Senat des Appellationsgerichtshofes, jeder Assisenhof und jede Kammer eines Landgerichts hat die Befugniß, über diejenigen Disciplinar-Vergehen der Advokaten und Anwalte, welche in den Sitzungen vorfallen, oder ermittelt werden, sofort zu erkennen, ohne daß eine Berufung gegen die Entscheidung zulässig ist.

§. 2. Bei jedem, außerhalb Köln bestehenden Landgerichte, an dessen Amtssitze wenigstens zwölf, beim Appellationsgerichtshofe immatrikulirte Advokaten wohnen, soll ein Disciplinarrath von fünf Advokatanwalten gebildet werden.

In Köln wird aus den Advokatanwalten des Appellationsgerichtshofes und des Landgerichts nur ein Disciplinarrath von neun Mitgliedern errichtet.

§. 3. Advokatanwalte,

1) welche schon einmal mit Suspension oder einer schwerern Strafe gerichtlich oder im Disciplinarwege belegt, und

nicht, auf Antrag des Disciplinarraths, von Unserm Justiz-Minister wieder für wählbar erklärt sind, oder
2) welche im Laufe des letzten Jahres zu irgend einer Disciplinarstrafe verurtheilt worden sind,

können nicht Mitglieder des Disciplinarraths sein.

§. 4. Die Mitglieder des Disciplinarraths werden für jedes Justizjahr in folgender Art gewählt:

Die sämmtlichen Advokaten und Anwalte des Bezirks, für welchen die Wahl Statt finden soll, werden zu diesem Zwecke durch ihren Vorsteher nach eingeholter Genehmigung des Generalprokurators zu Köln, ohne welche überhaupt keine Generalversammlung derselben zulässig ist, drei Monate vor dem Ende jedes Justizjahres, durch schriftliche Einladung zusammenberufen, und die Erschienenen wählen unter dem Vorsitze des Vorstehers nach Stimmenmehrheit, in Köln vierzehn Kandidaten, in den übrigen Bezirken aber acht Kandidaten, von welchen wenigstens die Hälfte aus den ältern Mitgliedern des Advokatenstandes des Bezirks genommen werden muß.

Es ist zulässig, ausscheidende Mitglieder des Disciplinarraths wieder zu erwählen.

Bei der ersten Wahl, die binnen vier Wochen nach Verkündigung der gegenwärtigen Verordnung für das laufende Justizjahr Statt findet, ernennt der Generalprokurator denjenigen Advokatanwalt, welcher dabei die Funktionen des Vorstehers, so wie denjenigen, welcher die Funktionen des Sekretärs zu versehen hat.

Ueber die Wahl hat der Sekretär ein Protokoll aufzunehmen, welches die Anwesenden unterzeichnen.

§. 5. Nach vollendeter Wahl überreicht der Vorsteher die Abschrift des Protokolls dem Generalprokurator, und dieser ernennt für das nächste Justizjahr unter den Gewählten die Mitglieder des Disciplinarraths und dessen Vorsteher, welcher zugleich Vorstand der Advokaten und Anwalte ist.

Das dem Dienstalter nach jüngste Mitglied des Disciplinarraths versieht die Funktionen des Sekretärs, nimmt übrigens, wie jedes andere Mitglied, an der Abstimmung Theil.

Die gewählten, aber nicht zu Mitgliedern des Disciplinarraths ernannten Advokatanwalte sind zur Stellvertretung für solche Mitglieder bestimmt, welche verhindert sind, an der Verhandlung Theil zu nehmen. Der Generalprokurator bestimmt die Reihefolge, in welcher dieselben einzuberufen sind.

Ist der Vorsitzende in einzelnen Fällen verhindert, den Vorsitz zu führen, so vertritt ihn das älteste Mitglied des Disciplinarraths nach dem Dienstalter.

§. 6. Das Amt eines Mitgliedes, Sekretärs oder Vorstehers des Disciplinarrathes kann nicht abgelehnt werden. Die

Weigerung, dasselbe zu übernehmen, wird als Verzicht auf die Advokatur und Anwaltschaft angesehen.

§. 7. Dem Disciplinarrathe zu Köln wird außer der Disciplin über alle im Bezirke des dortigen Landgerichts wohnende Advokaten auch die über die Anwalte des Appellationsgerichtshofes und des Landgerichts zu Köln übertragen. Eben so soll jeder bei einem Landgerichte außerhalb Köln zu bildende Disciplinarrath die Disciplin nicht nur über die im Bezirke wohnenden Advokaten, sondern auch über die für denselben angestellten Anwalte ausüben.

§. 8. Dem Disciplinarrath liegt vermöge seiner Disciplinargewalt ob,

1) nicht bloß über die Erfüllung der besonderen Amtspflichten, sondern auch derjenigen Pflichten der Advokaten und Anwalte zu wachen, welche Ehrenhaftigkeit, Redlichkeit, Zartgefühl und Anstand mit sich bringen;
2) Beschwerden, welche bei ihm von Parteien selbst angebracht, oder ihm von dem öffentlichen Ministerium, oder den Gerichtsbehörden überwiesen werden, sorgfältig zu untersuchen, die Erledigung derselben herbeizuführen, auch von dieser Erledigung den Parteien und, wenn die Ueberweisung von dem öffentlichen Ministerium oder den Gerichtsbehörden erfolgt ist, dem ersteren Kenntniß zu geben;
3) Verstöße, welche gegen die in Nr. 1. bezeichneten Pflichten begangen werden, geeigneten Falls im Disciplinarverfahren zu bestrafen, ohne Rücksicht auf den sonst noch deshalb im Civil- oder Strafverfahren zulässigen Rechtsweg.

Insbesondere muß das Disciplinar-Strafverfahren jederzeit eingeleitet und in der Sache selbst erkannt werden, wenn das öffentliche Ministerium solches in Beziehung auf ein dem Disciplinarrathe überwiesenes Disciplinarvergehen eines Advokaten oder Anwaltes verlangt.

§. 9. Jeder Advokat und jeder Anwalt ist verpflichtet, über Beschwerden oder Anschuldigungen gegen ihn auf Erfordern des Vorstehers schriftliche Auskunft zu geben.

Kommt es bei der Untersuchung hierüber auf die Vernehmung von Belastungs- oder Schutzzeugen an, so hat der Vorsteher den Oberprokurator um Veranlassung derselben unter Mittheilung der Akten zu ersuchen. Der Ober-Prokurator beauftragt alsdann mit der eidlichen Vernehmung der Zeugen den betreffenden Friedensrichter oder ersucht den Instruktionsrichter um dieselbe, und übersendet hiernächst die Verhandlungen an den Vorsteher.

§. 10. Für das Strafverfahren vor dem Disciplinarrathe gelten folgende Vorschriften:

1) Der Angeschuldigte wird durch eine schriftliche Vorladung, in welcher die gegen ihn erhobenen Anschuldigungen und die Beweismittel angegeben sind, zu der von dem Vorstande bestimmten Sitzung des Disciplinarraths mindestens acht Tage vorher berufen. Derselbe hat den Empfang der Vorladung unter dem Original zu bescheinigen; weigert er sich dessen, so ist ihm die Vorladung durch einen Gerichtsvollzieher kostenfrei zuzustellen.
2) In der Sitzung, welche nicht öffentlich ist, werden die einzelnen Anschuldigungspunkte von dem Vorsteher entwickelt und die Zeugenaussagen und andern Beweismittel durch den Sekretär vorgelesen; der Angeschuldigte, wenn er erschienen ist, wird vernommen, und sodann die nach Stimmenmehrheit beschlossene Entscheidung sofort oder doch in einer zu diesem Zwecke sogleich zu bestimmenden und nicht über acht Tage hinaus anzusetzenden Sitzung verkündigt.
3) Der Beschluß wird von allen Mitgliedern des Disciplinarraths unterschrieben.

§. 11. Die Strafen, auf welche der Disciplinarrath zu erkennen befugt ist, sind: Ermahnung, Warnung, Verweis, Suspension nicht über ein Jahr, oder Verlust der Eigenschaft als Advokat oder Anwalt.

Der in Bezug auf eine dieser beiden Eigenschaften erfolgte Ausspruch der Suspension oder des Verlustes erstreckt sich jederzeit zugleich auf beide Eigenschaften. Er hat, ohne daß es nöthig ist, die provisorische Vollstreckung zu bestimmen, die Wirkung, daß von dem Tage der Zustellung des Disciplinar-Beschlusses an der Verurtheilte sich selbst dann, wenn er ein Rechtsmittel ergreift, vorläufig aller Dienstthätigkeit so lange enthalten muß, bis eine Abänderung zu seinen Gunsten erfolgt.

Nach einer zweimaligen Suspension ist, wenn dieselbe zum dritten Male verwirkt wäre, stets auf Verlust der Eigenschaft als Advokat und Anwalt zu erkennen.

Der rechtskräftige Ausspruch des Verlustes der Eigenschaft als Advokat oder Anwalt wird auf Verfügung des General-prokurators am Appellationsgerichtshofe durch die Amtsblätter der Rheinischen Regierungen bekannt gemacht und durch Ausstreichung aus der Advokatenmatrikel vollstreckt.

§. 12. Von jedem Disciplinarbeschlusse hat der Vorsteher binnen acht Tagen eine von sämmtlichen Mitgliedern des Disciplinarraths vollzogene Abschrift dem öffentlichen Ministerium einzureichen. Der Vorsteher des Disciplinarraths zu Köln überreicht sie dem Generalprokurator.

§. 13. Bei denjenigen Landgerichten, bei welchen nach §. 2. wegen Mangels einer hinreichenden Zahl von Advokaten ein Disciplinarrath nicht gebildet werden kann, versieht dessen Stelle bei dem Diciplinar-Strafverfahren eine aus fünf Mitgliegliedern bestehende Zivilkammer, unter Mitwirkung des öffentlichen Ministeriums.

§. 14. Gegen die erlassenen Disciplinarbeschlüsse ist nur die Berufung, und zwar binnen Monatsfrist zulässig.

Für den Verurtheilten läuft diese Frist vom Tage der, auf Betreiben des öffentlichen Ministeriums bewirkten Zustellung des Beschlusses; für das öffentliche Ministerium von dem Tage, wo dasselbe die im §. 12. bestimmte Abschrift erhalten hat, und im Falle des §. 13. von dem Tage, an welchem der Beschluß verkündet worden ist.

Die Berufung wird durch einen Gerichtsvollzieher-Akt eingelegt.

Appellirt der Verurtheilte, so wird der Berufungsakt, wenn die Verurtheilung durch den Disciplinarrath zu Köln geschehen ist, dem dortigen Generalprokurator, sonst dem Oberprokurator des betreffenden Landgerichts zugestellt. Nach Maaßgabe dieses Unterschiedes steht auch die Berufung selbst entweder dem Generalprokurator oder dem Oberprokurator zu.

§. 15. Ueber die eingelegte Berufung erkennt ein, aus zwei Zivilsenaten gebildeter Disciplinarsenat des Appellationsgerichtshofes, unter dem Vorsitze des Ersten Präsidenten, in der Rathskammer nach Anhörung des Generalprokurators, so wie des Beschuldigten, wenn dieser auf die an ihn ergangene Vorladung erschienen ist.

§. 16. Der gegen Disciplinarbeschlüsse zweiter Instanz unter Ausschluß der Opposition allein zulässige Kassations-Rekurs ist in der für Zivilsachen vorgeschriebenen Frist und Form einzulegen. Die Zustellung der Rekursschrift geschieht, wenn der Verurtheilte den Rekurs einlegt, an den Generalprokurator beim Appellationsgerichtshofe, welcher, wenn er eine Erwiederung darauf für nöthig erachtet, die Erwiederungsschrift dem Kassationskläger zustellen läßt und solche hiernächst nebst der Zustellungsurkunde an das Sekretariat des Revisions- und Kassationshofes übersendet.

§. 17. Von allen Disciplinarbeschlüssen wider Advokaten und Anwalte ist durch das öffentliche Ministerium Unserm Justiz-Minister eine Abschrift einzusenden.

Alle dieser Verordnung entgegenstehende Bestimmungen, insbesondere der Beschluß vom 4. Dezember 1800 (13. Frimaire IX.), die Art. 102. und 103. des Dekrets vom 30. März 1808 und die Artikel 19—32. des Dekrets vom 14. Dezember 1810 werden hierdurch aufgehoben.

Urkundlich unter Unserer Höchsteigenhändigen Unterschrift und beigedrucktem Königlichen Insiegel.

Gegeben Charlottenburg den 7. Juni 1844.

(L. S.) Friedrich Wilhelm.

Prinz von Preußen.
v. Boyen, Mühler, Gr. v. Alvensleben, Eichhorn, v. Thile, v. Savigny, Frhr. v. Bülow, v. Bodelschwingh, Gr. zu Stolberg, Gr. v. Arnim.

I. 3096. Rh. Offiz. S. 33. Vol. 3.

137.

Verfügung vom 15. Juni 1844, — die Kompetenz bei Widersetzlichkeiten gegen Beamte in Ausübung des Paß-Polizei-Gesetzes vom 12. Januar 1839 betreffend.

Ew. Hochwohlgeboren wird hierbei Abschrift:

1) eines von dem Justiz-Minister an des Herrn Finanz-Ministers Excellenz unterm 18. Mai d. J. gerichteten Schreibens,

   die Kompetenz bei Widersetzlichkeiten gegen Beamte in Ausübung des Paß-Polizei-Gesetzes vom 12. Januar 1839 betreffend,

und 2) des darauf ergangenen Antwortschreibens des genannten Herrn Ministers vom 7. d. M.

in Beziehung auf den Bericht vom 23. April d. J. zur Kenntnißnahme und weiteren Veranlassung zugefertigt.

Berlin den 15. Juni 1844.

Der Justiz-Minister
Mühler.

An
den Königlichen General-Prokurator
Herrn Geheimen Ober-Justiz-Rath
Bergaus Hochwohlgeboren
zu Köln.

I. 2808. Rh. Prov Krimin. 10. Vol. 3.

Beilagen.

a.

Ew. Excellenz beehre ich mich auf das Schreiben Dero Herrn Amtsvorgängers vom 9. v. Mts.

die Kompetenz bei Widersetzlichkeit gegen Beamte in Ausübung des Paß-Polizei-Gesetzes vom 12. Januar 1839 betreffend,

unter Rücksendung des Berichts des Provinzial-Steuer-Direktors Helmentag zu Köln und unter Beifügung des von dem General-Prokurator beim Appellationshofe unterm 23. v. M. an mich erstatteten Berichts ganz ergebenst zu erwiedern, daß meines Erachtens die Gerichtsbehörden zur Untersuchung und Bestrafung dieser Vergehen kompetent sein dürften.

Nach §. 8. der Verordnung über die Kompetenz der Friedensgerichte in der Rheinprovinz vom 11. Mai 1843 (Gesetzs. S. 182) sollen die Polizei-Gerichte über alle Kontraventionen erkennen, welche nach Inhalt der Gesetze polizeilich zu ahnden sind, oder deren Strafe ausdrücklich als eine polizeiliche bezeichnet ist, insofern nicht in dem betreffenden Gesetze selbst ein anderes angeordnet worden.

Meines Erachtens ist nun aber das Vergehen der unter Polizei-Aufsicht gestellten Personen, welche den, zur Feststellung ihrer Anwesenheit bei Nacht, den Eintritt in ihre Wohnungen verlangenden Zoll- und Polizei-Beamten die Oeffnung der Hausthüre verweigern, nicht allein wegen seiner innern Natur und Beschaffenheit, sondern auch nach Inhalt des §. 9. des Regulativs vom 12. Januar 1839 als kein Steuervergehen, sondern vielmehr als ein Polizeivergehen zu betrachten, da dasselbe lediglich in der Verletzung der durch die Polizei-Aufsicht begründeten Verpflichtungen besteht. Mit einem Steuervergehen hat diese Widersetzlichkeit nicht die mindeste Verwandschaft

Durch das Erkenntniß des Kassationshofes ist allerdings festgestellt worden, daß das in Rede stehende Vergehen nach §. 26. des Zollstrafgesetzes vom 23. Januar 1838 zu bestrafen sei. Allein aus dieser Entscheidung, die lediglich das materielle Recht berührt, folgt noch nicht, daß nunmehr auch in formeller Beziehung nicht mehr die Gerichte, sondern vielmehr die Steuerbehörden zur Untersuchung dieser Vergehen kompetent seien. Aus dem §. 33. des erwähnten Gesetzes läßt sich dies nicht herleiten. Die Anwendung dieser Bestimmung auf das vorliegende Vergehen erscheint mit Rücksicht auf die große innere Verschiedenheit desselben von den Steuervergehen mindestens zweifelhaft. Im Zweifel muß es aber bei der allgemeinen Regel bewenden, die im vorliegenden Falle darin besteht, daß die

Untersuchung bei diesen, wie bei andern Vergehen den Gerichten gebührt. Die Anordnung, daß in Steuersachen die Steuer-Behörden die Untersuchung führen und die Strafe festsetzen, ist eine Anomalie, die in der eigenthümlichen Natur der Steuervergehen ihre Rechtfertigung findet. Allein gerade weil diese Anordnung eine Abweichung von der Regel ist, wird dieselbe eher beschränkend als ausdehnend zu erklären sein.

Ew. Excellenz stelle ich hienach ganz ergebenst anheim, den Provinzial-Steuer-Direktor Helmentag anzuweisen, die Untersuchung und Entscheidung über Vergehen der in Rede stehenden Art, gleich andern Polizei-Vergehen, den Gerichten zu überlassen.

Berlin den 18. Mai 1844.

Mühler.

An
den Königl. Wirkl. Geheimen
Staats- und Finanz-Minister
Herrn Flottwell
Excellenz.

b.

Nachdem ich den Herrn Provinzial-Steuer-Direktor Helmentag zu Köln nach Maaßgabe Ew. Excellenz gefälligen Schreibens vom 18. v. M. wegen der Kompetenzfrage bei Widersetzlichkeit gegen Beamte in Ausübung des Paß-Polizeigesetzes vom 12. Januar 1839 beschieden habe, beehre ich mich, den mir mitgetheilten Bericht des General-Prokurators Berghaus vom 23. April c. nebst Anlagen hierneben ganz ergebenst wieder zurückzusenden.

Berlin den 7. Juni 1844.

Flottwell.

An
den Königl. Wirkl. Geheimen
Staats- und Justiz-Minister
Herrn Mühler Excellenz.

138.

Allerhöchste Kabinets-Ordre vom 21. Juni 1844, — betreffend die Aufhebung des Werthstempels für die Uebernahme von Nachlaßgegenständen bei Auseinandersetzungen zwischen mehreren Erben.

Da der gesteigerte Ertrag der Stempelsteuer eine Erleichterung der Erbschafts-Theilungen gestattet, so bestimme Ich — in Berücksichtigung des, von den Ständen der Rheinprovinz und sonst vielfach ausgesprochenen Wunsches — auf den Antrag des Staatsministeriums und unter Aufhebung der Ordre vom 24. Dezember 1834 (Gesetzs. von 1835. S. 3), daß Kauf- und Tausch-Verhandlungen, welche zwischen den Theilnehmern an einer Erbschaft zum Zwecke der Theilung der zu letzterer gehörigen Gegenstände abgeschlossen werden, einer Stempelabgabe fortan nicht mehr unterliegen sollen.

Diese Bestimmung findet jedoch auf die vor Publikation derselben bereits abgeschlossenen Kauf- und Tauschverhandlungen keine Anwendung; letztere sind vielmehr nach den bisherigen gesetzlichen Bestimmungen zu behandeln.

Der gegenwärtige Erlaß ist durch die Gesetzsammlung zur öffentlichen Kenntniß zu bringen.

Sanssouci den 21. Juni 1844.

Friedrich Wilhelm.

An
das Staats-Ministerium.

I. 3662. Steuers. 59. Vol. 4.

139.

Reglement vom 24. Juni 1844, — über den Lootsendienst auf dem Rheine innerhalb der Grenzen des Preußischen Gebiets.

Wir Friedrich Wilhelm, von Gottes Gnaden, König von Preußen rc.

Da seit Erlaß des Regulativs wegen Ausübung der Rheinschifffahrt und wegen des Lootsendienstes auf dem Rheine vom 5. August 1834, die Schiffbarkeit dieses Stromes innerhalb des Preußischen Gebietes so verbessert ist, daß er auch von Fahrzeugen, welche keine Lootsen an Bord haben, ohne Gefahr befahren werden kann, hiernach also keine Veranlassung vorliegt, den nach §. 24. jenes Regulativs bestehenden Lootsenzwang aufrecht zu erhalten; es dagegen zur Beförderung der Schifffahrt gereicht, wenn denjenigen Schiffern oder Flößern, welche sich ortskundiger Lootsen bedienen wollen, Gelegenheit gegeben wird, diese in Dienst zu nehmen: so werden zur Einrichtung des Lootsendienstes auf dem Rheine innerhalb der Grenzen des Preußischen Gebiets nachfolgende Bestimmungen erlassen.

§. 1.

Der nach §. 24. des Regulativs vom 5. August 1834 bedingt angeordnete Lootsenzwang wird aufgehoben. Es steht dem Patrone oder Führer eines Fahrzeuges oder Flosses frei, ob er sich eines Lootsen bedienen will oder nicht.

§. 2.

Es sollen Lootsen-Stationen für die nachfolgend bezeichneten Strom-Strecken errichtet werden, und die Lootsen verpflichtet sein, an dem ihnen angewiesenen Stationsorte zu wohnen.

I. Im Regierungsbezirke Coblenz.

a) Von St. Goar aufwärts bis Caub; mit Anweisung des Wohnsitzes des Lootsen in St. Goar.
b) Von Oberspay aufwärts bis Boppard; Wohnsitz: Oberspay.
c) Längs des Engerser Grundes aufwärts; Wohnsitz: Kaltenengers.
d) Oberhalb Rolandswerth aufwärts, um den Oberwinterer Grund, so wie um den Unkelstein bis zum Bach unterhalb Remagen; Wohnsitze: in Wiedchen und Rolandswerth.

II. Im Regierungs-Bezirke Köln.

a) Von Wisdorf abwärts bis Langel und von Langel aufwärts bis Wisdorf; Wohnsitze: Langel und Wisdorf.
b) Von Woringen abwärts bis Platthals und von Langel aufwärts bis Piwipp; Wohnsitz: Woringen.

III. Im Regierungs-Bezirke Düsseldorf.

a) Von Urdenbach aufwärts bis Piwipp; Wohnsitz: Zons.
b) Von Urdenbach abwärts bis Stürzelberg und umgekehrt; Wohnsitz: Stürzelberg.
c) Von Heerdt abwärts bis an den Düsseldorfer Hafen, und

von da aufwärts bis zum Steinort bei Hamm; Wohnsitz: Düsseldorf.

d) Von dem Düsseldorfer Hafen bis zur Schellenburg und umgekehrt; Wohnsitz: Niederkassel.

e) Von Kaiserswerth aufwärts bis Leuchtenberger-Ort; Wohnsitz: Kaiserswerth.

f) Von Wanheim und Rasgatt aufwärts bis Uerdingen; Wohnsitz: Uerdingen und Wanheim.

g) Von Ruhrort und Homberg aufwärts bis Werthhauser-Fähr und Werthhausen; Wohnsitze: Homberg und Ruhrort.

h) Von Orsoy aufwärts bis oberhalb Woltershof und von Binsheim abwärts bis Orsoy; Wohnsitz: Orsoy.

i) Von oberhalb im Hamm abwärts bis unten im Wörth und umgekehrt; Wohnsitz: Görsicker.

k) Zur Fahrt durch die Weseler Rheinbrücke auf- und abwärts; Wohnsitz: Büderich.

l) Vom Bislicher-Kanale abwärts bis unten in der Beek am Grind und umgekehrt; Wohnsitz: Xanten.

m) Von oberhalb Goldgräber abwärts bis in die Kraly und umgekehrt; Wohnsitz: Binnen.

n) Von Reeserort abwärts bis unterhalb der Stadt Rees und umgekehrt; Wohnsitze: Reeserschanz und Rees.

o) Von dem Kanale bei Grieth aufwärts bis Entenbusch; Wohnsitz: Grieth.

p) Von Biermann abwärts bis am Rabenpoll und umgekehrt; Wohnsitz: Emmerich.

q) Von Spick aufwärts bis Rabenpoll oder Emmerich; Wohnsitze: Griethausen und Salmorth.

§. 3.

Niemand darf das Gewerbe eines Lootsen treiben, welcher nicht gehörig geprüft und auf den Grund bestandener Prüfung mit einer Konzession versehen ist, oder welcher dieselbe nicht nach Maaßgabe der Bestimmung des §. 8. erlangt hat. Das Gewerbe darf nur auf derjenigen Strecke ausgeübt werden, für welche die Konzession ertheilt ist (§§. 2. 7.). Auf anderen Strecken den Lootsendienst zu verrichten, ist der Inhaber nicht berechtigt, es sei denn, daß er für diese seine Befähigung gleichfalls nachgewiesen und eine besondere Konzession auch für diese Strecken erlangt hätte.

§. 4.

Zur Prüfung der Lootsen wird in jedem betreffenden Regierungs-Bezirke eine Kommission ernannt, bestehend aus einem Regierungs-Kommissarius als Vorsitzendem und drei erfahrenen und ortskundigen Schiffern oder Lootsen.

§. 5.

Wer sich zur Prüfung meldet, hat zuvörderst nachzuweisen:

a) daß er Preußischer Unterthan ist,
b) seine bisherige gute Führung,
c) daß er zwei Jahre praktisch die Schifffahrt erlernt und überdies ein Jahr als Gehülfe eines konzessionirten Lootsen gedient hat,
d) hinlängliche Fertigkeit im Lesen und Schreiben.

Die Prüfung ist auf die im §. 27. des Regulativs vom 5. August 1834 bezeichneten Gegenstände zu richten. Außerdem hat die Kommission zu prüfen, ob der Bewerber im Stande ist, die Wasserhöhe auf den verschiedenen Untiefen der Strecke, für welche die Konzession nachgesucht wird, nach den gegebenen Pegelständen zu berechnen, und auf jener Strecke eine Probefahrt mit demselben zu machen.

Für die Prüfung dürfen keine Gebühren, sondern nur die baaren, von dem Bewerber zu erstattenden Auslagen berechnet werden.

Ueber den Ausfall der Prüfung ist demselben kostenfrei ein Zeugniß auszustellen.

§. 6.

Erhält der Bewerber das Fähigkeits-Zeugniß, so muß derselbe, sofern er auf der Lootsenstation, für welche er die Konzession nachgesucht hat, nicht schon als Gehülfe gedient hat, noch ein Jahr auf Probe den Lootsendienst verrichten. Besteht er diese Probe, so wird ihm von der Regierung die Konzession gebührenfrei ertheilt.

§. 7.

In der Konzession ist die Stromstrecke, für welche sie gültig ist, zu bezeichnen; es ist der Ersteren der, von der betreffenden Regierung auszufertigende Gebührentarif beizuheften, und der Lootse hat, wenn er in Ausübung des Lootsendienstes begriffen ist, die Konzession mit dem Tarife urschriftlich oder in beglaubigter Form bei sich zu führen, und auf Verlangen des Patrons, Schiffs- oder Floß-Führers demselben vorzuzeigen. Die für die verschiedenen Stationen festgestellten Tarife sollen durch die Amtsblätter zur öffentlichen Kenntniß gebracht werden.

§. 8.

Diejenigen Personen, welche schon bei Publikation des Regulativs vom 5. August 1834 zur Ausübung des Lootsendienstes berechtigt waren, und gemäß §. 29. desselben die Konzession ohne Prüfung in Anspruch nehmen können, haben sich deshalb, bei Vermeidung des Verlustes der Befugniß, das Gewerbe eines Lootsen zu betreiben, binnen drei Monaten von der Publikation dieses Reglements an, bei der betreffenden Regierung zu melden.

§. 9.

Der Patron, Schiffs- oder Floß-Führer, welcher einen Lootsen verlangt, hat dies durch Zeichen oder durch Anruf kund zu thun oder ihn zu bestellen, nach Maaßgabe der, mit dem Tarife bekannt zu machenden, besonderen Bestimmung der Regierung (§. 7.). Ist der Lootse auf der Station, so muß er der Aufforderung sofort folgen; bleibt während seiner Abwesenheit kein anderer Lootse auf der Station zurück, so ist auf der Letzteren und bis zur Rückkehr des Lootsen, eine rothe Flagge aufzuziehen, um anzuzeigen, daß auf der Station sogleich kein Lootse zu haben ist. Unter mehreren, auf der Station zugleich anwesenden Lootsen hat der Schiffspatron oder Führer die Wahl; sonst fahren die Lootsen nach der vom Schifffahrts-Inspektor festgesetzten Reihefolge.

§. 10.

Der Lootse hat auf Verlangen des Patrons oder Führers den Befehl über die Mannschaft (bei der Bergfahrt über die Pferdeführer) und das Steuerruder zu übernehmen. Er hat alle auf die Stellung, Richtung und auf den Gang des Schiffes oder Floßes bezügliche Anordnungen zu treffen und dem ihm übertragenen Geschäfte unausgesetzt Aufmerksamkeit zuzuwenden. Bevor das Schiff oder Floß nicht durch die Begleitungsstrecke gelangt ist, darf der Lootse dasselbe nicht verlassen.

§. 11.

Der Lootse ist befugt, und, wenn ihn der vorgesetzte Schifffahrts-Inspektor dazu anweiset, verpflichtet, durch Baken oder Schwimmpfähle die zu meidenden Stellen des Fahrwassers zu bezeichnen; er hat dem Schifffahrts-Inspektor davon Anzeige zu machen, wenn Steine oder Dämme der Fahrt hinderlich oder die Leinpfade beschädigt sind.

§. 12.

Im Frühjahre, vor dem Wiederbeginne der Schifffahrt, wie auch unmittelbar nach jedem hohen, die Ufer übersteigenden Wasser, sind sämmtliche Lootsen gehalten, ihre Stromstrecken zu befahren, das Strombett und den Fahrweg zu untersuchen und die Leinpfade zu besichtigen, auch bei den Steuerleuten und Leinenreutern sich fleißig zu erkundigen, in welchem Zustande sich das Fahrwasser und der Leinpfad bis zu den benachbarten Stationen befinden, damit sie die vielleicht stattgehabten Veränderungen genau kennen lernen.

§. 13.

Ein Lootse, der die Führung eines Schiffes oder Floßes in trunkenem Zustande übernimmt, oder sich während der Führung in diesen Zustand versetzt; der den ihm angewiesenen

Wohnsitz willkührlich verläßt, oder die Vorschriften des gegenwärtigen Reglements oder seine Gebühren-Taxe überschreitet, hat eine Geldstrafe von 1 bis 5 Thalern und bei erheblicher Pflichtverletzung eine Suspension vom Lootsendienste für die Dauer von vier Wochen bis zu drei Monaten, im Wiederholungsfalle aber Suspensionsstrafe bis zu sechs Monaten und nach Befinden selbst den Verlust der Konzession zu erleiden, welcher letztere bei fernerer Wiederholung stets auszusprechen ist. Dieselben Strafbestimmungen treten ein, wenn durch Fahrlässigkeit eines Lootsen bei Ausübung seines Gewerbes ein Theil der Ladung zu Grunde geht, oder das Schiff, Floß, die Ladung oder die Mannschaft oder dritte Personen am Körper oder Vermögen beschädigt werden. Ist der entstandene Schaden in böslicher Absicht veranlaßt, oder ist durch grobe Fahrlässigkeit der Tod oder eine lebensgefährliche Beschädigung eines Menschen oder der Untergang einer Schiffsladung herbeigeführt, so tritt stets Verlust der Konzession ein.

Diese Bestimmungen treten in Ansehung der Lootsen an die Stelle der unter den Buchstaben c. bis f. im §. 20. des Regulativs vom 5. August 1834 enthaltenen Strafbestimmungen und wird in so weit auch der §. 30. dieses Regulativs beschränkt.

Im Uebrigen behält es bei den §§. 19—23. und 30. desselben sein Bewenden. Auch bleiben die Strafbestimmungen des gemeinen Rechts und die Ansprüche der Betheiligten auf Schadenersatz vorbehalten.

§. 14.

Die Handhabung der Dienstdisciplin und die nächste Untersuchung der Uebertretungen der Lootsen gegen diese Instruktion, gehören zur Dienstobliegenheit des Rheinschifffahrts-Inspektors. Die Ortsbehörden sind zur ungesäumten vorläufigen Feststellung der Thatsache und Anzeige bei dem Letzteren verpflichtet. Die Disciplinar-Entscheidung erfolgt durch die Regierung, in deren Bezirk der Stationsort des Lootsen liegt.

§. 15.

Wer auf einer der oben (§. 2.) bezeichneten Stromstrecken die Verrichtungen eines Lootsen ausübt, ohne dafür als Lootse konzessionirt zu sein, verfällt in die §. 33. des Regulativs vom 5. August 1834 angedrohte Strafe. Als einer unbefugten Ausübung des Lootsendienstes schuldig, ist jeder Schiffer oder Steuermann anzusehen, welcher nicht für die ganze Fahrt von der letzten Ein- oder Ausladestelle bis zum nächsten Bestimmungsorte, sondern unterwegs, für einzelne Strecken der Fahrt sich annehmen läßt, und das Schiff oder Floß über eine oder mehrere der oben (§. 2.) bezeichneten Stromstrecken geleitet.

§. 16.

Der Finanz-Minister ist ermächtigt, die im §. 2. geordneten Lootsen-Stationen zu verändern und deren neue einzurichten. Die Bestimmungen der §§. 24—26. 28. 31. des Regulativs vom 5. August 1834 werden hiermit aufgehoben.

Sanssouci den 24. Juni 1844.

(L. S.) Friedrich Wilhelm.

Mühler, Flottwell.

I. 3663. Rh. Gen. 89. Vol. 5.

140.

Allerhöchste Kabinets-Ordre vom 28. Juni 1844, — über die Anwendung des Gesetzes wegen Untersuchung und Bestrafung des Holzdiebstahls, vom 7. Juni 1821.

Zur Beseitigung der Zweifel, welche nach Ihrem Berichte vom 14. d. M. in Beziehung auf die Bestrafung des Holzdiebstahls bei den Gerichtsbehörden obwalten, bestimme Ich hierdurch Folgendes:

1) Die in den §§. 1. bis 4. des Gesetzes wegen Untersuchung und Bestrafung des Holzdiebstahls, vom 7. Juni 1821 bestimmten Strafen des einfachen Holzdiebstahls finden statt, wenn die Entwendung verübt worden ist:
   a) an noch nicht gefälltem Holze;
   b) an dem durch Sturm oder Zufall abgebrochenen, oder in ganzen Stämmen umgeworfenen Holze, in sofern mit dessen Zurichtung noch nicht der Anfang gemacht worden ist, und
   c) an dem Abraum und den Holzspähnen, welche im Walde oder auf unbefriedigten Holzablagen sich befinden.
2) Dagegen treten die im §. 32. jenes Gesetzes bestimmten Strafen ein, wenn die Entwendung verübt worden ist:
   a) an bereits gefälltem Holze im Walde, ohne Unterschied, ob dasselbe schon zugerichtet, aufgestellt oder noch unaufgearbeitet ist;
   b) an Holz auf unbefriedigten Ablagen und Lagerstellen, so wie an Flöß- und Schwemmholz, und
   c) an dem durch Sturm oder Zufall abgebrochenen, oder in ganzen Stämmen umgeworfenen Holze, nachdem

solches bereits zugerichtet, oder mit dessen Zurichtung schon der Anfang gemacht worden ist.

Diese Bestimmungen sind durch die Gesetzsammlung zur öffentlichen Kenntniß zu bringen.

Sanssouci den 28. Juni 1844.

Friedrich Wilhelm.

An
die Staats-Minister Mühler, v. Savigny
und Grafen zu Stolberg

I. 3437. F. 52. Vol. 13.

141.

Allgemeine Verfügung vom 1. Juli 1844, — die Auslegung und Anwendung der Allerhöchsten Bestimmungen wegen der, den Hinterbliebenen Königlicher Beamten zu bewilligenden Sterbe- und Gnaden-Gehälter betreffend.

(Allerhöchste Kabinets-Ordre vom 27. April 1816 (Gesetzsamml. S. 134.), und vom 10. Mai 1828 (Jahrb. Bd. 32. S. 96.); Allgem. Anweisung für die Landes-Justiz-Kollegien vom 26. November 1832 (Jahrb. Bd. 40. S. 447.)

In der Allgemeinen Anweisung für die Landes-Justiz-Kollegien zur Auslegung und Anwendung der Allerhöchsten Bestimmungen wegen der, den Hinterbliebenen Königlicher Beamten zu bewilligenden Sterbe- und Gnaden-Gehälter vom 26. November 1832 (Jahrb. Bd. 40. S. 447) ist unter II. B. 1 b. ausgesprochen worden:

daß, wenn der bei einem kollegialisch formirten Gerichte angestellte Beamte sein Gehalt nach der Bestimmung der Allerhöchsten Kabinets-Ordre vom 10. Mai 1828 unter Num. 2. nicht vierteljährlich, sondern nur monatlich bezogen hat, ebenso, als wenn er bei einem Gericht angestellt gewesen ist, welches kein Richter-Kollegium bildet,

a) das Einkommen für den Sterbemonat zum Nachlaß,

b) das Einkommen für den darauf folgenden Monat als Gnadengehalt den Hinterbliebenen

berechtigt werden soll.

Es ist mithin die Bewilligung eines dreimonatlichen Gnadengehalts, außer dem Einkommen des Sterbemonats, als Regel von dem Umstande abhängig gemacht, ob der verstorbene, bei einem kollegialisch formirten Gerichte angestellt gewesene Beamte sein Gehalt vierteljährlich oder nur monatlich bezogen habe.

In Berücksichtigung, daß die Allerhöchste Kabinets-Ordre vom 27. April 1816 (Gesetz-Sammlung S. 134) zu I. den Hinterbliebenen der Königlichen Beamten, welche als Mitglieder oder Subalternen resp. zu einem Kollegium gehören, oder bei demselben arbeiten, außer dem Sterbemonat, jedesmal noch die volle Besoldung für die zunächst folgenden drei Monate zubilligt, und daß die Allerhöchste Kabinets-Ordre vom 10. Mai 1828 (Jahrb. Bd. 32. S. 96), welche nur eine gleichförmige Einrichtung in Vorausbezahlung der Besoldungen beabsichtigt, hierin nichts geändert hat, haben Sr. Majestät der König Allerhöchst Sich damit einverstanden zu erklären geruht:

> daß den Hinterbliebenen der Beamten, welche als Mitglieder oder als Subalternen resp. zu einem Kollegium gehören, oder bei demselben arbeiten, außer dem Sterbemonat jedesmal noch die volle Besoldung für die nächstfolgenden drei Monate, ohne Rücksicht darauf, ob das Gehalt in monatlichen oder vierteljährlichen Raten bezogen ist, zustehe.

Hiernach modifizirt sich die Eingangs erwähnte Anweisung vom 26. November 1832, hinsichtlich der Bestimmung bei II. B. 1 b.

Den Königlichen Gerichtsbehörden wird dies zur Nachachtung hierdurch bekannt gemacht.

Berlin den 1. Juli 1844.

Der Justiz-Minister
Mühler.

An
sämmtliche Gerichtsbehörden.
II d. 1296. S. 17. Vol. 2.

142.

Gesetz vom 5. Juli 1844, — über die Beschränkung der Nachtweide und das Einzelnhüten des Viehes in der Rheinprovinz.

Wir Friedrich Wilhelm, von Gottes Gnaden, König von Preußen rc.

verordnen zur Beseitigung der Nachtheile, welche mit dem in mehreren Gegenden der Rheinprovinz üblichen Hüten des Viehes zur Nachtzeit, so wie mit dem Einzelnhüten verbunden sind, auf den Antrag Unseres Staatsministeriums, nach Anhörung Unserer getreuen Rheinischen Provinzialstände und nach vernommenem Gutachten einer aus Mitgliedern des Staatsraths ernannten Kommission, für den ganzen Umfang der Rheinprovinz, was folgt:

§. 1.

Grundstücke, welche nicht auf allen Seiten so eingeschlossen sind, daß dadurch das Austreten des Viehes verhindert wird, dürfen nur während der Tageszeit zur Viehweide benutzt werden.

§. 2.

Wenn das weidende Vieh nicht über Nacht im Freien in Hürden oder anderen eingeschlossenen Räumen verbleibt, so muß dasselbe spätestens eine Stunde nach Sonnenuntergang zu Stalle gebracht sein, und darf nicht früher als eine Stunde vor Sonnenaufgang wieder ausgetrieben werden.

§. 3.

Verbleibt das Vieh über Nacht im Freien in Hürden oder anderen geschlossenen Räumen, so darf es nicht vor Sonnenaufgang auf die Weide gebracht werden, und muß bei Sonnenuntergang wieder eingetrieben sein.

§. 4.

Für Gemarkungen, in denen die Nachtweide auf ungeschlossenen Grundstücken bisher üblich gewesen und nicht zu entbehren ist, können die Regierungen auf den Antrag des Gemeinderaths und nach Anhörung der Kreisstände ausnahmsweise gestatten, daß in den Monaten August, September und Oktober dasjenige Vieh, welches bei Tage zum Gespann gebraucht wird, während der Nachtzeit auch auf ungeschlossenen Grundstücken gehütet werde.

Die Regierung hat zugleich in jedem solchen Falle die zum Schutze gegen Beschädigungen und Mißbräuche erforderlichen Anordnungen zu treffen.

§. 5.

Wer den Bestimmungen der §§. 1., 2. und 3. oder den im Falle des §. 4. von der Regierung getroffenen Anordnungen zuwiderhandelt, haftet für den daraus entstehenden Schaden und wird mit einer Polizeistrafe von zehn Silbergroschen bis zu fünf Thalern belegt.

§. 6.

Wer sich, nach erfolgter Verurtheilung wegen eines dieser Vergehen, nochmals desselben oder eines anderen im §. 5. bezeichneten Vergehens schuldig macht, hat eine Geldbuße von zwanzig Silbergroschen bis zu zehn Thalern verwirkt, welche bei ferneren Rückfällen verdoppelt wird.

§. 7.

Eltern und Dienstherrschaften haften für die Geldbußen, Entschädigungen und Kosten, zu deren Zahlung ihre im elterlichen Hause sich aufhaltenden Kinder und ihre Dienstleute verurtheilt worden sind.

§. 8.

Ist in dem Falle des §. 4. die Nachtweide ausnahmsweise gestattet worden, so haftet der Eigenthümer des Viehes für allen durch dasselbe angerichteten Schaden auch dann, wenn die zum Schutze gegen Beschädigungen und Mißbräuche getroffenen Anordnungen befolgt worden sind.

§. 9.

Wo das Einzelnhüten auf ungeschlossenen Grundstücken bisher zulässig gewesen ist, bleibt es auch auf diesen Grundstücken, jedoch nur zur Tageszeit (§§. 1—3.), ferner gestattet.

§. 10.

Die Regierungen sind befugt, auf den Vorschlag der Polizeibehörden über das bei dem Einzelnhüten auf geschlossenen und ungeschlossenen Grundstücken, zur Vermeidung von Mißbräuchen, zu beobachtende Verfahren Lokal=Polizeiordnungen zu erlassen, und in denselben gegen Uebertretungen die in den §§. 5—8. bestimmten Folgen festzusetzen.

Urkundlich unter Unserer Höchsteigenhändigen Unterschrift und beigedrucktem Königlichen Insiegel.

Gegeben Sanssouci den 5. Juli 1844.

(L. S.) Friedrich Wilhelm.

v. Rochow, Mühler, v. Savigny, Gr. v. Arnim.

Beglaubigt:
Bornemann.

I. 3668. Rhein. Gen. 99.

143.

Allgemeine Verfügung vom 12. Juli 1844, — über die Verpflichtung der Gerichtsbehörden, in Zoll- und Steuer-Defraudations-Untersuchungssachen auf Requisition der Zoll- und Steuer-Behörde, die unberichtigt gebliebenen Gefälle einzuziehen.

(§§. 6. und 68. der Kriminal-Ordnung, Reskript vom 4. Februar 1835, Jahrb. Bd. 48. S. 280; §. 3. der Instruktion vom 28. Juni 1834, Justiz-Ministerial-Blatt S. 252.)

Wenn es auch nicht zu den Obliegenheiten der Gerichte gehört, in Zoll- und Steuer-Defraudations-Sachen über die Verpflichtung zur Zahlung der Steuer-Gefälle zu erkennen, (Reskript vom 4. Februar 1835, Jahrb. Bd. 48. S. 280 und die darin erwähnten gesetzlichen Bestimmungen) so haben die Gerichte doch mit Rücksicht auf die allgemeine Pflicht, den Requisitionen der Verwaltungs-Behörden zu genügen, und mit besonderer Rücksicht auf die analogen Bestimmungen der §§. 6. und 68. der Kriminal-Ordnung den Requisitionen der Zoll- und Steuer-Behörden wegen Einziehung unberichtigt gebliebener Gefälle von den zur gerichtlichen Untersuchung gezogenen Defraudanten willige Folge zu leisten.

Der Fall, daß dergleichen Gefälle von der Zoll- oder Steuer-Behörde nicht eingezogen werden konnten, tritt namentlich dann ein, wenn ausländische Kontravenienten von den Zoll- oder Steuer-Beamten ergriffen und an das betreffende Gericht zur Untersuchung und Bestrafung abgeliefert worden sind. Der Herr Finanz-Minister hat eine Anweisung an die Grenzzollämter und Grenz-Aufseher erlassen, daß sie bei der Ablieferung solcher verhafteter ausländischer Kontravenienten die Einziehung der etwa unberichtigt gebliebenen Gefälle bei dem betreffenden Gerichte in Antrag bringen sollen.

Sämmtliche Gerichtsbehörden, so wie in der Rheinprovinz die Herren Ober-Prokuratoren, werden hiervon in Kenntniß gesetzt, mit der Anweisung, dergleichen Anträgen jederzeit zu genügen, und die Kontravenienten weder im Laufe der Untersuchung, noch nach Beendigung derselben eher zu entlassen, als bis sie den, nach §. 3. der Instruktion vom 28. Juni 1839 (Justiz-Ministerial-Blatt S. 252) Seitens der Steuer-Behörde Behufs der Abmessung der Strafe nachzuweisenden Betrag der defraudirten Steuern und Gefälle berichtigt, oder gehörig sicher gestellt haben; es sei denn, daß sie gänzlich unvermögend dazu sind und deshalb schon die, der verwirkten Geldstrafe substituirte

Freiheitsstrafe im Gefängniß vollständig haben abbüßen müssen, in welchem Falle sie wegen der rückständig verbliebenen Steuer nicht länger in der Haft zurückzuhalten sind.

Berlin den 12. Juli 1844.

Der Justiz-Minister
Mühler.

An
sämmtliche Gerichtsbehörden und in der Rheinprovinz die Herrn Ober-Prokuratoren.

I. 3183. Steuersachen 26. Vol. 5.

144.

Konzessions- und Bestätigungs-Urkunde vom 12. Juli 1844, — für die Bergisch-Märkische Eisenbahngesellschaft, nebst den Statuten.

Wir Friedrich Wilhelm, von Gottes Gnaden, König von Preußen rc. rc.

Nachdem zum Zwecke der Erbauung und Benutzung einer Eisenbahn, welche, an die Düsseldorf-Elberfelder Eisenbahn sich anschließend, von Elberfeld über Barmen längs Schwelm, Hagen und Witten nach Dortmund zum Anschlusse an die Köln-Mindener Eisenbahn führen soll, eine Gesellschaft mit einem Grundkapitale von Vier Millionen Thalern gebildet worden ist, so wollen Wir zur Ausführung der gedachten Eisenbahn hiermit Unsere landesherrliche Zustimmung ertheilen, indem Wir zugleich bestimmen, daß die in dem Gesetze über die Eisenbahn-Unternehmungen vom 3. November 1838 ergangenen allgemeinen Vorschriften, insbesondere diejenigen über die Expropriation, auf das obenbezeichnete Unternehmen Anwendung finden sollen.

Auch wollen Wir die vorerwähnte Gesellschaft, unter der Benennung: „Bergisch-Märkische Eisenbahngesellschaft", als eine Aktien-Gesellschaft nach den Bestimmungen des Gesetzes vom 9. November 1843 hierdurch bestätigen, die anliegenden, am 11. Mai d. J. notariell vollzogenen Statuten derselben genehmigen, und in Anerkenntniß der Wichtigkeit der bezeichneten Eisenbahnverbindung für die allgemeinen Landesinteressen, ein Viertheil des Aktienkapitals nach Maaßgabe der dieserhalb in den Statuten enthaltenen, auf den Seitens Unseres Finanz-Ministers gepflogenen Verhandlungen beruhenden Verabredungen, auf Staatsfonds übernehmen.

Die gegenwärtige Konzessions- und Bestätigungs-Urkunde soll nebst den Statuten durch die Gesetzsammlung bekannt gemacht werden.

Gegeben Sanssouci den 12. Juli 1844.

(L. S.) Friedrich Wilhelm.

Mühler. Flottwell.

Statut
für die
Bergisch-Märkische Eisenbahngesellschaft.

I. Bildung, Zweck, Befugnisse und Geschäftsumfang der Gesellschaft.

§. 1.

Unter dem Namen „Bergisch-Märkische Eisenbahngesellschaft" bildet sich nach den Bestimmungen des Handelsgesetzbuches und des Gesetzes über die Aktiengesellschaften vom 9. November 1843 eine anonyme Gesellschaft zur Erbauung und zum Betriebe einer Eisenbahn, welche in Elberfeld anfangend, über Barmen, längs Schwelm, Hagen und Witten nach Dortmund führt, und nach den von dem Königlichen Finanzministerium zu treffenden näheren Bestimmungen einerseits mit der Düsseldorf-Elberfelder, andrerseits mit der Köln-Mindener Eisenbahn in unmittelbare Verbindung zu bringen ist.

Dem Königlichen Finanzministerium bleibt die Feststellung der Bahnlinie und des Bauprojektes einschließlich der Bahnhöfe vorbehalten.

§. 2.

Die Stadt Elberfeld ist das Domizil der Gesellschaft und der Sitz ihrer Verwaltung.

§. 3.

Die Gesellschaft ist befugt, den Transport von Personen, Thieren und Frachtgütern auf der Bahn für eigene Rechnung zu betreiben; aber auch anderen Unternehmern diese Transporte, gegen Entrichtung eines Bahngeldes, zu gestatten. Der Tarif, sowohl für die Güter-, als auch für die Personenbeförderung, sowie der Tarif für das Bahngeld, imgleichen jede Aenderung dieser Tarife, bedarf der Zustimmung des Königlichen Finanzministeriums. — Auch bleibt demselben nicht nur die Genehmigung, sondern, um das nothwendige Ineinandergreifen mit den Fahrten auf anderen Bahnen zu sichern, auch die Abänderung der Fahrpläne vorbehalten.

§. 4.

Sollte in Folge weiterer Vervollkommnungen der Transportmittel die Anwendung von Eisenschienen und Dampfwagen eine wesentliche Aenderung erleiden, so kann die Gesellschaft innerhalb der Bahnlinie auch von dem veränderten oder neuen Beförderungsmittel in seinem ganzen Umfange Gebrauch machen.

§. 5.

Unter Genehmigung des Staats kann die Gesellschaft eine Verlängerung und Weiterführung der Bahn nach beiden Richtungen, sowie Zweigbahnen, sowohl für den Lokomotiv- als Pferdebetrieb, ausführen, mit den Unternehmern von Eisenbahnen, die mit ihrer Bahn in direkter Verbindung stehen, Verträge wegen der gegenseitigen Benutzung schließen, oder auch bei solchen Eisenbahnen sich betheiligen. Eine Verlängerung und Weiterführung der Bahn, wie solche oben erwähnt ist, kann nur in der Art beschlossen werden, wie der §. 72. bestimmt.

§. 6.

Die Gesellschaft kann ferner für ihre Rechnung, vorbehaltlich der Genehmigung des Staats, die erforderlichen Einrichtungen zum Transporte von Personen und Frachtgütern zwischen ihren Stationsplätzen und nahe gelegenen Orten herstellen, jedoch nicht als ausschließliches Privilegium.

§. 7.

Die Gesellschaft ist befugt, im Wege der unfreiwilligen Expropriation nach den darüber bestehenden oder noch zu erlassenden Gesetzen und Vorschriften des Staats, die Grundstücke eigenthümlich zu erwerben, oder vorübergehend zu benutzen, welche zum Bau einer doppelspurigen Bahn und der dazu gehörigen Anlagen, in ihrer ganzen Ausdehnung und in ihren Fortsetzungen, erforderlich sind.

II. Bildung und Verwendung des Grundkapitals.

§. 8.

Zur Ausführung der Bahn mit einem Geleise, jedoch mit ausgedehnten Ausweichestrecken, zur Erwerbung des erforderlichen Terrains für eine doppelspurige Bahn und zur Anschaffung der nöthigen Transportmittel wird vorläufig ein Kapital von vier Millionen Thalern Preuß. Kour. für ausreichend erachtet.

§. 9.

Dieses Kapital zerfällt in vierzigtausend Aktien, jede im Betrage von hundert Thalern.

§. 10.

Der Staat übernimmt von dem zu vier Millionen Thalern angenommenen Aktienkapitale den vierten Theil, mit einer Million Thalern, die übrigen drei Million Thaler sind durch Privat-Aktienzeichnungen untergebracht.

§. 11.

Die Einzahlungen für sämmtliche Aktien geschehen, sowie die Ausführung der Bahn dies erfordert, in Raten von zehn Prozent, und zwar innerhalb zweier Monate, nach einer von der Direktion, dem §. 35. gemäß, veranlaßten öffentlichen Aufforderung.

§. 12.

Die Einzahlungen werden, nach der Wahl der Aktionaire, in Elberfeld, in Barmen oder in Berlin, bei denjenigen Bankhäusern, welche die Direktion dazu bezeichnen wird, geleistet.

§. 13.

Die Ratenzahlungen werden auf besonderen, mit der Nummer der künftig auszufertigenden Aktiendokumente versehenen, auf den Namen des ersten Zeichners lautenden Quittungsbogen bescheinigt.

§. 14.

Derjenige Privat-Aktionär, welcher nicht innerhalb der im §. 11. vorgeschriebenen Frist die eingeforderten Zahlungen entrichtet, verfällt in eine Konventionalstrafe von zehn Reichsthalern für jede Aktie, von welcher die Zahlung in Rückstand geblieben ist, und zwar zum Vortheile der Gesellschaftskasse. Außerdem steht der Gesellschaft frei, wenn die Zahlung auf eine erneuerte Privat- oder öffentliche Aufforderung innerhalb zweier fernern Monate nicht erfolgt, nach dem Beschlusse der Direktion, entweder den einzahlbaren Betrag der Aktien nebst der Strafe gerichtlich einzutreiben oder hierauf zu verzichten. Im letztern Falle gehen die durch die ursprüngliche Unterzeichnung dem Aktionaire gegebenen Ansprüche, sowie das Eigenthumsrecht der bis dahin eingezahlten Raten, auf die Gesellschaft über, und die Direktion ist berechtigt, die betreffenden Quittungsbogen einzufordern und zu vernichten, oder sie in einer öffentlichen Anzeige für null und nichtig zu erklären, und die erledigten Aktien an neue Aktienzeichner zu dem Tageskourse zu verkaufen.

§. 15.

Der erste Zeichner ist für die Einzahlung von vierzig Prozent des Nominalbetrages der Aktie unbedingt verhaftet. Von dieser Verpflichtung kann derselbe weder durch Uebertragung seines Anrechts auf einen Dritten sich befreien, noch Seitens der Gesellschaft entbunden werden.

§. 16.

Nachdem der volle Aktienbetrag eingezahlt worden ist, werden die Quittungsbogen gegen stempelfreie, auf den Träger lautende Aktiendokumente eingewechselt. Diese Dokumente werden von zwei Direktoren und dem Spezial-Direktor unterzeichnet und von einem Stammende, welches bei der Direktion deponirt bleibt, abgeschnitten.

§. 17.

Die Richtigkeit der Cession eines Quittungsbogens zu prüfen, ist die Gesellschaft zwar berechtigt, aber nicht verpflichtet.

§. 18.

Die Ratenzahlungen werden mit vier Prozent pro Anno, vom Tage des Einzahlungstermins an, verzinset, und die verfallenen Zinsen bei der nächsten Einzahlung in Aufrechnung gebracht.

§. 19.

Sollte von dem Aktienkapitale, nachdem die Bahn vollständig fertig gestellt, und das benöthigte Betriebsmaterial beschafft worden, ein bedeutender Ueberschuß bleiben, so werden davon hunderttausend Thaler als Reservefond hinterlegt; der Rest aber wird zur Verlängerung und Vermehrung der Ausweichestrecken verwendet.

§. 20.

Sollte hingegen das Aktienkapital zum Bau der Bahn und zur Beschaffung des Betriebsmaterials nicht ausreichen, so hat, nach Anhörung der motivirten, vom Verwaltungsrathe begutachteten Vorschläge der Direktion, die Generalversammlung, unter Vorbehalt der Genehmigung des Staats zu beschließen, ob das fehlende Kapital durch Ausgabe neuer Aktien, oder durch eine Anleihe beschafft werden soll.

§. 21.

Der Ueberschuß der rohen Einnahme über die Ausgaben für Betrieb, Reparaturen, Erneuerung des Oberbaues und des Betriebsmaterials, erforderliche Anschaffungen und Bauten, Verwaltungskosten, Abgaben u. s. w., bildet den reinen Jahresgewinn.

§. 22.

Von dem reinen Gewinne werden jährlich mindestens fünf Prozent, höchstens zwanzig Prozent als Reservefond so oft zurückgelegt, bis diese Ersparnisse die Gesammtsumme von fünf Prozent des Aktienkapitals erreichen. Ueber die Höhe desjenigen Theils des reinen Gewinns, welcher innerhalb der vorgeschriebenen Grenze zum Reservefond geschlagen werden soll, bestimmt, nach Anhörung der vom Verwaltungsrathe begutachteten Vorschläge der Direktion, die Generalversammlung. So lange noch der Staat erst dann Dividenden von seinem Aktien=Antheile bezieht, wenn die Privat=Aktionaire vorab drei und ein halbes Prozent Dividenden empfangen haben (§. 23.), unterliegt diese Beschlußnahme der General=Versammlung, der Genehmigung des Königlichen Finanzministeriums.

§. 23.

Bis zum Schlusse des Jahres, in welchem der Betrieb der Bahn eröffnet wird, werden die Einzahlungen auf das Aktien=Kapital (§. 18.) mit vier Prozent jährlich verzinset. Nach Ablauf jenes Jahres beziehen zunächst die Privat=Aktionaire aus derjenigen Summe, welche nach statutgemäßer Vermehrung des Reservefonds von dem Reinertrage (§. 22.) übrig bleibt, insoweit derselbe ausreicht, für ihre Aktien=Antheile vorab eine Dividende bis zur Höhe von drei und einem halben Prozente; von dem Ueberreste bezieht, insoweit dieser Ueberrest ausreicht, der Staat, für die von ihm übernommene Eine Million Thaler Aktien ebenfalls eine Dividende bis zur Höhe von drei und einem halben Prozente.

Wird der zu vertheilende Reinertrag durch die Vertheilung von drei und einem halben Prozente auf die gesammten vier Millionen Thaler Aktien noch nicht erschöpft, so wird der Ueberschuß, vorbehaltlich der späteren Bestimmung über die (eventuelle) Verwendung des fünften Prozents (§. 26.) auf sämmtliche Staats= und Privat=Aktien in gleichen Raten vertheilt.

§. 24.

Falls nach Ablauf der ersten zehn Jahre, nach vollständiger Eröffnung der Bahn, sich in fünf auf einanderfolgenden Jahren, in jedem Jahre, ein Reinertrag von vier Prozent oder ein noch höherer Reinertrag, von dem gesammten Aktienkapitale von vier Millionen Thaler ergeben sollte; so tritt der Staat hinsichtlich der Theilnahme an dem Reinertrage mit den Privat=Aktionairen, vorbehaltlich der (eventuellen) Verwendung des fünften Prozents (§. 26.) für die Folge ganz in gleiche Rechte, dergestalt, daß der den Privat=Aktionairen eingeräumte Vorzug demnächst nicht weiter Statt findet, wenn auch der Reinertrag sich etwa so weit vermindern sollte, daß die Dividende nicht drei und ein halbes Prozent erreichte.

§. 25.

Nach Ablauf von dreißig Jahren, von der vollständigen Eröffnung der Bahn an gerechnet, hört der, den Privat=Aktionairen eingeräumte Vorzug, wenn solcher nicht inzwischen schon in Folge der obigen Bestimmung weggefallen ist, unter allen Umständen auf, so daß der Staat sodann jedenfalls hinsichtlich der Theilnahme an dem aufkommenden Reinertrage den Privat-Aktionairen ganz gleich steht.

§. 26.

Es bleibt der Gesellschaft vorbehalten, nach Ablauf der ersten zehn Jahre, nach vollendeter Eröffnung der Bahn, in einer alsdann zu berufenden General-Versammlung, und zwar ohne daß der Staat dabei sein Stimmrecht ausübt, darüber Beschluß zu fassen, ob dem Staate das von ihm hergegebene Kapital von Einer Million Thaler zu erstatten sei. Diese Zurückerstattung kann jedoch ohne besondere Verständigung mit dem Staate nur entweder mit dem Ablaufe des funfzehnten oder des dreißigsten Betriebsjahres stattfinden. Ueber die Wahl des einen oder anderen Termins ist in der eben gedachten General-Versammlung gleichzeitig Beschluß zu fassen. Die Gesellschaft ist befugt, zu der Zurückerstattung der erwähnten Einen Million Thaler dasjenige, was über vier Prozent des Aktienkapitals von vier Millionen Thaler aufkommen möchte, bis zum Belaufe eines vollen Prozents — jedoch nicht auch die etwa weiter noch aufkommenden Ueberschüsse — in der Art zu verwenden, daß damit nach und nach die Aktien des Staats gegen Zahlung des Nennwerths eingelöst werden, und die auf die eingelösten Aktien treffenden Dividenden ebenfalls zu diesem Zwecke zu benutzen. Der auf die eben gedachte Weise bis zu dem für die Zurückerstattung bestimmten Termine nicht abgetragene Kapitalbetrag ist beim Eintritte dieses Termins gegen Aushändigung der Aktien, so weit sie nicht schon eingelöset sind, dem Staate baar zu zahlen, es sei denn, daß in Gemäßheit des §. 42. des Gesetzes vom 3. November 1838 der Ankauf der Bahn von Seiten des Staats eingeleitet worden; im letzteren Falle verbleiben dem Staate die von ihm übernommenen Aktien, so weit sie nicht schon eingelöset worden sind. Das zur Auszahlung der Aktien des Staats erforderliche Kapital kann im Wege einer Anleihe oder durch Wiederausgabe dieser Aktien beschafft werden.

§. 27.

Sobald dem Staate sein Kapital von einer Million Thaler vollständig zurückbezahlt ist, treten die Bestimmungen der §§. 68. 55. 39. 76. und 77. in Betreff:

1) des Stimmrechts des Staats in den General-Versammlungen;
2) der Befugniß desselben, einen Direktor und seinen Stellvertreter, so wie den Präsidenten des Verwaltungsraths zu ernennen;
3) der Genehmigung des Staats bei der Ernennung und

Entlassung des Spezial-Direktors, seines Stellvertreters, des Ober-Ingenieurs,

außer Kraft.

§. 28.

Mit den Aktien werden auf zehn Jahre Dividendenscheine ausgereicht, welche nach Ablauf dieses Zeitraums durch eine neue Serie von zehn Scheinen ersetzt werden.

§. 29.

Der Betrag der auf jede Aktie fallenden Jahres-Dividende wird seiner Zeit öffentlich (§. 35.) bekannt gemacht, und kann gegen Einlieferung des betreffenden Dividendenscheins bei der Gesellschaftskasse, so wie bei den von der Direktion bekannt zu machenden Banquiers erhoben werden.

§. 30.

Sollen angeblich vernichtete oder verlorene Quittungsbogen, Aktien und Dividendenscheine amortisirt werden, so erläßt die Direktion dreimal, in Zwischenräumen von vier Monaten, eine öffentliche Aufforderung (§. 35.), jene Dokumente einzuliefern, oder die etwaigen Rechte an dieselben geltend zu machen. Sind, nachdem vier Monate nach der letzten Aufforderung abgelaufen, die Dokumente nicht eingeliefert, und ist bis dahin kein Einspruch erfolgt, so erklärt das Königliche Landgericht in Elberfeld auf den Antrag der Direktion die Dokumente öffentlich für nichtig und verschollen; die Direktion fertigt dem angemeldeten Eigenthümer, nachdem die Unkosten des Verfahrens der Gesellschaft entrichtet worden, ein neues Dokument aus. Wird aber Einspruch erhoben, so haben die kompetenten Gerichte darüber zu entscheiden.

§. 31.

Dividenden und Zinsen der Aktionaire, welche nicht innerhalb vier Jahre, vom Tage der öffentlichen Aufforderung an gerechnet, und nach zweimal, in Zwischenräumen von wenigstens einem Jahre wiederholt erlassenen öffentlichen Aufforderungen (§. 35.), in Empfang genommen worden sind, verfallen der Gesellschaft.

§. 32.

Ueber den Betrag der Aktien hinaus ist der Aktionair, unter welcher Benennung es auch sei, zu Zahlungen weder der Gesellschaft, noch einem Dritten gegenüber verhaftet, den einzigen Fall der in §. 13. vorgesehenen Konventionalstrafe ausgenommen.

Diese Bestimmung kann durch einen Beschluß der General-Versammlung nicht abgeändert werden.

III. Allgemeine Bestimmungen.

§. 33.

Das Verhältniß der Gesellschaft zum Staate wird durch die Bestimmungen gegenwärtigen Statuts, durch die ihr zu ertheilende Allerhöchste Konzession und durch die allgemeinen Gesetze über Eisenbahn-Unternehmungen, geregelt.

§. 34.

Die Gesellschaft ist verpflichtet, nach dem Verlangen der Militairverwaltung für die auf der Bahn zu befördernden Transporte von Truppen, Waffen, Kriegs- und Verpflegungsbedürfnissen, so wie von Militair-Effekten jeglicher Art, nöthigenfalls auch außerordentliche Fahrten einzurichten und zwar dergestalt, daß für dergleichen Transporte nicht bloß die unter gewöhnlichen Umständen bei den Fahrten zur Anwendung kommenden, sondern auch die sonst noch vorhandenen Transportmittel benutzt werden.

Auch bleibt der Militairverwaltung vorbehalten, sich zu dergleichen Transporten eigener Transport- und Dampfwagen zu bedienen. In solchen Fällen wird der Gesellschaft, außer der Erstattung der Feuerungskosten, nur ein mäßiges Bahngeld gewährt. Findet daneben auch die Benutzung der Transportmittel der Gesellschaft Statt, so wird dieselbe nach billig mäßigen Sätzen besonders vergütet. Die Gesellschaft wird darauf Bedacht nehmen, eine Anzahl von Transportfahrzeugen so einzurichten, daß solche nöthigenfalls auch zum Transporte von Pferden gebraucht werden können; auch eine Anzahl von Wagen in einer Länge von zwölf Fuß zum Gebrauche bei der Absendung von Militair-Effekten bereit zu halten.

§. 35.

Alle in gegenwärtigem Statute vorgesehenen öffentlichen Bekanntmachungen, Einberufungen und Aufforderungen sind für alle Aktionaire ohne Ausnahme als genügend und rechtsgültig erlassen zu betrachten, wenn sie wenigstens zweimal

in zwei Berliner,
in einer Kölner,
in einer Barmer,
in einer Elberfelder Zeitung

erschienen sind.

§. 36.

Alle Streitigkeiten zwischen der Gesellschaft und den Aktionairen sollen auf schiedsrichterlichem Wege nach den Bestimmungen der bezüglichen Artikel 51. ꝛc. des Handelsgesetzbuches, geschlichtet werden, und zwar mit Begebung aller Oppositionen, Berufungen und Kassationsgesuche.

IV. Allgemeine Verfassung der Gesellschaft und Verwaltung ihrer Angelegenheiten.

§. 37.

Die gemeinschaftlichen Interessen und Angelegenheiten der Gesellschaft werden wahrgenommen und besorgt:

1) durch die Aktionaire in den General=Versammlungen;
2) durch einen Verwaltungsrath;
3) durch eine Direktion;
4) durch besondere Beamte.

Die Direktion führt, durch Vermittelung von besonderen Beamten, die Verwaltung und ist Repräsentant der Gesellschaft. Der Verwaltungsrath vertritt in bestimmten Fällen die Gesellschaft, dem Staate, der Direktion und dem Publikum gegenüber, und führt die Kontrolle der Verwaltung. Der General=Versammlung stehen im Allgemeinen die organischen Bestimmungen, und in den besonders bezeichneten Fällen die Entscheidungen in letzter Instanz über Verwaltungsangelegenheiten zu.

V. Die Direktion der Gesellschaft.

§. 38.

Die Direktion hat ihren Sitz in Elberfeld, und besteht aus vier Direktoren, dem Spezial=Direktor und aus vier Stellvertretern.

§. 39.

Die Direktoren und ihre Stellvertreter werden vom Verwaltungsrathe gewählt, jedoch bleibt dem Staate das Recht vorbehalten, einen der vier Direktoren nebst seinem Stellvertreter auf seine Kosten zu ernennen, in welchem Falle nur drei Direktoren und drei Stellvertreter vom Verwaltungsrathe gewählt werden. Der Spezial=Direktor wird auf den motivirten Vorschlag der Direktion vom Verwaltungsrathe erwählt, vorbehaltlich der Bestimmungen ad §. 76.

§. 40.

Von den vom Verwaltungsrathe zu erwählenden Direktoren, so wie von ihren Stellvertretern, muß jeder Besitzer von wenigstens sechs Aktien sein, welche für die Dauer ihrer Funktionen von der Direktion außer Kours gesetzt und bei derselben deponirt bleiben. Nach Ablauf dieser Zeit werden diese Aktien von der Direktion selbst, durch einen nach §. 54. zu unterzeichnenden Vermerk, wieder in Kours gesetzt. Die von dem Verwaltungsrathe erwählten Direktoren und ihre Stellvertreter müssen in Elberfeld oder Barmen wohnen und dürfen nicht Mitglieder oder Stellvertreter der Direktion oder des Verwaltungsrathes benachbarter Eisenbahngesellschaften sein.

§. 41.

Der von dem Staate ernannte Direktor, so wie auch sein Stellvertreter, brauchen nicht Aktionaire zu sein.

§. 42.

Die Direktoren erhalten, außer dem Ersatze für Reisekosten und für andere durch ihre Funktionen veranlaßte Auslagen, eine vom Verwaltungsrathe zu bestimmende Remuneration.

§. 43.

Alljährlich tritt einer der vom Verwaltungsrathe erwählten Direktoren, so wie einer ihrer Stellvertreter aus. Die Ausscheidenden bestimmt das Dienstalter, aber bei gleichem Dienstalter das Loos; sie können jedoch wieder gewählt werden. Es steht jedem Direktor oder Stellvertreter frei, seine Stelle niederzulegen, nachdem er sechs Wochen vorher die Direktion von seinem Entschlusse schriftlich in Kenntniß gesetzt hat.

Die dadurch, oder in anderer Art, im Laufe des Jahres nöthig werdende Ergänzung der Direktion erfolgt in der nächsten Sitzung des Verwaltungsrathes, jedoch nur für die Dauer des laufenden Jahres.

§. 44.

Die Direktion versammelt sich wöchentlich einmal regelmäßig, und außerdem so oft es erforderlich ist. Das Präsidium kann der Staat dem von ihm ernannten Direktor übertragen, wo dann in dessen Abwesenheit sein Stellvertreter präsidirt. Im Falle der Staat von dieser Befugniß keinen Gebrauch macht, wählt die Direktion ihren Präsidenten und seinen Stellvertreter. Die Beschlüsse werden nach Stimmenmehrheit gefaßt, bei Stimmengleichheit entscheidet der Vorsitzende. Zur Fassung eines gültigen Beschlusses ist die Anwesenheit von drei Mitgliedern der Direktion erforderlich. Ueber jede Sitzung wird ein Protokoll aufgenommen, welches von sämmtlichen anwesenden Mitgliedern der Versammlung in der Sitzung unterzeichnet wird. Die Stellvertreter sind befugt, den Sitzungen der Direktion beizuwohnen, jedoch haben sie nur dann ein Stimmrecht, wenn sie einen Direktor vertreten.

§. 45.

Der Spezial-Direktor ist berechtigt und verpflichtet, in allen Fällen, wo er in dem Beschlusse der Direktion das Interesse der Gesellschaft in bedeutenderm Grade für gefährdet erachtet, an den Verwaltungsrath zu appelliren. In solchem Falle beruft der Präsident des Verwaltungsraths eine gemeinsame Versammlung der Direktion und des Verwaltungsraths, in welcher er selbst den Vorsitz führt. — Zur Fassung eines gültigen Beschlusses ist in dieser Versammlung die Anwesenheit wenigstens von sieben Mitgliedern des Verwaltungsraths und drei Mitgliedern der Direktion erforderlich. Die Beschlüsse werden nach

Stimmenmehrheit gefaßt, bei Gleichheit der Stimmen entscheidet der Vorsitzende.

§. 46.

Solche gemeinschaftliche Sitzungen der Direktion und des Verwaltungsraths werden auch zusammenberufen, um vor dem Beginne und während des Bahnbaues über den Bau- und Betriebsplan, die Bahnhöfe, den Kostenanschlag und die Art der Ausführung, so wie über erhebliche Abweichungen von dem ursprünglichen Plane, in Berathung zu treten.

§. 47.

Die Präsidenten sind verpflichtet, wenn technische Fragen zu verhandeln sind, sowohl bei diesen gemischten Sitzungen, als auch bei den besondern Sitzungen der Direktion, den Ober-Ingenieur der Bahn als berathendes Mitglied zuzuziehen.

§. 48.

Die Direktion bedarf zur Vertretung der Gesellschaft keiner Spezial-Vollmacht für die Fälle, wo die Gesetze eine solche bei den gewöhnlichen Mandats-Verhältnissen vorschreiben. Zur offiziellen Legitimation der Direktion genügt die Bekanntmachung ihrer Ernennung in den §. 35. bezeichneten öffentlichen Blättern vom Präsidenten des Verwaltungsrathes veranlaßt und unterzeichnet.

§. 49.

Die Direktion leitet und vollzieht nach bester Einsicht, unter Beobachtung des Statuts, und nach Maaßgabe der verfassungsmäßigen Beschlüsse des Verwaltungsraths und der Generalversammlung, die Geschäfte der Gesellschaft. Sie vertritt die Gesellschaft in allen Verhandlungen mit dritten Personen, mit dem Staate und mit den Gemeinden, sodann bei der Erwerbung und Veräußerung von Immobilien, Löschung von Hypotheken und bei Verträgen über Leistung und Lieferung von Arbeiten. Es geht von ihr die Anstellung, Beaufsichtigung und Entlassung von Beamten, so wie die Feststellung ihrer Besoldung aus, wobei jedoch kein Beamter auf länger als zehn Jahre angestellt und kein Vertrag abgeschlossen werden kann, durch welchen Pensionen zur Last der Gesellschaft gewährt würden. — Sie setzt den Fahrplan fest und bestimmt das Bahngeld, so wie den Tarif für den Transport von Personen, Thieren, Waaren und andern Gegenständen. Sie richtet eine vollständige Buch- und Rechnungsführung nach kaufmännischen Grundsätzen über die Geschäfte der Gesellschaft ein, beaufsichtigt dieselbe, und führt eine genaue Kontrolle über das Kassenwesen. Alle Vierteljahre stattet sie einen Bericht über den ganzen Geschäftsbetrieb an den Verwaltungsrath, und alle Jahre einen so umfassenden Abrechnungs- und Geschäftsbericht an die Aktionaire ab, daß daraus der Gang und der jedesmalige Standpunkt des ganzen

Unternehmens in seiner finanziellen Lage, seiner Verwaltung, seinen Leistungen und Erfolgen genau übersehen werden kann. Sie veranlaßt mit dem Jahresschlusse und jedenfalls in den ersten drei Monaten des neuen Rechnungsjahres die genaue Inventarisation des Gesellschafts-Vermögens, den Abschluß der Bücher und die Aufstellung der Bilanz nach den Grundsätzen der kaufmännischen Buchführung, welche in ein besonderes Buch eingetragen und der Königlichen Regierung zu Düsseldorf mitgetheilt wird. Sie stellt während der Bauzeit halbjährlich, und nach Eröffnung des Bahnbetriebes jährlich, einen Etat über Einnahme und Ausgabe auf.

§. 50.

Die Direktion ist befugt, durch einen Beschluß, welcher jedoch eine Majorität von vier Stimmen für sich haben muß, ein einzelnes Mitglied, oder auch mehrere Mitglieder, zur Besorgung besonderer Funktionen zu delegiren.

§. 51.

Der Präsident hat, unter Zuziehung eines andern Direktors, monatlich wenigstens einmal die Kassen zu revidiren, und über den Befund ein Protokoll aufzunehmen.

§. 52.

Die Direktion entwirft für jeden Beamten der Gesellschaft eine Dienst-Instruktion, und sorgt dafür, daß dieselbe genau befolgt werde.

§. 53.

Sie darf kein Bauwerk ausführen lassen, von dem nicht vorher genaue Zeichnungen und ein detaillirter Kostenanschlag aufgestellt worden sind.

§. 54.

Die schriftlichen Ausfertigungen werden, unter der Unterschrift: Direktion der Bergisch-Märkischen Eisenbahngesellschaft, falls es öffentliche Bekanntmachungen, Berichte an obere Behörden, Kontrakte, Vollmachten, Bestallungen und Kassen-Dispositionen von tausend Thaler und mehr sind, von dem Präsidenten, einem Direktor und dem Spezial-Direktor, alle übrigen von dem Spezial-Direktor, oder dessen Stellvertreter unterzeichnet.

VI. Der Verwaltungsrath der Gesellschaft.

§. 55.

Der Verwaltungsrath besteht aus zwölf Mitgliedern und aus sechs Stellvertretern, welche von der General-Versammlung aus den theils in Elberfeld, theils in Barmen, theils im übrigen Bahnbezirke wohnenden Aktionairen erwählt werden; außerdem noch aus dem Präsidenten der Direktion. Jedes erwählte Mitglied des Verwaltungsrathes hat während seiner Dienstzeit bei der Direktion drei Aktien zu deponiren. Der Staat hat das Recht, unter den von der General-Versammlung gewählten Mitgliedern den Präsidenten zu bezeichnen.

§. 56.

Jährlich wird der Verwaltungsrath, sowohl in seinen gewählten wirklichen Mitgliedern, als auch in ihren Stellvertretern, um ein Drittheil erneuert. Die ausscheidenden Mitglieder, welche das Dienstalter, oder bei gleichem Dienstalter das Loos bestimmt, sind wieder wählbar. Scheiden Mitglieder im Laufe des Jahres aus, oder werden Mitglieder in die Direktion gewählt, so treten für sie zunächst nach dem Dienstalter, oder wo dieses nicht entscheidet, nach der Ordnung der auf sie bei der Wahl gefallenen Stimmen, die Stellvertreter als wirkliche Mitglieder ein.

§. 57.

Der Verwaltungsrath versammelt sich alle drei Monate, während der Bauzeit aber monatlich regelmäßig, außerdem noch so oft es der Präsident für nöthig erachtet, oder auch auf den Antrag von drei Mitgliedern des Verwaltungsraths, auf den Antrag der Direktion oder ihres Präsidenten. Der Präsident ladet zu diesen Versammlungen acht Tage vorher ein. In dringenden Fällen, wo Gefahr auf dem Verzuge steht, ist eine Einladung in kürzerer Frist gestattet. Ist ein Mitglied verhindert zu erscheinen, so wird davon wo möglich drei Tage vor der Sitzung dem Präsidenten die schriftliche Anzeige gemacht, der dann einen der Stellvertreter nach der im §. 56. festgestellten Ordnung einberuft. Die Stellvertreter sind befugt, den Sitzungen des Verwaltungsrathes beizuwohnen, doch haben sie nur dann Stimmrecht, wenn sie als Vertreter eines wirklichen Mitgliedes einberufen sind.

§. 58.

Der Präsident ist berechtigt, in geeigneten Fällen, die Direktion oder auch den Ober-Ingenieur, zur Aufklärung über die vorkommenden Fälle, zu den Sitzungen einzuladen.

§. 59.

Der Verwaltungsrath ist befugt:

1) von der Direktion alle, das Geschäft betreffende Aufschlüsse zu verlangen, Einsicht aller Bücher, Protokolle, Dokumente und Skripturen zu nehmen, und außergewöhnliche Kassenrevisionen zu veranstalten. Zur Ausübung solcher Kontrollmaaßregeln ist der Präsident des Verwaltungsraths an und für sich ermächtigt, andere Mitglieder bedürfen aber zu derselben eines Auftrages vom Kollegium.
2) Eine außerordentliche General-Versammlung zu berufen, insofern sich in einer Sitzung acht Mitglieder dafür aussprechen.

3) An die gewöhnlichen und außergewöhnlichen General-Versammlungen die geeigneten Anträge zu stellen.

Zur Gültigkeit des Beschlusses, bei den General-Versammlungen die Auflösung der Gesellschaft zu beantragen, reicht nur die Majorität von zwei Drittel der Stimmen des vollzählig versammelten Verwaltungsraths aus.

§. 60.

Die Beschlüsse werden in den Sitzungen des Verwaltungsraths, wenn nicht für den vorliegenden Fall statutgemäß ein Anderes bestimmt ist, nach Stimmenmehrheit gefaßt. Bei Gleichheit der Stimmen entscheidet der Präsident. Die Anwesenheit von acht Mitgliedern des Verwaltungsraths oder ihrer Stellvertreter genügt, wo nicht ausdrücklich ein Anderes bestimmmt ist, zur Fassung eines gültigen Beschlusses.

Mitglieder des Verwaltungsraths oder ihre Stellvertreter dürfen nicht Mitglieder der Direktion oder des Verwaltungsraths oder Stellvertreter derselben benachbarter Bahngesellschaften sein.

§. 61.

Der Verwaltungsrath nimmt vierteljährlich den Geschäftsbericht der Direktion entgegen, und unterwirft denselben einer genauen Prüfung.

Die Direktion legt ihm die Etats und Jahresrechnungen zur Prüfung und Feststellung vor, er stellt über letztere die sich ergebenden Monita auf, und ertheilt, nachdem diese erledigt sind, und die Rechnung als richtig anerkannt worden ist, die Decharge. Er beschließt über die statutgemäß von der Direktion an denselben gerichteten Anträge.

§. 62.

In der letzten Jahressitzung werden für die ausscheidenden Mitglieder der Direktion und ihrer Stellvertreter neue, oder auch die Ausscheidenden wiedergewählt, und zwar mit absoluter Stimmenmehrheit.

§. 63.

Die Beschlüsse der Direktion, betreffend:

1) die Bezeichnung der Bankhäuser für die Geldgeschäfte der Gesellschaft;
2) die Anstellung, Besoldung und Instruirung des Spezial-Direktors und des Ober-Ingenieurs;
3) die Anstellung, Besoldung und Instruirung derjenigen Beamten, welche für eine längere Zeit als fünf Jahre in festen Dienst genommen werden sollen, und solcher, deren jährliche Besoldung mehr als vierhundert Thaler beträgt, so wie die Höhe der eventuell von ihnen zu leistenden Kaution;
4) Kauf und Verkauf von Immobilien;

5) Kauf und Verkauf von Maschinen, Utensilien und Schienen, deren Werth die Summe von tausend Thaler übersteigt;
6) Errichtung von Gebäuden und Anlagen, deren Kosten die Summe von tausend Thaler übersteigen, wobei jedoch Erweiterungen der Bahn, als zur Kompetenz der Generalversammlung gehörig, ausgeschlossen sind;
7) Leistungen von Arbeiten oder Lieferungen, welche auf andere Weise, als durch öffentliche Verdingung an den Mindestfordernden, vergeben werden sollen, insofern der Gegenstand die Summe von tausend Thaler übersteigt;
8) Feststellung des Bahngeldes, des Transporttarifs und des Fahrplans;
9) Vereinbarungen mit Unternehmern anderer Eisenbahnen, nach Maaßgabe des §. 5.

müssen von Seiten der Direktion dem Verwaltungsrathe zur Genehmigung vorgelegt werden.

Dem Königlichen Finanzministerium bleibt die Bestätigung des Spezial-Direktors und seines etwaigen Stellvertreters, imgleichen des Ober-Ingenieurs, ihrer Besoldung und Instruirung vorbehalten, so wie auch die Beschlüsse, betreffend die Festsetzung des Bahngeldes, des Transporttarifs, des Fahrplans und die Erweiterung des Unternehmens, der Genehmigung der Staatsbehörde unterliegen.

So wie dem Verwaltungsrathe (§. 59.) steht es auch der Direktion zu, Anträge an die Generalversammlung, und unter diesen auch die vom Verwaltungsrathe verworfenen, zu stellen. Direktion und Verwaltungsrath sind jedoch verpflichtet, sich die zu stellenden Anträge wenigstens acht Tage vor der Generalversammlung gegenseitig mitzutheilen.

§. 64.

Die Mitglieder des Verwaltungsraths erhalten keine Remuneration, doch aber Ersatz für die durch ihre Funktion herbeigeführten Auslagen.

VII. Die Generalversammlung der Aktionaire.

§. 65.

Die jährliche Generalversammlung findet im Laufe des zweiten Jahres-Quartals in Elberfeld Statt. Die Einberufung geschieht von dem Präsidenten des Verwaltungsraths vier Wochen vor dem Zusammentritte derselben in öffentlichen Blättern (§. 35.). Der jährliche Geschäftsbericht (§. 49.) liegt acht Tage lang vor der Generalversammlung im Geschäftslokale der Direktion zur Einsicht der Aktionaire offen. Bei der Einberufung zu außergewöhnlichen Generalversammlungen müssen die Gegenstände der Berathung in kurzen Worten bezeichnet werden.

§. 66.

Die Aktionaire haben sich in den drei letzten Tagen vor der Generalversammlung als solche in genügender Weise zu legitimiren; diese Legitimation geschieht bei der Direktion oder den dazu delegirten Mitgliedern derselben, oder Seitens der Auswärtigen bei einem öffentlichen Notare, und zwar jedesmal durch Vorzeigung der Aktien, und bis zur Aushändigung derselben durch die Quittungsbogen (§. 13.), deren Nummern in eine etwa zu ertheilende Vollmacht aufzunehmen sind; und es wird ihnen dann, nebst dem Stimmzettel, ein gedrucktes Exemplar des jährlichen Geschäftsberichts eingehändigt. Die bei der Generalversammlung anwesenden Aktionaire, mit Ausnahme der Mitglieder der Direktion, so wie der Beamten der Gesellschaft, können abwesende Aktionaire vertreten, insofern sie über diese Vertretung eine genügende Vollmacht beibringen.

Es können sich außerdem moralische Personen durch ihre Repräsentanten oder durch Bevollmächtigte, Handlungshäuser durch ihre Prokuraträger, Minderjährige und Ehefrauen durch ihre respektiven Vormünder und Ehemänner, vertreten lassen, wenn diese auch nicht Aktionaire sind.

Auch die nicht vertretenen abwesenden Aktionaire sind an die Beschlüsse der Generalversammlung gebunden.

§. 67.

Obgleich dem Besitzer von nur einer Aktie die Theilnahme an den Verhandlungen der Generalversammlung gestattet ist, so ist doch jeder Aktionair nur für je drei Aktien zu einer Stimme berechtigt. Die eigenen und vertretenen Aktien werden zum Zwecke der Ermittelung der Stimmzahl zusammengerechnet. Mehr als dreißig Stimmen, für eigene und vertretene Aktien, stehen keinem Privat-Aktionair zu.

§. 68.

Der Staat wird in jeder Generalversammlung durch einen von ihm zu stellenden Kommissar vertreten, welcher nicht Aktionair zu sein braucht, und übt durch diesen sein Stimmrecht aus. Dasselbe erstreckt sich auf den dritten Theil der in jedesmaliger Generalversammlung durch sämmtliche übrige Aktionaire vertretenen Stimmen, so daß der Staat über ein Viertel der anwesenden Stimmen zu disponiren hat.

Dieses Stimmrecht nimmt jedoch, falls die allmälige Einlösung der Aktien des Staats stattfindet (§. 26.) in dem Verhältnisse ab, daß dem Staate nach Einlösung der ersten hunderttausend Thaler nur noch neun Vierzigstel, nach Einlösung der zweiten hunderttausend Thaler nur noch ein Fünftel, nach Einlösung der dritten hunderttausend Thaler nur noch sieben Vierzigstel, nach Einlösung der vierten hunderttausend Thaler nur noch sechs Vierzigstel, nach Einlösung der fünften hunderttausend Thaler nur noch ein Achtel, nach Einlösung der sechsten hunderttausend Thaler nur noch ein Zehntel, nach Einlösung der siebenten hunderttausend Thaler nur noch drei Vierzigstel, nach Einlösung der achten hunderttausend Thaler nur noch ein Zwanzigstel, endlich nach Einlösung der neunten hunderttausend Thaler nur noch ein Vierzigstel der gesammten Stimmen in jeder Generalversammlung zusteht, und sein Stimmrecht nach Einlösung der letzten hunderttausend Thaler ganz erlischt.

§. 69.

Der Präsident des Verwaltungsraths führt in der Generalversammlung den Vorsitz, und hat zwei Protokollführer, so wie zwei Stimmsammler zu ernennen.

Das Protokoll wird von dem Vorsitzenden, den anwesenden Direktoren, drei anderen Aktionairen und den Protokollführern unterzeichnet. Es wird demselben ein von dem Vorsitzenden, einem Direktor und den Protokollführern beglaubigtes Verzeichniß der anwesenden Aktionaire und ihrer Stimmzahl beigefügt.

§. 70.

In den gewöhnlichen Generalversammlungen eröffnet der Vorsitzende die eigentlichen Verhandlungen durch Vortrag eines Berichts über den Gang des Unternehmens im verflossenen Jahre. Darauf theilt er die Anträge der Direktion, des Verwaltungsraths oder einzelner Aktionaire mit, und setzt dann die Tagesordnung fest.

§. 71.

Die Gegenstände, welche nur durch einen Beschluß der Generalversammlung erledigt werden können, sind die folgenden:

1) Die statutgemäße Repartition des reinen Jahresgewinnes zwischen dem Antheile für den Reservefond und dem für die Dividende;
2) die Vermehrung des Gesellschafts-Kapitals durch Ausgabe neuer Aktien oder durch Kontrahirung von Anleihen;
3) die Erweiterung des Unternehmens und die Betheiligung bei andern Eisenbahnen nach Maaßgabe des §. 5., oder die Anlage eines zweiten Bahngeleises;
4) die Ergänzungen und Abänderungen des Statuts;
5) die Aufhebung früherer Beschlüsse der Generalversammlungen;
6) die gänzliche oder theilweise Verwendung des Reservefonds;
7) die Entscheidung über die Anträge des Verwaltungsraths oder der Direktion nach Maaßgabe des §. 63.;
8) die Wahl der Mitglieder des Verwaltungsraths und ihrer Stellvertreter;
9) die Auflösung der Gesellschaft.

Die Beschlüsse der Positionen 1. 2. 3. 4. und 9. bedürfen vor der Ausführung der Genehmigung des Staats.

§. 72.

Soll ein Antrag auf Veränderung des Statuts, die Vermehrung des Gesellschafts-Kapitals oder die Erweiterung des Unternehmens der Generalversammlung zur Beschlußnahme vorgelegt werden; so muß dies ausdrücklich in dem Einberufungsschreiben bemerkt werden. Ueber die Auflösung der Gesellschaft kann nur in einer für diesen Zweck besonders zusammenberufenen Generalversammlung, in welcher jede Aktie zu einer Stimme, ohne Beschränkung ihrer Zahl, berechtigt ist, verhandelt und Beschluß gefaßt werden.

In allen in diesem Paragraphe erwähnten Fällen haben die Beschlüsse nur dann Gültigkeit, wenn in der Generalversammlung drei Viertel aller Aktien vertreten sind, und wenn sie eine Majorität von zwei Drittel der vertretenen Stimmen für sich haben.

Sind in solchen Generalversammlungen nicht drei Viertel sämmtlicher Aktien vertreten, so wird nach sechs Wochen eine neue Generalversammlung berufen, welche dann nach Stimmenmehrheit der anwesenden Aktionaire definitiv entscheidet.

§. 73.

Bei allen übrigen Beschlüssen entscheidet die einfache Stimmenmehrheit. Im Falle der Stimmengleichheit giebt die Stimme des Vorsitzenden den Ausschlag.

Die Wahl der Mitglieder des Verwaltungsraths und ihrer Stellvertreter geschieht im geheimen Skrutinium durch relative Stimmenmehrheit.

§. 74.

Jedem Aktionaire ist es gestattet, über den Geschäftsbetrieb der Gesellschaft in der Generalversammlung sein Urtheil auszusprechen und Anträge an dieselbe zu stellen.

Anträge der Aktionaire müssen wenigstens vierzehn Tage vor der Generalversammlung dem Präsidenten des Verwaltungsraths schriftlich mitgetheilt werden, widrigenfalls dem Letztern freisteht, die Beschlußnahme darüber bis zur nächsten Generalversammlung zu vertagen.

Der Präsident des Verwaltungsraths ist verpflichtet, die bei ihm eingehenden Anträge ungesäumt der Direktion mitzutheilen.

§. 75.

Das Protokoll der Generalversammlung wird entweder vollständig oder auszugsweise öffentlich bekannt gemacht.

VIII. Die Beamten der Gesellschaft.

§. 76.

Zur speziellen Führung der Geschäfte nach den Beschlüssen der Direktion wird ein Spezial-Direktor angestellt, welcher stimmberechtigtes Mitglied der Direktion ist. Die Anstellung des Spezial-Direktors bleibt der Bestätigung des Königlichen Finanz-Ministeriums vorbehalten, eben so auch die Genehmigung der Besoldung und Feststellung der Bedingungen seiner Entlassung und Suspendirung. Bei jeder Beamtenanstellung muß der Spezial-Direktor vorgängig gehört werden. Die Besoldung des Spezial-Direktors kann zum Theil in einer Tantieme vom Reingewinne bestehen.

Zum etwaigen Stellvertreter des Spezial-Direktors wird oder werden auf den Antrag der Direktion ein oder mehrere Beamte der Gesellschaft, vorbehaltlich der Bestätigung des Königlichen Finanz-Ministeriums vom Verwaltungsrathe ernannt.

§. 77.

Der zweite Beamte der Gesellschaft ist der Ober-Ingenieur, welcher sämmtliche technische Arbeiten zu leiten hat und zu dessen Verfügung die übrigen technischen Beamten gestellt sind. — Die Anstellung desselben, so wie seine Besoldung und die Feststellung der Bedingungen seiner Entlassung und Suspendirung bedürfen der Genehmigung des Königlichen Finanz-Ministeriums.

§. 78.

Die sämmtlichen höheren Beamten der Gesellschaft müssen vor ihrer Anstellung in die Hände der Direktion auf Ehre, Pflicht und Gewissen geloben, und sich demnächst schriftlich verpflichten:

1) weder direkt noch indirekt Handelsgeschäfte und Handelsspekulation zu treiben;
2) ihre Meinung und ihre Anträge bei Verwaltung ihrer Stelle nur nach reiflicher Erwägung, und einzig und allein im wahren Interesse der Gesellschaft, ohne alle Nebenrücksichten, abzugeben;
3) keine Funktion in irgend einer Kommunal-Verwaltung zu versehen, es sei denn, daß das Gesetz unbedingt dazu verpflichte;
4) nicht anders Theil zu nehmen an Kommissionen zur Berathung von Kommunal-Interessen, als allein im Auftrage oder mit Genehmigung der Direktion;
5) nicht Theil zu nehmen an der Verwaltung anderer Institute und anonymen Gesellschaften, es sei denn, daß die Direktion dies im Interesse der Gesellschaft ausdrücklich gestatte.

§. 79.

Welches auch die Bestimmungen der Verträge über die Anstellung der höhern Beamten der Gesellschaft sein mögen, so verbleibt der Direktion das Recht, dieselben vermittelst eines einstimmigen Beschlusses, wegen Dienstvergehen oder grober Fahrlässigkeit, oder aus triftigen moralischen Gründen, von ihren Amtsverrichtungen zu suspendiren, auch auf ihre Entlassung bei dem Verwaltungsrathe anzutragen.

Zum gültigen Beschlusse über die Suspension oder den Antrag auf Entlassung des Spezial-Direktors genügt die Einstimmigkeit der vier übrigen Direktoren.

Die Entlassung eines Beamten wird von dem Verwaltungsrathe, nachdem der Beamte, in so fern er sich nicht entfernt hat, zur Vertheidigung und Rechtfertigung aufgefordert und zugelassen worden ist, ausgesprochen, wenn wenigstens neun Mitglieder der Versammlung dafür stimmen. Eine solchergestalt ausgesprochene Entlassung des Beamten hat zur Folge, daß alle demselben vertragsmäßig gewährte Ansprüche an die Gesellschaft für Besoldung, Antheil am Reingewinne, Entschädigungen, Gratifikationen und andere Vortheile, vom Tage der Entlassung ab, von selbst erlöschen.

Die Beschlüsse in Betreff der Suspendirung und Entlassung des Spezial-Direktors und des Ober-Ingenieurs bedürfen vor der Ausführung der Genehmigung des Königlichen Finanz-Ministeriums.

I. 4001. E. 37. Vol. 7.

145.

Verordnung vom 23. Juli 1844, — wegen Ergänzung und Abänderung einiger Bestimmungen des Feuersozietäts-Reglements für die Rheinprovinz, vom 5. Januar 1836.

Wir Friedrich Wilhelm, von Gottes Gnaden, König von Preußen rc. rc.

verordnen wegen Ergänzung und Abänderung einiger Bestimmungen des Reglements für die Provinzial-Feuersozietät der Rheinprovinz vom 5. Januar 1836, nach Anhörung Unserer getreuen Stände dieser Provinz, auf den Antrag Unseres Staats-Ministeriums, was folgt:

ad §. 59.

Die Wiederherstellung eines abgebrannten und versicherten Gebäudes muß, wenn nicht von dem Wiederaufbau dispensirt, oder die Wiederherstellung des Gebäudes aus polizeilichen oder anderen höheren Rücksichten untersagt wird (§§. 62. und 66.), in der Regel und so weit es nach dem Umfange des Baues ohne Nachtheil für die Ausführung desselben zulässig ist, binnen Jahresfrist von dem Tage des Brandes an gerechnet, bewirkt werden; geschieht dies nicht, so sind die Hypothekgläubiger befugt, die Wiederherstellung des Gebäudes für die ihnen zu überweisenden Brandentschädigungsgelder nach eignem Plane zu bewirken; dieselben sollen aber auch, wenn sie von dieser Befugniß Gebrauch machen, verpflichtet sein, den Bau binnen anderweitiger Jahresfrist zu vollenden.

Sind mehrere Gläubiger vorhanden, so gebührt demjenigen unter ihnen der Vorzug, welcher nach der Eintragung der Spätere im Range ist, und daher bei dem tüchtigen Wiederaufbau das meiste Interesse hat.

In allen diesen Fällen ist die gehörige Verwendung der den Gläubigern zu zahlenden Entschädigungssumme in gleicher Weise zu überwachen, wie dies in Ansehung der dem Versicherten selbst zu zahlenden Entschädigungsgelder in den §§. 60. und 61. vorgeschrieben ist.

In Ermangelung gütlicher Vereinigung zwischen den Betheiligten (Schuldner und Gläubiger) tritt richterliche Entscheidung ein.

ad §§. 62. u. 66.

Die Dispensation von der Wiederherstellung eines abgebrannten Gebäudes entweder überhaupt oder auf der alten Baustelle soll von den Regierungen nur in seltenen Fällen aus erheblichen Gründen, immer aber nur dann ertheilt werden,

a) wenn vorher eine Kommunikation mit der Provinzial-Feuersozietäts-Direktion Statt gehabt hat, und bei Verschiedenheit der Ansichten die Entscheidung des Ober-Präsidenten eingeholt worden ist, und

b) wenn der Versicherte entweder die Einwilligung der Hypothekgläubiger beibringt, oder den Nachweis führt, daß das Grundstück hypothekenfrei sei.

Wird die Dispensation ertheilt, oder die Wiederherstellung des abgebrannten Gebäudes aus polizeilichen oder anderen höheren Rücksichten untersagt, so sind die Hypothekgläubiger berechtigt, ihre Befriedigung aus den Brand-Entschädigungsgeldern sofort, ohne Rücksicht auf die Verfallzeit ihrer Forderungen, zu verlangen.

An den Versicherten dürfen die Brand-Entschädigungsgelder nur dann gezahlt werden, wenn derselbe nachweist, daß die

Hypothekengläubiger darin einwilligen, oder daß das Grundstück hypothekenfrei ist.

Der Versicherte muß diesen Nachweis binnen Sechs Monaten von dem Tage an gerechnet führen, an welchem ihm die Dispensation von dem Wiederaufbau oder die Untersagung der Wiederherstellung des abgebrannten Gebäudes bekannt gemacht worden ist. Geschieht dieses nicht, so ist die Provinzial-Feuersozietäts-Direktion berechtigt, die Brandentschädigungsgelder bei der Bank, respektive bei dem kompetenten Gerichte deponiren zu lassen. Dieselbe hat die erfolgte Deposition zweimal durch das Amtsblatt des Regierungsbezirks, in welchem das abgebrannte Gebäude sich befindet, bekannt zu machen.

Urkundlich unter Unserer Höchsteigenhändigen Unterschrift und beigedrucktem Königlichen Insiegel.

Gegeben Berlin den 23. Juli 1844.

(L. S.) Friedrich Wilhelm.

v. Boyen, Mühler, Rother, Eichhorn, v. Savigny, Frhr. v. Bülow, v. Bodelschwingh, Gr. zu Stolberg, Gr. v. Arnim, Flottwell.

I. 4004. Rh. Gen. 85.

146.

Allgemeine Verfügung vom 14. August 1844, — betreffend die Belassung, Einziehung und Wiedergewährung des Gnadengehalts der im Civildienst angestellten oder beschäftigten Militair-Invaliden.

Des Königs Majestät haben durch den nachstehenden Kabinets-Befehl vom 5. v. M. diejenigen allgemeinen Bestimmungen zu genehmigen geruht, welche das Königliche Staats-Ministerium in der Anlage A. hinsichtlich der Belassung oder Einziehung und resp. Wiedergewährung des Gnadengehalts der im Civildienst angestellten oder beschäftigten Militair-Invaliden unterm 24. Mai d. J. getroffen hat, und zugleich hat das Königliche Staats-Ministerium die in der Anlage B. enthaltenen allgemeinen Vorschriften für die ausführenden Behörden beschlossen.

Auf den Bericht des Staats-Ministeriums vom 30. Mai d. J. genehmige Ich die anbei zurückfolgenden Allgemeinen Bestimmungen hinsichtlich der Belassung oder Einziehung und resp. Wiedergewährung des Gnadengehalts der im Civildienst angestellten oder beschäftigten Militair-Invaliden. — Die Departements-Chefs haben wegen Ausführung dieser Bestimmungen in ihren Ressorts das Erforderliche anzuordnen.

Sanssouci den 5. Juli 1844.

Friedrich Wilhelm.

An
das Staats-Ministerium.

A.

Allgemeine Bestimmungen hinsichtlich der Belassung oder Einziehung und resp. Wiedergewährung des Gnadengehalts der im Civildienst angestellten oder beschäftigten Militair-Invaliden.

I. Bei der Anstellung oder Beschäftigung im Civildienste.

1) In Betreff von Invaliden, welche ein Gnadengehalt beziehen.

a) Bei Anstellung.

§. 1. Sobald ein, mit einem Gnadengehalt entlassener Militair-Invalide in einer etatsmäßigen oder einer andern bestimmten Stelle angestellt wird, hört die Zahlung seines Gnadengehalts sogleich auf.

§. 2. Diese Festsetzung bezieht sich jedoch nur auf derartige Anstellungen im unmittelbaren Staatsdienste, im Dienste einer städtischen Kommune, eines ständischen Instituts, bei einer ganz oder theilweis aus Staatsfonds, aus den Fonds einer städtischen Kommune, eines ständischen Instituts unterhaltenen Behörde, oder endlich in Unterbedienungen bei den Bürgermeisterei-Verbänden in den westlichen Provinzen.

§. 3. Bei Anstellungen im Privat- oder im ländlichen Kommunaldienste wird das Gnadengehalt fortgezahlt.

§. 4. Ob die Anstellung auf Lebenszeit, auf Kündigung oder auf Probe erfolgt ist, ändert nichts in der obigen Bestimmung.

§. 5. Eine begünstigende Ausnahme von der Regel (§. 1.) findet nur Statt, wenn das Civil-Einkommen, nach Abzug des darunter etwa mitbegriffenen Betrages zu Ausgaben für Dienstbedürfnisse, nicht den doppelten Betrag des Gnadengehalts, oder nicht den Satz:

a) von 50 Rthl. bei dem Gemeinen,
b) von 72 Rthl. bei dem Unteroffizier,
c) von 100 Rthl. bei dem Feldwebel, Wachtmeister und Unter-Chirurgus

erreicht.

§. 6. In solchen Fällen kann dem Invaliden, nach Maaßgabe seiner Charge, bis zur Erfüllung jenes Doppelbetrages, oder — wenn es für ihn günstiger ist — bis zur Erfüllung jener Sätze, das Fehlende aus seinem Gnadengehalt gewährt, und eventualiter selbst das ganze Gnadengehalt belassen werden.

§. 7. Besteht das Einkommen in ungewissen Hebungen, so werden da, wo mit der Stelle ein baarer Aufwand an Reise- und Zehrungskosten verbunden ist, für diese vorweg 50 Prozent des ermittelten unfixirten Einkommens, und, wenn die Diensteinnahme ganz in unfixirten Hebungen besteht, und nach der Fraktion nicht 12 Rthl. monatlich beträgt, als Minimum 6 Rthlr. monatlich in Abzug gebracht.

§. 8. Den pensionirten Landgensd'armen kann bei ihrer Anstellung in einer etatsmäßigen oder einer andern bestimmten Stelle des Civildienstes ein Zuschuß aus ihrer Pension bis zur Erreichung des Doppelbetrages derselben gewährt werden; doch darf dieser Zuschuß in den Fällen, wo der Doppelbetrag der Pension das reine Aktivitätsgehalt bei der Gensd'armerie übersteigen würde, nur bis zur Erreichung des letzteren erfolgen.

b) Bei fortdauernder remuneratorischer Beschäftigung im Civildienst.

§. 9. Wenn ein Militair-Invalide in einem der, §. 2. gedachten Dienstverhältnisse eine zwar unbestimmte, aber an sich fortdauernde und regelmäßige Beschäftigung gegen fortlaufende tägliche oder monatliche fixirte Diäten oder Remunerationen, die von der Kasse der Behörde oder des Instituts unmittelbar gezahlt und verrechnet werden, erhält; so finden auf ihn die Bestimmungen der §§. 1, 5, 6 und 7 Anwendung. Die Land-Gensd'armen werden in einem solchen Falle nach §. 8. behandelt.

§. 10. Die Einziehung des Gnadengehalts soll, wenn solche nach den im vorigen §. gedachten Bestimmungen überhaupt zulässig ist, jedoch erst nach Ablauf der ersten sechs Monate der Beschäftigung erfolgen.

§. 11. Wird ein Invalide zwar zur Hülfsleistung bei einer der im §. 2. bezeichneten Behörden, jedoch als Privatgehülfe eines etatsmäßigen Beamten gegen eine von diesem ausgesetzte und aus seinem Einkommen zu zahlende Remuneration angenommen; so verbleibt er im Genusse seines Gnadengehalts.

c) Bei vorübergehender Beschäftigung im Civildienst.

§. 12. Invalide, welche nur vorübergehend gegen stückweise Bezahlung oder Boten- oder Tage- oder Wochenlohn oder die Exekutionsgebühren zur Hülfsleistung angenommen werden, behalten ihr Gnadengehalt unverkürzt, z. B. Hülfsschreiber mit Anweisung auf Kopialienverdienst, Hülfsboten und Hülfsexekutoren, welche von Zeit zu Zeit zu Dienstleistungen herangezogen werden, Hülfsaufseher bei Bauten und ambulante Hülfsaufseher in der Forst-, Steuer- und Postverwaltung ꝛc.

2) In Betreff der mit halbem Gehalt beurlaubten Unterofficiere.

§. 13. Die Vorschriften der vorstehenden Paragraphen finden auch auf die von den kombinirten Reserve-Bataillonen oder den Halbinvaliden-Sektionen mit halbem Gehalte beurlaubten Unterofficiere Anwendung, jedoch mit der Beschränkung, daß:

a) bei einer auf Lebenszeit oder auf Kündigung in einer etatsmäßigen oder in einer anderen bestimmten Stelle erfolgenden Anstellung das halbe Gehalt ohne Rücksicht auf den Betrag und die Natur des neuen Diensteinkommens sofort wegfällt, und daß:
b) bei Beurtheilung der Frage: ob und wie viel diesen Beurlaubten bei einer Anstellung auf Probe während der gesetzlichen Probezeit, so wie bei remuneratorischer Beschäftigung nach Ablauf der ersten sechs Monate von ihrem halben Gehalte zu belassen ist? allein die Sätze von:
72 Rthl. für den Unteroffizier, und
100 Rthlr. für den Feldwebel und Wachtmeister
zum Maaßstabe dienen.

§. 14. Der Rücktritt auf das, aus dem Militair-Fond durch den Truppentheil zu gewährende Urlaubs- (halbe) Gehalt findet nur Statt, wenn der beurlaubte Unteroffizier aus einer remuneratorischen Beschäftigung ausscheidet, oder wenn er aus einer, ihm auf Probe übertragenen Stelle vor Ablauf der gesetzlichen Probezeit, oder aus einer, ihm auf Kündigung verliehenen Stelle innerhalb der ersten sechs Monate entlassen wird.

§. 15. In den vorgedachten Fällen (§. 14.) kann der Beurlaubte auch in das Reserve-Bataillon oder in die Halbinvaliden-Sektion zurücktreten, wenn eine Vakanz vorhanden und seine gute Führung nachgewiesen ist.

In allen andern Fällen des Ausscheidens aus einer Civilbedienung erhält er das einfache Gnadengehalt aus den nach §§. 20—23. dazu verpflichteten Fonds.

II. Gewährung des Militair-Gnadengehalts bei dem Aufhören des Civildienstes.

a) In welchen Fällen sie stattfindet.

§. 16. Bei dem unfreiwilligen Austritt eines vormaligen Militair-Invaliden aus einer, ihm auf Lebenszeit, auf Kündigung oder auf Probe verliehenen Civilstelle erhält derselbe das erdiente Gnadengehalt wieder, sofern ihm nicht nach dem Civil-Pensions-Reglement ein höherer Anspruch zusteht, oder er nicht durch Erkenntniß des Gnadengehalts für verlustig erklärt worden ist.

§. 17. Auch bei dem freiwilligen Austritt eines vormaligen Militair-Invaliden aus einer, ihm auf Lebenszeit, auf Kündigung oder auf Probe verliehenen Civilstelle erhält derselbe das erdiente Gnadengehalt zu seiner Sustentation wieder.

§. 18. Wenn ein Invalide eine, im §. 9. näher bezeichnete, unbestimmte Beschäftigung, — bei der nach §. 10. sein Gnadengehalt ganz oder theilweis eingezogen worden, — selbst aufgiebt oder daraus entlassen wird, so empfängt er sein Gnadengehalt, — wofern er solches nicht verwirkt hat, — wieder, und zwar, wenn die Beschäftigung vor dem 15. eines Monats aufhört, vom 1. desselben Monats, nach dem 15 vom 1. des nächsten Monats ab.

§. 19. Gelangt der Invalide nach Verlauf von 15 Tagen und darüber zu einer andern gleichartigen Beschäftigung, so bezieht er alsdann sein Gnadengehalt von Neuem während der ersten sechs Monate seiner Beschäftigung.

b) Aus welchem Fond sie erfolgt.

§. 20. Wenn ein im Staatsdienste in einer etatsmäßigen oder einer andern bestimmten Stelle angestellter vormaliger Militair-Invalide:

a) aus der ihm auf Lebenszeit verliehenen Civilstelle entlassen wird (und ihm nicht ein höherer Anspruch nach dem Civil-Pensions-Reglement zusteht), oder
b) aus der ihm auf Kündigung verliehenen Stelle erst nach Ablauf von sechs Monaten, oder
c) aus der ihm auf Probe übertragenen Stelle erst nach Ablauf der gesetzlichen Probezeit unfreiwillig ausscheidet,

so wird demselben das, ihm nach seinem Militair-Verhältniß gebührende Gnadengehalt, aus dem Civil-Pensions-Fond gewährt.

§. 21. Scheidet ein, von einer städtischen Kommune oder einem ständischen Institute in einer etatsmäßigen oder einer andern bestimmten Stelle angestellter vormaliger Militair-Invalide aus dem Dienste aus, so erfolgt die Zahlung des Gnadengehalts:

a) für den Fall des §. 20 a. von der Kommune oder dem ständischen Institute, und
b) für den Fall des §. 20 b. und c. von dem Pensions-Aussterbe-Fond.

§. 22. Sollte in dem Falle §. 21 a. keine Pension erdient, oder die erdiente Pension geringer sein, als das Militair-Gnadengehalt, so übernimmt der Pensions-Aussterbe-Fond die Zahlung des Militair-Gnadengehaltsbetrages, oder leistet den zu dessen Erfüllung nöthigen Zuschuß.

§. 23. In allen übrigen Fällen wird das Militair-Gnadengehalt aus dem Militair-Pensions-Fond gewährt, also namentlich auch dann, wenn ein vormaliger Militair-Invalide die ihm auf Kündigung verliehene Anstellung im Civildienste vor dem Eintritt seiner Dienstunfähigkeit freiwillig und ohne zu diesem Entschlusse durch eigene Verschuldung bestimmt zu sein, aufgiebt, oder wenn seine Entlassung aus einer ihm auf Lebenszeit verliehenen Anstellung innerhalb sechs Monate, oder vor Ablauf der gesetzlichen Probezeit erfolgt.

Berlin den 30. Mai 1844.

Königliches Staats-Ministerium.

Prinz von Preußen.
v Boyen, Mühler, v. Nagler, Rother, Eichhorn, v. Thile, v. Savigny, Frhr. v. Bülow, v. Bodelschwingh, Gr. zu Stolberg, Gr. v. Arnim, Flottwell.

B.

Allgemeine Vorschriften für die ausführenden Behörden.

1. Zur Vereinfachung des Geschäftsbetriebes soll die Feststellung der Gnadengehalts-Zuschüsse, sowohl bei Anstellungen, als auch bei remuneratorischen Beschäftigungen außerhalb Berlin — vorbehaltlich der definitiven Genehmigung dieser Maaßregel — den Königlichen Regierungen unter eigener Verantwortlichkeit übertragen werden. — Für Berlin verbleibt diese Feststellung der Abtheilung für das Invalidenwesen im Kriegs-Ministerium.

2. Die anstellenden Behörden haben daher die Anzeige von der geschehenen Anstellung oder Beschäftigung eines versorgungsberechtigten Invaliden, so wie von dem ihm zugewiesenen Einkommen, sofort, nachdem solche verfügt worden, für Berlin an die Abtheilung für das Invalidenwesen im Kriegs-Ministerium, sonst aber an diejenige Königliche Regierung zu richten, auf deren Etat das Gnadengehalt des Invaliden steht.

3. Dasselbe gilt für die Anzeigen über solche Veränderungen in dem Verhältnisse des mit einem Gnadengehalts-Zu-

schusse angestellten oder beschäftigten Invaliden, in deren Folge die Einziehung oder die anderweitige Feststellung dieses Zuschusses eintreten muß.

4. In Beziehung auf die im Civildienste in einer etatsmäßigen oder einer anderen bestimmten Stelle anzustellenden, oder remuneratorisch zu beschäftigenden Invaliden, welche noch bei einem kombinirten Reserve-Bataillon, einer Halbinvaliden-Sektion, einer Invaliden-Kompagnie, einem Invaliden-Hause oder einer Veteranen-Sektion stehen, aber von denselben beurlaubt sind, wird die Einstellung der Zahlung des halben Gehalts oder die Feststellung des etwanigen Zuschusses aus demselben, den Königlichen Militair-Intendanturen unter eigener Verantwortlichkeit übertragen.

5. Die Behörden, welche die Beurlaubten anstellen oder beschäftigen, haben die Anzeigen sowohl hierüber, als über später eintretende Einkommens-Verbesserungen und sonstige Veränderungen daher an die Militair-Intendanturen zu richten (§. 4.).

6. Waltet ein Zweifel darüber ob, welche Militair-Intendantur die Verpflegungs-Angelegenheiten des kombinirten Reserve-Bataillons, der Kompagnie ꝛc. bearbeitet, so sind die Anzeigen an diejenige Militair-Intendantur zu richten, in deren Bereiche die Anstellung oder Beschäftigung erfolgt.

7. Für Berlin können die Anzeigen auch wegen dieser Invaliden (§§. 4—6.) an die Abtheilung für das Invalidenwesen im Kriegs-Ministerium gelangen.

8. Die Königlichen Regierungen senden mit den vierteljährlichen Kassen-Extrakten namentliche Abgangslisten der Gnadengehalts-Empfänger, aus welchen auch das Civil-Einkommen der angestellten oder remuneratorisch beschäftigten Militair-Invaliden und der etwanige Zuschuß aus dem Gnadengehalte ersichtlich sein muß, an die Abtheilung für das Invalidenwesen im Kriegs-Ministerium ein; von den anstellenden Behörden sind dagegen nur die in den vorhergehenden §§. 2., 3., 5—7. gedachten Anzeigen über die geschehene Anstellung oder Beschäftigung eines versorgungsberechtigten Militair-Invaliden, so wie über spätere Veränderungen seines Einkommens, sofort bei Erlaß der betreffenden Verfügung zu erstatten.

9. Insoweit es nach dem Ermessen des Departements-Chefs ohne Nachtheil für das dienstliche Interesse ausführbar erscheint, ist bei zwar unbestimmter, aber an sich fortdauernder und regelmäßiger remuneratorischer Beschäftigung der Militair-Invaliden von Seiten der Behörden darauf Bedacht zu nehmen, die Remunerationen auf monatliche Raten zu fixiren, und kurze von den Invaliden nicht verschuldete Unterbrechungen der Be-

schäftigung möglichst ohne Entziehung der Remuneration zu übertragen.

10. Beziehen Invaliden, welche bei der Leib=Gensd'armerie, oder bei der Garde=Unterofficier=Kompagnie gestanden, eine, ihnen von Sr. Majestät dem Könige aus Allerhöchst Dero Chatoulle bewilligte Pensions=Zulage, so wird diese bei Berechnung des Doppelbetrages der Pension (§§. 5. und 9. der Bestimmungen), als ein integrirender Theil der letzteren zum Ansatz gebracht.

11. Die Zuschüsse, welche auch den, gegen Tantieme, Exekutionsgebühren, oder mit unbeständigen Emolumenten in Civil angestellten Militair=Invaliden nach den obigen Bestimmungen (unter Litt. A.) bewilligt werden dürfen, sind künftig nach Maaßgabe des wirklich bezogenen Diensteinkommens von der Behörde, bei welcher der Invalide angestellt ist, im Laufe des Jahres vorschußweise zu berichtigen, und im Monate Januar des folgenden Jahres der Regierung, auf deren Militair=Pensions=Etat der Invalide steht, unter Beifügung einer Nachweisung des Diensteinkommens zur Feststellung und Erstattung anzuzeigen.

Die hierüber in dem Staats=Ministerial=Beschlusse vom 9. März 1831 (Justiz=Ministerial=Blatt von 1837. S. 90) unter Num. 1. getroffenen anderweitigen Bestimmungen werden aufgehoben.

Diese Bestimmungen, welche vom 1. Januar 1845 ab zur Anwendung kommen, werden den sämmtlichen Gerichts=Behörden mit folgenden Zusätzen zur genauen Beachtung mitgetheilt:

Zur Anlage A.

1. §. 1. Der Zeitpunkt des Wegfalls des Gnadengehalts ist überall derjenige Termin, von welchem die Anstellung und die Civil=Besoldung des Invaliden ihren Anfang nehmen.

2. §. 1, 2, 8, 13 a und 20. Im unmittelbaren Justizdienste kommen nur etatsmäßig bestimmte Stellen vor, anders bestimmte dagegen nicht.

3. Die Bestimmungen des §. 9. beziehen sich nicht auf etatsmäßige Stellen, sondern lediglich auf Dispositions=Fonds.

4. Die Bestimmungen der §§. 16, 17 und 18 begreifen nicht nur diejenigen Militair=Invaliden, welche sich bereits vor ihrer Anstellung oder Beschäftigung im Genusse des Gnadengehalts befunden haben, sondern auch diejenigen unter sich, welche vor dem wirklichen Bezuge des erdienten Gnadengehalts im Civildienst angestellt oder beschäftigt werden.

In Betreff der Höhe des Gnadengehalts der mittelst rechtskräftigen Civil-Erkenntnisses degradirten Invaliden verbleibt es bei den Bestimmungen der allgemeinen Verfügung vom 25. Oktober 1843 (Justiz-Ministerial-Blatt S. 266).

5. §. 23. Alle Anträge wegen Wiedergewährung des Militair-Gnadengehalts aus Militairfonds, haben die Königlichen Obergerichte ohne Konkurrenz des Justiz-Ministers zu formiren.

6. Durch die obige Kabinets-Ordre und durch die allgemeinen Bestimmungen des Königlichen Staats-Ministeriums (Anlage A.) werden aufgehoben, oder abgeändert die Vorschriften:

a) des Invaliden-Departements vom 15. Oktober 1820 (Jahrbücher Bd. 16. S. 15);
b) des Justiz-Ministerial-Reskripts vom 28. Mai 1825 (Jahrbücher Bd. 25. S. 245);
c) des Königlichen Staats-Ministeriums vom 27. Dezember 1826 unter B 4 und 5 (Jahrb. Bd. 28. S. 309);
d) des Kriegs-Ministeriums vom 29. Februar 1836 (Jahrb. Bd. 47. S. 342) und vom 14. Juni 1836 (Jahrb. Bd. 48. S. 241) und
e) des Königlichen Staats-Ministeriums vom 12. Oktober 1837 unter Nr. 8, 11 und 12 (Jahrb. Bd. 50. S. 549).

Zur Anlage B.

7. Zu Nr. 11. Die Gnadengehalts-Zuschüsse, welche den mit unbestimmtem Einkommen angestellten Beamten gezahlt werden dürfen, können nur alljährlich, nachdem das unbestimmte Einkommen für das volle Jahr vollständig ermittelt ist, festgestellt werden. Die Zahlung erfolgt sodann aus den Baarbeständen der betreffenden Salarien-Kassen vorschußweise für Rechnung des Militairfonds und die Wiedererstattung des Vorschusses muß vorschriftsmäßig nachgesucht werden.

Sollte in einzelnen Fällen die vorschußweise Zahlung eines Gnadengehalts-Zuschusses im Laufe eines Jahres unvermeidlich sein, so wird zwar gestattet, daß dieselbe vierteljährlich nach Maaßgabe des bis dahin festgestellten unbestimmten Einkommens des Civil-Beamten erfolgt, das etwa zu viel Bezogene muß der Beamte aber am Jahresschlusse erstatten, und nur unter diesem ausdrücklichen Vorbehalte ist die Zahlung zulässig und zu leisten.

Berlin den 14. August 1844.

In Abwesenheit des Justiz-Ministers:
Der Wirkliche Geheime Ober-Justizrath und Direktor
Ruppenthal.

An
sämmtliche Königliche Gerichts-Behörden.

I. 3749. J. 26. Vol. 3.

147.

Allerhöchste Kabinets-Ordre vom 19. August 1844, — betreffend die Abstellung der Gebehochzeiten und ähnlichen Festlichkeiten in einzelnen Kreisen der Rheinprovinz.

Nach Ihrem Antrage in dem Berichte vom 22. v. Mts. will Ich, da sich in dem Kreise Siegburg das Bedürfniß, den dort gebräuchlichen Gebehochzeiten und anderen, den Wohlstand, die Sittlichkeit und die öffentliche Ordnung störenden Festlichkeiten durch gesetzliche Vorschriften entgegen zu wirken, fühlbar gemacht hat und die Stände desselben zu dem Zwecke in einer Kreis-Versammlung auf die Einführung der zur Abstellung solcher Mißbräuche für die Provinz Westphalen erlassenen Verordnung vom 3. Mai 1829 einstimmig angetragen haben, dieser Verordnung auch für den genannten Kreis gesetzliche Kraft beilegen, und beauftrage Sie, solche mit gegenwärtiger Ordre durch das Amtsblatt der Regierung zu Köln bekannt zu machen.

Erdmannsdorf den 19. August 1844.

Friedrich Wilhelm.

An
den Staats-Minister Grafen
v. Arnim.

Rheinpr. General. No. 138.

Wir Friedrich Wilhelm, von Gottes Gnaden, König von Preußen rc. rc.

Da nach den Uns erstatteten Anzeigen in mehreren Gegenden der Provinz Westphalen die sogenannten Gebehochzeiten und ähnliche Schmausereien und Festlichkeiten ungeachtet mehrfacher, von den früheren Landesherrschaften dagegen erlassener Verbote, noch immer fortbestehen, solche aber wegen der mannigfachen, damit verbundenen Ungebührnisse und wegen des verderblichen Einflusses derselben auf Wohlstand und Sittlichkeit ferner nicht geduldet werden können, so verordnen Wir auf den Antrag Unseres Staats-Ministerii und nach vernommenem Gutachten Unserer getreuen Provinzial-Stände hierdurch Folgendes:

1) die Gebehochzeiten und alle bei Kindtaufen, Hausbauten und andern Veranlassungen gewöhnliche Schmausereien und Festlichkeiten, zu welchen nahe und entfernte Bekannte eingela-

den und bei welchen von den Eingeladenen Geschenke dargebracht, auch wohl hin und wieder aufgezeichnet oder vor den Gästen bekannt gemacht zu werden pflegen, sind, von der Publikation des gegenwärtigen Gesetzes an, überall verboten.

2) Bei Kontraventionen gegen dieses Verbot ist

a) derjenige, welcher die Gebehochzeit oder eine ähnliche Schmauserei veranstaltet hat, mit
Fünf und zwanzig Thalern,

b) diejenige Person, welche die Gäste dazu eingeladen, mit
Zehn Thalern,

c) jeder Gast, welcher sich dabei eingefunden, mit
Drei Thalern,

d) diejenige Person, welche sich hat gebrauchen lassen, die Geschenke aufzuschreiben, oder zu verlesen, mit
Zehn Thalern,

endlich e) wenn die Schmauserei in einem Wirthshause gehalten worden ist, der Gastwirth mit
Fünf und zwanzig Thalern,

Geldstrafe, welche zur Armen-Kasse des Orts fließt, zu belegen.

Diejenigen, welche zur Entrichtung der Geldstrafen unvermögend sind, sollen mit verhältnißmäßiger Gefängnißstrafe belegt werden.

3) Innerhalb seines Hauses, oder eines dazu gemietheten Lokals, kann jeder Einwohner nach seinem Belieben Verwandte und Freunde bewirthen, und werden die in einigen frühern Verordnungen enthaltenen Bestimmungen über die Zahl der einzuladenden Personen hiermit aufgehoben. Es bleiben aber auch bei diesen Gelegenheiten alle mittelbare oder unmittelbare Aufforderungen der Gäste zur Darreichung von Geschenken, nicht minder deren Aufzeichnung und Bekanntmachung, bei den unter 2) festgesetzten Strafen untersagt.

4) Auch bleibt bei allen diesen nach §. 3. erlaubten Feierlichkeiten jeder zeither mit den Gebehochzeiten verbunden gewesene Unfug, als: das Schießen auf den Straßen und in den Höfen, das Niederreißen der Zäune und Hecken ꝛc. und jede sonstige Störung der öffentlichen Ruhe verboten.

Wenn dergleichen vorfällt, so sollen Wirth, Gäste und andere Interessenten, gleich den Veranstaltern, Beförderern und Theilnehmern an Gebehochzeiten und ähnlichen verbotenen Schmausereien, mit den unter 2 bestimmten Strafen belegt werden, mit Vorbehalt der gesetzlichen höhern Strafen bei vorfallenden Vergehungen, und des Civil-Anspruchs der Beschädigten.

5) Ob eine veranstaltete Festlichkeit nach diesen allgemeinen Bestimmungen zu den verbotenen oder erlaubten gehöre, darüber

sollen die Landräthe mit Vorbehalt des Rekurses oder der Berufung auf rechtliches Gehör unter Rücksicht auf die Lokal-Gebräuche erkennen und die Strafen festsetzen oder die Gerichtsbehörde zur Untersuchung und Entscheidung nach diesen Grundsätzen requiriren.

6) Die Ortsvorstände, so wie die Polizeibehörden und Gensd'armen, welche erfahren, daß in ihrem Bezirke eine nach obigen Grundsätzen verbotene Schmauserei gehalten werden soll, sind verbunden, bei demjenigen, welcher sie veranstalten will, deßhalb Erkundigung einzuziehen und sie ihm im Voraus zu verbieten. Wird dieses Verbot nicht beachtet, so soll zwar zur Vermeidung von Excessen kein Versuch gemacht werden, die Gäste zu entfernen und das Fest zu stören, jedoch sollen die besagten Behörden und Personen sofort nachher dem Landrathe zu weiterer Einleitung Anzeige erstatten. Wer die Erfüllung der ihm hierdurch aufgelegten Pflichten vernachlässigt, ist mit einer Ordnungsstrafe von

Zehn Thalern

zu belegen. Die unter 2 benannten Kontravenienten werden aber deßhalb von der ihnen angedrohten Strafe nicht befreit.

Hiernach haben alle Unsere Behörden und Unterthanen sich zu achten.

Gegeben Berlin den 3. Mai 1829.

(L. S.) Friedrich Wilhelm.

Friedrich Wilhelm, Kronprinz.

v. Altenstein, v. Schuckmann, Gr. v. Lottum, Gr. v. Bernstorff, v. Hacke, Gr. von Dankelmann, v. Motz.

148.

Gesindeordnung für die Rheinprovinz, vom 19. August 1844.

Wir Friedrich Wilhelm, von Gottes Gnaden, König von Preußen rc.

haben Uns in Berücksichtigung der Unvollständigkeit der in der Rheinprovinz geltenden Bestimmungen über den Gesindedienst bewogen gefunden, über die bessere Gestaltung des für die Ordnung des Hauswesens so wichtigen Verhältnisses zwischen Herrschaft und Gesinde das Gutachten Unserer getreuen Stände der Provinz zu vernehmen, und verordnen demnach auf den Antrag Unseres Staats-Ministeriums, unter Aufhebung aller entgegenstehenden gesetzlichen Vorschriften, namentlich

1) der Bergischen Verordnungen vom 16. November 1744 und vom 15. Dezember 1751;
2) der Bergischen Gesinde-Ordnung vom 4. Dezember 1801;
3) der Gesinde-Ordnung für die Stadt Düsseldorf vom $\frac{14}{16}$ November 1809 und
4) der Gesinde-Ordnung für die Stadt Wetzlar vom 10. September 1811, für den ganzen Umfang der Rheinprovinz, mit Ausschluß der Kreise Rees und Duisburg, in welchen die Gesinde-Ordnung vom 8. November 1810 Gesetzeskraft behält, was folgt:

Begründung des Dienstverhältnisses.

§. 1. Das Verhältniß zwischen Herrschaft und Gesinde wird begründet durch einen Vertrag, in welchem der eine Theil zur Leistung häuslicher oder wirthschaftlicher Dienste, jedoch nicht tageweise, sondern auf einen bestimmten längeren, ununterbrochenen Zeitraum, der andere Theil dagegen aber zur Zahlung eines bestimmten Lohnes sich verpflichtet.

Solche Personen, welche nur einzelne, bestimmte Geschäfte in der Haushaltung übernehmen, oder deren Dienstleistungen eine besondere Vorbildung erfordern, stehen nicht in dem Verhältnisse des Gesindes.

§. 2. In der ehelichen Gesellschaft kommt es dem Manne zu, das zum Gebrauch der Familie nöthige Gesinde zu miethen. Weibliche Dienstboten kann die Frau zwar annehmen, ohne daß es dazu der ausdrücklichen Einwilligung des Mannes bedarf; doch kann dieser, wenn ihm das angenommene Gesinde nicht ansteht, die Entlassung desselben mit dem Ablauf der am Orte hergebrachten Dienstzeit, ohne Rücksicht auf die Dauer der vertragsmäßig festgesetzten Dienstzeit, jedoch nur nach vorgängiger Aufkündigung, verfügen.

§. 3. Wer sich als Gesinde vermiethen will, muß über seine Person frei zu bestimmen berechtigt sein.

§. 4. Die Herrschaft, welche Gesinde miethet, muß sich von dessen Befugniß, den Dienst einzugehen, überzeugen.

§. 5. Hat Jemand mit Verabsäumung dieser Vorschrift (§. 4.) ein Gesinde angenommen, so muß auf den Einspruch desjenigen, welchem ein Recht über die Person oder auf die Dienste des Angenommenen zusteht, der Mieths-Kontrakt als ungültig sofort wieder aufgehoben werden.

Gesindemäkler.

§. 6. Niemand darf mit Gesindemäklern sich abgeben, der nicht dazu die Erlaubniß der Orts-Polizei-Behörde erhalten hat.

Von dieser werden auch das Mäklerlohn und die von den

Mäklern zu erfüllenden Obliegenheiten, nach den besondern örtlichen Verhältnissen, ein für allemal festgesetzt.

§. 7. Gesindemäkler, welche bei Vermittelung eines Miethsvertrages den Vorschriften der §§. 3—6. zuwiderhandeln, imgleichen diejenigen, welche zur Verlassung des Dienstes anreizen, oder wider besseres Wissen einen untauglichen oder untreuen Dienstboten als brauchbar oder zuverlässig empfehlen, haben eine Polizei-Strafe von 5 bis 10 Thlr. oder verhältnißmäßigem Gefängnisse und im Rückfalle zugleich die Ausschließung vom Betriebe des Mäklergewerbes verwirkt. Außerdem haften sie für den durch wissentlich verhehlte Fehler des Gesindes verursachten Schaden.

Schließung des Miethsvertrages.

§. 8. Die Abschließung des Miethsvertrages kann in allen Fällen auch durch Zeugen bewiesen werden.

§. 9. Die Einhändigung und Annahme des Miethsgeldes gilt als Beweis des geschlossenen Vertrages. Die einseitige Zurückgabe des Miethsgeldes löset den Vertrag nicht auf.

§. 10. Das Miethsgeld wird, wenn nicht ein Anderes verabredet worden, auf den Lohn nicht abgerechnet.

§. 11. Hat sich ein Dienstbote bei mehreren Herrschaften zugleich vermiethet, so gebührt derjenigen, mit welcher er den Mieths-Vertrag zuerst eingegangen ist, der Vorzug. Den anderen Herrschaften muß der Dienstbote Miethsgeld, Mäklerlohn und Schadensersatz gewähren, deren Betrag die erstere Herrschaft von dessen Lohn abzuziehen hat.

§. 12. Außerdem ist der Dienstbote, welcher sich an mehrere Herrschaften zugleich vermiethet hat, mit einer polizeilichen Geldbuße, welche dem einfachen Betrage des von der zweiten und folgenden Herrschaft erhaltenen Miethsgeldes gleichkommt, zu belegen, vorbehaltlich der strengeren Ahndung im Falle eines dabei verübten strafbaren Betruges.

Antritt und Dauer der Dienstzeit.

§. 13. Die Zeit des Antritts, die Kündigungsfrist, so wie die Dauer des Dienstes richtet sich nach der Ortsgewohnheit, wenn nicht bei dem Miethsvertrage ausdrücklich ein Anderes bestimmt ist. Doch kann kein Miethsvertrag auf länger als drei Jahre hinaus mit rechtsverbindlicher Kraft geschlossen werden. Ist die Dauer des Dienstes weder in dem Vertrage, noch durch Ortsgewohnheit bestimmt, oder sind von der verabredeten oder ortsüblichen längeren Dienstzeit drei Jahre verflossen, so steht es jedem Theile frei, nach vorgängiger ortsüblicher Kündigung von dem Vertrage wieder abzugehen. Dienstverträge, welche Eltern oder Vormünder für ihre Kinder oder

Pflegebefohlene abschließen, können von diesen nach Entlassung aus der väterlichen Gewalt oder nach erlangter Volljährigkeit aufgekündigt werden.

§. 14. Ein in der ortsüblichen oder verabredeten Frist nicht gekündigter Dienstvertrag ist als stillschweigend erneuert zu betrachten, wenn nicht die Fortdauer desselben an eine ausdrückliche Verlängerung gebunden worden ist.

§. 15. Weigert sich die Herrschaft, das Gesinde anzunehmen, ohne daß einer derjenigen Gründe, aus welchen sie dasselbe auch vor der Zeit aus dem schon angetretenen Dienst entlassen darf (§. 30.), vorliegt, und ohne daß das Gesinde den Dienst anzutreten sich geweigert hat: so verliert sie das Miethsgeld und muß das Gesinde eben so schadlos halten, wie in dem Falle einer vor der Zeit ohne rechtlichen Grund geschehenen Entlassung aus dem Dienste (§. 41.). Die gerichtliche Entschädigungsklage findet jedoch in dem einen wie in dem anderen Falle erst dann Statt, wenn das Einschreiten der Polizei-Behörde ohne Erfolg geblieben ist.

§. 16. Weigert sich, ohne rechtlichen Grund, das Gesinde, den Dienst anzutreten, so soll es dazu, auf den Antrag der Herrschaft, von der Polizei-Behörde unter Androhung einer Geldstrafe von 1 bis 5 Thlr., oder verhältnißmäßigen Gefängnisses, aufgefordert werden. Diese Strafe wird, wenn die Aufforderung erfolglos bleibt, von der Orts-Polizei-Behörde festgesetzt. Außerdem bleibt das Gesinde zur Zurückgabe des Miethsgeldes und für allen aus der Nichterfüllung des Vertrages entstehenden Nachtheil verhaftet.

§. 17. Das Gesinde kann zum Antritt des Dienstes nicht gezwungen werden, wenn die Herrschaft im letztverflossenen Jahre gegen ihr Gesinde sich Handlungen erlaubt hat, wodurch dieses nach §. 35. zur Verlassung des Dienstes ohne Aufkündigung berechtigt war; in diesem Fall, so wie auch dann, wenn das Gesinde durch Zufall oder Verheirathung den Dienst anzutreten verhindert wird, muß die Herrschaft sich mit Zurückgabe des Miethsgeldes begnügen.

Pflichten des Gesindes im Dienste.

§. 18. Das Gesinde muß sich allen seiner Leibesbeschaffenheit und seinen Kräften angemessenen hauswirthschaftlichen Verrichtungen nach Anordnung der Herrschaft unterziehen.

Auch Dienstboten, welche nur zu gewissen Arbeiten oder Diensten angenommen sind, müssen dennoch auf Verlangen der Herrschaft andere Verrichtungen mit übernehmen, wenn das andere dazu bestellte Gesinde durch Krankheit oder sonst daran verhindert wird.

§. 19. Das Gesinde ist ohne Erlaubniß der Herrschaft

nicht berechtigt, sich in den ihm aufgetragenen Geschäften durch Andere vertreten zu lassen. Hat es sich durch eine ihm als untauglich oder als verdächtig bekannte Person vertreten lassen, so muß es für den der Herrschaft dadurch verursachten Schaden haften.

§. 20. Das Gesinde hat sich der häuslichen Ordnung, wie sie von der Herrschaft bestimmt wird, zu unterwerfen. Es ist schuldig, seine Dienste treu, fleißig und aufmerksam zu verrichten und die Befehle und Verweise der Herrschaft mit Ehrerbietung und Bescheidenheit anzunehmen.

§. 21. Das Gesinde muß der Herrschaft den durch Vorsatz oder grobes Versehen zugefügten Schaden ersetzen. Für den durch geringes Versehen zugefügten Schaden haftet das Gesinde nur dann, wenn es gegen den ausdrücklichen Befehl der Herrschaft gehandelt, oder sich zu solchen Geschäften vermiethet hat, die einen vorzüglichen Grad von Geschicklichkeit oder Aufmerksamkeit erfordern.

§. 22. Das Gesinde ist schuldig, auch außer dem Dienste das Beste der Herrschaft zu befördern und Schaden und Nachtheil, so viel in seinen Kräften steht, von derselben abzuwenden.

§. 23. Die ihm zum Ausgehen in eigenen Angelegenheiten von der Herrschaft gestattete Zeit darf das Gesinde nicht überschreiten.

Pflichten der Herrschaft.

§. 24. Die Herrschaft muß dem Gesinde die nöthige Zeit zur Theilnahme am öffentlichen Gottesdienste frei lassen.

§. 25. Zieht ein Dienstbote aus Veranlassung des Dienstes durch Verschulden der Herrschaft sich eine Krankheit zu, so ist die Herrschaft verpflichtet, für die Kur und Verpflegung desselben, auch über die Dienstzeit hinaus, zu sorgen, und darf vom Lohne dieserhalb nichts abziehen.

§. 26. Wird ein Dienstbote sonst ohne eigenes Verschulden im Dienste krank, so hat die Herrschaft ihm eine unentgeltliche Verpflegung auf 4 Wochen, oder bis zum Ende der Dienstzeit, wenn dieses früher eintritt, ohne Abzug am Lohn, zu gewähren. Kurkosten muß jedoch der Dienstbote aus eigenen Mitteln bestreiten. Sind an dem Orte öffentliche Anstalten vorhanden, wo dergleichen Kranke aufgenommen werden, so muß das Gesinde es sich gefallen lassen, wenn die Herrschaft seine Unterbringung daselbst veranstaltet.

§. 27. Der Herrschaft wird auf ihren Eid geglaubt, wenn die Frage entsteht, wie viel Lohn ausbedungen worden, ob der Lohn des abgelaufenen Jahres gezahlt sei, und wie viel für das laufende Jahr auf Abschlag gezahlt worden?

Aufhebung des Vertrages.
I. Durch den Tod.

§. 28. Stirbt ein Dienstbote, so können seine Erben Lohn und Kostgeld nur so weit fordern, als solche für die Zeit bis zum Krankenlager rückständig sind. Die Begräbnißkosten fallen der Herrschaft nicht zur Last.

§. 29. Stirbt das Haupt der Familie, oder dasjenige Mitglied derselben, für dessen besondere Bedienung das Gesinde gemiethet worden, so braucht dieses nicht länger als bis zur nächsten ortsüblichen Ziehzeit beibehalten zu werden; doch ist ihm die Entlassung mindestens acht Tage vor der Ziehzeit anzukündigen.

§. 30. Erfolgt diese Ankündigung nach der Kündigungsfrist, so muß dem Gesinde der baare Lohn für das nächstfolgende Vierteljahr statt Entschädigung für die verspätete Kündigung gewährt werden. Monatsweise gemiethetes Gesinde erhält in einem solchen Falle, wenn der Tod vor dem 15ten Monatstage sich ereignet, Lohn und Kost nur auf den laufenden, sonst aber auch auf den folgenden Monat.

§. 31. Der Tag der Konkurs-Eröffnung über das Vermögen der Herrschaft ist in Beziehung auf den Dienstvertrag dem Todestage gleich zu achten.

II. Ohne Aufkündigung von Seiten der Herrschaft.

§. 32. Ohne Aufkündigung kann die Herrschaft das Gesinde sofort entlassen, wegen Untreue, hartnäckigen Ungehorsams, oder durch eigene Schuld veranlaßter Unfähigkeit, wegen Unsittlichkeiten, durch welche die Ruhe oder Sicherheit des Hauses gestört wird, und überhaupt wegen solcher Handlungen, welche, wie die angeführten, mit dem nach der Natur des Dienst-Verhältnisses in das Gesinde zu setzenden Vertrauen und mit einer geregelten Hausordnung unvereinbar sind.

III. Ohne Aufkündigung von Seiten des Gesindes.

§. 33. Das Gesinde kann den Dienst ohne vorherige Aufkündigung verlassen:

a) wenn es von der Herrschaft sehr hart behandelt wird,
b) wenn es häufig ungeeignete Beköstigung erhält,
c) wenn ihm Unsittliches zugemuthet wird,
d) wenn es durch schwere Erkrankung zur Fortsetzung des Dienstes unvermögend ist,

so wie überhaupt wegen solcher Handlungen der Herrschaft, welche, wie die angeführten, mit den von Seiten des Gesindes an die Herrschaft nach der Natur des Dienstverhältnisses zu machenden Anforderungen unvereinbar sind.

IV. Vor der Zeit, jedoch nach vorgängiger Kündigung.

§. 34. Vor Ablauf der Dienstzeit, jedoch nur nach vorhergegangener Aufkündigung, kann die Herrschaft den Dienstboten entlassen:

a) wenn demselben die nöthige Geschicklichkeit zu den übernommenen Geschäften abgeht,

b) wenn nach geschlossenem Miethsvertrage die Vermögens-Umstände der Herrschaft dergestalt in Abnahme gerathen, daß dieselbe sich entweder ganz ohne Gesinde behelfen, oder doch dessen Zahl einschränken muß.

§. 35. Dienstboten dürfen vor Ablauf der Dienstzeit, jedoch nur nach vorhergegangener Aufkündigung den Dienst verlassen:

a) wenn die Herrschaft den bedungenen Lohn in den festgesetzten Terminen nicht richtig zahlt,

b) wenn die Herrschaft das Gesinde einer öffentlichen Beschimpfung aussetzt,

c) wenn der Dienstbote durch Heirath oder auf andere Art zur Anstellung einer eigenen Wirthschaft vortheilhafte Gelegenheit erhält, welche durch Aushaltung der Dienstzeit versäumt werden würde,

d) wenn der Dienstbote, dessen Bruder zum Militairdienste eingestellt wird, nach dem Zeugnisse der Kreisbehörde zur Ernährung und Unterstützung seiner Familie erforderlich ist,

e) wenn das Haupt der Familie oder dasjenige Mitglied derselben, für dessen besondere Bedienung das Gesinde gemiethet worden ist, stirbt.

§. 36. In allen Fällen, wo der Miethsvertrag innerhalb der Dienstzeit, jedoch nur nach vorhergegangener Aufkündigung aufgehoben werden darf, muß dennoch das laufende Vierteljahr, und bei monatsweise gemiethetem Gesinde, der laufende Monat ausgehalten werden.

§. 37. Wenn die Eltern des Dienstboten wegen einer erst nach der Vermiethung vorgefallenen Veränderung ihrer Umstände denselben in ihrer Wirthschaft nicht entbehren können, oder der Dienstbote in eigenen Angelegenheiten eine weite Reise zu unternehmen genöthigt wird, so kann er zwar ebenfalls seine Entlassung fordern, er muß aber alsdann einen anderen tauglichen Dienstboten statt seiner stellen und sich mit demselben wegen Kost und Lohn, ohne Schaden der Herrschaft, abfinden.

Was bei Aufhebung des Miethsvertrages vor Endigung der Miethszeit an Lohn und Kost zu gewähren ist.

§. 38. In allen Fällen, wo die Herrschaft einen Dienstboten während der Dienstzeit mit oder ohne Aufkündigung zu entlassen berechtigt ist, kann der Dienstbote Lohn und Kost oder Kostgeld nur nach Verhältniß der Zeit fordern, während welcher er wirklich gedient hat.

§. 39. Ein Gleiches gilt von denjenigen Fällen, in denen der Dienstbote wegen einer ihm zugestoßenen Krankheit, oder nach vorgängiger Aufkündigung den Dienst verlassen darf.

§. 40. In den übrigen Fällen, in denen der Dienstbote sofort und ohne Aufkündigung den Dienst zu verlassen berechtigt ist, muß die Herrschaft demselben Lohn und Kost für die Dauer der Kündigungsfrist geben.

Rechtliche Folgen einer ohne Grund geschehenen Entlassung.

§. 41. Wenn die Herrschaft aus anderen als gesetzmäßigen Ursachen das Gesinde vor Ablauf der Dienstzeit entläßt, so muß dieses sich wegen der Wiederaufnahme an die Polizei-Behörde wenden, welche die Herrschaft zur Fortsetzung des Dienstvertrages aufzufordern hat. Bleibt diese Aufforderung fruchtlos, so muß die Herrschaft dem Gesinde Lohn und Kost für die Dauer der Kündigungsfrist geben.

Rechtliche Folgen einer unrechtmäßigen Verlassung des Dienstes.

§. 42. Gesinde, welches vor Ablauf der Dienstzeit ohne gesetzmäßige Ursache den Dienst verläßt, muß von der Polizei-Behörde auf Verlangen der Herrschaft durch Zwangsmittel zur Fortsetzung desselben angehalten werden, wenn die Herrschaft es nicht vorzieht, sich mit dem Schadenersatz zu begnügen. Das Gesinde hat im letzteren Falle nicht nur diesen Schadenersatz zu leisten, sondern ist auch mit einer Polizeistrafe von 1 bis 5 Thalern zu belegen.

Entlassungs-Zeugniß.

§. 43. Die Herrschaft ist verpflichtet, dem Gesinde bei dessen Abzuge ein der Wahrheit gemäßes Zeugniß über die von demselben geleisteten Dienste auszustellen.

§. 44. Werden dem Gesinde in diesem Zeugnisse Beschuldigungen zur Last gelegt, die sein weiteres Fortkommen hindern würden, so kann dasselbe auf polizeiliche Untersuchung antragen.

§. 45. Wird bei dieser Untersuchung die Beschuldigung ungegründet befunden, so muß die Polizei-Behörde dem Gesinde ein Zeugniß auf Kosten der Herrschaft ausfertigen lassen.

§. 46. Hat hingegen die Herrschaft einem Gesinde, welches sich grober Laster und Veruntreuungen schuldig gemacht hat, das Gegentheil wider besseres Wissen bezeugt, so muß sie für allen einem Dritten daraus entstehenden Schaden nach den allgemeinen gesetzlichen Grundsätzen haften, und verfällt in eine Geldstrafe von 1 bis 5 Thalern.

Kompetenz-Bestimmungen.

§. 47. So weit es nur darauf ankommt, die Erfüllung gegenseitiger Verbindlichkeiten während des bestehenden Dienstes, ferner die Annahme oder den Antritt, das Behalten oder Bleiben, den Abzug oder die Entlassung des Gesindes, endlich die Ertheilung eines Abschieds-Zeugnisses von Seiten der Herrschaft zu bewirken, entscheidet die Polizei-Behörde und setzt ihre Entscheidung sofort in Vollzug.

§. 48. Mit Ausnahme der Streitigkeiten über die Beschaffenheit des Entlassungs-Zeugnisses findet zwar gegen die Entscheidung der Polizei-Behörde die Berufung auf den Rechtsweg Statt; bis zur Beendigung desselben behält es jedoch bei den polizeilichen Anordnungen sein Bewenden.

§. 49. Ueber Ansprüche nach Aufhebung des Vertrages hat die Polizei-Behörde niemals zu entscheiden.

§. 50. In Ansehung der Kompetenz der Behörden zur Festsetzung der in dieser Ordnung angedrohten Strafen verbleibt es bei den in den verschiedenen Landestheilen bestehenden allgemeinen Bestimmungen über die Kompetenz in Strafsachen, doch sollen die in den §§. 12. und 42. bestimmten Strafen auch im Bezirke des Appellations-Gerichtshofes zu Köln von den Polizei-Verwaltungs-Behörden festgesetzt werden.

Urkundlich unter Unserer Höchsteigenhändigen Unterschrift und beigedrucktem Königlichen Insiegel.

Gegeben Erdmannsdorf den 19. August 1844.

(L. S.) Friedrich Wilhelm.

v. Boyen, Mühler, Eichhorn, v. Savigny, Frh. v. Bülow, v. Bodelschwingh, Gr. v. Arnim, Flottwell.

I. 4382. Rh. Gen. 107. Vol. 2.

149.

Allgemeine Verfügung vom 10. September 1844, — das Verfahren bei Bestrafung der Stempelkontraventionen betreffend.

Des Königs Majestät haben mittelst Allerhöchster, an das Königliche Staats-Ministerium erlassener Ordre zu bestimmen geruht:

daß in dem Falle, wenn eine der im §. 30. des Stempelgesetzes vom 7. März 1822 bezeichneten Behörden Anstand nimmt, das Monitum, durch welches sie von dem

Stempelfiskal oder der vorgesetzten Behörde auf eine Stempelkontravention aufmerksam gemacht worden, selbst zu erledigen, die Provinzial=Steuerbehörde in eigenem Namen den Stempel und die Stempelstrafe festsetze, und deren Einziehung verfüge.

Der Justiz=Minister macht dies den Gerichtsbehörden hierdurch mit der Anweisung bekannt, in vorkommenden Fällen der vorgedachten Art, die Akten behufs Festsetzung des Stempels und der Stempelstrafe an die betreffende Provinzial=Steuerbehörde abzugeben.

Berlin den 10. September 1844.

In Abwesenheit des Justiz=Ministers:
Der Wirkliche Geheime Ober=Justiz=Rath und Direktor
Ruppenthal.

An
sämmtliche Gerichts=Behörden.

I. 3902. Steuersachen 32. Vol. 5.

150.

Allgemeine Verfügung vom 16. September 1844, — über das Verfahren bei Requisitionen nach dem Auslande und bei Erlassen an Ausländer oder im Auslande sich aufhaltende Preußische Unterthanen.

Nach einer Mittheilung des Herrn Ministers der auswärtigen Angelegenheiten wird von den Gerichtsbehörden bei Requisitionen an ausländische Gerichte, so wie bei Verfügungen an Ausländer oder im Auslande sich aufhaltende Preußische Unterthanen noch immer nicht in der vorgeschriebenen Art verfahren. Der Justiz=Minister findet sich dadurch veranlaßt, den Gerichtsbehörden die in dieser Beziehung ergangenen Bestimmungen hierdurch, wie folgt, in Erinnerung zu bringen:

I. Bei Requisitionen und Insinuationen nach dem Auslande außerhalb der deutschen Bundesstaaten

gelten

A. folgende allgemeine Vorschriften:

1.

Ein unmittelbarer Schriftwechsel zwischen den inländischen Gerichten und den ausländischen Behörden, oder den im Aus=

lande angestellten Preußischen Gesandten und diplomatischen Agenten ist der Regel nach nicht zulässig, vielmehr muß zu allen Insinuationen, Requisitionen und sonstigen Korrespondenzen nach dem Auslande, mit Ausnahme der weiter unten erwähnten Fälle, jederzeit die Vermittelung des Ministeriums der auswärtigen Angelegenheiten nachgesucht werden.

Die Untergerichte haben sich zu diesem Behuf an das ihnen vorgesetzte Obergericht, die Obergerichte aber, so wie die General-Prokuratoren des Rheinischen Revisions- und Kassationshofes zu Berlin und des Appellationsgerichtshofes zu Köln, ingleichen die Ober-Prokuratoren der Rheinprovinz unmittelbar an das Ministerium der auswärtigen Angelegenheiten zu wenden.

Allgem. Verfügung an sämmtliche Obergerichte und an den General-Prokurator zu Köln, vom 16. Dezember 1825. Lottner Bd. 2. S. 625.

Reskript vom 9. Februar 1833. Lottner Bd. 3. S. 576*).

2.

Alle Requisitionen und Erlasse müssen entweder offen, in welchem Fall das Siegel des Gerichts der Unterschrift beizufügen ist, oder zwar verschlossen, jedoch mit einer vollständigen Abschrift des verschlossenen Schreibens dem Ministerium der auswärtigen Angelegenheiten eingereicht werden.

Allg. Verfügung vom 10. September 1830 (Jahrb. Bd. 36. S. 150. Lottner Bd. 3. S. 578).

3.

Zur Vermeidung unnöthiger Porto-Erhöhungen sind die Vorladungen und Verfügungen nebst den dazu gehörigen Anlagen auf Briefpapier und mit möglichster Raumersparung zu schreiben.

Allg. Verfügung vom 31. Dezember 1830 (Jahrb. Bd. 36. S. 310).

Allg. Verfügung v. 8. März 1836 (Jahrb. Bd. 47. S. 313).

Allg. Verfügung v. 23. Mai 1839 (J.-M.-Bl. S. 198).

Von den Rheinischen Gerichtsbehörden sind in dieser Beziehung die

---

*) Anmerkung. Vergleiche insbesondere wegen Schweden das Reskript vom 12. Dezember 1802 (Rabe Bd. 7. S. 281); wegen Rußland das Reskript vom 12. August 1818 (Jahrb. Bd. 12. S. 16) und vom 10. Juli 1826 (Jahrb. Bd. 27. S. 264), wegen Frankreich das Reskript vom 5. Mai 1826 (Jahrb. Bd. 27. S. 285), wegen der Niederlande das Reskript v. 8. Februar 1830 (Jahrb. Bd. 35. S. 127) und vom 3. Oktober 1842 (Justiz-Minist.-Bl. S. 320); und wegen Ungarn und Siebenbürgen das Reskript vom 17. Juni 1843 (Justiz-Minist.-Bl. S. 156).

Reskripte v. 28. Februar 1832. Lottner Bd. 3. S. 449, und

" " 20. März 1835. Lottner Bd. 5. S. 96,

zu beachten.

Zur leichteren Ausführung dieser Anordnung hat das Finanz-Ministerium gestattet, daß auf den Antrag der Gerichte Briefpapier gestempelt, und ihnen gegen Bezahlung verabfolgt werden darf, so wie, daß Urkunden, welche auf Briefpapier ausgefertigt sind, bei dem Stempelmagazin in Berlin zur Stempelung vorgelegt werden können.

Allg. Verfügung vom 6. April 1832 (Jahrb. Bd. 39. S. 447. Lottner Bd. 3. S. 452).

4.

Bei Angabe der Vor- und Zunamen und der Adressen der im Auslande lebenden Personen ist die möglichste Genauigkeit zu beobachten.

Verfügung vom 24. Mai 1817 (Lottner Bd. 1. S. 462).
" " 10. Oktob. 1836 " " 5. " 474).
Allg. Verfügung v. 19. Okt. 1836 (Jahrb. Bd. 48. S. 436).

5.

Die Ansetzung von Terminen muß mit gehöriger Berücksichtigung der Entfernung des Bestimmungs-Ortes und der zur Beförderung der Vorladung durch die gesandtschaftliche Vermittelung erforderlichen längeren Zeit, also geräumig erfolgen.

Allg. Verfügung v. 31. Dez. 1830 (Jahrb. Bd. 36. S. 310).
" " " 8. März 1836 (Jahrb. Bd. 47. S. 313*).

6.

In allen Fällen, in welchen Erklärungen der Vollmachten von Preußischen, im Auslande befindlichen Unterthanen verlangt werden, ist der vollständige Inhalt der abzugebenden Erklärung oder auszustellenden Vollmacht in gehöriger Form abzufassen, und der Requisition beizulegen, damit die Person, von welcher die Erklärung oder Vollmacht verlangt wird, die in ihrer Muttersprache aufgenommene Urkunde leicht und vollständig fassen kann, und nur zu unterzeichnen, oder den in der Vollmacht leer gelassenen Raum mit dem Namen des gewählten Mandatars auszufüllen braucht.

Allg. Verfügung v. 30. Dez. 1826 (Jahrb. Bd. 28. S. 302).

7.

Bei Vorladung auswärtiger Zoll- und Steuer-Kontravenienten, welche entweder Kaution bestellt, oder konfiszirte Waaren zurückgelassen haben, sind die Vorschriften des

---

*) Wegen Polen und Rußland vergl. die Reskripte vom 26. und 28. Juli 1819 (Jahrb. Bd. 14. S. 22 und 25).

Reskripts vom 23. Juni 1821 (Jahrb. Bd. 17. S. 262) zu beachten.

8.

Zur Auslieferung eines Verbrechers an ausländische Behörden muß jederzeit die Genehmigung des Justiz-Ministers eingeholt werden. Untergerichte haben sich mit desfalsigen Anträgen an das vorgesetzte Obergericht zu wenden (Kriminal-Ordnung §. 96).

In der Rheinprovinz erfolgt der Antrag durch den General-Prokurator zu Köln.

Reskript vom 1. Febr. 1825 (Jahrb. Bd. 5. S. 23—27).
= = 9. = 1833 (Lottner Bd. 3. S. 576).

B. In Bezug auf einzelne Staaten gelten folgende besondere Bestimmungen.

1.

Insinuationen, welche aus den links der Elbe belegenen Provinzen nach England, Frankreich, den Niederlanden und Belgien befördert werden sollen, sind von den betreffenden Oberlandesgerichten, und in der Rheinprovinz von dem General-Prokurator und den Ober-Prokuratoren unmittelbar an die Preußischen Gesandtschaften zu London, Paris, im Haag und in Brüssel zur weiteren Veranlassung zu übersenden.

Reskript an den General-Prokurator zu Köln und an die links der Elbe belegenen Oberlandesgerichte, vom 19. Oktober 1832 (Lottner Bd. 3. S. 524).
Reskript an den General-Prokurator zu Köln und an den Justiz-Senat zu Koblenz, vom 31. Januar 1834 (Lottner Bd. 4. S. 14).
Verfügung v. 6. Aug. 1841 (Justiz-Minist.-Bl. S. 256).

2.

Wenn die Insinuation diesseitiger Verfügungen nach England, Frankreich und denjenigen Staaten, in welchen die Landesbehörden die Annahme und Beförderung derselben an dortige Interessenten ablehnen, für bewirkt zu erachten sei, ist nach den

Allerhöchsten Kabinets-Ordres vom 4. Juni 1828 (Gesetzsammlung S. 85),
und vom 21. Juni 1836 (Gesetzs. S. 202),
und in der Rheinprovinz nach Art. 69. der Rheinischen Civil-Prozeßordnung

zu beurtheilen.

In Bezug auf Frankreich ist hierbei noch außerdem das Reskript vom 29. Januar 1844 (Justiz-Minist.-Bl. S. 36) zu beachten.

3.

Bei Requisitionen, welche nach Frankreich und denjenigen Ländern, in denen französisches Recht gilt, behufs der Vernehmung von Zeugen oder Abnahme von Eiden gerichtet werden, sind die Bestimmungen der

Reskripte v. 26. November 1827 (Jahrb. Bd. 30. S. 382).
= = 7. März 1835 (Jahrb. Bd. 45. S. 294).

und insbesondere die ungedruckten Cirkular-Verfügungen vom 5. August und 1. Oktober 1836 zu berücksichtigen.

Die letzteren sind auch bei gleichen Requisitionen nach den übrigen nicht deutschen Staaten zu befolgen.

Allg. Verfügung vom 29. Oktober 1841 (ungedruckt).

4.

Die Beilagen zu den an Französische Gerichtsbehörden gerichteten Requisitionen sind, insofern diesseits noch Gebrauch davon zu machen ist, nicht im Original, sondern in beglaubigter Abschrift beizufügen, da nach der französischen Gerichtsverfassung die einem requisitorischen Antrage beigefügten Anlagen jederzeit bei den Akten desjenigen französischen Gerichts verbleiben müssen, welches dem Antrage Folge gegeben hat.

Reskript vom 13. August 1835 (Jahrb. Bd. 46. S. 111).
= = 1. = = (= = 46. S. 186).

5.

Bei Requisitionen nach den Niederlanden in Prozeß-, Nachlaß- und andern Civil-Angelegenheiten, insbesondere auch wegen Vernehmung von Zeugen und Abnahme von Eiden ist nach den in den

Reskripten vom 23. Juni 1836 (Jahrb. Bd. 47. S. 535).
= 29. Dezember 1843 (Justiz-Minist.-Bl. von 1844 S. 20),
und = 16. Februar 1844 (Justiz-Minist.-Bl. von 1844 S. 54),

enthaltenen Bestimmungen zu verfahren.

6.

Bei Requisitionen wegen Auslieferung von Verbrechern sind:

a) in Bezug auf Belgien,

außer der Konvention vom 29. Juli 1836 (Gesetzs. S. 221—226)
die Reskripte v. 26. Oktober 1836 (Jahrb. Bd. 48. S. 498)
= 11. Januar 1837 (Lottner Bd. 6. S. 15—16)
= 23. Februar 1837 (= = 6. S. 94)
= 27. April 1837 (Jahrb. Bd. 49. S. 524).

b) in Bezug auf die Niederlande,

die Reskripte v. 9. Novemb. 1836 (Jahrb. Bd. 48. S. 505)
= 18. = = (Lottner Bd. 5. S. 399).

c) in Bezug auf Frankreich,

die Reskripte v. 26. Novemb. 1836 (Jahrb. Bd. 48. S. 506) und = 17. September 1840 (Justiz-Minist.-Bl. S. 318).

d) in Bezug auf New-York,
das Reskript v. 22. Mai 1837 (Jahrb. Bd. 49. S. 525).

e) in Bezug auf Rußland und Polen,
die Kartell-Konvention vom $^{20}/_{8}$. Mai 1844 Art. 15. ff. (Gesetzsammlung S. 204) und
die Allg. Verfügung v. 12. August 1844 (Justiz-Minist.-Bl. S. 186),

zu berücksichtigen.

7.

Requisitionen und Insinuationen nach dem Königreich Polen sind

a) so weit sie Civil-Angelegenheiten betreffen, von den Obergerichten unmittelbar an den Preußischen General-Konsul in Warschau zur weiteren Beförderung zu senden. Untergerichte haben sich mit solchen Anträgen an das vorgesetzte Obergericht zu wenden.

Reskript v. 26. Juli 1819 (Jahrb. Bd. 14. S. 19—23).

b) in Kriminalsachen ist zwischen den diesseitigen Ober- und Untergerichten und den Polnischen Gerichtsbehörden ein unmittelbarer Schriftwechsel zulässig, sofern dadurch kein größerer Zeit- oder Kostenaufwand, als durch die Vermittelung des General-Konsuls in Warschau verursacht wird.

Reskript vom 11. Mai 1829 (Jahrb. Bd. 33. S. 343).

c) bei dem amtlichen Schriftwechsel mit den Behörden und Beamten im Königreich Polen sind dieselben nicht als Kaiserlich Russische, sondern als Königlich Polnische zu bezeichnen.

Reskript vom 2. Februar 1824 (Jahrb. Bd. 23. S. 73).

d) bei Requisitionen an den Ober-Polizeimeister der Stadt Warschau haben die diesseitigen Gerichte die Provinz, in welcher sie ihren Amtssitz haben, anzugeben.

Reskript vom 21. Januar 1842 (Justiz-Minist.-Bl. S 28).

8.

Requisitionen nach Ungarn und Siebenbürgen müssen dem Justiz-Minister zur weiteren Kommunikation mit dem Ministerium der auswärtigen Angelegenheiten eingesandt werden.

Allg. Verfügung vom 17. Juni 1843 (Justiz-Minist.-Bl. S. 156).

9.

Bei Erlassen an Einwohner der Nordamerikanischen Freistaaten ist nicht blos der Wohnort des Adressaten, sondern auch die Provinz und der Distrikt, in welchem der Wohnort belegen ist, auf der Adresse anzugeben.

Reskript v. 23. Mai 1842 (Justiz-Minist.-Bl. S. 211).

10.

Requisitionen nach Riga (in Rußland) sind von den Gerichtsbehörden zu Königsberg in Preußen unmittelbar an den Preußischen Konsul in Riga zur weiteren Beförderung zu übersenden.

Reskript vom 28. Juli 1819 (Jahrb. Bd. 14. S. 23—25).

11.

Wo sich im Auslande Preussische Postanstalten befinden, ist die Insinuation gerichtlicher Verfügungen durch die Post zu bewirken. Dies gilt zur Zeit namentlich von Insinuationen nach Krakau und nach Sevenaer in den Niederlanden.

Kabinets-Ordre vom 31. März 1842 und Instruktion des General-Postmeisters vom 13. Mai 1842 §. 2. nebst Anlage D. (Justiz-Minist.-Bl. S. 199—204).

Erkenntnisse, welche an im Auslande wohnende Parteien zu insinuiren sind, werden, wo dies zulässig ist, — wie in Polen und Rußland — auf gewöhnliche Weise rekommandirt.

Verordnung vom 5. Mai 1838 §. 3c. (Gesetzs. S. 273).
Reskript vom 19. Januar 1840 (Justiz-Minist.-Bl. S. 57).

C. Der Ansatz von Kosten, Stempeln und Porto für Requisitionen im Auslande erfolgt im Allgemeinen nach denselben Grundsätzen, welche für Requisitionen an inländische Gerichtsbehörden gelten, sofern nicht mit einzelnen auswärtigen Staaten besondere Verabredungen darüber getroffen sind. In dieser Beziehung sind außer den bereits unter I. B erwähnten Konventionen und Verfügungen, welche zum Theil auch Vorschriften über das Kosten-, Stempel- und Portowesen enthalten, noch folgende Bestimmungen zu beachten:

1.

Nach Frankreich sind sämmtliche Insinuationen und Requisitionen kostenfrei zu befördern.

Reskript vom 23. Mai 1827 (Jahrb. Bd. 29. S. 204).
= = 13. Juni 1836 (Jahrb. Bd. 47. S. 577).
= = 2. Januar 1837 (Lottner Bd. 6. S. 12—13).

2.

Dasselbe gilt von den Requisitionen nach den Niederlanden.

Reskript vom 19. Oktober 1827 (Jahrb. Bd. 30. S. 374).

Portofreiheit findet statt, sobald sie als „Insinuations judiciaires" und rücksichtlich des Preußischen Porto's als „Herrschaftliche gerichtliche Insinuationen" bezeichnet sind.

Reskript vom 16. August 1819 (Lottner Bd. 1. S. 588).
= = 26. Februar 1835 (Jahrb. Bd. 45. S. 256—257).

Wegen der in Untersuchungs-Sachen zu erstattenden baaren Auslagen ist mit den Niederlanden unterm 7. Juni 1823 (Gesetzsammlung S. 153) eine besondere Konvention geschlossen worden.

3.

Insinuationen nach Belgien erfolgen portofrei, sobald sie auf dem Kouvert als „Insinuations judiciaires" bezeichnet und mit der Signatur derjenigen Behörde, von welcher die Ausfertigung ausgeht, versehen sind.

Reskript v. 4. März 1835 (Jahrb. Bd. 45. S. 256).
= = 27. Februar 1835 (Lottner Bd. 5. S. 83—84).

4.

Insinuationen nach den Kaiserlich Oesterreichischen Staaten und nach dem Königreich Ungarn werden gebühren- und kostenfrei befördert.

Reskript vom 5. Februar 1836 (Jahrb. Bd. 47. S. 348).

Wegen der Portofreiheit enthält das Reskript vom 7. August 1837 (Jahrb. Bd. 50. S. 148) die näheren Bestimmungen.

5.

Bei Requisitionen nach dem Königreich Polen sind

a) In Bezug auf das Kostenwesen im Allgemeinen die in dem Reskript vom 26. Juli 1819 (Jahrb. Bd. 14. S. 19—23) enthaltenen Vorschriften zu beachten.

b) Die mit der Rubrik „Herrschaftliche Sachen" bezeichneten und an Behörden und höhere Staatsbeamte im Königreich Polen gerichteten Schreiben diesseitiger Gerichte werden auf den Polnischen Posten portofrei befördert.

Reskript vom 29. Oktober 1830 (Jahrb. Bd. 36. S. 360).

c) Requisitionen in Kriminal-Sachen werden — mit Ausnahme der Rheinprovinz — kostenfrei erledigt.

Reskript vom 20. Januar 1838 (Jahrb. Bd. 51. S. 188);

d) bei Requisitionen wegen Auslieferung von Verbrechern sind die Kosten nach Artikel 17. der Kartell-Konvention vom $\frac{20}{8}$. Mai 1844 (Gesetzsammlung S. 207) zu berechnen.

6.

Mit dem Freistaate Krakau ist über die gegenseitige Vergütigung der Kosten in Kriminal-, Civil- und Vormundschafts-Sachen, so wie über die kostenfreie Erledigung gerichtlicher Requisitionen in Armen-Sachen unterm 10. Januar 1834 (Gesetzsammlung S. 17) eine besondere Konvention geschlossen worden.

II. Bei Requisitionen nach den deutschen Bundesstaaten gilt im Allgemeinen — abweichend von der oben unter I. A. Num. 1. erwähnten Vorschrift — der Grundsatz, daß die Requisitionen der diesseitigen Gerichte an die Gerichtsbehörden der deutschen Bundesstaaten in der Regel durch unmittelbare Korrespondenz ohne diplomatische Vermittelung befördert werden.

Dies findet namentlich Anwendung:

1.

Auf Hessen, Baiern, Baden, Nassau, Oldenburg, Hessen-Homburg, Frankfurt a. M. und Würtemberg. Mit diesen Staaten war früher durch besondere Konventionen die Vereinbarung getroffen, daß die Beförderung sämmtlicher Requisitionen und Insinuationen durch den General-Prokurator zu Köln bewirkt, und dadurch der unmittelbare Verkehr mit den Gerichtsbehörden der deutschen Bundesstaaten vermieden werden sollte. Diese Einrichtung ist jedoch späterhin dahin modifizirt:

daß in der Rheinprovinz die Korrespondenz mit den auswärtigen Behörden außer dem General-Prokurator auch von den Ober-Prokuratoren der Landgerichte und dem Justiz-Senate zu Ehrenbreitstein zu führen ist, und ebenso in den übrigen Provinzen die Requisitionen von den diesseitigen Ober- und Untergerichten unmittelbar an die Gerichtsbehörden der deutschen Bundesstaaten zu befördern sind.

Reskript v. 22. November 1834 (Jahrb. Bd. 44. S. 358).
= = 10. Dezemb. 1834 (Lottner Bd. 4. S. 186).

In Bezug auf die einzelnen genannten Staaten kommen in dieser Beziehung folgende besondere Bestimmungen zur Berücksichtigung:

a) In Bezug auf das Großherzogthum Hessen.

Die Deklaration v. 24. Juni 1819 (Jahrb. Bd. 14. S. 197).

Die nach der Provinz Rheinhessen bestimmten Requisitionen sind an den General-Staats-Prokurator in Mainz zu senden.

Reskript v. 29. Mai 1837 (Jahrb. Bd. 49. S. 447—448).

Wegen gegenseitiger Vollstreckbarerklärung der in der Preußischen und Hessischen Rhein-Provinz ergehenden Civil-Urtheile und über das dabei zu beobachtende Verfahren ist unterm $\frac{4}{16}$. Juni 1841 (Gesetzsammlung S. 122) eine besondere Vereinbarung getroffen worden.

b) Königreich Baiern.

Deklaration v. 4. Oktober 1819 (Jahrb. Bd. 14. S. 200).

Minist. Erkl. v. 17. Mai 1834 (Gesetzsamml. S. 71).

Bei Requisitionen wegen Vollziehung diesseitiger Erkenntnisse im Königreich Baiern ist nach dem Reskripte vom 21. April 1834 (Jahrb. Bd. 43. S. 488—489) zu verfahren.

c) Großherzogthum Baden.

Deklaration v. 27. Oktober 1819 (Jahrb. Bd. 14. S. 202).

Requisitionen nach Baden sind von den diesseitigen Untergerichten nicht unmittelbar, sondern durch Vermittelung des vorgesetzten Obergerichts an die Badenschen Obergerichte zu befördern.

Reskript v. 15. August 1840 (Justiz-Minist.-Bl. S. 214).

Auf die übrigen Bundesstaaten findet dies keine Anwendung.

d) Herzogthum Nassau.

Deklaration vom 25. März 1820 (Jahrb. Bd. 15. S. 266) in Betreff der Kriminal-Kosten,

Ministerial-Erkl. vom 27. März 1828 (Gesetzs. S. 43).

e) Herzogthum Holstein-Oldenburg.

Deklaration vom 29. April 1820, ist nicht abgedruckt und bezieht sich blos auf die Korrespondenz zwischen den Gerichtsbehörden der Preußischen Rheinprovinz und des Fürstenthums Birkenfeld.

f) Landgrafschaft Hessen-Homburg.

Reskript vom 31. Januar und 15. Februar 1821 (Jahrb. Bd. 17. S. 34—38).

g) freie Stadt Frankfurt am Main.

Reskript v. 31. Januar 1821 (Jahrb. Bd. 17. S. 34—36).

h) Königreich Würtemberg.

Deklaration v. 1. August 1826 (Jahrb. Bd. 28. S. 114).

Reskript v. 20. Januar 1838 (Jahrb. Bd. 51. S. 199—201).

Reskript v. 23. November 1838 (Jahrb. Bd. 52. S. 480).

2.

Außer den vorgenannten Staaten sind noch mit folgenden Bundes-Regierungen besondere Vereinbarungen über die gegenseitige Ausübung der Rechtspflege getroffen worden:

a) mit Sachsen-Weimar vom $\frac{2}{8}$ Juni 1824. (Gesetzsammlung S. 149).

In Betreff der Kriminalkosten ist das Abkommen vom 31. März 1819 (Gesetzsamml. S. 79) und das Reskript vom 26. März 1829 (Jahrb. Bd. 33. S. 134) zu berücksichtigen.

b) mit Sachsen-Altenburg.

Abkommen vom 18. Februar 1832 (Gesetzsamml. S. 105).

c) mit Sachsen-Koburg-Gotha.

Abkommen v. 23. Dezember 1833 (Gesetzs. von 1834. S. 9).

In Betreff der Kriminalkosten,

Abkommen vom 8. Mai 1819 (Gesetzs. S. 133).

d) mit Reuß-Plauen.

Abkommen vom 5. Juli 1834 (Gesetzs. S. 124).

e) mit dem Königreich Sachsen.

Uebereinkunft vom $\frac{\text{14. Oktober}}{\text{11. Dezember}}$ 1839 (Gesetzs. S. 353).

f) mit Schwarzburg-Rudolstadt.

Uebereinkunft vom $\frac{\text{12. August}}{\text{8. Oktober}}$ 1840 (Gesetzs. S. 239).

g) mit Anhalt-Bernburg.
Uebereinkunft vom $\frac{9}{27}$. September 1840 (Gesetzs. S. 250).

h) mit Braunschweig.
Uebereinkunft v. $\frac{4}{5}$. Dezember 1841 (Gesetzs. von 1842 S. 1).

i) mit Schwarzburg-Sondershausen.

Uebereinkunft v. $\frac{\text{18. November}}{\text{5. Dezember}}$ 1843 (Gesetzs. v. 1844 S. 1).

In diesen Vereinbarungen ist überall der Grundsatz an die Spitze gestellt,

daß die Gerichte der beiderseitigen Staaten sich gegenseitig alle diejenige Rechtshülfe zu leisten haben, welche sie den Gerichten des Inlandes nach dessen Gesetzen und Gerichtsverfassung nicht verweigern dürfen.

Es folgt daraus von selbst, daß in allen Fällen eine unmittelbare Korrespondenz — ohne diplomatische Vermittelung — zwischen ihnen erfolgen muß.

3.

In Betreff der übrigen Bundesstaaten hat sich auch ohne förmliche Staatsverträge fast allgemein der Grundsatz festgestellt, daß die gegenseitigen Requisitionen der Gerichtsbehörden ebenfalls durch unmittelbare Korrespondenz befördert werden. Mehrere Regierungen haben diese Praxis in den mit ihnen gepflogenen Unterhandlungen theils vorausgesetzt, wie Meklenburg-Strelitz in dem Uebereinkommen vom 18. Mai 1830 (Jahrb. Bd. 35. S. 277) theils, wie Oesterreich, ausdrücklich gebilligt. Es ist daher von den Gerichtsbehörden auch künftig hiernach zu verfahren. Wo dagegen die Korrespondenz mit den Behörden einzelner deutscher Bundesstaaten bisher noch durch Vermittelung des Ministeriums der auswärtigen Angelegenheiten erfolgt ist, da muß dies auch ferner geschehen, und dann nach den oben unter I. A angeführten Allgemeinen Bestimmungen verfahren werden.

4.

Mit den Gerichtsbehörden des Großherzogthums Luxemburg findet zwar ebenfalls ein direkter Geschäftsverkehr statt, doch dürfen Requisitionen an dieselben aus der Rheinprovinz nur von dem General-Prokurator und den Ober-Prokuratoren, und aus den übrigen Provinzen nur von den Obergerichten befördert werden. Die Untergerichte haben sich mit dergleichen Requisitionen an das vorgesetzte Obergericht zu wenden

Bei Requisitionen wegen Auslieferung von Verbrechern ist in Ansehung der Form und des Verfahrens

das Reskript vom 29. August 1840 (Justiz-Minist.-Blatt S. 288) und

die Konvention vom 11. März 1844 (Gesetzsamml. S. 233)

zu beachten.

5.

Wo sich in den deutschen Bundesstaaten Preußische Postanstalten befinden, ist die Insinuation gerichtlicher Verfügungen nach Maaßgabe der Allerhöchsten Kabinets-Ordre vom 31. März 1842 (Justiz-Minist.-Blatt S. 199) durch die Post zu bewirken. Die im Auslande vorhandenen Preußischen Postanstalten sind in der Anlage D. zur Instruktion des Herrn General-Postmeisters vom 13. Mai 1842 verzeichnet (Justiz-Ministerial-Blatt S. 203—204).

Erkenntnisse diesseitiger Gerichte sind in den deutschen Bundesstaaten da, wo dies zulässig ist, auf gewöhnliche Weise zu rekommandiren.

Verordnung vom 5. Mai 1838 §. 3 c. (Gesetzs. S. 273).

Dergleichen Zusendungen sind nach der Mittheilung des Herrn General-Postmeisters zur Zeit nach Baden, Baiern, Braunschweig, Hannover, Mecklenburg-Schwerin, Mecklenburg-Strelitz, Sachsen und dem Fürstlich Thurn- und Taxisschen Postgebiete gestattet.

Reskript vom 19. Januar 1840 (Justiz-Minist.-Bl. S. 57).

6.

Wird die Insinuation einer diesseitigen gerichtlichen Verfügung in einem der Bundesstaaten verweigert, oder auf wiederholte Schreiben deshalb nicht geantwortet, so ist in den Provinzen, in welchen die Allgemeine Gerichtsordnung gilt, nach §. 11. Thl. I. Tit. 7. derselben zu verfahren.

Kabinets-Ordre vom 4. Juni 1828 (Gesetzs. S. 85).

Kabinets-Ordre vom 23. Juni 1836 (Gesetzs. S. 203).

7.

Bei Untersuchungen gegen Zoll- und Steuer-Kontravenienten in den Zollvereinsstaaten sind die in den Art. 8—10. des Zoll-Kartells vom 11. Mai 1833 (Gesetzs. S. 262) enthaltenen Bestimmungen zu beachten.

Reskript vom 9. Oktober 1838 (Jahrb. Bd. 52. S. 634).

In den übrigen Bundesstaaten ist nach dem Reskripte vom 23. Juni 1821 (Jahrb. Bd. 17. S. 262) zu verfahren.

8.

Kosten-, Stempel- und Portofreiheit findet bei Requisitionen nach den deutschen Bundesstaaten nur insoweit Statt, als dieselbe durch besondere Konventionen verabredet worden ist. In Betreff der unter Num. 1. und 2. genannten

Staaten sind die näheren Bestimmungen hierüber in den dort erwähnten Gesetzen und Reskripten enthalten. Außer denselben ist in dieser Beziehung noch die Uebereinkunft

a) mit Dessau vom 22. Juni 1822 (Gesetzsamml. S. 193).

b) mit Hannover vom 15. August 1823 (Gesetzsammlung S. 157), und wegen der Portofreiheit die allgemeine Verfügung vom 27. Juli 1844 (Justiz-Ministerial-Blatt S. 176).

c) mit Mecklenburg-Schwerin vom 10. März 1830 (Jahrb. Bd. 35. S. 131), nnd wegen der Portofreiheit das Reskript vom 10. Februar 1834 (Jahrb. Bd. 43. S. 198).

d) mit Mecklenburg-Strelitz das Uebereinkommen vom 18. Mai 1830 (Jahrb. Bd. 35. S. 277) und

e) in Bezug auf Oesterreich die Reskripte vom 5. Februar 1836 und vom 7. August 1837 (Jahrb. Bd. 47. S. 348 und Bd. 50. S. 148),

zu berücksichtigen.

Berlin den 16. September 1844.

In Abwesenheit des Justiz-Ministers:
Der Wirkliche Geheime Ober-Justizrath und Direktor
Ruppenthal.

An
sämmtliche Königliche Gerichts-Behörden.

I. 2126. Requis.. 26. Vol. 2.

151.

Ministerialerklärung vom 13. August 1844, — wegen des zwischen der Königlich Preußischen und der Kaiserlich Oesterreichischen Regierung getroffenen Uebercinkommens rücksichtlich der gegenseitigen kostenfreien Erledigung gerichtlicher Requisitionen in Armensachen.

Nachdem die Königlich Preußische Regierung mit der Kaiserlich Oesterreichischen Regierung dahin übereingekommen ist, die gegenseitige Kostenvergütung in Kriminal-, Civil- und Vormundschaftssachen rücksichtlich der dabei betheiligten unvermögenden Personen aufzuheben, erklärt erstgedachte Regierung hiermit Folgendes:

I. In allen Untersuchungs-, Civil- und insonderheit Vormundschafts-Fällen, wo Requisitionen von einer Preußischen Gerichts- oder vormundschaftlichen Behörde an eine Oesterreichische derartige Behörde, oder von dieser an jene erlassen, sowie, wenn Delinquenten von einem Gerichte an das andere ausgeliefert werden, sind nicht allein alle baare Auslagen, sondern auch die sämmtlichen, nach der bei dem requirirten Gerichte üblichen Taxe zu liquidirende Gebühren dem letzteren aus dem Vermögen der betreffenden Person, wenn solches hinreicht, zu entrichten. Hat selbige aber kein hinreichendes Vermögen, so fallen die Gebühren für die Arbeiten der requirirten Behörde, mithin auch alle Vergütung oder Taxe für Zeugenvernehmungen und für Abhaltung der Termine, für den Erlaß oder die Expedition der Verfügungen, desgleichen die Insinuations- und sogenannten Siegelgebühren durchgehends weg, und das requirirende Gericht bezahlt alsdann dem ersteren nur die unvermeidlichen baaren Auslagen für Atzung, Transport, Porto, Kopialien, Reise- und Zehrungskosten der Richter und Zeugen, nach den bei den requirirten Gerichten üblichen Taxsätzen.

II. Zur Entscheidung der Frage: ob der Delinquent, oder die sonst betheiligte Person hinreichendes Vermögen zur Berichtigung der Gerichtsgebühren besitze oder nicht? soll in den beiderseitigen Landen nichts weiter, als das Zeugniß derjenigen obrigkeitlichen Stelle erfordert werden, unter welcher die betheiligten Personen ihre wesentliche Wohnung haben. Inwiefern der Kosten wegen gegen diese Personen die Exekution Statt findet, wird nach den Gesetzen des Landes, worin die Exekution zu führen wäre, beurtheilt. Sollte ein Delinquent seine wesentliche Wohnung in einem dritten Lande gehabt haben, und die Einziehung der Kosten dort mit Schwierigkeiten verknüpft sein, so wird angenommen, daß er kein hinreichendes Vermögen besitze.

III. Den in allen Untersuchungs-, Civil- und Vormundschaftssachen zu sistirenden Zeugen, und jeder abzuhörenden Person überhaupt, sollen die Reise- und Zehrungskosten, nebst der wegen ihrer Versäumniß ihnen gebührenden Vergütung, nach deren vom requirirten Gerichte geschehenen Verzeichnung bei erfolgter, wirklicher Sistirung, sei es von dem requirirten, oder von dem requirirenden Gerichte unverzüglich verabreicht werden. Insofern sie dazu eines Vorschusses bedürfen, wird das requirirte Gericht zwar die erforderliche Auslage machen, es soll selbige jedoch vom requirirenden Gerichte, auf die erhaltene Benachrichtigung, dem requirirten Gerichte wiedererstattet werden.

IV. Das gegenwärtige Uebereinkommen soll für den ganzen Umfang der Preußischen Monarchie und für alle Oesterreichische Staaten, mit alleinigem Ausschluß von Ungarn und Siebenbürgen, Kraft und Wirksamkeit haben, und sowohl für die landesherrlichen, als auch für alle übrige Gerichte verbindlich sein.

Die vorstehende Erklärung soll deshalb, nachdem sie gegen eine übereinstimmende der Kaiserlich Königlichen Geheimen Hof- und Staatskanzlei ausgewechselt worden, öffentlich bekannt gemacht werden.

Berlin den 13. August 1844.

Königlich Preußisches Ministerium der auswärtigen Angelegenheiten

(L. S.)

Frh. v. Bülow.

Vorstehende Ministerialerklärung wird, nachdem sie gegen eine übereinstimmende Erklärung der Kaiserlich Oesterreichischen Geheimen Hof- und Staatskanzlei vom 10. September d. J. ausgewechselt worden, hierdurch zur öffentlichen Kenntniß gebracht.

Berlin den 27. September 1844.

Der Minister der auswärtigen Angelegenheiten.
Frh. v. Bülow.

I. 4789. Requis. 2. Vol. 2.

152.

Verfügung vom 3. Oktober 1844, — betreffend die Aufhebung der Bergischen General-Gouvernements-Verordnung vom 15. April 1815 über die Vollziehung der Ehen.

(Allerh. Ordre vom 9. September 1822 (Lottner Bd. II. S. 322) und Verf. v. 11. und Bekanntmachung vom 19. Januar 1829 (Lottner Bd. III. S. 270, 271.)

Auf den Bericht vom 25. Juli d. J., betreffend die Aufhebung der Bergischen General-Gouvernements-Verordnung vom 15. April 1815 wird Ew. Hochwohlgeboren eröffnet, daß diese Verordnung als eine bindende Vorschrift nicht angesehen werden kann.

Denn abgesehen davon, daß sie nicht gehörig verkündigt worden ist, ist bei Gelegenheit der Berathung der Allerhöchsten Ordre vom 22. November 1828 außer diesem Umstande auch der anerkannt, daß diese Verordnung, da sie weder dem Französischen, noch dem Preußischen Rechte entspreche, sich nicht rechtfertigen lasse, und es ist in dem Berichte an Seine Majestät den König dies geltend gemacht, grade in Bezug darauf auch die Gleichstellung des Verfahrens in allen Provinzen des französischen Rechts ohne Erwähnung der gedachten Verordnung in der Allerhöchsten Ordre ausgesprochen und endlich in dem Reskripte an den General-Prokurator vom 11. Januar 1829 gesagt:

> es könne auf die besonderen Bestimmungen der Bergischen General-Gouvernements-Verordnung vom 15. April 1815 nicht weiter ankommen,

worauf denn in der Bekanntmachung des General-Prokurators vom 19. Januar 1829 (Lottner Bd. III. S. 270, 271) den betreffenden Beamten eröffnet wurde, daß auf die erwähnte Verordnung keine Rücksicht mehr zu nehmen sei.

Könnten hiernach noch Zweifel über die Kraft jener Verordnung bestehen, so würden sie in Folge gegenwärtiger Verfügung und der Allerh. Ordre vom 9. September 1822 (Lottner Bd. II. S. 322) sich beseitigt finden.

Es wird Ihnen überlassen, demgemäß die etwa erforderliche Weisung an die betreffenden Beamten ergehen zu lassen.

Berlin den 3. Oktober 1844.

Das Justiz-Ministerium.
Ruppenthal.

An
den Königlichen General-Prokurator
Herrn Geheimen Ober-Justiz-Rath
Berghaus Hochwohlgeboren
zu Köln.

I. 4477. Rheinpr. General. 93. Vol. 3.

153.

Allgemeine Verfügung vom 9. Oktober 1844, — betreffend die Belassung, Einziehung und Wiedergewährung des Gnadengehalts der im Civildienst angestellten oder beschäftigten Militair-Invaliden.

Das Königliche Kriegs-Ministerium hat im Verfolg der den Gerichtsbehörden durch die allgemeine Verfügung vom 14. August d. J. (Justiz-Minist.-Bl. S. 179) bekannt gemachten

Bestimmungen hinsichtlich der Belassung und Einziehung und resp. Wiedergewährung des Gnadengehalts der im Civildienst angestellten oder beschäftigten Militair-Invaliden, für die Königlichen Regierungen diejenigen Anordnungen getroffen, welche die anliegende Instruktion vom 9. v. Mts. enthält

Soweit diese Instruktion die anstellenden Behörden angeht, was insbesondere bei den Punkten zu B. No. 3 Ia. und IIa., 4. und 6. der Fall ist, haben sich sämmtliche Gerichtsbehörden ebenfalls genau danach zu achten.

Berlin den 9. Oktober 1844.

Der Justiz-Minister
Uhden.

An
sämmtliche Gerichtsbehörden.

I. 4674. — J. 26. Vol. 3.

Beilage.

Zu dem unterm 5. Juli 1844, Allerhöchsten Orts genehmigten Beschlusse des Königlichen Staats-Ministeriums vom 30. Mai d. J.

wegen der Belassung oder Einziehung und respektive Wiedergewährung des Gnadengehalts der im Civil angestellten oder beschäftigten Militair-Invaliden,

welcher vom 1. Januar 1845 ab zur Ausführung gebracht werden soll, so wie zu den gleichzeitig mit ertheilten Vorschriften für die ausführenden Behörden, ist hinsichtlich des diesseitigen Invaliden-Katasters und der Rechnungs-Justifikation, zur allgemeinen Uebereinstimmung des Verfahrens, diesseits Nachstehendes zu erläutern.

A. In Bezug auf Feststellung und Kataster.

1) Da die sofortigen Anzeigen der anstellenden Behörden, außerhalb Berlin, vom 1. Januar k. J. ab, nur an die Königliche Regierung, wo das Gnadengehalt auf der Zahlungs-Liste stehet, erfolgen, so ist zur Vermeidung jeder gesetzwidrigen Forterhebung von Gnadengehalt Seitens der Königlichen Regierung, insbesondere bei der Fortgewährung eines Theils oder des ganzen Militair-Gnadengehalts sehr darauf zu halten, daß in der betreffenden Anzeige genau angegeben werde, ob die Anstellung oder Beschäftigung des Invaliden zur Kategorie ad 1. und 2, ad 9, ad 11, oder ad 12. der allgemeinen Bestimmun-

gen des Königlichen Staats-Ministeriums gehört, auch auf wie hoch sich, nach dem pflichtmäßigen Ermessen der anstellenden Behörde, derjenige Betrag beläuft, welcher zu Ausgaben für Dienstbedürfnisse, aus den aufgeführten Diensteinnahmen, in Abzug zu bringen ist und bei dem Gnadengehalte nicht zur Gegenrechnung gezogen werden kann. Es ist hierbei übrigens nach den bisherigen Prinzipien, jede billige Rücksicht auf diejenigen Kleidungsstücke zu nehmen, welche durch die Natur der Anstellung ein unabweisliches Bedürfniß werden, z. B. bei Nachtwächtern die erforderliche wärmere Bekleidung des Körpers, bei Polizei ꝛc. Dienern der Mehraufwand etwaiger Uniform, so wie im Allgemeinen auf die durch den Dienst bedingte außergewöhnliche Abnutzung derselben.

2) Behufs der diesseitigen Kontroll-Notiz ist es, ad §. 8. der allgemeinen Vorschriften nunmehr nöthig, daß die dort erwähnten, mit den vierteljährlichen Kassen-Extrakten (letztere selbst verbleiben ganz wie bisher) einzusendenden Abgangs-Listen, vom 1. Januar k. J. ab, genau nach den angegebenen Abtheilungen A. et B. sub a. b. c. und d. des anbei erfolgenden Schemas gefertigt werden.

Dagegen ist der seither gleichzeitig mit angegebene Zugang, da diesen die diesseitige Kontrolle schon nachweiset, nicht weiter aufzuführen, auch fällt von da ab die Einsendung der angeordneten Tertial-Designationen versorgter Invaliden, so wie überhaupt, außer für Berlin, jede spezielle Anzeige von der erfolgten Anstellung eines Invaliden vom Feldwebel abwärts, an die unterzeichnete Abtheilung, weg.

B. In Bezug auf Justifikation der Invaliden-Gnadengelder-Rechnungen.

1) Die Anzeigen von der Anstellung oder Beschäftigung der Invaliden ad 2. der allgemeinen Vorschriften, so wie die Anzeigen ad 3. daselbst über Veränderungen in dem Verhältnisse des mit einem Gnadengehalts-Zuschusse angestellten oder beschäftigten Invaliden sind originaliter oder in beglaubigter Abschrift den Belägen der Jahres-Rechnung beizufügen.

2) Ist das Civil-Einkommen von dem Belange, daß die Zahlung von Gnadengehalt ganz cessirt, so wird die betreffende Assignation mit den Abgangs-Belägen, der Jahres-Rechnung beigefügt und zurückgereicht.

3) Findet dagegen nach den §§. 5, 6. und 7. der allgemeinen Bestimmungen die Fortzahlung von Gnadengehalt, auch nur theilweise, noch Statt, so erfolgt die Zahlung immer auf den Grund der bei der Spezial-Kasse asservirt bleibenden, ursprünglichen Assignation, und dann ist alljährlich den Rechnungs-Belägen beizufügen:

I. Hinsichtlich der Anstellungen ad §§. 1. und 2, ad §. 11. und ad §. 12. der allgemeinen Bestimmungen —

a) Ein, am Schlusse des Jahres auszustellendes Attest der betreffenden Behörde, daß später nach der zuerst gemachten Anzeige von der Anstellung rc., in dem Dienstverhältnisse und dem angegebenen Civil-Einkommen, im abgelaufenen Jahre keine Veränderungen eingetreten sind.

II. Hinsichtlich der Anstellungen ad §. 7. der allgemeinen Bestimmungen —

a) Die amtliche Bescheinigung der betreffenden Behörde über den vollen Betrag des im abgelaufenen Jahre bezogenen Diensteinkommens und desjenigen Betrages, welcher hiervon für Amtsbedürfnisse in Abzug kommt.

b) Die Quittung des Invaliden, über den ihm darnach als Zuschuß zu seinen Diensteinnahmen, in dem abgelaufenen Jahre gezahlten Gnadengehalts-Betrag.

4) Jedem Invaliden, der, im Civil angestellt oder beschäftigt, mit seinem Gnadengehalte einmal gänzlich rücksichtlich seiner erfolgten Anstellung oder Beschäftigung, in Abgang gestellt ist, später aber, in Gemäßheit der §§. 17, 18, 19. und 23. der allgemeinen Bestimmungen, auf den Militair-Pensions-Fond zurücktritt, kann sein Gnadengehalt, unter allen Umständen, nur auf den Grund einer diesseits neu ausgefertigten Assignation wieder verabreicht werden. Die Zahlung des Gnadengehalts ist zwar, auf diesfallsige Anzeige der Behörde über die stattgehabte Dienstentlassung, sofort Seitens der Königlichen Regierung zu verfügen, gleichzeitig aber auch die Ausfertigung der Assignation dann bei der unterzeichneten Abtheilung zu extrahiren.

5) Nach den bisherigen Bestimmungen über die Fortgewährung von Gnadengehalt im Civil angestellter Invaliden, wurde denen, welche definitiv oder gegen Kündigung mit einem festen Einkommen angestellt worden sind, der gesetzliche Gnadengehalts-Zuschuß mittelst besonderer Assignation, und denen, gegen ungewisse Hebungen angestellten, in der Regel von drei zu drei Jahren angewiesen, und es blieb die ursprüngliche Assignation nur bei denjenigen Invaliden in Kraft, welchen der volle Betrag ihres Gnadengehalts fortgewährt worden ist. Da in Folge der neuen Bestimmungen ad 11. der Vorschriften für die ausführenden Behörden, nunmehr der Gnadengehalts-Zuschuß nach Maaßgabe des wirklich bezogenen Diensteinkommens, bei der Königlichen Regierung rc. festgestellt wird, so ist es nothwendig, daß die hierhin gehörigen mit ult. Dezember 1844 ihre Kraft verlierenden Assignationen eingezogen, dagegen vom 1. Januar k. J. ab, anderweite Assignationen über das dem In-

validen ursprünglich zuerkannte volle Militair-Gnadengehalt, als Belag für die zahlende Kasse ertheilt werden.

Es sind daher Seitens der Königlichen Regierung alle derartige noch für das Jahr 1845 2c. lautende Assignationen, mit ult. Dezember 1844 einzuziehen und der unterzeichneten Abtheilung zur Umschreibung auf den vollen Gnadengehalts-Betrag, aus welchem letztern dann für das Jahr 1845 u. s. w. nur der Zuschuß nach Maaßgabe des wirklich bezogenen Diensteinkommens zu zahlen ist, einzureichen.

6) Den, in der, §. 12. erwähnten Art etwa annoch vorübergehend beschäftigten, Invaliden muß das nach den Bestimmungen des §. 11. des Staats-Ministerial-Beschlusses vom 12. Oktober 1837 entzogene Gnadengehalt, nach diesem neueren Beschlusse vom 1. Januar 1845 ab wieder verabreicht werden, und es siehet die unterzeichnete Abtheilung einem Antrage hierüber seiner Zeit da entgegen, wo es einer neuen Anweisung bedarf, weil wegen längerer Dauer, die frühere Anweisung bereits der Rechnung (der betreffenden Jahres-Rechnung) beigefügt worden ist.

Es bedarf keiner Erwähnung, daß die Natur des vorübergehenden Verhältnisses scharf aufgefaßt und festgestellt sein muß.

7) Im Allgemeinen ist durch die in Rede stehenden neuen Vorschriften in den hier immer ganz abgesonderten Kontrollen und in dem Verfahren bei den Offizier- 2c. Pensionen nichts geändert. Die Bestimmungen des §. 8. wegen der in den Pensions-Abschlüssen und Rechnungen geführt werdenden, nach dem Civil-Pensions-Reglement pensionirten Land-Gensdarmen, sind im Wesentlichen schon bisher nach der Cirkular-Verfügung des Militair-Oekonomie-Departements vom 29. Februar 1832 in Anwendung gewesen und es bleibt hier nur noch zu bemerken, daß die speziellen Anzeigen, welche nach der letztern über die geschehene Feststellung von der Königlichen Regierung an die unterzeichnete Abtheilung bisher gemacht worden sind, den in Rede stehenden neuen Vorschriften gemäß, wegfallen, daß dagegen hierüber das Nöthige in dem Quartal-Abschlusse von den Pensions-Zahlungen enthalten sein muß, im Uebrigen aber wegen dieser Zahlungen Alles in dem bisherigen Verfahren sein Bewenden behält.

Berlin den 9. September 1844.

Kriegs-Ministerium,
Abtheilung für das Invaliden-Wesen.

An
die Königliche Regierung zu N.

Na

der im 1. Quartal 1845 verstorbenen, u
Militair-Gna

Num.	Charge.	Zu- und Vornamen der Invaliden.	Truppentheil und Datum des Civil-Versorgungs-Scheins.	Cataster Num. Litt.	Fol.	Num.	Monatlicher Betrag des Gnadengehalts. th.	sg.
		A. Gestorben.						
1.	Unterof.	N. N.	1. Inf.-Reg.	A.	20	23	2	—
2.	Gem.	N. N.	2. Div.-Gar.-C.	C.	4	3	1	—
3.	Feldw.	N. N.	4. Husar.-Rgt.	A.	30	7	3	—
4.	Gem.	N. N.	3. Inv.-Comp.	Da	6	2	1	—
		B. Angestellt oder beschäftiget. Die Anstellung hat nach den allgemeinen Bestimmungen vom 30. April 1844 stattgefunden, gemäß:						
	a.	der §§. 1. und 2.						
5.	Unterof.	N. N.	4. Inf.-Reg.	A.	18	7	2	—
	b.	des §. 9.						
6.	Gem.	N. N.						
	c.	des. §. 11.						
7.	Unterof.	N. N.						
	d.	des §. 12.						
8.	Gem.	N. N.						

weisung

er im Civil angestellten oder beschäftigten
ehalts-Empfänger.

Abgegangen durch Tod. Gestorben den	Angestellt oder beschäftiget. Bedienung.	Art der Anstellung.	Betrag sämmtlicher Dienst-Einnahme. th.	sg.	pf.	Abzug für Dienst-Bedürfnisse. th.	sg.	pf.	Bezieht an Militair-Gnaden-Gehalt fort. th.	sg.	pf.	Von welchem Monat ab das Dienst-Einkommen anhebt.	Bemerkungen.
. Febr. 1845.													
......													
......													
......													
......													
......													
......													
......													

154.

Allgemeine Verfügung vom 13. Oktober 1844, — die Einziehung der von den Königlichen Gerichten gegen diesseitige Unterthanen erkannten Geldstrafen wegen Forstfrevel in den benachbarten fremdherrlichen Waldungen betreffend.

Der Justiz-Minister hat sich mit dem Geheimen Staats-Minister und Chef der Verwaltung für Domainen und Forsten im Ministerium des Königlichen Hauses, Herrn Grafen zu Stolberg Excellenz einverstanden erklärt, daß die von den Königlichen Gerichten gegen diesseitige Unterthanen erkannten Geldstrafen wegen Forstfrevel in den benachbarten fremdherrlichen Waldungen solcher Staaten, mit welchen nach den bestehenden, durch die Gesetzsammlung publicirten Staatsverträgen eine Uebereinkunft dahin existirt:

> daß dergleichen Strafen demjenigen Staate verbleiben sollen, in welchem der verurtheilte Frevler wohnt, und in welchem das Erkenntniß gefällt worden ist, daß dagegen der Betrag des Schadenersatzes und der Pfandgebühren an die betreffende Kasse desjenigen Staates abzuführen bleibt, in welchem der Frevel verübt worden ist,

zur diesseitigen Königlichen Forst-Verwaltung eingezogen werden.

Die Königlichen Gerichtsbehörden werden demzufolge angewiesen, die Einziehung der in den bezeichneten Fällen erkannten Forststrafen den betreffenden Forstkassen zu überlassen, den letztern auch zur Vermeidung eines getheilten Verfahrens die Einziehung der demnächst an die auswärtigen Behörden abzuführenden Pfand- und Ersatzgelder zu überweisen. Die deshalb nöthigen Mittheilungen sind jedoch nicht unmittelbar den Forstkassen selbst, sondern den betreffenden Forst-Inspektoren zur weitern Veranlassung zu machen.

Berlin den 13. Oktober 1844.

Der Justiz-Minister
Uhden.

An
sämmtliche Gerichtsbehörden.

I. 4324. F. 48. Vol. 5.

155.

Allgemeine Verfügung vom 15. Oktober 1844, — betreffend den Transport der nach den Preußischen Staaten von andern Regierungen auszuliefernden Individuen durch das Belgische Staatsgebiet.

(Cirkular-Reskript vom 16. September d. J., Justiz-Minist.-Blatt S. 207.)

Nach einer Mittheilung des Königlich Belgischen Gesandten bedarf es, wenn Individuen, welche von einer andern Regierung an einen benachbarten Staat ausgeliefert und auf dem Wege nach ihrer Bestimmung durch das Belgische Gebiet transportirt werden, Behufs der Beförderung durch das letztere einer besonderen Prüfung der Zulässigkeit der Auslieferung vor den Belgischen Behörden. Deshalb wird bei solchen Fällen für nöthig erachtet, daß von demjenigen Staate, welcher die Auslieferung beantragt hat, auch an das Belgische Gouvernement eine förmliche Auslieferungs-Requisition gerichtet werde.

Die Preußischen Gerichtsbehörden werden hiervon mit der Anweisung in Kenntniß gesetzt, in den Fällen, in welchen die von einer andern Regierung nach den Preußischen Staaten auszuliefernden Individuen durch das Belgische Gebiet transportirt werden müssen, an die Belgischen Behörden eine besondere Auslieferungs-Requisition zu richten.

Im Uebrigen wird auf Num. I. 6. der Allgemeinen Verfügung vom 16. September d. J. (Justiz-Minist.-Bl. S. 207) Bezug genommen.

Berlin den 15. Oktober 1844.

Der Justiz-Minister
Uhden.

An
sämmtliche Gerichtsbehörden.
I. 4798. Auslief. 35.

156.

Verfügung vom 2. November 1844, — betreffend den Stempelansatz zu Erkenntnissen, in welchen auf eine höhere Strafe als vier Wochen Gefängniß oder 50 Thlr. Geldbuße erkannt wird.

Ew. Hochwohlgeboren erhalten hiebei

1) die Auszüge aus der Stempel-Defekten-Tabelle über die daselbst in diesem Jahre abgehaltene Stempel-Revision,
2) Abschrift des Berichts des Provinzial-Steuer-Direktors zu Köln vom 3. August d. J. an den General-Direktor der Steuern,

mit dem Eröffnen, daß die Monita begründet erscheinen. Nach dem Stempel-Gesetze sub voce „Erkenntnisse" A. e. kann es nicht zweifelhaft sein, daß zu Erkenntnissen, in welchen auf eine höhere Strafe als vier Wochen Gefängniß oder 50 Thlr. Geldbuße erkannt wird, ein Stempel von mindestens 4 Thlr. adhibirt werden muß. Ob das so eben erwähnte Strafmaaß um etwas mehr oder minder überschritten wird, ist hiebei gleichgültig und kann nebst etwanigen anderen konkurrirenden Umständen nur auf die Abmessung des tarifmäßigen Stempels von 5 bis zu 20 Thlr. von Erheblichkeit sein. Das Königliche Landgericht hat demnach wegen Erledigung dieser Monita das Weitere zu veranlassen.

Berlin den 2. November 1844.

Der Justiz-Minister
Uhden.

An
den Königlichen Landgerichts-Präsidenten Herrn v. Olfers und den Königlichen Ober-Prokurator Herrn Leue Hochwohlgeboren
zu Coblenz.

I. 4111. Rh. Gen. 62. Vol. 6.

157.

Allerhöchste Kabinets-Ordre vom 4. November 1844, — betreffend die Anrechnung des zu den Urkunden der Rheinischen Gerichtsvollzieher im Prozeß verwendeten Stempels auf den Erkenntniß-Werthstempel.

Auf den Bericht des Staats-Ministerii vom 5. v. M. genehmige Ich, daß fortan in den durch Erkenntniß beendigten Prozessen im Gebiete der Rheinischen Gerichtsverfassung bei Festsetzung des tarifmäßigen Prozeß-Werthstempels der nachzuweisende Betrag der zu den Gerichtsvollzieher-Urkunden im Prozeß bis dahin verbrauchten Stempel bis auf Höhe des Erkenntniß-Werthstempels in Abrechnung gebracht werde.

Sanssouci den 4. November 1844.

Friedrich Wilhelm.

An
das Staats-Ministerium.

I. 5947. Rh. Gen. 62. Vol. 6.

158.

Regulativ vom 15. November 1844, — über die Errichtung und Verwaltung des Gewerbegerichts zu Düsseldorf.

Wir Friedrich Wilhelm, von Gottes Gnaden, König von Preußen rc.

Da sich das Bedürfniß gezeigt hat, für die Sammtgemeinde Düsseldorf ein Gewerbegericht zu errichten, so verordnen Wir auf den Antrag Unserer Minister der Finanzen und der Justiz was folgt:

§. 1.

Auf Grund des für das Herzogthum Berg geltenden französischen Dekrets vom 17. Dezember 1811 wird ein Gewerbegericht für die Sammtgemeinde Düsseldorf errichtet, welches die Benennung:

„Königliches Gewerbegericht zu Düsseldorf"

führt.

§. 2.

Die Zuständigkeit desselben erstreckt sich auf sämmtliche in der Sammtgemeinde Düsseldorf betriebene Fabrikationszweige und Handwerke und auf alle innerhalb dieses Sprengels ansässige Fabrik-Kaufleute und Handwerksmeister, so wie auf die von denselben beschäftigten Aufseher, Werkmeister, Gesellen, Arbeiter und Lehrlinge, wenn solche auch außerhalb des Sprengels ihren Wohnsitz haben.

§. 3.

Das Gericht besteht aus einem Haupt-Bureau und einer Vergleichskammer, beide in Düsseldorf.

§. 4.

Dasselbe ist zusammengesetzt aus 9 Mitgliedern, welche ihr Amt unentgeltlich verrichten, und zwar aus fünf Fabrikherren, welche selbst Handel treiben, und vier Werkmeistern oder Handwerkern. Sie sind von den Gewerbetreibenden selbst, mit Vorbehalt der Bestätigung durch die Regierung zu Düsseldorf, nach den weiter unten folgenden Vorschriften zu wählen.

§. 5.

Die Mitglieder des Gewerbegerichts bilden zugleich die Vergleichskammer dergestalt, daß sie die Verrichtungen derselben nach näherer Bestimmung der Geschäfts-Ordnung abwechselnd monatlich zu versehen haben.

§. 6.

Außer den ordentlichen Mitgliedern sind 6 Stellvertreter, welche ihr Amt gleichfalls unentgeltlich verrichten, zu bestellen, und zwar drei Fabrikherren, welche selbst Handel treiben, und drei Werkmeister oder Handwerker. Dieselben werden, wie die Mitglieder, unter Vorbehalt der Bestätigung durch die Regierung zu Düsseldorf, gewählt.

§. 7.

Bei der Wahl der Mitglieder und Stellvertreter sind alle, in dem Sprengel des Gewerbegerichts wohnhafte Fabrikherren und alle in dem Bezirk desselben ihr Gewerbe treibende Handwerker, welche wenigstens sechs Thaler Gewerbesteuer jährlich entrichten, ingleichen alle im Sprengel des Gerichts beschäftigte Werkmeister stimmberechtigt, jedoch bleiben hiervon diejenigen ausgeschlossen, welche

1) fallirt, oder
2) durch ein Strafurtheil der im Art. 42. des Strafgesetzbuchs bezeichneten bürgerlichen Rechte verlustig erklärt sind, so lange sie nicht rehabilitirt worden, oder, falls die Aberkennung der bürgerlichen Rechte auf einen bestimmten Zeitraum sich beschränkt, dieser noch nicht abgelaufen ist.

§. 8.

Zu Mitgliedern oder Stellvertretern wählbar sind alle handelstreibende Fabrikherren und alle mindestens sechs Thaler Gewerbesteuer jährlich entrichtende Handwerker, so wie alle Werkmeister, welche

a) ihre Gewerbe schon sechs Jahre lang betrieben und
b) das dreißigste Lebensjahr zurückgelegt haben.

Diejenigen unter ihnen, welche nach §. 7. von der Stimmberechtigung ausgeschlossen sind, dürfen auch nicht gewählt werden.

§. 9.

Damit die verschiedenen Fabrikationszweige und Handwerke in dem Gewerbegerichte fortdauernd angemessen vertreten werden, wird Unser Minister der Finanzen und des Handels die Gewerbsklassen, aus welchen die Mitglieder dieses Gerichts zu wählen sind, so wie die Zahl der aus jeder Klasse zu wählenden Mitglieder von drei zu drei Jahren bestimmen.

§. 10.

Die Wahl der Mitglieder und Stellvertreter erfolgt auf Anordnung der Regierung zu Düsseldorf und unter dem Vorsitze eines Mitgliedes derselben oder eines damit beauftragten Beamten, nach Vorschrift des Dekrets vom 17. Dezember 1811 und der nachfolgenden weiteren Bestimmungen.

§. 11.

Die Verzeichnisse der Stimmberechtigten zu den Wahlen der Mitglieder und Stellvertreter werden mittelst Offenlegung derselben in dem Lokal des Oberbürgermeister-Amts und Eintragung der Stimmfähigen auf deren Anmeldung und nach geführtem Ausweis über die Stimmberechtigung aufgenommen.

§. 12.

Jeder Stimmberechtigte kann nur in Person und nicht durch Bevollmächtigte bei der Wahl mitwirken.

§. 13.

Jeder Stimmberechtigte hat die Befugniß, einen Kandidaten in Vorschlag zu bringen. Dieses geschieht mittelst Eintragung der Namen des Vorschlagenden und des Vorgeschlagenen in ein Verzeichniß, welches unter der Aufsicht des Sekretairs des Gewerbegerichts in dem Dienst-Lokale desselben während dreier, der Wahl unmittelbar vorhergehenden Tage offengelegt wird. Auch in dem Wahl-Termine selbst, vor der Wahl, kann jeder Stimmberechtigte einen Kandidaten in Vorschlag bringen und die Eintragung von dessen Namen in das Verzeichniß verlangen. Dieses Verzeichniß wird zur Einsicht der Anwesenden vor der Wahl auf den Tisch des Wahlvorstandes niedergelegt.

Für die erste Wahl wird gedachtes Verzeichniß zur Eintragung der Namen des Vorschlagenden und des Vorgeschlagenen während dreier, dieser Wahl unmittelbar vorhergehenden Tage auf dem Gemeindehause unter der Aufsicht des Sekretairs des Oberbürgermeister-Amtes offengelegt.

§. 14.

Die Wahl wird sodann von den anwesenden Stimmberechtigten durch Geheimstimmung auf Stimmzetteln nach absoluter Stimmenmehrheit vollzogen.

§. 15.

Ergiebt die Wahl nicht für alle zu besetzende Stellen eine absolute Stimmenmehrheit, so werden für jede noch zu besetzende Stelle die beiden Kandidaten, welche verhältnißmäßig die meisten Stimmen erhalten haben, zur neuen Wahl gebracht, so lange, bis sämmtliche Mitglieder und Stellvertreter mit absoluter Stimmenmehrheit gewählt sind.

§. 16.

Die Wahlverhandlung wird hiernächst zur Bestätigung der gewählten Mitglieder und Stellvertreter an die Regierung zu Düsseldorf eingereicht, welche auch etwaige Streitigkeiten über die Wählbarkeit und Stimmberechtigung, sowie über die Gültigkeit der Wahlen, mit Vorbehalt des Rekurses an Unseren Minister der Finanzen und des Handels, entscheidet.

§. 17.

Nach erfolgter Bestätigung werden die Gewählten durch die Regierung zu Düsseldorf, oder einen von derselben damit beauftragten Beamten, in Gemäßheit der Ordre vom 5. November 1833 (Gesetzsamml. für 1833. S. 291) eidlich verpflichtet und in ihre Verrichtungen eingeführt.

§. 18.

Ueber die Einsetzung des Gewerbegerichts wird eine Verhandlung aufgenommen und eine Ausfertigung derselben in der Kreis-Registratur hinterlegt, eine zweite an die Regierung zu Düsseldorf, eine dritte an das Landgericht daselbst und eine vierte an den General-Prokurator des Appellationshofes zu Köln eingesandt.

§. 19.

Geräth ein Mitglied oder ein Stellvertreter in den Fallitzustand, so hört vom Tage des Falliments-Urtheils sein Amt von selbst auf.

§. 20.

Rücksichtlich der Suspension und Amtsentsetzung der Mitglieder und Stellvertreter finden die allgemeinen, wegen der richterlichen Beamten bestehenden Gesetze Anwendung. Das, von einer Civilkammer des Landgerichts einzuleitende Disciplinar-Verfahren findet bei verschlossenen Thüren unter Beachtung der für das Disciplinar-Verfahren gegen richterliche Beamte vorgeschriebenen Formen Statt.

§. 21.

Der Sekretair des Gewerbegerichts wird nach Vorschrift des Dekrets vom 17. Dezember 1811 von dem Gewerbegerichte nach absoluter Stimmenmehrheit erwählt und auf Kündigung angestellt. Derselbe darf nicht selbst Mitglied des Gerichts oder Stellvertreter sein; er muß die nöthige Geschäftskenntniß besitzen, zum Civil-Staatsdienst berechtigt sein und vorzugsweise aus den geprüften Gerichtsschreiber-Kandidaten erwählt werden.

§. 22.

Die Wahl des Sekretairs bedarf der Bestätigung der Regierung zu Düsseldorf, nach deren Ertheilung er nach Maaßgabe des §. 17. dieses Regulativs und der Ordre vom 5. November 1833 durch das Gewerbegericht eidlich zu verpflichten ist.

§. 23.

Der Sekretair bezieht für die ihm obliegenden Verpflichtungen ein jährliches Gehalt und die im Dekrete vom 17. Dezember 1811 bestimmten Gebühren.

§. 24.

Derselbe kann bei etwa eintretender Anhäufung der Geschäfte von dem Gerichte angehalten werden, einen Gehülfen auf seine Kosten zu halten, dessen Person von ihm in Vorschlag gebracht wird, welcher jedoch vor seinem Dienstantritte die Bestätigung des Gerichts erhalten und darauf von Letzterem eidlich verpflichtet werden muß.

§. 25.

Die Amtsdauer der ordentlichen Mitglieder des Gewerbegerichts ist auf drei Jahre festgesetzt.

Nach Ablauf des:

a) ersten Jahres treten aus, zwei Fabrik-Kaufleute und ein Handwerker oder Werkmeister; nach dem
b) zweiten Jahre ein Fabrik-Kaufmann und zwei Handwerker oder Werkmeister; nach dem
c) dritten Jahre zwei Fabrik-Kaufleute und ein Werkmeister oder Handwerker.

Die Reihenfolge des Ausscheidens unter den einzelnen Mitgliedern wird nach Ablauf des ersten und zweiten Jahres durch das Loos, demnächst durch das Dienstalter bestimmt.

§. 26.

Diejenigen Stellen, welche durch den ordentlichen Dienstaustritt oder durch sonstigen Abgang zur Erledigung kommen, werden vor dem Jahresschlusse durch neue Wahl nach den obigen Bestimmungen wieder besetzt.

Für die außerordentlicher Weise erledigten Stellen geschieht die Wiedererwählung nur für die Zeit, während welcher die Abgehenden noch im Amte zu bleiben verpflichtet gewesen wären.

Die austretenden Mitglieder des Gewerbegerichts sind jederzeit wieder wählbar.

§. 27.

Die Amtsdauer der Stellvertreter ist gleichfalls auf drei Jahre beschränkt; bevor durch dieselbe die Ordnung des Austritts sich von selbst bestimmt, treten nach dem ersten und zweiten Jahre je ein Fabrikherr und ein Werkmeister oder Handwerker aus. Die Reihefolge des Austritts wird durch das Loos bestimmt. Die austretenden Stellvertreter sind wieder wählbar.

§. 28.

Die Kompetenz und die Amtsverrichtungen des Gewerbegerichts, sowie das Verfahren bei demselben, imgleichen die Wirksamkeit der Vergleichskammer, bestimmen sich nach den, hinsichtlich der Fabrikengerichte in der Rheinprovinz bestehenden oder in der Folge noch ergehenden allgemeinen Vorschriften.

Die Urschriften der Erkenntnisse sind von dem Präsidenten oder dessen Stellvertreter und von dem Sekretair zu unterzeichnen.

§. 29.

Die Stempel zu den betreffenden Verhandlungen sind nach den Vorschriften des Gesetzes wegen der Stempelsteuer vom 7. März 1822 und den dasselbe erläuternden und ergänzenden Verordnungen zu verwenden.

§. 30.

Die Ordnung der Sitzungen und der Geschäftsführung im Haupt-Bureau, so wie in der Vergleichskammer, wird durch ein Regulativ näher bestimmt, welches von dem Gewerbegerichte nach seiner Einsetzung zu entwerfen und der Regierung zu Düsseldorf zur Bestätigung einzureichen ist.

§. 31.

Dem Ermessen des Gewerbegerichts ist es überlassen, die gesetzlich vorgeschriebene Zahl der Sitzungen nach Bedürfniß zu vermehren.

§. 32.

Das Lokal für die Sitzungen und die Geschäftsführung des Gewerbegerichts sowohl für das Haupt-Bureau, Art. 45 ff. des Dekrets vom 17. Dezember 1811, als auch für die Vergleichskammer, Art. 42 a. a. O., ist von der Gemeinde Düsseldorf unentgeltlich zu beschaffen.

§. 33.

Die Kosten für Schreibmaterialien und Kopialien hat der Sekretair ohne besondere Vergütigung zu bestreiten.

§. 34.

Alle übrige Kosten, welche das Gewerbegericht erfordert, sind von den Gewerbetreibenden selbst aufzubringen. Ueber die Art der Vertheilung des aufzubringenden Bedarfs auf die einzelnen Interessenten bleibt die Bestimmung Unserem Minister der Finanzen und des Handels vorbehalten.

Urkundlich unter Unserer Höchsteigenhändigen Unterschrift und beigedrucktem Königlichen Insiegel.

Sanssouci den 15. November 1844.

(L. S.) Friedrich Wilhelm.

Flottwell. Uhden.

I. 5409. Rh. Gen. 52. Vol. 3.

159.

Allgemeine Verfügung vom 16. November 1844, — betreffend die Zulassung der Rechts-Kandidaten zur ersten juristischen Prüfung.

(§. 3. Tit. 4. Th. III. Allg. Gerichtsordnung, §. 450. des Anh. zu derselben, Reskripte vom 21. April 1818 und 21. Mai 1826. Jahrb. Bd. 11. S. 234 und Bd. 27. S. 287.)

Der §. 3. Tit. 4. Thl. III. der Allgem. Gerichtsordnung und der §. 450. des Anhangs zu derselben verlangen von den Rechtskandidaten, wenn sie zur Auskultatur bei den Gerichtsbehörden zugelassen werden sollen:

gründliche und zusammenhangende Kenntnisse in der Theorie der Rechtswissenschaft überhaupt.

Mit Rücksicht hierauf ist bereits in dem Reskripte vom 21. April 1818 (Jahrbücher Bd. 11. S. 234) darauf hingewiesen worden, daß es bei der Zulassung der Rechts-Kandidaten zur Prüfung als Auskultatoren hauptsächlich darauf ankomme, daß dieselben

über alle Zweige der Rechtswissenschaft

Kollegia mit Nutzen gehört haben; und es ist ferner in dem, an sämmtliche Landes-Justiz-Kollegien ergangenen Reskripte vom 21. Mai 1826 (Jahrb. Bd. 27. S. 287) einestheils bestimmt worden, daß kein Kandidat zum Auskultator-Examen zugelassen werden solle, welcher nicht Kollegia über vaterländisches Recht gehört habe, anderntheils aber auch darauf aufmerksam gemacht, daß die Kandidaten darüber nicht diejenigen Kollegia versäumt haben dürfen, welche die Kenntniß des römischen, kanonischen, des deutschen Privat-, des Kriminal-, Lehn-, Staats- und Natur-Rechts gewähren, und daß auch eine genaue Bekanntschaft mit der Geschichte des Rechts erforderlich sei.

Dessenungeachtet sind, wie der Justiz-Minister in Erfahrung gebracht hat, neuerdings noch Fälle vorgekommen, in denen Rechtskandidaten zur Prüfung zugelassen worden sind, welche nicht alle jene, zu einer gründlichen theoretischen Vorbildung für den praktischen Justizdienst nothwendige Vorlesungen gehört hatten.

Der Justiz-Minister sieht sich hierdurch veranlaßt, auf obige Vorschriften wiederholentlich aufmerksam zu machen, und zur Beseitigung aller ferneren Zweifel bei der Anwendung derselben hiermit allgemein zu bestimmen: daß von dem Ablauf des Wintersemesters 18⁴⁵/₄₆ an kein Rechts-Kandidat zu der ersten juristischen Prüfung zugelassen werden soll, welcher nicht akademische Vorlesungen über nachfolgende Wissenschaften gehört hat:

1) Logik;
2) Juristische Encyklopädie und Methodologie;
3) Naturrecht (Rechts-Philosophie);
4) Geschichte und Institutionen des Römischen Rechts;
5) Pandekten;
6) deutsche Rechtsgeschichte;
7) deutsches Privatrecht;
8) Kirchenrecht;
9) Lehnrecht;
10) Europäisches Völkerrecht;
11) deutsches Staatsrecht;
12) Kriminalrecht;
13) Gerichtliche Medizin;
14) Preußisches Privatrecht;
15) Gemeinen Civil-Prozeß;
16) Gemeinen Kriminal-Prozeß.

Außerdem müssen diejenigen Rechts-Kandidaten, welche sich für den Justizdienst in der Rhein-Provinz ausbilden wollen, auch noch die Vorlesungen über das in der Rhein-Provinz zur Anwendung kommende Recht und Prozeß-Verfahren besucht haben.

Die sämmtlichen Königlichen Landes-Justiz-Kollegien und der Königliche Herr General-Prokurator bei dem Appellationshofe zu Köln werden hierdurch angewiesen, von dem obgedachten Zeitpunkte ab keinen Rechts-Kandidaten zur ersten juristischen

Prüfung zu verstatten, welcher nicht im Stande ist, sich über den fleißigen Besuch aller oben aufgezählten akademischen Vorlesungen auszuweisen.

Berlin den 16. November 1844.

Der Justiz-Minister
Uhden.

An
sämmtliche Königliche Landes-Justiz-Kollegien und den Königlichen Herrn General-Prokurator bei dem Appellationshofe zu Köln.

I. 5059. U. 17.

160.

Verfügung vom 28. November 1844, — die Stempel-Revision bei dem Königlichen Handelsgericht zu Elberfeld betreffend.

Ew. Hochwohlgeboren erhalten anliegend

1) die beim Königlichen Handelsgericht für die Zeit vom 1. Juli 1839 bis 1. Januar 1842 und vom 1. Januar 1842 bis dahin 1843 aufgestellten Stempel-Defekten-Tabellen,
2) Abschrift des Berichts des Provinzial-Steuer-Direktors zu Köln vom 9. Juli d. J. an den General-Direktor der Steuern,
3) Abschrift der Verfügung des Provinzial-Steuer-Direktors zu Köln an den Regierungsrath Sack zu Düsseldorf vom 11. Mai d. J.

indem Ihnen hierbei im Einverständnisse mit dem Herrn Finanz-Minister Folgendes eröffnet wird.

1) Das in der Defekten-Tabelle vom 1. Juli 1839 bis zum 1. Januar 1842 sub Num. 53. erhobene Monitum, wonach zu Urtheilen, durch welche über die Eröffnung eines Konkurses kontradiktorisch entschieden worden, ein Stempel von 15 Sgr. nicht genügt, erscheint vollkommen begründet.

Der Provinzial-Steuer-Direktor bemerkt mit Recht, daß es sich hier nicht um ein bloßes Neben-Erkenntniß, sondern um das Haupt-Urtheil über eine Frage handelt, die nicht einen Theil des Konkurs-Verfahrens bildet. Namentlich gilt dies für die Rheinprovinz, wo nicht, wie in den älteren Provinzen, eine Klassifikation abgefaßt wird. Der Stempel muß also in solchen

Fällen nicht nach „Erkenntniß" A. c. mit 15 Sgr., sondern nach A. b. mit 5 bis 20 Thlr. in Ansatz gebracht werden.

Dies vorausgesetzt, hätte im vorliegenden Falle bei der Wichtigkeit der Sache ein höherer Stempel als 5 Thlr. (wie er von dem Handelsgerichte irrthümlich und in Widerspruch mit dessen Ausführungen in Ansatz gebracht worden) berechnet werden müssen. Da jedoch der Provinzial=Steuer=Direktor, insoweit es sich um den vorliegenden Fall handelt, das Monitum fallen läßt, so ist nur darauf zu achten, daß in künftigen Fällen nach diesen Prinzipien verfahren werde.

2) Was die übrigen noch streitigen, in der Defekten=Tabelle vom 1. Juli 1839 bis 1. Januar 1842 sub Num. 74. und 76. und in der Defekten=Tabelle vom 1. Januar 1842 bis 1. Januar 1843 sub Num. 1, 4 und 7. aufgestellten Monita betrifft, so beziehen sie sich sämmtlich auf die so oft erörterte Frage: ob Erkenntnisse, durch welche der Kläger wegen Inkompetenz (Monitum 74. und Monitum 4.) Voreiligkeit (Monit. 1. und 7.), oder angebrachtermaaßen (Monitum 76.) abgewiesen wird, als Haupturtheile anzusehen sind?

Bereits mehrfach ist diese Frage im affirmativen Sinne entschieden worden. Insbesondere ist in den Reskripten vom 10. Mai 1838, 20. April 1839 und 11. April 1841 ausgesprochen worden, daß alle Erkenntnisse, durch welche der Kläger mit der Klage zurückgewiesen wird, nicht als Neben=Erkenntnisse, sondern als Haupt=Erkenntnisse zu betrachten und demgemäß dem Stempel, welcher den Tarif sub A a. und b. festsetzt, unterworfen sind, ohne Unterschied, ob die Zurückweisung aus materiellen oder formellen Gründen, wie Inkompetenz, Litispendenz, Voreiligkeit rc. erfolgt. Hiernach sind die vorstehenden Monita gleichfalls begründet.

Das Königliche Handelsgericht hat demnach wegen Erledigung dieser Monita das Weitere zu veranlassen.

Berlin den 28. November 1844.

Der Justiz=Minister
Uhden.

An
den Präsidenten des Königlichen Handelsgerichts Herrn Kommerzien=Rath von der Heydt Hochwohlgeboren zu Elberfeld.

I. 5447. Rh. Gen. 62. Vol. 6

161.

Verfügung vom 14. Dezember 1844, — die Stempel-Revision des Landgerichts zu Köln betreffend.

(Reskripte vom 15. September 1826, sowie vom 26. März und 28. October 1825. — Schmidt Kommentar S. 141 u. 142. Anmerk. 3, 4 u. 8.)

Ew. Hochwohlgeboren erhalten in der Anlage Abschrift des Berichts des Provinzial-Steuer-Direktors zu Köln vom 21. August d. J.

die Stempel-Revision des dortigen Landgerichts betreffend,

indem Ihnen hierbei im Einverständnisse mit dem Herrn Finanz-Minister Folgendes eröffnet wird.

1) Die Monita 6. und 7. der Defekten-Tabelle der Civilkammer beziehen sich auf die Frage: ob in Fällen, wo eine Schuldforderung nicht bestritten, jedoch die sofortige Zahlung oder die verlangte Art der Zahlung verweigert wird, der Gegenstand des Prozesses als ein schätzbarer oder unschätzbarer anzusehen, und demgemäß, nach dem Stempel-Tarif „Erkenntniß" A a. der Prozent-Stempel oder nach A b. der Stempel von 5 bis zu 20 Thlr. zu berechnen sei. Das Königliche Landgericht hat die letztere Ansicht adoptirt und demgemäß in den beiden hier vorliegenden Fällen, wo es sich um einen Gegenstand von resp. 3296 Thlr. 14 Sgr. (Monit. 6.) und 1568 Thlr. 20 Sgr. 4 Pf. (Monit. 7.) handelt, nur einen Stempel von 5 Thlr. angesetzt, während der Prozentstempel in der ersten Sache 21 Thlr. 15 Sgr. und in der zweiten Sache 13 Thlr. betragen würde. Mit dem Provinzial-Steuer-Direktor ist nun unbedenklich anzunehmen, daß in beiden Fällen der Prozentstempel gerechtfertigt und hiernach die Monita des Fiskals begründet sind. Denn der Gegenstand, über welchen im Wege des Prozesses gestritten wird, ist eine Summe Geldes. Ob der Schuldner die Zahlung verweigert, weil er sich überhaupt dazu nicht verpflichtet hält, oder ob dies von ihm in der Form der Exception dadurch geschieht, daß er sich zur Zeit oder in der verlangten Art nicht zur Zahlung verpflichtet hält, ist gleichgiltig, da beide Formen der Weigerung insofern zu demselben

Resultate führen, als in beiden Fällen es erst des richterlichen Ausspruchs bedarf, um dem Gläubiger zu seinem Recht und zur Zahlung zu verhelfen. In gleicher Art, wie nach den darüber vielfach ergangenen Anordnungen die Festsetzung des vollen Werthstempels in den Fällen erfolgen muß, in welchen ein Kläger angebrachtermaaßen abgewiesen wird, wenn die hierauf gerichteten Einreden des Verklagten für durchgreifend erachtet werden, muß auch im umgekehrten Falle die volle Berechnung eintreten, wenn derartige Einreden des Verklagten nicht für durchgreifend erachtet werden, und derselbe verurtheilt wird.

2) Die Monita 3, 18, 20 und 23. der Defekten-Tabelle der zweiten Civil-Kammer, so wie die Monita 13, 18 und 19. der Defekten-Tabelle der ersten Civil-Kammer betreffen die Frage: ob in Rechnungs-Prozessen, in welchen Jemand zur Rechnungslegung verurtheilt wird, das Erkenntniß in dem Falle nur dem Stempel von 15 Sgr. unterliegt, wenn das Urtheil in Folge eines Anerkenntnisses von Seiten des Verklagten oder in contumaciam ergangen ist? In Uebereinstimmung mit dem Antrage des Stempelfiskals muß diese Frage verneint werden. Wie der Provinzial-Steuer-Direktor richtig bemerkt, ist diese Frage bereits mehrfach zur Erörterung gekommen und in den Reskripten vom 16. Januar 1841 und 6. August 1842 in dem vorstehenden Sinne entschieden worden. Was den Stempel für Rechnungs-Prozesse im Allgemeinen betrifft, so ist mit Recht angenommen worden, daß zu Urtheilen in solchen Prozessen ein Stempel von 5 bis 20 Thlr. erforderlich sei, da es sich hier um Feststellung einer definitiven Verpflichtung handelt und im Allgemeinen der Gegenstand des Streits einer Schätzung nach Gelde nicht fähig ist. In Ansehung der Frage aber, ob Kontumazial-Erkenntnisse und Agnitions-Bescheide anders als kontradiktorische Urtheile zu besteuern seien, ist in der Verfügung vom 6. August 1842 unter Num. IX. auf die Reskripte vom 15. September 1826, sowie vom 26. März und 28. Oktober 1825 (Schmidt Kommentar S. 141 und 142. Anmerk. 3, 4 u. 8.) verwiesen worden. Da nun nach dem Reskripte vom 15. September 1826 die Kontumazial-Erkenntnisse den kontradiktorischen Urtheilen gleichstehen und nach den Reskripten vom 26. März und 28. Oktober 1825 zu Agnitions-Resolutionen ein Stempel von 5 bis zu 20 Thlr. verwendet werden soll, sofern es sich nicht etwa, wie es hier nicht der Fall ist, um einen nach Gelde schätzbaren Gegenstand unter dem Werthe von 500 Thlr. handelt; so sind die Monita des Stempel-Fiskals begründet, welcher in sämmtlichen namhaft gemachten Fällen anstatt des Stempels von 15 Sgr. einen Stempel von 5 Thlr. adhibirt wissen will.

Das Königliche Landgericht hat demnach wegen Erledigung der Monita das Weitere zu veranlassen.

Berlin den 14. Dezember 1844.

Der Justiz-Minister
Uhden.

An
den Königlichen Landgerichts-Präsidenten Herrn Geheimen Justizrath Heintzmann und den Königlichen Ober-Prokurator Herrn Grundschöttel Hochwohlgeboren zu Köln.

I. 5638. Rh. Gen. 62. Vol. 6.

162.

Allgemeine Verfügung vom 16. Dezember 1844, — betreffend den Verlust der Dienstauszeichnung für die Landwehr (Allerhöchste-Kabinets-Ordre vom 16. Januar 1842; Gesetz-Samml. S. 89): wegen Vergehungen.

Seine Majestät der König haben in einem Spezialfalle durch die nachstehend abgedruckte Allerhöchste Kabinets-Ordre vom 9. November d. J. zu entscheiden geruht,

daß die durch die Allerhöchste Kabinets-Ordre vom 16. Januar 1842 (Gesetz-Samml. S. 89) gestiftete Dienst-Auszeichnung für die Landwehr, insofern sie an Offiziere verliehen ist, in Gemäßheit der Verordnung vom 18. Januar 1810 (Gesetz-Samml. von 1806—1810. S. 632.) §. 17. von den Gerichten wegen Vergehungen nicht aberkannt werden darf, vielmehr die Entscheidung über deren Verlust in den geeigneten Fällen Seiner Majestät vorbehalten bleiben muß.

Dies wird den Gerichtsbehörden hierdurch zur Nachachtung bekannt gemacht.

Berlin den 16. Dezember 1844.

Der Justiz-Minister
Uhden.

An
sämmtliche Gerichts-Behörden.
I. 5591. O. 49. Vol. 4.

Beilage.

Auf ihren Bericht vom 18. v. M. will Ich den, wider den, wegen Veruntreuung anvertrauter fremder Gelder und dadurch verübten Betruges verurtheilten Kreis-Sekretair und Premier-Lieutenant der Landwehr N. zu N. erkannten Verlust der Offizier-Charge hierdurch bestätigen, zugleich auch bestimmen, daß er der ihm verliehenen Landwehr-Auszeichnung verlustig sein soll, indem Ich Mich in letzterer Beziehung mit dem, von Ihnen entwickelten, der Verordnung vom 18. Januar 1810 §. 17. entsprechenden Prinzipe einverstanden erkläre, nach welchem die Landwehr-Auszeichnung, insofern sie an Offiziere verliehen ist, von den Gerichten wegen Vergehungen nicht aberkannt werden darf, vielmehr die Entscheidung über deren Verlust in den geeigneten Fällen Mir vorbehalten bleiben muß.

Sanssouci den 9. November 1844.

Friedrich Wilhelm.

An
die Staats-Minister, General
der Infanterie v. Boyen und
Uhden.

163.

Verfügung vom 26. Dezember 1844, — die Vertretung der Parteien durch Bevollmächtigte in Friedensgerichts-Prozessen betreffend.

Ew. Hochwohlgeboren erhalten auf den Bericht vom 28. v. M. das Gesuch des Privatschreibers O. zu M. vom 1. desselb. M., um Gestattung. der Vertretung von Parteien am Friedensgerichte daselbst, zur Bescheidung des Bittstellers anbei zurück.

Das Justiz-Ministerium ist mit Ihnen darüber einverstanden, daß im Sinne der Civil-Prozeß-Ordnung das persönliche Erscheinen der Parteien in Friedensgerichts-Prozessen die Regel und die Vertretung durch Bevollmächtigte die Ausnahme bildet. Dieses Gesetzbuch hat die Fälle, in welchen die Ausnahme eintreten kann, nicht näher bezeichnet, und enthält rücksichtlich der Person der Vertretenden auch keine Einschränkung. Es hat in dieser Beziehung alles dem pflichtmäßigen Ermessen des Friedensrichters überlassen.

Da derselbe aber gesetzlich allgemeine Regulativ-Bestimmungen nicht ertheilen kann, so kann er auch nicht allgemein festsetzen, daß nur für außer dem Kanton wohnende Parteien eine Vertretung durch Bevollmächtigte geschehen dürfe, und daß Personen, gegen deren Zulassung als Bevollmächtigte an sich kein Bedenken obwaltet, zwar zur Vertretung der außer dem Kanton, aber nicht der in demselben wohnenden Parteien zugelassen werden sollen.

Nur in jeder *einzelnen* von ihr gebrachten Sache hat der Friedensrichter zu prüfen und zu entscheiden, ob die eine oder die andere Partei sich vertreten lassen kann, und ob der aufgetretene Bevollmächtigte eine Person ist, die durch ihre Einmischung der Verhandlung der Sache nicht hinderlich wird. Findet der Friedensrichter in jener oder dieser Beziehung die Vertretung nicht rathsam, so hat derselbe dies durch *Verordnung der persönlichen Erscheinung beider oder einer Partei auszusprechen*, ohne daß es nöthig ist, diesen Ausspruch mehr zu motiviren, als durch die Bemerkung, daß nach den Umständen die persönliche Erscheinung der Sache förderlich erscheine. In dieser Beziehung ist das Justiz-Ministerium weder befugt noch gesonnen, die volle, freie Beurtheilung des Friedensrichters zu beschränken und jede diesfällige bei ihm angebrachte Beschwerde stellt sich daher von vorn herein als unstatthaft dar.

Nur in diesem Sinne sind auch die rücksichtlich des Notariats-Gehülfen R. und Privatschreibers O. ergangenen Verfügungen zu verstehen, und es hat daher eben so wenig in der Absicht des Justiz-Ministers liegen können, allgemein zu bestimmen, daß jener oder dieser unbedingt zur Vertretung von Kantonseingesessenen zugelassen werden müsse oder solle.

Eben deshalb ist auch die unter den Anlagen befindliche Bekanntmachung des R. vom 15. Februar d. J. insofern ganz unrichtig, als darin gesagt ist:

> das Justiz-Ministerium habe ihm auf sein Ansuchen das Auftreten bei dem Friedensgerichte zu M. auch für die im Kanton wohnenden Parteien gestattet,

wie denn überhaupt rücksichtlich der Gestattung eines Bevollmächtigten zur Vertretung vom Richter nur nach dem Gesetz verfahren, und von einer Verleihung eines diesfälligen Rechts keine Rede sein kann. Das Justiz-Ministerium überläßt Ihnen hiernach, sowohl an den R., als an den O. und an den Friedensrichter zu M. zu verfügen.

Berlin den 26. Dezember 1844.

Das Justiz-Ministerium.
Ruppenthal.

An
den Königlichen Ober-Prokurator Herrn von Koesteritz Hochwohlgeboren zu Elberfeld.

I. 496. Rhein. Gen. 47. Vol. 3.

164.

Allerhöchste Kabinets-Ordre vom 6. Juli 1843, — betreffend die Anwendung des §. 168. des Anhangs zur Allgemeinen Gerichts-Ordnung auf die Gehalts-Abzüge der Offiziere.

Da die zur Bestreitung der unvermeidlichen Dienstausgaben der Offiziere unumgänglich nothwendigen Gehaltsbeträge nach dem Mir gemachten Vortrage verschieden berechnet werden, so bestimme Ich, daß in den Fällen der Anwendung des §. 168. des Anhangs zur Allgemeinen Gerichts-Ordnung allgemein von dem Gehalte derjenigen Offiziere, welche aus Meinen Kassen einen Beitrag zum gemeinschaftlichen Mittagstisch erhalten, 8 Thlr. monatlich, und von dem Gehalte derjenigen Offiziere, welche einen solchen Beitrag nicht erhalten, 10 Thlr. monatlich vorweg in Abzug zu bringen sind, und nur die Hälfte des Restbetrages zur Deckung laufender Alimente in Anspruch genommen werden darf. Ich beauftrage Sie, in ihren beiderseitigen Ressorts hiernach das weiter Erforderliche zu verfügen.

Sanssouci den 6. Juli 1843.

Friedrich Wilhelm.

An
den Kriegs-Minister, General der Infanterie von Boyen
und den Justiz-Minister Mühler.

Vorstehende Allerhöchste Kabinets-Ordre wird hierdurch den sämmtlichen Gerichtsbehörden zur Nachachtung bekannt gemacht.

Berlin den 28. Dezember 1844.

Der Justiz-Minister
Uhden.

An
sämmtliche Gerichtsbehörden.
I. 5826. M. 72.

Inhalts=Verzeichniß.

I. Nachtrag zu den Gesetzen, Verordnungen und Rescripten aus den Jahren 1829—1841.

II. Im Jahre 1842.

III. Im Jahre 1843.

IV. Im Jahre 1844.

Sachregister

zum

achten Bande

der

für die Rhein-Provinz ergangenen

Gesetze, Verordnungen und Rescripte.

G. bedeutet Gesetz, Verordn. Verordnung, K. B. Kabinets-Befehl, B. Bekanntmachung, V. Verfügung, A. V. Allgemeine Verfügung, s. Siehe, die deutsche Zahl die Seite.

A.

B.

C.

D.

F.

G.

H.

J.

M.

N.

O.

P.

T.

U.

V.

W.

Z.

Druck von G. Reimer.

Kolibri 360 GmbH
Ferdinand-Jühlke-Straße 7
99095 Erfurt, Deutschland
produktsicherheit@kolibri360.de